Kohlhammer
Urban Taschenbücher

Band 20

Karl Engisch

Einführung in das juristische Denken

Elfte Auflage

herausgegeben und bearbeitet von
Prof. Dr. Thomas Würtenberger
und Dr. Dirk Otto

Verlag W. Kohlhammer

Elfte Auflage 2010

Stuttgart Berlin Köln
Verlagsort: Stuttgart
Umschlag: hace
Gesamtherstellung:
W. Kohlhammer Druckerei GmbH + Co. KG, Stuttgart
Printed in Germany

Inhalt

Vorwort zur elften Auflage

In der elften Auflage wurde den zahlreichen Neuerungen in Gesetzgebung, Rechtsprechung und Literatur Rechnung getragen. Im Übrigen blieb der bereits klassisch gewordene Text des Bandes unverändert.

Freiburg, April 2010

Thomas Würtenberger
Dirk Otto

Vorwort zur neunten Auflage

Karl Engischs „Einführung in das juristische Denken“ ist ein Klassiker der juristischen Methodenlehre, der Generationen von Juristen begleitet hat. Seit dem Erscheinen der ersten Auflage 1956 wurde dieses Buch ständig aktualisiert, wobei aber der eigentliche Text in der Substanz unverändert blieb. Nach dem Tode von Karl Engisch im Jahre 1990 stellte sich die Aufgabe, das seit 1977 nicht mehr neu bearbeitete Werk dem heutigen Stand von Gesetzgebung, Rechtsprechung und Theorie anzupassen. Da der Darstellungsteil im wesentlichen als zeitlos und klassisch gelten kann, wurden hier bewußt nur wenige behutsame Eingriffe vorgenommen, die der aktuellen Gesetzeslage Rechnung tragen; lediglich im Abschnitt zum „Ermessen“ bestand eine besondere Notwendigkeit zur Aktualisierung. Beträchtliche Änderungen waren jedoch in dem seit sieben Auflagen stark angewachsenen Anmerkungsteil erforderlich. Dessen Gesamtumfang wurde erheblich reduziert, um den Anmerkungsapparat zu straffen und neuen Hinweisen Raum zu geben; was Engischs zahlreiche Angaben zur älteren Literatur betrifft, so sei der interessierte Leser auf die 8. Auflage von 1983 verwiesen. Zur Vermeidung lästigen Nachschlagens wurden die bisher am Schluß des Buches stehenden Anmerkungen direkt unter den Text gesetzt. Desweiteren wurde der Band um ein Personen- und ein Literaturverzeichnis ergänzt. Die Ausgabe beschließt ein Nachwort zu Leben und Werk von Karl Engisch.

Freiburg, Juni 1996

Thomas Würtenberger
Dirk Otto

Aus dem Vorwort zur siebten Auflage

Eine „Einführung in das juristische Denken" verfolgt andere Ziele als eine „Einführung in die Rechtswissenschaft", die üblicherweise den Leser nicht nur an die Methoden des juristischen Denkens, sondern auch an das Recht selbst und seine einzelnen Sachgebiete heranführt. In dem hier vorgelegten Buche handelt es sich aber gerade darum, dem Rechtsstudenten und womöglich auch dem interessierten Laien ein wenig die geheimnisvolle und verdächtige Logik und Methodik des juristischen Denkens nahezubringen – unter Beschränkung übrigens auf die zentralen Probleme der Rechtsfindung, unter Absehen also von den Leistungen der „höheren" Dogmatik, wie z. B. der juristischen Konstruktion und Systembildung. Nur unter diesem Gesichtswinkel sind die in die Darstellung einbezogenen sachlichen Rechtsprobleme behandelt. Welche Aufgaben nun der juristischen Logik und Methodenlehre gestellt sind, habe ich näher in der Zeitschrift „Studium generale" 1959, S. 76ff., dargelegt. Ich hebe jetzt nur folgendes hervor: Die juristische Logik ist eine materiale Logik, die auf der Grundlage und im Rahmen der formalen Logik einerseits und im Verein mit der speziellen juristischen Methodenlehre andererseits zeigen soll, wie man zu „wahren" oder „richtigen" oder wenigstens „vertretbaren" Urteilen in rechtlichen Dingen gelangt. Eine so verstandene juristische Logik und Methodik ist keine „Technik", die Kunstgriffe lehrt, mit deren Hilfe man dem Rechtsbeflissenen gestellte Denkaufgaben möglichst leicht bewältigt. Sie ist auch nicht Psychologie oder Soziologie der Rechtsfindung, die untersucht, wie man im praktischen Alltag de facto bei der Gewinnung juristischer Ansichten verfährt. Sie ist vielmehr Reflexion auf den nicht leicht zu durchschauenden sachgerechten juristischen Erkenntnisprozeß. Sie strebt nach dem Ziel, (in den Grenzen des menschlicher Erkenntnis Vergönnten) „Wahrheit“ zu finden und wohlbegründete Urteile zu fällen.

Juli 1977 *Karl Engisch*

Literaturverzeichnis

Alexy, Robert, Theorie der juristischen Argumentation, 3. Aufl., Frankfurt 1996

ders., Theorie der Grundrechte, 4. Aufl., Frankfurt 2001

Aristoteles, Nikomachische Ethik, übers. v. Olof Gigon, 5. Aufl., München 2002

ders., Topik, übers. v. Eugen Rolfes, 2. Aufl., Hamburg 1968

Assmann, Heinz-Dieter/Kirchner, Christian/Schanze, Erich, Ökonomische Analyse des Rechts, Tübingen 1993

Austin, John L., Zur Theorie der Sprechakte, dt. bearb. v. Eike v. Savigny, 2. Aufl., Stuttgart 1981

Bachof, Otto, Verfassungswidrige Verfassungsnormen?, Tübingen 1951

ders., Grundgesetz und Richtermacht, Tübingen 1959

Baldus, Manfred, Die Einheit der Rechtsordnung, Berlin 1995

Ballweg, Ottmar, Rechtswissenschaft und Jurisprudenz, Basel 1970

Bangemann, Martin, Bilder und Fiktionen in Recht und Rechtswissenschaft, München 1963

Bartholomeyczik, Horst, Die Kunst der Gesetzesauslegung, Frankfurt 1951

Baumann, Jürgen/Weber, Ulrich, Strafrecht, Allgemeiner Teil, 9. Aufl., Bielefeld 1985

Baumbach, Adolf/Lauterbach, Wolfgang/Albers, Jan/Hartmann, Peter, Kommentar zur Zivilprozeßordnung, 68. Aufl., München 2009

Baumgarten, Arthur, Die Wissenschaft vom Recht und ihre Methode, Bd. I, Tübingen 1920

Baur, Fritz/Stürner, Rolf, Lehrbuch des Sachenrechts, 18. Aufl., München 2009

Becker, Oskar, Untersuchungen über den Modalkalkül, Meisenheim 1952

Behrens, Detlev, Die Nachprüfbarkeit zivilrichterlicher Ermessensentscheidungen, Berlin 1979

Beling, Ernst, Methodik der Gesetzgebung, Berlin 1922
ders., Deutsches Reichsstrafprozeßrecht, Berlin 1928
Bergbohm, Karl, Jurisprudenz und Rechtsphilosophie, Leipzig 1892
Berner Kommentar zum schweizerischen Zivilrecht, hg. v. Hermann Becker, Bd. 1, Bern 1962
Bernstorff, Christoph Graf v., Einführung in das englische Recht, 3. Aufl., München 2006
Bettermann, Karl A., Die verfassungskonforme Auslegung, Heidelberg 1986
Betti, Emilio, Allgemeine Auslegungslehre als Methodik der Geisteswissenschaften, Tübingen 1967
Bierling, Ernst R., Juristische Prinzipienlehre, Bd. I, Tübingen 1894, Bd. IV, 1911
Binder, Julius, Philosophie des Rechts, Berlin 1925
Binding, Karl, Handbuch des Strafrechts, Leipzig 1885
ders., Strafrechtliche und strafprozessuale Abhandlungen I, München 1915
Birkmeyer, Karl v. u. a. (Hg.), Vergleichende Darstellung des deutschen und ausländischen Strafrechts, AT VI, Berlin 1908, BT VII, 1907
Bleckmann, Albert, Europarecht, 6. Aufl., Köln 1997
Blei, Hermann, Strafrecht, Besonderer Teil, Bd. 2, 12. Aufl., München 1983
Blumenwitz, Dieter, Einführung in das anglo-amerikanische Recht, 7. Aufl., München 2003
Boeckh, August, Enzyklopädie und Methodologie der philologischen Wissenschaften, Leipzig 1877
Boehmer, Gustav, Grundlagen der bürgerlichen Rechtsordnung II 1, Tübingen 1951
Bogs, Harald, Die verfassungskonforme Auslegung von Gesetzen, Stuttgart 1966
Bollnow, Otto F., Das Verstehen, Mainz 1949
ders., Die Methode der Geisteswissenschaften, Mainz 1950
Braun, Johann, Einführung in die Rechtswissenschaft, 3. Aufl., Tübingen 2007
Brecht, Arnold, Politische Theorie, 2. Aufl., Tübingen 1976
Bruns, Hans-Jürgen, Strafzumessungsrecht, 2. Aufl., Köln 1974 (1. Aufl. 1967)
ders., Das Recht der Strafzumessung, 2. Aufl., Köln 1985
Bülow, Oskar, Gesetz und Richteramt, Leipzig 1885
Burckhardt, Walter, Methode und System des Rechts, Zürich 1936

Burmeister, Joachim, Die Verfassungsorientierung der Gesetzesauslegung, Berlin 1966
Bydlinski, Franz, Juristische Methodenlehre und Rechtsbegriff, 2. Aufl., Wien 1991

Canaris, Claus-Wilhelm, Die Feststellung von Lücken im Gesetz, 2. Aufl., Berlin 1983
ders., Systemdenken und Systembegriff in der Jurisprudenz, 2. Aufl., Berlin 1983
Carnap, Rudolf, Der logische Aufbau der Welt, Berlin 1928
ders., Einführung in die Symbolische Logik, 3. Aufl., Wien 1968
Cohn, Georg, Existentialismus und Rechtswissenschaft, Basel 1955
Coing, Helmut, Grundzüge der Rechtsphilosophie, 5. Aufl., Berlin 1993

Dahm, Georg, Deutsches Recht, 2. Aufl., Stuttgart 1963 (1. Aufl., Hamburg 1944)
ders./Delbrück, Jost/Wolfrum, Rüdiger, Völkerrecht, Bd. I 1, 2. Aufl., Berlin 1989
David, René/Grasmann, Günther, Einführung in die großen Rechtssysteme der Gegenwart, 2. Aufl., München 1988
Deckert, Martina R., Folgenorientierung in der Rechtsanwendung, München 1995
Degenhart, Christoph, Systemgerechtigkeit und Selbstbindung des Gesetzgebers als Verfassungspostulat, München 1976
Depenheuer, Otto, Der Wortlaut als Grenze, Heidelberg 1988
Diederichsen, Uwe, Einführung in das wissenschaftliche Denken, 2. Aufl., Düsseldorf 1972
Dilthey, Wilhelm, Gesammelte Schriften, Bd. I, 4. Aufl., Stuttgart 1959, Bd. V, 2. Aufl. 1957, Bd. VII, 2. Aufl. 1958
Dittrich, Jochen, Bismarck, Frankreich und die spanische Thronkandidatur der Hohenzollern, München 1962
Döhring, Erich, Die Erforschung des Sachverhalts im Prozeß, Berlin 1964
Dreier, Ralf, Zum Begriff der „Natur der Sache“, Berlin 1965
Droysen, Johann G., Grundriß der Historik, 3. Aufl., Leipzig 1882

Ebsen, Ingwer, Gesetzesbindung und „Richtigkeit“ der Entscheidung, Berlin 1974
Eckert, Jörn/Hattenhauer, Hans (Hg.), Sprache – Recht – Geschichte, Heidelberg 1991

Edelmann, Johann, Die Entwicklung der Interessenjurisprudenz, Bad Homburg 1967
Eisler, Rudolf, Wörterbuch der philosophischen Begriffe, Bd. 3, 3. Aufl., Berlin 1910
ders., Handwörterbuch der Philosophie, 2. Aufl., Berlin 1922
Ellscheid, Günter/Hassemer, Winfried (Hg.) Interessenjurisprudenz, Darmstadt 1974
Eltzbacher, Paul, Über Rechtsbegriffe, Berlin 1900
Emge, Carl A., Über das Grunddogma des rechtsphilosophischen Relativismus, Berlin 1916
ders., Einführung in die Rechtsphilosophie, Berlin 1955
Engisch, Karl, Die Einheit der Rechtsordnung, Heidelberg 1935
ders., Die rechtliche Bedeutung der ärztlichen Operation, Jena 1958
ders., Logische Studien zur Gesetzesanwendung, 3. Aufl., Heidelberg 1963
ders., Wahrheit und Richtigkeit im juristischen Denken, München 1963
ders., Die Idee der Konkretisierung in Recht und Rechtswissenschaft unserer Zeit, 2. Aufl., Heidelberg 1968
ders., Auf der Suche nach der Gerechtigkeit, München 1971
ders., Einführung in das juristische Denken, 8. Aufl., Stuttgart 1983 (1. Aufl. 1956)
Enneccerus, Ludwig, Lehrbuch des Bürgerlichen Rechts, Bd. I, 12. Aufl., Tübingen 1928
ders./Lehmann, Heinrich, Lehrbuch des Bürgerlichen Rechts, Bd. II, 15. Aufl., Tübingen 1958
ders./Nipperdey, Hans C., Lehrbuch des Bürgerlichen Rechts, Bd. I 1, 15. Aufl., Tübingen 1959, Bd. I 2, 15. Aufl. 1960
Esser, Josef, Vorverständnis und Methodenwahl in der Rechtsfindung, Frankfurt 1970
ders. u. a. (Hg.), Methoden der Rechtswissenschaft I, München 1972
ders., Grundsatz und Norm in der richterlichen Fortbildung des Privatrechts, 4. Aufl., Tübingen 1990
Exner, Franz, Gerechtigkeit und Richteramt, Leipzig 1922

Faber, Karl-Georg, Theorie der Geschichtswissenschaft, 5. Aufl., München 1982
Fikenscher, Wolfgang, Methoden des Rechts in vergleichender Darstellung, Bd. I–IV, Tübingen 1975–1977
Fischer, Christian, Topoi verdeckter Rechtsfortbildung im Zivilrecht, Tübingen 2007

Fischer, Thomas, Kommentar zum Strafgesetzbuch, 57. Aufl., München 2010
Flume, Werner, Allgemeiner Teil des Bürgerlichen Rechts II, 4. Aufl., Berlin 1992
Forsthoff, Ernst, Recht und Sprache, Halle (Saale) 1940
ders., Lehrbuch des Verwaltungsrechts I, 10. Aufl., München 1973
Frank, Reinhard, Kommentar zum StGB, 18. Aufl., Tübingen 1931
Freyer, Hans, Theorie des objektiven Geistes, 3. Aufl., Leipzig 1934
Frisch, Wolfgang, Revisionsrechtliche Probleme der Strafzumessung, Köln 1971
Fuchs, Ernst, Was will die Freirechtsschule?, Rudolstadt 1929

Gadamer, Hans-Georg, Wahrheit und Methode, 6. Aufl., Tübingen 1990
Geiger, Rudolf, Grundgesetz und Völkerrecht, 4. Aufl., München 2009
Geiger, Theodor, Vorstudien zu einer Soziologie des Rechts, Neuwied 1964
Germann, Oskar A., Probleme und Methoden der Rechtsfindung, 2. Aufl., Bern 1967
Gide, André, Paludes, übers. v. Maria Schäfer-Rümelin, München 1946
Göldner, Detlef C., Verfassungsprinzip und Privatrechtsnorm in der verfassungskonformen Auslegung und Rechtsfortbildung, Berlin 1969
Goethe, Johann W. v., Werke, Festausgabe, hg. v. Robert Petsch, Bd. 2, Leipzig 1926
Grewendorf, Günther (Hg.), Rechtskultur als Sprachkultur, Frankfurt 1992
Großkreutz, Peter, Normwidersprüche im Verfassungsrecht, Köln 1966
Grünwald, Gerald, Zur Kritik der Lehre vom überpositiven Recht, Bonn 1971

Häberle, Peter, Die Wesensgehaltsgarantie des Art. 19 Abs. 2 Grundgesetz, 2. Aufl., Karlsruhe 1972
Hagg, Hansjörg, Die Stellung des 19. Jahrhunderts zum Wegfall des Gesetzesgrundes, Bamberg 1966
Hanack, Ernst-Walter, Der Ausgleich divergierender Entscheidungen, Hamburg 1962
Handbuch des Staatsrechts der Bundesrepublik Deutschland, hg. v. Josef Isensee/Paul Kirchhof, Bd. VII, 3. Aufl., Heidelberg 2009

Handbuch theologischer Grundbegriffe, hg. v. Heinrich Fries, Bd. 1, München 1970
Hare, Richard N., Die Sprache der Moral, 2. Aufl., Frankfurt 1997
Hart, Herbert L. A., Der Begriff des Rechts, Frankfurt 1973
Hassemer, Winfried, Tatbestand und Typus, Köln 1968
Heck, Philipp, Gesetzesauslegung und Interessenjurisprudenz, Tübingen 1914
ders., Grundriß des Schuldrechts, Tübingen 1929
ders., Grundriß des Sachenrechts, Tübingen 1930
ders., Begriffsbildung und Interessenjurisprudenz, Tübingen 1932
ders., Das Problem der Rechtsgewinnung, 2. Aufl., Tübingen 1932
ders., Interessenjurisprudenz, Tübingen 1933
ders., Die Interessenjurisprudenz und ihre neuen Gegner, Tübingen 1936
ders., Rechtserneuerung und juristische Methodenlehre, Tübingen 1936
Heckmann, Dirk, Geltungskraft und Geltungsverlust von Rechtsnormen, Tübingen 1997
Hedemann, Justus W., Die Flucht in die Generalklauseln, Tübingen 1933
Hegel, Georg W. F., Grundlinien der Philosophie des Rechts, Werkausgabe, hg. v. Eva Moldenhauer u. a., Bd. VII, 3. Aufl., Frankfurt 1989
Heidegger, Martin, Sein und Zeit, 19. Aufl., Tübingen 2006 (1. Aufl. 1927)
Heller, Theodor, Logik und Axiologie der analogen Rechtsanwendung, Berlin 1961
Henke, Horst-Eberhard, Die Tatfrage, Berlin 1966
Henkel, Heinrich, Der Notstand nach gegenwärtigem und künftigem Recht, München 1932
ders., Recht und Individualität, Berlin 1958
ders., Ideologie und Recht, Tübingen 1973
ders., Einführung in die Rechtsphilosophie, 2. Aufl., München 1977 (1. Aufl. 1964)
Henle, Rudolf, Lehrbuch des Bürgerlichen Rechts I, Berlin 1926
Herrfahrdt, Heinrich, Lücken im Recht, Bonn 1915
Hesse, Konrad, Grundzüge des Verfassungsrechts, 21. Aufl., Heidelberg 1999
Heusinger, Bruno, Rechtsfindung und Rechtsfortbildung im Spiegel richterlicher Erfahrung, Köln 1975
Heyde, Johannes E., Wege zur Klarheit, Berlin 1960
Hillebrand, Julius H., Deutsche Rechtsprichwörter, Zürich 1858

Historisches Wörterbuch der Philosophie, hg. v. Joachim Ritter u. a., Bd. 3, Darmstadt 1974
Historisches Wörterbuch der Rhetorik, hg. v. Gert Ueding, Bd. 9, Tübingen 2009
Horn, Norbert, Einführung in die Rechtswissenschaft und Rechtsphilosophie, 4. Aufl., Heidelberg 2007
Hruschka, Joachim, Die Konstitution des Rechtsfalles, Berlin 1965
ders., Das Verstehen von Rechtstexten, München 1972
Huber, Ernst R., Wirtschaftsverwaltungsrecht, Bd. II, 2. Aufl., Tübingen 1954
Huber, Eugen, Recht und Rechtsverwirklichung, 2. Aufl., Basel 1925
Hugger, Werner, Gesetze – Ihre Vorbereitung, Abfassung und Prüfung, Baden-Baden 1983
Husserl, Edmund, Logische Untersuchungen I, 4. Aufl., Halle (Saale) 1928

Ihering, Rudorf v., Geist des römischen Rechts II 2, 2. Aufl., Leipzig 1869
Ineichen, Hans, Philosophische Hermeneutik, Freiburg 1991
Isay, Hermann, Rechtsnorm und Entscheidung, Berlin 1929
Ipsen, Jörn, Richterrecht und Verfassung, Berlin 1975

Jarass, Hans D./Pieroth, Bodo, Kommentar zum Grundgesetz für die Bundesrepublik Deutschland, 10. Aufl., München 2009
Jaspers, Karl, Allgemeine Psychopathologie, 7. Aufl., Berlin 1959
Jellinek, Walter, Verwaltungsrecht, 3. Aufl., Berlin 1931
Jerusalem, Franz W., Die Zersetzung des Rechtsdenkens, Stuttgart 1968
Jescheck, Hans-Heinrich, Entwicklung, Aufgaben und Methodik der Strafrechtsvergleichung, Tübingen 1955
ders./Weigend, Thomas, Lehrbuch des Strafrechts (AT), 5. Aufl., Berlin 1996
Jodl, Friedrich, Allgemeine Ethik, Berlin 1918

Kallfass, Wilfried, Die Tübinger Schule der Interessenjurisprudenz, Frankfurt 1972
Kamlah, Wilhelm/Lorenzen, Paul, Logische Propädeutik, 2. Aufl., Mannheim 1973
Kant, Immanuel, Kritik der reinen Vernunft, Werkausgabe, hg. v. Wilhelm Weischedel, Bd. III–IV, 13. Aufl., Frankfurt 1995
ders., Prolegomena, Werkausgabe, Bd. V, 9. Aufl. 1996

ders., Grundlegung zur Metaphysik der Sitten, Werkausgabe, Bd. VII, 13. Aufl. 1996
ders., Metaphysik der Sitten, Werkausgabe, Bd. VIII, 10. Aufl. 1993
Kantorowicz, Hermann U. (Gnäus Flavius), Der Kampf um die Rechtswissenschaft, Heidelberg 1906
Karlsruher Kommentar zur Strafprozeßordnung, hg. v. R. Hannich, 6. Aufl., München 2009
Kaser, Max, Das römische Privatrecht I, 2. Aufl., München 1971
Kaufmann, Arthur (Hg.), Rechtstheorie, Karlsruhe 1971
ders., Das Schuldprinzip, 2. Aufl., Heidelberg 1976
ders., Analogie und „Natur der Sache", 2. Aufl., Heidelberg 1982
ders., Rechtsphilosophie, 2. Aufl., München 1997
ders., Das Verfahren der Rechtsgewinnung, München 1999
ders./Hassemer, Winfried/Neumann, Ulfrid (Hg.), Einführung in die Rechtsphilosophie und Rechtstheorie der Gegenwart, 7. Aufl., Heidelberg 2004
Keller, Adolf, Die Kritik, Korrektur und Interpretation des Gesetzeswortlautes, Winterthur 1960
Kelsen, Hans, Hauptprobleme der Staatsrechtslehre, 2. Aufl., Tübingen 1923
ders., Allgemeine Staatslehre, Berlin 1925
ders., Reine Rechtslehre, 2. Aufl., Wien 1960 (1. Aufl. 1934)
Kern, Eduard/Roxin, Claus, Strafverfahrensrecht, 13. Aufl., München 1975
Kern, Fritz, Recht und Verfassung im Mittelalter, 2. Aufl., Darmstadt 1958
Keuth, Hans H., Zur Logik der Normen, Berlin 1972
Kindermann, Harald (Hg.), Studien zu einer Theorie der Gesetzgebung, Berlin 1982
Kirchmann, Julius v., Die Wertlosigkeit der Jurisprudenz als Wissenschaft, 3. Aufl., Berlin 1848
Klug, Ulrich, Juristische Logik, 4. Aufl., Berlin 1982
Knauthe, Karlheinz, Kausales Rechtsdenken und Rechtssoziologie, Berlin 1968
Knies, Wolfgang, Schranken der Kunstfreiheit als verfassungsrechtliches Problem, München 1972
Koch, Hans-Joachim (Hg.), Juristische Methodenlehre und analytische Philosophie, Kronberg i. Ts. 1976
ders./Rüßmann, Helmut, Juristische Begründungslehre, München 1982
Koller, Peter, Theorie des Rechts, 2. Aufl., Wien 1997

Kopp, Ferdinand O./Ramsauer, Ulrich, Kommentar zum Verwaltungsverfahrensgesetz, 11. Aufl., München 2010
Krawietz, Werner, Recht als Regelsystem, Wiesbaden 1984
Krey, Volker, Keine Strafe ohne Gesetz, Berlin 1983
Kriele, Martin, Theorie der Rechtsgewinnung, 2. Aufl., Berlin 1976
Kroeschell, Karl, Rechtsgeschichte Deutschlands im 20. Jahrhundert, Göttingen 1992
ders./Cordes, Albrecht/Nehlsen-v. Stryk, Karin, Deutsche Rechtsgeschichte, Bd. 2, 9. Aufl., Köln 2008
Kropholler, Jan, Internationales Privatrecht, 6. Aufl., Tübingen 2006
Kruse, Heinrich W., Das Richterrecht als Rechtsquelle des innerstaatlichen Rechts, Tübingen 1971
Küchenhoff, Günter, Naturrecht und Christentum, Düsseldorf 1948
Kunkel, Wolfgang/Schermaier, Martin, Römische Rechtsgeschichte, 14. Aufl., Köln 2008

Lackner, Karl/Kühl, Kristian, Kommentar zum Strafgesetzbuch, 26. Aufl., München 2007
Ladnar, Ulrike/Plottnitz, Cornelia v. (Hg.), Fachsprache der Justiz, Frankfurt 1976
Lampe, Ernst-Joachim, Juristische Semantik, Bad Homburg 1970
Larenz, Karl, Über Gegenstand und Methode des völkischen Rechtsdenkens, Berlin 1938
ders., Richtiges Recht, München 1979
ders., Lehrbuch des Schuldrechts, Bd. I, 14. Aufl., München 1987
ders., Methodenlehre der Rechtswissenschaft, 6. Aufl., Berlin 1991 (1. Aufl. 1960, 2. Aufl. 1969, 3. Aufl. 1975)
ders./Canaris, Claus-Wilhelm, Lehrbuch des Schuldrechts, Bd. II 2, 13. Aufl., München 1994
ders./Canaris, Claus-Wilhelm, Methodenlehre der Rechtswissenschaft (Studienausgabe), 3. Aufl., Berlin 1995
ders./Wolf, Manfred, Allgemeiner Teil des deutschen Bürgerlichen Rechts, 8. Aufl., München 1997
Laun, Rudolf, Das freie Ermessen und seine Grenzen, Leipzig 1910
Lauth, Reinhard, Die Frage nach dem Sinn des Daseins, München 1953
Lecheler, Helmut, Unrecht in Gesetzesform?, Berlin 1994
Leenen, Detlef, Typus und Rechtsfindung, Berlin 1971
Legaz y Lacambra, Luis, Rechtsphilosophie, Neuwied 1965
Lenk, Kurt (Hg.), Normenlogik, Pullach 1974
Less, Günter, Vom Wesen und Wert des Richterrechts, Erlangen 1954

Liebs, Detlef, Römisches Recht, 6. Aufl., Göttingen 2004
ders., Lateinische Rechtsregeln und Rechtssprichwörter, 7. Aufl., München 2007
Linsmayer, Eleonore, Das Naturrecht in der deutschen Rechtsprechung der Nachkriegszeit, München 1963
Liszt, Franz v., Vorträge und Aufsätze I, Berlin 1905
ders./Schmidt, Eberhard, Lehrbuch des Deutschen Strafrechts, 26. Aufl., Berlin 1932
Litt, Theodor, Kant und Herder als Deuter der geistigen Welt, 2. Aufl., Heidelberg 1949
Llewellyn, Karl N., Präjudizienrecht und Rechtsprechung in Amerika, Leipzig 1932
Löwer, Wolfgang, Cessante ratione legis cessat ipsa lex, Berlin 1989
Luhmann, Niklas, Rechtssoziologie II, 3. Aufl., Opladen 1987

Machiavelli, Niccolo, Der Fürst, Übers., Einl. u. Anm. v. Friedrich Blaschke, 3. Aufl., Leipzig 1924
Maier, Heinrich, Psychologie des emotionalen Denkens, Tübingen 1908
Maihofer, Werner (Hg.), Naturrecht oder Rechtspositivismus?, Darmstadt 1962
ders., Rechtsstaat und menschliche Würde, Frankfurt 1968
Mannheim, Hermann, Beiträge zur Lehre von der Revision wegen materiellrechtlicher Verstöße im Strafverfahren, Berlin 1925
Marquard, Odo, Apologie des Zufälligen, Stuttgart 1986
Maschke, Andreas, Gerechtigkeit und Methode: Zu Karl Engischs Theorie des juristischen Denkens, Heidelberg 1993
Maunz, Theodor, Deutsches Staatsrecht, 23. Aufl., München 1980
Maurach, Reinhart/Gössel, Karl H., Strafrecht, Allgemeiner Teil, Bd. 2, 7. Aufl., Heidelberg 1989
ders./Schröder, Friedrich-Christian, Strafrecht, Besonderer Teil, Bd. 1, 6. Aufl., Heidelberg 1977
ders./Schröder, Friedrich-Christian/Maiwald, Manfred, Strafrecht, Besonderer Teil, Bd. 1, 10. Aufl., Heidelberg 2009
ders./Zipf, Heinz, Strafrecht, Allgemeiner Teil, Bd. 1, 8. Aufl., Heidelberg 1992
Maurer, Hartmut, Allgemeines Verwaltungsrecht, 17. Aufl., München 2009
Mayer, Hellmuth, Lehrbuch des Strafrechts (AT), Stuttgart 1953
Mayer, Max E., Rechtsphilosophie, Berlin 1922
Mayer-Maly, Theo, Rechtswissenschaft, 5. Aufl., München 1991

Meier, Christoph, Zur Diskussion über das Rechtsgefühl, Berlin 1986
Meier-Hayoz, Arthur, Der Richter als Gesetzgeber, Zürich 1951
Mennicken, Axel, Gesetzesauslegung, Bad Homburg 1970
Meyer-Goßner, Lutz, Kommentar zur Strafprozeßordnung, 52. Aufl., München 2009
Mezger, Edmund, Strafrecht, Besonderer Teil, 7. Aufl., München 1960
Montesquieu, Charles de, Vom Geist der Gesetze, eingel. u. hg. v. Ernst Forsthoff, Bd. 1, 2. Aufl., Tübingen 1992
Moore, George E., Principia Ethica, übers. u. hg. v. Burkhard Wisser, Stuttgart 1996
Mühleisen, Hans-Otto (Hg.), Grenzen politischer Kunst, München 1982
Müller, Friedrich, „Richterrecht", Berlin 1986
ders., Strukturierende Rechtslehre, 2. Aufl., Berlin 1994
ders./Christensen, Ralph, Juristische Methodik, Bd. 2, Europarecht, 7. Aufl., Berlin 2007
dies., Juristische Methodik, Bd. 1, Grundlegung für die Arbeitsmethoden der Rechtspraxis, 10. Aufl., Berlin 2009
Müller-Erzbach, Rudolf, Die Rechtswissenschaft im Umbau, München 1950

Naucke, Wolfgang, Über Generalklauseln und Rechtsanwendung im Strafrecht, Tübingen 1973
Nawiasky, Hans, Allgemeine Rechtslehre, 2. Aufl., Einsiedeln 1948
Nelson, Leonard, Rechtswissenschaft ohne Recht, 2. Aufl., Göttingen 1949
Neumann, Ulfrid u.a. (Hg.), Juristische Dogmatik und Wissenschaftstheorie, München 1976
ders., Juristische Argumentationslehre, Darmstadt 1986
Nipperdey, Hans C. (Hg.), Grundfragen der Reform des Schadenersatzrechts, München 1940
Noll, Peter, Gesetzgebungslehre, Reinbek b. Hamburg 1973
Novalis (Friedrich v. Hardenberg), Fragmente, hg. v. Ernst Kamnitzer, Dresden 1929

Ogorek, Regina, Richterkönig oder Subsumtionsautomat?, Frankfurt 1986
Oppermann, Thomas/Classen, Claus D./Nettelsheim, Martin, Europarecht, 4. Aufl., München 2009
Ott, Edward E., Juristische Methode in der Sackgasse?, Zürich 2006

Otto, Dirk, Das utopische Staatsmodell von Platons Politeia aus der Sicht von Orwells Nineteen Eighty-Four, Berlin 1994

Palandt, Kommentar zum Bürgerlichen Gesetzbuch, bearb. von Peter Bassenge u. a., 69. Aufl., München 2010
Paroussis, Michel, Theorie des juristischen Diskurses, Berlin 1995
Pascal, Blaise, Gedanken, übers. u. hg. v. Ewald Wasmuth, 8. Aufl., Heidelberg 1978
Pawlowski, Hans-Martin, Methodenlehre für Juristen, 3. Aufl., Heidelberg 1999
Pehle, Rudolf/Stimpel, Walter, Richterliche Rechtsfortbildung, Karlsruhe 1969
Perelman, Chaim (Hg.), Les Antinomies en droit, Brüssel 1965
Peters, Karl, Lehrbuch des Strafprozeßrechts, 5. Aufl., Karlsruhe 1985
Petraschek, Karl O., System der Rechtsphilosophie, Freiburg 1932
Pfordten, Dietmar v. d., Deskription, Evaluation, Präskription, Berlin 1993
Pieroth, Bodo/Schlink, Bernhard, Grundrechte, Staatsrecht II, 25. Aufl., Heidelberg 2009
Pöggeler, Otto (Hg.), Hermeneutische Philosophie, München 1972
ders., Schritte zu einer hermeneutischen Philosophie, Freiburg 1994

Radbruch, Gustav, Der Geist des englischen Rechts, 4. Aufl., Heidelberg 1958
ders., Vorschule der Rechtsphilosophie, 3. Aufl., Heidelberg 1965
ders., Rechtsphilosophie, 8. Aufl., Stuttgart 1973
Redeker, Konrad/Oertzen, Hans-Joachim v., Kommentar zur Verwaltungsgerichtsordnung, 15. Aufl., Stuttgart 2010
Regelsberger, Ferdinand, Pandekten I, Leipzig 1893
Rehbinder, Manfred, Die Begründung der Rechtssoziologie durch Eugen Ehrlich, 2. Aufl., Berlin 1986
ders., Einführung in die Rechtswissenschaft, 8. Aufl., Berlin 1995
ders., Rechtssoziologie, 7. Aufl., München 2009
Reichel, Hans, Gesetz und Richterspruch, Zürich 1915
Die Religion in Geschichte und Gegenwart, hg. v. Kurt Galling, Bd. 2, 3. Aufl., Tübingen 1986
Riebschläger, Klaus, Die Freirechtsbewegung, Berlin 1968
Riezler, Erwin, Das Rechtsgefühl, 3. Aufl., München 1969
Riggert, Rainer, Die Selbstbindung der Rechtsprechung durch den allgemeinen Gleichheitssatz (Art. 3 I GG), Berlin 1993

Ritter, Joachim, Subjektivität, Frankfurt 1974
Rödig, Jürgen, Die Theorie des gerichtlichen Erkenntnisverfahrens, Berlin 1973
ders. (Hg.), Studien zu einer Theorie der Gesetzgebung, Berlin 1976
Röhl, Klaus F./Röhl, Hans Ch., Allgemeine Rechtslehre, 3. Aufl., Köln 2008
Rosenberg, Leo, Die Beweislast, 5. Aufl., München 1965
ders./Schwab, Karl H./Gottwald, Peter, Zivilprozeßrecht, 17. Aufl., München 2010
Roth-Stielow, Klaus, Die Auflehnung des Richters gegen das Gesetz, Villingen 1963
Rothacker, Erich, Logik und Systematik der Geisteswissenschaften, München 1927
Rottleuthner, Hubert, Rechtswissenschaft als Sozialwissenschaft, Frankfurt 1973
ders., Richterliches Handeln, Frankfurt 1973
Roxin, Claus, Strafrecht, Allgemeiner Teil, Bd. 1, 4. Aufl., München 2006
Rümelin, Max, Werturteile und Willensentscheidungen im Civilrecht, Freiburg 1891
ders., Rechtsgefühl und Rechtsbewußtsein, Tübingen 1925
ders., Erlebte Wandlungen in Wissenschaft und Lehre, Tübingen 1930
Ruesch, Arnold, Todesstrafe und Unfreiheit des Willens, Darmstadt 1927
Rüthers, Bernd, Die unbegrenzte Auslegung, 6. Aufl., Heidelberg 2005
ders., Rechtstheorie, 4. Aufl., München 2008

Saage, Richard, Das Ende der politischen Utopie?, Frankfurt 1990
Salinger, Frank, Radbruchsche Formel und Rechtsstaat, Heidelberg 1995
Sauer, Wilhelm, Juristische Methodenlehre, Stuttgart 1940
Savigny, Friedrich C. v., System des heutigen römischen Rechts I, Berlin 1840
Sax, Walter, Das strafrechtliche „Analogieverbot“, Göttingen 1953
Schenke, Ralf P., Die Rechtsfindung im Steuerrecht, Tübingen 2007
Scheuerle, Wilhelm A., Rechtsanwendung, Nürnberg 1952
Schiller, Friedrich, Sämtliche Werke, hg. v. Gerhard Fricke/Herbert G. Göpfert, Bd. 1, 4. Aufl., München 1965

Schilling, Theodor, Rang und Geltung von Normen in gestuften Rechtsordnungen, Berlin 1994
Schlegel, Friedrich v., Kritische Schriften, hg. v. Wolfdietrich Rasch, 3. Aufl., München 1971
Schlosser, Hans, Grundzüge der Neueren Privatrechtsgeschichte, 9. Aufl., Heidelberg 2001
Schmalz, Dieter, Methodenlehre für das juristische Studium, 4. Aufl., Baden-Baden 1998
Schmidt, Eberhard, Gesetz und Richter, Karlsruhe 1952
ders., Lehrkommentar zur StPO und zum GVG, Teil 3, Göttingen 1960
Schmitt, Carl, Die Lage der europäischen Rechtswissenschaft, Tübingen 1949
Schneider, Egon, Logik für Juristen, Berlin 1965 (1. Aufl.)
ders./Schnapp, Friedrich E., Logik für Juristen, 6. Aufl., Berlin 2007
Schneider, Hans, Gesetzgebung, 3. Aufl., Heidelberg 2002
Schönke, Adolf/Schröder, Horst, Kommentar zum Strafgesetzbuch, 27. Aufl., München 2006 (10. Aufl. 1961, 16. Aufl. 1972, 25. Aufl. 1997)
Schreiber, Rupert, Logik des Rechts, Berlin 1962
ders., Die Geltung von Rechtsnormen, Heidelberg 1966
Schulze, Werner, Tatbestand und Rechtsfolge, Berlin 1909
Schwintowski, Hans-Peter, Juristische Methodenlehre, Frankfurt 2005
Shakespeare, William, Der Sturm, übers. u. hg. v. Gerd Stratmann, Stuttgart 1982
Siebert, Wolfgang, Die Methode der Gesetzesauslegung, Heidelberg 1958
Sigwart, Christoph, Logik I, 4. Aufl., Tübingen 1911
Simmel, Georg, Einleitung in die Moralwissenschaft I, Berlin 1892
ders., Probleme der Geschichtsphilosophie, 5. Aufl., München 1923
Simon, Dieter, Die Unabhängigkeit des Richters, Darmstadt 1975
Soell, Hermann, Das Ermessen der Eingriffsverwaltung, Heidelberg 1973
Somló, Felix, Juristische Grundlehre, 2. Aufl., Leipzig 1927
Sommer, Franz, Das Reale und der Gegenstand der Rechtswissenschaft, Leipzig 1929
Speiger, Peter, Interessenjurisprudenz in der deutschen Rechtsprechung, Freiburg 1985
Sprenger, Gerhard, Naturrecht und Natur der Sache, Berlin 1976
Stammler, Rudolf, Theorie der Rechtswissenschaft, Halle (Saale) 1911

ders., Lehrbuch der Rechtsphilosophie, 3. Aufl., Berlin 1928
Stein, Friedrich, Das private Wissen des Richters, Leipzig 1893
Stein, Torsten/Buttlar, Christian v., Völkerrecht, 12. Aufl., Köln 2009
Stelkens, Paul/Bonk, Heinz J./Sachs, Michael, Kommentar zum Verwaltungsverfahrensgesetz, 7. Aufl., München 2008
Stern, Klaus, Ermessen und unzulässige Ermessensausübung, Berlin 1964
Strache, Karl-Heinz, Das Denken in Standards, Berlin 1968
Stratenwerth, Günter/Kuhlen, Lothar, Strafrecht, Allgemeiner Teil I, 5. Aufl., Köln 2004
Struck, Gerhard, Topische Jurisprudenz, Frankfurt 1971
Suelmann, Heinz-Gerd, Die Horizontalwirkung des Art. 3 II GG, Baden-Baden 1994

Tammelo, Ilmar, Outlines of modern legal logic, Wiesbaden 1969
Teubner, Gunther, Standards und Direktiven in Generalklauseln, Frankfurt 1971
Tezner, Friedrich, Das freie Ermessen der Verwaltungsbehörden, Leipzig 1924
Thomas, Heinz/Putzo, Hans, Kommentar zur Zivilprozeßordnung, 30. Aufl., München 2009
Tuhr, Andreas v., Der Allgemeine Teil des Deutschen Bürgerlichen Rechts II 1, Berlin 1914

Ule, Carl H., Verwaltungsprozeßrecht, 9. Aufl., München 1987

Vico, Giambattista, De nostri temporis studiorum ratione, übers. v. Walter F. Otto, Darmstadt 1974
Viehweg, Theodor, Topik und Jurisprudenz, 5. Aufl., München 1974
Vogel, Joachim, Juristische Methodik, Berlin 1998

Wach, Adolf, Handbuch des deutschen Civilprozeßrechts, Bd. 1, Leipzig 1885
Wach, Joachim, Das Verstehen, Bd. 1, Tübingen 1926, Bd. 3, 1933
Warda, Günter, Dogmatische Grundlagen des richterlichen Ermessens im Strafrecht, Köln 1962
Wassermann, Rudolf/Petersen, Jürgen (Hg.), Recht und Sprache, Heidelberg 1983
Weber, Max, Wirtschaft und Gesellschaft, 5. Aufl., Tübingen 1990
Weinberger, Ota, Rechtslogik, 2. Aufl., Berlin 1989

Weischedel, Wilhelm, Recht und Ethik, Karlsruhe 1956
Werner, Fritz, Zum Verhältnis von gesetzlichen Generalklauseln und Richterrecht, Karlsruhe 1966
Wessels, Johannes/Beulke, Werner, Strafrecht, Allgemeiner Teil, 39. Aufl., Heidelberg 2009
ders./Hillenkamp, Thomas, Strafrecht, Besonderer Teil 2, 32. Aufl., Heidelberg 2009
Wieacker, Franz, Gesetz und Richterkunst, Karlsruhe 1958
ders., Notizen zur rechtshistorischen Hermeneutik, Göttingen 1963
ders., Privatrechtsgeschichte der Neuzeit, 2. Aufl., Göttingen 1967
Williams, Glanville, Learning the Law, 13. Aufl., London 2006
Windscheid, Bernhard, Lehrbuch des Pandektenrechts I, 9. Aufl., Düsseldorf 1906
Winkler, Günter, Theorie und Methode in der Rechtswissenschaft, Wien 1989
Wittram, Reinhard, Das Interesse an der Geschichte, Göttingen 1958
Wolf, Erik, Fragwürdigkeit und Notwendigkeit der Rechtswissenschaft, Freiburg 1953
Wolff, Hans J./Bachof, Otto/Stober, Rolf/Kluth, Winfried, Verwaltungsrecht, Bd. I, 12. Aufl., München 2007
Wolffers, Arthur, Logische Grundformen der juristischen Interpretation, Bern 1971
Wright, Georg H. v., Handlung, Norm und Intention, hg. und eingel. v. Hans Poser, Berlin 1977
Würtenberger, Thomas (sen.), Die geistige Situation der deutschen Strafrechtswissenschaft, 2. Aufl., Karlsruhe 1959
Würtenberger, Thomas, Zeitgeist und Recht, 2. Aufl., Tübingen 1991
ders./Heckmann, Dirk, Polizeirecht in Baden-Württemberg, 6. Aufl., Heidelberg 2005

Ziegler, Christoph E., Selbstbindung der Dritten Gewalt, Frankfurt 1993
Zipf, Heinz, Die Strafmaßrevision, München 1969
Zippelius, Reinhold, Wertungsprobleme im System der Grundrechte, München 1962
ders., Recht und Gerechtigkeit in der offenen Gesellschaft, 2. Aufl., Berlin 1996
ders., Juristische Methodenlehre, 10. Aufl., München 2006
ders., Rechtsphilosophie, 5. Aufl., München 2007

ders./Würtenberger, Thomas, Deutsches Staatsrecht, 32. Aufl., München 2008
Zitelmann, Ernst, Irrtum und Rechtsgeschäft, Leipzig 1879
ders., Lücken im Recht, Leipzig 1903
ders., Die Kunst der Gesetzgebung, Dresden 1904
Zweigert, Konrad/Kötz, Hein, Einführung in die Rechtsvergleichung auf dem Gebiete des Privatrechts, 3. Aufl., Tübingen 1996

Abkürzungen

Abs.	Absatz
AcP	Archiv für die civilistische Praxis
a. F.	alte Fassung
Anm.	Anmerkung
AöR	Archiv für öffentliches Recht
ARSP	Archiv für Rechts- und Sozialphilosophie
Art.	Artikel
AT	Allgemeiner Teil
Bd.	Band
BGB	Bürgerliches Gesetzbuch
BGH	Bundesgerichtshof
BGHSt	Entscheidungen des Bundesgerichtshofs in Strafsachen
BGHZ	Entscheidungen des Bundesgerichtshofs in Zivilsachen
BT	Besonderer Teil
BVerfG	Bundesverfassungsgericht
BVerfGE	Entscheidungen des Bundesverfassungsgerichts
BVerfGG	Bundesverfassungsgerichtsgesetz
BVerwGE	Entscheidungen des Bundesverwaltungsgerichts
D	Digesten
ders.	derselbe
dies.	dieselbe/n
DÖV	Die öffentliche Verwaltung
DRiZ	Deutsche Richterzeitung
DVBl.	Deutsches Verwaltungsblatt
EuGH	Europäischer Gerichtshof
EDV	Elektronische Datenverarbeitung
EG	Europäische Gemeinschaft
EN	Nikomachische Ethik

f.	für/und die folgende
ff.	und die folgenden
FamFG	Gesetz über das Verfahren in Familiensachen und in den Angelegenheiten der freiwilligen Gerichtsbarkeit
FS	Festschrift
GG	Grundgesetz
GVG	Gerichtsverfassungsgesetz
Hg./hg.	Herausgeber/herausgegeben
h. M.	herrschende Meinung
i. e. S.	im engeren Sinne
i. S.	im Sinne
JhJ	Jherings Jahrbücher
JR	Juristische Rundschau
JuS	Juristische Schulung
JZ	Juristenzeitung
KdRV	Kritik der reinen Vernunft
KK	Karlsruher Kommentar
m. a. W.	mit anderen Worten
MDR	Monatsschrift für deutsches Recht
m. E.	meines Erachtens
m. w. N.	mit weiteren Nachweisen
n. F.	neue Fassung
NJW	Neue Juristische Wochenschrift
OGHSt	Entscheidungen des Obersten Gerichtshofs für die Britische Zone in Strafsachen
OLG	Oberlandesgericht
RGSt	Entscheidungen des Reichsgerichts in Strafsachen
RGZ	Entscheidungen des Reichsgerichts in Zivilsachen
r. o.	rechts oben
Rspr.	Rechtsprechung

S.	Seite
s.	siehe
sc.	scilicet (= nämlich)
sen.	senior
s. o. S.	siehe oben Seite
s. u.	siehe unten/siehe unter
s. u. S.	siehe unten Seite
StGB	Strafgesetzbuch
StPO	Strafprozessordnung
StrRG	Gesetz zur Reform des Strafrechts
u. a.	unter anderem/und andere
u. U.	unter Umständen
UWG	Gesetz gegen den unlauteren Wettbewerb
v.	von/vom
v. a.	vor allem
VerwArch	Verwaltungsarchiv
VO	Verordnung
VwGO	Verwaltungsgerichtsordnung
VwVfG	Verwaltungsverfahrensgesetz
z. B.	zum Beispiel
ZGB	Schweizerisches Zivilgesetzbuch
ZgS	Zeitschrift für die gesamte Staatswissenschaft
ZPhF	Zeitschrift für philosophische Forschung
ZPO	Zivilprozessordnung
ZRP	Zeitschrift für Rechtspolitik
ZS	Zeitschrift
ZStW	Zeitschrift für die gesamte Strafrechtswissenschaft
z. T.	zum Teil
z. Z.	zur Zeit
ZZP	Zeitschrift für Zivilprozess

Scire leges non hoc est verba earum tenere, sed vim ac potestatem
Celsus, Digesten 1, 3, 17

Kapitel I

Einleitung

Wer sich anschickt, die Rechtswissenschaft und das juristische Denken dem Anfänger oder dem Laien näherzubringen, sieht sich dabei im Vergleich mit anderen Wissenschaften mancherlei Hemmnissen und Anzweiflungen ausgesetzt[1]. Blickt der Jurist im Kreise der Geistes- und Kulturwissenschaften, denen die Rechtswissenschaft zugezählt wird, um sich, so muss er mit Neid und Beklemmung feststellen, dass die meisten von ihnen extra muros mit sehr viel mehr Interesse, Verständnis und Vertrauen rechnen dürfen als gerade seine Wissenschaft. Zumal die Wissenschaften von der Sprache, der Literatur, der Kunst, der Musik und der Religion faszinieren den bildungsbeflissenen Laien in ganz anderem Maße als die sachlich und auch methodologisch nahe verwandte Wissenschaft vom Recht.

---

1 Zum Folgenden: J. Binder, Philosophie des Rechts, 1925, S. 836ff., 886ff., 920f.; C.A. Emge, Einführung in die Rechtsphilosophie, 1955, S. 380ff.; K. Engisch, Wahrheit und Richtigkeit im juristischen Denken, 1963; O. Ballweg, Rechtswissenschaft und Jurisprudenz, 1970; R. Dreier, Zum Selbstverständnis der Jurisprudenz als Wissenschaft, Rechtstheorie 2 (1971), 37; W. Krawietz, Recht als Regelsystem, 1984, S. 2ff.; F. Bydlinski, Juristische Methodenlehre und Rechtsbegriff, 2. Aufl. 1991, S. 57ff., 76ff.; Th. Mayer-Maly, Rechtswissenschaft, 5. Aufl. 1991, S. 1ff.; K. Larenz, Methodenlehre der Rechtswissenschaft, 6. Aufl. 1991, S. 189ff., 239ff.; H. Coing, Grundzüge der Rechtsphilosophie, 5. Aufl. 1993, S. 290ff.; F. Müller, Strukturierende Rechtslehre, 2. Aufl. 1994, S. 13ff.; R. Zippelius, Recht und Gerechtigkeit in der offenen Gesellschaft, 2. Aufl. 1996, S. 21ff.; H.-M. Pawlowski, Methodenlehre für Juristen, 3. Aufl. 1999, Rn. 5ff.; J. Braun, Einführung in die Rechtswissenschaft, 3. Aufl. 2007, S. 353ff.; N. Horn, Einführung in die Rechtswissenschaft und Rechtsphilosophie, 4. Aufl. 2007, Rn. 39ff.; K.F. Röhl/H. Ch. Röhl, Allgemeine Rechtslehre, 3. Aufl. 2008, S. 79ff.; B. Rüthers, Rechtstheorie, 4. Aufl. 2008, Rn. 280ff.

Man wird ohne viel Besinnen ein archäologisches oder literarhistorisches Buch auf den Geschenktisch legen, kaum je aber ein juristisches Buch, mag dieses auch an das Wissen des Lesers keine besonderen Anforderungen stellen. Die üblichen Einführungen in die Rechtswissenschaft scheinen mit seltenen Ausnahmen nur dem angehenden Juristen, nicht aber dem Laien etwas zu bieten. Wie oft findet man wohl auch in der Bibliothek des Nichtjuristen ein Gesetzbuch?

Die Gründe für diese Interesselosigkeit des Laien am Recht und an der Rechtswissenschaft sind leicht aufzudecken. Und doch handelt es sich hier um etwas sehr Seltsames. Geht doch kaum ein anderes Kulturgebiet den Menschen näher an als das Recht. So gibt es Menschen, die ohne lebendige Beziehung zur Dichtung, zur Kunst, zur Musik leben können und leben. Aber es gibt keinen Menschen, der nicht unter dem Recht lebt und ständig von ihm berührt und gelenkt ist. Der Mensch wird innerhalb der Gemeinschaft geboren und großgezogen und – von abnormen Fällen abgesehen – niemals aus der Gemeinschaft entlassen. Das Recht aber ist Wesenselement der Gemeinschaft. Es geht uns daher unvermeidlich an. Auch steht der Grundwert, an dem es sich ausrichten soll: das Gerechte, nicht zurück hinter den Werten des Schönen, des Guten und des Heiligen. Ein gerechtes Recht „gehört zum Sinn der Welt"[2]. Warum dennoch so wenig Aufgeschlossenheit für Recht und Jurisprudenz?

Nun wird man einwenden, Recht und Rechtswissenschaft seien zweierlei, verdächtig sei dem Laien nur die Letztere. Aber abgesehen davon, dass sich der Laie auch um das Recht nur insoweit kümmert, als dies praktisches Gebot ist, Recht und Rechtswissenschaft sind gar nicht so sehr zweierlei. Sie sind es jedenfalls viel weniger, als es beispielsweise etwa Kunst und Kunstwissenschaft sind. Ohne Zweifel dient auch die Kunstwissenschaft der Kunst, indem sie das Kunstverständnis fördert. Auch mag es einmal vorkommen, dass wissenschaftliche Theorien die Kunstübung beeinflussen. Im Allgemeinen aber geht die Kunst ihre eigenen Wege, und die Kunstwissenschaft folgt ihr

2 G. Küchenhoff, Naturrecht und Christentum, 1948, S. 6.

nach, erhellend, reflektierend und historisierend, oft vom Künstler selbst mit Misstrauen betrachtet, wenn nicht gar abgelehnt und verspottet. Es liegt mir natürlich ferne, die große geistige Bedeutung der wissenschaftlichen Kunstbetrachtung in Frage stellen zu wollen. Wie viel hat Winckelmann unseren Klassikern bedeutet? Welch beglückende Einsichten haben uns ein Jakob Burckhardt oder ein Heinrich Wölfflin geschenkt? Trotzdem bleibt es dabei: Kunst und Kunstwissenschaft sind zweierlei. Und Ähnliches gilt für das Verhältnis anderer Kulturwissenschaften zu ihrem jeweiligen Gegenstand. Es ist dagegen der fast einzigartige Vorzug der Rechtswissenschaft unter den Kulturwissenschaften, nicht neben und hinter dem Recht einherzugehen, sondern das Recht selbst und das Leben in und unter dem Recht mitgestalten zu dürfen. Seit es eine Rechtswissenschaft gibt, ist sie *praktische* Wissenschaft. Die Römer, denen das unsterbliche Verdienst zukommt, diese Wissenschaft begründet zu haben, wussten sehr genau, was sie an ihr hatten. Sie haben sie gerühmt als die „divinarum atque humanarum rerum notitia“[3], sie haben sie also für die lebendigste aller Wissenschaften gehalten, und sie sind mit ihrem Recht und ihrer Rechtswissenschaft groß und stark geworden. Was wahrhaft begabte und schöpferische Juristen gedacht und an Rechtserkenntnissen zutage gefördert haben, ist zu allen Zeiten dem Recht selbst zum Segen geworden[4], sei es, dass es den Gesetz-

3 D 1,1,10. Ein solches Zitat bedeutet: Corpus iuris civilis Digesta (publiziert 16. 12. 533), Buch 1, Titel 1, Lex 10. Vgl. auch D. Liebs, Römisches Recht, 6. Aufl. 2004, S. 61 f.

4 Vgl. L. Raiser, Rechtswissenschaft und Rechtspraxis, NJW 1964, 1201 (1204 f.); L. Legaz y Lacambra, Rechtsphilosophie, 1965, S. 558 ff.; J. Esser, Grundsatz und Norm in der richterlichen Fortbildung des Privatrechts, 4. Aufl. 1990, S. 306 ff.; Larenz, Methodenlehre, S. 234 ff., 242 f.; Pawlowski, Rn. 5 b.
Über den Charakter der römischen „Jurisprudenz“ vgl. etwa Liebs, Römisches Recht, S. 16, 62 f.; W. Kunkel/M. Schermeier, Römische Rechtsgeschichte, 14. Aufl. 2008, S. 123 ff. Bei M. Kaser (Das römische Privatrecht I, 2. Aufl. 1971, S. 3) heißt es: Die römischen Juristen der späten Republik sind „aller weiteren abendländischen Rechtswissenschaft vorangegangen“. Freilich hielten sie „an der praktischen Aufgabe der Rechtsfindung fest“.

geber inspiriert, sei es, dass es die Entscheidung einzelner Rechtsfälle beeinflusst hat. Von der Rechtsweisheit der klassischen römischen Juristen oder der italienischen Postglossatoren (nach 1250) haben Jahrhunderte gezehrt. Auch die Lehren neuerer Juristen wie Ihering, Windscheid, Binding, Liszt und Frank sind stetig fruchtbar geworden für Rechtspflege und Rechtssetzung, also für das Recht selbst – ganz zu schweigen von dem Falle, dass ein Rechtsdenker geradezu zur Gesetzgebung berufen wird, wie Eugen Huber für das Schweizerische Zivilgesetzbuch vom Jahre 1907, das Wieacker in seiner Privatrechtsgeschichte der Neuzeit als „die reifste Frucht der deutschsprachigen Rechtswissenschaft des 19. Jhs. in Gesetzesgestalt"[5] bezeichnet. Kein Verständiger wird daran denken, darum die großen Rechtsgelehrten über die großen Historiker, Sprachforscher und Kunstgelehrten hinausheben und den genialen Philosophen, Dichtern, Künstlern und Musikern an die Seite stellen zu wollen. Was aber die unmittelbare kulturelle Wirksamkeit betrifft, so sind die wesentlichen rechtswissenschaftlichen Leistungen sehr wohl vergleichbar den bedeutenden Philosophemen, Kunstgebilden und literarischen Erzeugnissen. Sie haben insoweit die gleiche Valenz. Dass hieraus der Rechtswissenschaft eine besondere Verantwortung erwächst, versteht sich dann von selbst.

Von ganz anderer Art als das Ringen um Verständnis und Sympathie in Konkurrenz mit den anderen Geistes- und Kulturwissenschaften ist die immer wieder nötig werdende Selbstbehauptung der Rechtswissenschaft gegenüber Anzweiflungen, die sich bei einem Vergleich mit den Wissenschaften von der *Natur* einstellen. Dass es überhaupt zu diesem Vergleich kommt, dürfte mit dem *Gesetzes*charakter des Rechts zusam-

---

Zu allen Zeiten hat die Rechtswissenschaft das Recht (im weiteren Sinne) mitgestaltet, ist sie „praktische Wissenschaft" gewesen (ablehnend allerdings insoweit: H. Kelsen, Reine Rechtslehre, 2. Aufl. 1960, S. 75 Anm. 2). Andererseits bleibt das Wort von R. v. Ihering (Geist des römischen Rechts II 2, 2. Aufl. 1869, S. 369) zu bedenken, dass „die Jurisprudenz, um wahrhaft praktisch zu sein, sich nicht auf praktische Fragen beschränken darf".

5 F. Wieacker, Privatrechtsgeschichte der Neuzeit, 2. Aufl. 1967, S. 491.

menhängen. Die Rechtswissenschaft ist wie die Naturwissenschaften eine Gesetzeswissenschaft. Aber wer uns die Gesetze der Natur entschleiert, offenbart uns Sein und Notwendigkeit. Führt uns auch der Jurist an das Sein heran, kann er uns von der Notwendigkeit der Rechtsgesetze überzeugen? Die Freiheit, die dem menschlichen Geiste im Wirkungsbereich der Individualität, also gerade wieder im Bereich der Künste, ohne weiteres zugestanden wird, erscheint im Bereich des Rechts, in dem Regeln und Gesetze herrschen sollen, allzu leicht als Zufall, Willkür, Anmaßung. Gewiss kennt auch der Künstler Regeln und Gesetze. Aber diese sind ihm nur die „Formen", die er mit persönlichen Gehalten erfüllen darf und soll. Auch sind diese „Formen", wenngleich sie als relativ konstant gedacht werden, ihrerseits individuell geprägt. Sie sind darum kulturell verschieden und historisch wandelbar. Sie sind nicht allgemeingültig und nicht streng verbindlich. „Der Meister kann die Form zerbrechen"[6]. Von den Gesetzen, die das Recht beherrschen und durch die das Recht herrscht, erwartet man dagegen immer wieder Allgemeingültigkeit wie von Wahrheiten und Naturgesetzen. Man ist tief enttäuscht, wenn man sie nicht findet. In klassischer Weise hat dieser Enttäuschung Pascal Ausdruck verliehen mit den vielzitierten Worten: „… man (findet) … kein Recht und kein Unrecht …, das nicht mit dem Klima sein Wesen ändere. Drei Breitengrade näher zum Pol stellen die ganze Rechtswissenschaft auf den Kopf, ein Längengrad entscheidet über Wahrheit; nach wenigen Jahren der Gültigkeit ändern sich grundlegende Gesetze; das Recht hat seine Epochen … Spaßhafte Gerechtigkeit, die ein Fluß begrenzt! Diesseits der Pyrenäen Wahrheit, jenseits Irrtum"[7]. Dass es die Juristen trotz allen heißen Bemühens bis heute nicht fertig gebracht haben, das wahre Recht zu finden, es mit der „Natur", sei es der Natur des Menschen, sei es der Natur der Dinge, zu verknüpfen, lässt ihre Wissenschaft vielfach in

6 F. Schiller, Das Lied von der Glocke, in: ders., Sämtliche Werke, hg. v. G. Fricke/H. G. Göpfert, Bd. 1, 4. Aufl. 1965, S. 439, Vers 343.

7 B. Pascal, Gedanken, übers. u. hg. v. E. Wasmuth, 8. Aufl. 1978, S. 148 (Pensées V, 294).

trübem Lichte erscheinen. Auch die berühmte Kritik, die Julius v. Kirchmann, selbst Jurist, an der Jurisprudenz als Wissenschaft geübt hat, gründet sich eben hierauf: „Sonne, Mond und Sterne scheinen heute wie vor Jahrtausenden; die Rose blüht heute noch so wie im Paradiese; das Recht aber ist seitdem ein Anderes geworden. Die Ehe, die Familie, der Staat, das Eigentum haben die mannigfachsten Bildungen durchlaufen“[8].

Einige einfache Beispiele mögen das Befremden des Laien über die „Willkürlichkeit“ und Naturferne der Jurisprudenz beleuchten. Das erste dieser Beispiele ist sicher banal, wird aber gerade wegen seiner Einfachheit einen guten Anknüpfungspunkt für die weitere Betrachtung bieten können. Als ich noch Student war, empörte sich ein Mediziner in meiner Gegenwart darüber, dass der damals (heute nicht mehr) geltende § 1589 Abs. 2 BGB erklärte: „Ein uneheliches Kind und dessen Vater gelten nicht als verwandt“. Er sah in dieser Bestimmung juristische Willkür, arrogante Verleugnung biologischer Gege-

8 J. v. Kirchmann, Die Wertlosigkeit der Jurisprudenz als Wissenschaft, 3. Aufl. 1848, S. 10. Hierzu Binder, S. 847 f.; C. Schmitt, Die Lage der europäischen Rechtswissenschaft, 1949, S. 15; E. Wolf, Fragwürdigkeit und Notwendigkeit der Rechtswissenschaft, 1953, S. 13; Braun, S. 353 f., 365 f. Andererseits wird betont, dass die Rechtswissenschaft sich im Unterschied zu der Naturwissenschaft im Laufe der Zeiten wenig geändert habe (z. B. G. Cohn, Existentialismus und Rechtswissenschaft, 1955, S. 88). Mehr als das Verhältnis von Rechtswissenschaft und Naturwissenschaft wird gegenwärtig diskutiert das Verhältnis von Rechtswissenschaft und Sozialwissenschaft (welche der Naturwissenschaft insofern nahesteht, als sie als „Seinswissenschaft“ bzw. „Realwissenschaft“ angesehen wird; hierzu z. B. Larenz, Methodenlehre, S. 195 ff., 239 ff.; vgl. auch Müller, Rechtslehre, S. 308 ff.). Im Übrigen hängt natürlich der Wissenschaftscharakter der Jurisprudenz von den Kriterien ab, an welche man überhaupt „Wissenschaft“ bindet, ob man z. B. nur auf (logische, mathematische, empirische) „Wahrheitserkenntnis“ gerichtete Bemühungen als „wissenschaftliche“ gelten lassen will, oder auch solche Bestrebungen, die auf ein System methodisch gewonnener, wohlbegründeter (eventuell „richtiger“) normativer Aussagen zielen (wie eben die Rechtswissenschaft). Letztlich erhebt sich die Frage nach der Gesamteinteilung des „globus intellectualis“. Über den Charakter der Rechtswissenschaft als „Geisteswissenschaft“ s. u. S. 128 Anm. 14

benheiten, vielleicht auch so etwas wie falsche Scham und verlogene Moral. Er meinte offenbar, das Recht könne sich doch unmöglich in dieser Weise über Naturtatsachen hinwegsetzen. Nun noch ein zweites Beispiel: In einer wissenschaftlichen Diskussion über Naturrecht brachte ein namhafter Biologe das heute öfters zitierte Beispiel von den Regeln, die Wölfe beim Kampf beobachten: Unterliegt ein Wolf im Kampf, so nimmt er „Demutshaltung" an, was seinen Gegner dazu veranlasst, von weiteren Bissen abzusehen. Ersichtlich schwebte diesem Biologen der Gedanke vor, ein echtes Naturrecht müsse auf ähnliche Weise in biologischen Gegebenheiten wurzeln. Das ihm von juristischer Seite vorgestellte „Naturrecht", wie es sich etwa in den Grund- und Menschenrechten manifestiert, schien ihm kein echtes Naturrecht zu sein. Noch ein letztes Beispiel: In Arztkreisen wird oft beklagt, dass es den Juristen am rechten Verständnis des Heilberufes fehle. Als besonders anstößig wird empfunden, dass die höchstrichterliche Rechtsprechung auch die notwendige und kunstgerecht ausgeführte ärztliche Operation als „Körperverletzung" qualifiziere, die nur straflos sei, weil der Patient sich mit ihr einverstanden erklärt habe[9]. Diese Auffassung scheint der Natur des Heilberufs zu widerstreiten und sich nur aus der Überheblichkeit der Juristen erklären zu lassen.

Was soll der Jurist zu alledem sagen? Wie kann er der Interesselosigkeit, der Abneigung, dem Misstrauen entgegentreten? Zunächst einmal nur dadurch, dass er den Außenstehenden mit der Art seines Denkens, die so fremd und geheimnisvoll erscheint, ein wenig vertraut macht. Wir können das Denken des Juristen nur dadurch in seinem Ansehen retten, dass wir es gewissenhaft analysieren, auch seine Abirrungen und Fehltritte sowie die Bemühungen, diese zu vermeiden, ins Auge fassen. Wie alles menschliche Streben und Handeln ist auch die Jurisprudenz mit Mängeln behaftet und Gefahren ausgesetzt. Aber man darf vermuten, dass sie, der

9 Dazu K. Engisch, Die rechtliche Bedeutung der ärztlichen Operation, 1958, S. 19f. Vgl. auch Eser, in: A. Schönke/H. Schröder, Kommentar zum Strafgesetzbuch, 27. Aufl. 2006, § 223 Rn. 27ff. m. w. N.

so viele hervorragende Menschen ihre Kraft gewidmet haben, nicht von allen guten Geistern verlassen ist.

Dabei soll nicht verhehlt werden, dass die folgenden Darlegungen dem Charakter einer „Einführung“ gemäß von den traditionellen Rechtsfindungsmethoden ausgehen und im Großen und Ganzen auf ihnen fußen. Seit dem ersten Erscheinen dieses Buches im Jahre 1956 haben diese Methoden mitunter Anfechtung erfahren. Wie zu Beginn des 20. Jahrhunderts „Freirechtsschule“ und „Interessenjurisprudenz“ der Rechtsfindung und ihrer Methodik neue Ziele gewiesen haben, so bleiben nun auch in der Gegenwart progressive Theorien und Parolen der Rechtsgewinnung nicht aus. Sie sollen nicht unberücksichtigt bleiben. Im Wesentlichen aber scheint mir die herkömmliche Methodenlehre, wie sie durch und seit Savigny herausgebildet worden ist, noch eine genügend feste Plattform zu bilden, der sich der Jurist unserer Tage als Basis seiner Gedankenarbeit anvertrauen darf.

Kapitel II

Über Sinn und Struktur des Rechtssatzes

Wir knüpfen an § 1589 BGB an. Dieser Paragraf steht an der Spitze der Vorschriften über die „Verwandtschaft". Er lautete *früher* vollständig: „Personen, deren eine von der anderen abstammt, sind in gerader Linie verwandt. Personen, die nicht in gerader Linie verwandt sind, aber von derselben dritten Person abstammen, sind in der Seitenlinie verwandt. Der Grad der Verwandtschaft bestimmt sich nach der Zahl der sie vermittelnden Geburten. Ein uneheliches Kind und dessen Vater gelten nicht als verwandt". Der letzte Satz ist dank der Neuregelung der rechtlichen Stellung der nichtehelichen Kinder durch Gesetz v. 19. 8. 1969 weggefallen, soll aber zunächst noch einmal in unsere folgenden Überlegungen einbezogen werden. Auffallend ist dann an der Bestimmung der Wechsel im Ausdruck. Erst wird davon gesprochen, dass gewisse Personen in gerader Linie oder in der Seitenlinie verwandt *sind*. Dann heißt es: „*bestimmt sich*" und schließlich im letzten Satz: „*gelten*". Offensichtlich konnte im Schlusssatz die Meinung des Gesetzgebers nicht die sein, dass das uneheliche Kind mit seinem Vater nicht auf *natürliche* Weise blutsverwandt sei, vielmehr nur die, dass das uneheliche Kind dem ehelichen *rechtlich*, genauer: *bürgerlich*-rechtlich nicht *gleichstehen* solle. Die Einschränkung „bürgerlich-rechtlich" ist sehr wichtig. Denn z. B. i. S. des Strafgesetzbuches war von jeher der uneheliche Vater mit dem ehelichen Kind verwandt. Die Strafdrohung des § 173 StGB gegen den Beischlaf zwischen „Verwandten auf- und absteigender Linie" (wie es früher hieß) bezog sich schon immer auch auf uneheliche Eltern und Kinder (die jetzt ausdrücklich „leibliche Abkömmlinge" genannt werden). Oder: Die Strafloserklärung von „Entwendungen ..., welche von Eltern ... gegen ihre Kinder ... begangen werden", im

Preußischen Strafgesetzbuch 1841 (§ 228) galt auch für solche gegen uneheliche Kinder. Andererseits heißt es dann wieder in Art. 51 des Einführungsgesetzes zum BGB: „Soweit in dem Gerichtsverfassungsgesetz, der Zivilprozessordnung, der Strafprozessordnung, der Insolvenzordnung ... an die Verwandtschaft oder die Schwägerschaft rechtliche Folgen geknüpft sind, finden die Vorschriften des Bürgerlichen Gesetzbuchs ... über Verwandtschaft oder Schwägerschaft Anwendung". Diese anderen Gesetze orientierten sich also früher auch wieder an dem Grundsatz des BGB, dass der uneheliche Vater und sein Kind nicht als verwandt „gelten", was seit dem Gesetz v. 19. 8. 1969 überholt ist. Folge war, dass das Zeugnisverweigerungsrecht, das nach § 52 Abs. 1 Nr. 3 StPO den mit dem Beschuldigten in gerader Linie Verwandten eingeräumt wird, nicht dem unehelichen Vater im Strafprozess gegen das uneheliche Kind (und vice versa) zustand[1]; das gilt also heute nicht mehr. So scheint, um an das oben zitierte Wort Pascals anzuknüpfen, nicht nur ein Längengrad über die Wahrheit in der Justiz zu entscheiden, sondern die Trennungslinien scheinen auch durch eine und dieselbe Rechtsordnung hindurchlaufen zu können, um sich dann im historischen Wandel zu verschieben oder ganz aufzulösen. Mit der „Geltung" hat es eine eigene Bewandtnis. Ohne über sie philosophieren zu wollen (was oft genug geschehen ist), würden wir in unserem Falle sagen, dass sie darauf hinausläuft, ein Lebensverhältnis auf bestimmte Weise rechtlich anzusehen.

Bevor wir aber fragen, was das für eine eigentümliche Betrachtungsweise ist, fragen wir zuvor, ob es eigentlich *wesentlich* anders steht mit den *ersten* (noch heute in Kraft stehenden) Sätzen des § 1589 BGB, wo es heißt, dass Personen, die voneinander abstammen, in gerader Linie verwandt *sind.* Hier wenigstens scheint sich ja das Recht von vornherein der Natur zu beugen und nur das zu sagen, was *ist.* Dennoch können wir auch hier Überraschungen erleben. § 1589 macht

1 Zur alten Rechtslage kritisch W. Dallinger, Aus der Rechtsprechung des BGH in Strafsachen, MDR 1956, 394 (397); vgl. auch E. Kern/C. Roxin, Strafverfahrensrecht, 13. Aufl. 1975, S. 124.

die Verwandtschaft abhängig von der „Abstammung". Was das heißt, glaubt alle Welt zu wissen. Um so erstaunlicher muss scheinen, was das Bürgerliche Gesetzbuch alsbald in den §§ 1591 ff. über Abstammung bestimmt. Dort wird gesagt: „Vater eines Kindes ist der Mann, 1. der zum Zeitpunkt der Geburt mit der Mutter des Kindes verheiratet ist, 2. der die Vaterschaft anerkannt hat oder 3. dessen Vaterschaft nach § 1600 d ... gerichtlich festgestellt ist" (Vaterschaft, § 1592 BGB). § 1593 ergänzt: „§ 1592 Nr. 1 gilt entsprechend, wenn die Ehe durch Tod aufgelöst wurde und innerhalb von 300 Tagen nach der Auflösung ein Kind geboren wird. ... Wird von einer Frau, die eine weitere Ehe geschlossen hat, ein Kind geboren, das sowohl nach den Sätzen 1 und 2 Kind des früheren Ehemanns als auch nach § 1592 Nr. 1 Kind des neuen Ehemanns wäre, so ist es nur als Kind des neuen Ehemanns anzusehen. Wird die Vaterschaft angefochten und wird rechtskräftig festgestellt, dass der neue Ehemann nicht Vater des Kindes ist, so ist es Kind des früheren Ehemanns". Kurz gesagt: Das Recht stellt sich für während der Ehe oder innerhalb einer gewissen Frist nach Auflösung der Ehe geborene Kinder grundsätzlich auf den Standpunkt, den die Römer mit dem Satz ausdrücken: „pater est quem nuptiae demonstrant" (D 2,4,5: Vater ist derjenige, auf den die Ehe als Vater schließen lässt). Offensichtlich kann nun bei dieser Regelung erneut die rechtliche Betrachtung mit der „natürlichen" in Kollision geraten. Es kann schon stutzig machen, dass nach dem BGB – im Widerspruch zu vielen früheren Rechten – die Vaterschaft für das Kind auch dann gegeben ist, wenn es nicht *in* der Ehe, sondern *vor* der Ehe *gezeugt* ist. Nach der mitgeteilten Regelung ist es aber ferner auch möglich, dass eine Frau, die es mit der ehelichen Treue nicht genau nimmt, ihrem Manne Kinder beschert, die als ehelich anzusehen sind, obwohl die skeptisch dreinblickende Umwelt mit ihren natürlichen Augen zu einem ganz anderen Ergebnis kommt. „Mater semper certa est" (so auch unser § 1591 BGB: „Mutter eines Kindes ist die Frau, die es geboren hat"). Die nicht seltene Ungewissheit über den Vater dagegen wird im Interesse der „Rechtssicherheit" ausgeräumt durch die „Vermutung", dass der Ehemann der Mutter beigewohnt hat und der Vater des Kindes ist. „Gesetzlicher Vater wird ein Mann durch die Ehe mit der Mutter also auch dann, wenn es offenbar unmöglich ist, dass die Frau das Kind von ihm empfangen hat“[2]. Fügen wir noch hinzu, dass es zur Vaterschaft auch nachträglich durch Anerkennung (§ 1592 Nr. 2) oder gerichtliche Feststellung (§ 1592 Nr. 3 auf Basis der gesetzlichen Vermutung des § 1600 d Abs. 2) kommen kann, so rundet sich das Bild dahin ab, dass die Abstammung und damit die Verwandtschaft in gerader Linie spezifisch *rechtliche* Gegebenheiten sind, die sich mit den natürlichen Gegebenheiten nicht zu decken brauchen, auch wenn der Gesetzgeber heute mehr als früher bemüht ist, eine Deckung zustande zu bringen.

Selbst wenn sich aber die rechtlichen Gegebenheiten mit den natürlichen decken sollten, indem z. B. im Falle des § 1592 Nr. 1 BGB die Vaterschaft von Rechts wie von Natur wegen bei solchen Kindern gegeben ist, die von den Ehegatten während des Bestandes ihrer Ehe gezeugt und geboren sind, würde das immer noch nicht besagen, dass der rechtliche Begriff der Verwandtschaft genau dasselbe bedeutet wie der „natürliche“. Der nachdenkliche Leser wird schon bei dem Wort „natürlich“ einhaken. Für einen Biologen gibt es nur die Tatsache der natürlichen – im Sinne der genetischen – Abstammung. Doch insbesondere die „*eheliche* Abstammung“ des § 1592 Nr. 1 mit der auf sie sich gründenden „Verwandtschaft“ trägt ein unausscheidbares *kulturelles* Moment in sich, mag dieses Moment nun aus der Welt der Religion oder aus der der Moral oder aus der des Rechts stammen. Wenn eben von einer Deckung der rechtlichen und natürlichen Begriffe der Abstammung und Verwandtschaft die Rede war, so war offenbar der *natürliche* Begriff dieser Verwandtschaft nicht in einem biologischen, sondern in einem sozial-kulturellen Sinne verstanden. Aber nun müssen wir bei näherem Zusehen wahrnehmen, dass sich der Begriff der *rechtlichen* Verwandtschaft

2 So Diederichsen, in: Palandt, Kommentar zum Bürgerlichen Gesetzbuch, bearb. P. Bassenge u. a., 69. Aufl. 2010, § 1592 Rn. 3 („Gesetzliche Vaterschaftsvermutung“).

auch noch unterscheiden kann von dem kulturell-sozialen und in diesem Sinne natürlichen Begriff der Verwandtschaft. Ja, selbst dann, wenn sich diese Begriffe in den Voraussetzungen ihrer Anwendung decken, wenn also rechtliche Verwandtschaft nur dort angenommen wird, wo auch kulturell-soziale Verwandtschaft besteht, wenn wir insbesondere absehen davon, dass sich bei uns die rechtlich maßgebende Eheschließung in besonderen Formen vollzieht, die von den religiösen Formen zu unterscheiden sind, selbst dann sind der rechtliche und der kulturell-natürliche Begriff der Verwandtschaft nicht identisch. Der rechtliche Begriff der Verwandtschaft hat nämlich eine besondere Tragweite, die ihm eine unvergleichliche Bedeutung verleiht. Er fungiert, wie der Jurist sagt, als „Tatbestand", an den „Rechtsfolgen" durch den „Rechtssatz" (die „Rechtsnorm") geknüpft sind. Damit kommen wir in das Zentrum der Dinge.

Wenn es hieß, dass der uneheliche Vater mit seinem unehelichen Kind nicht als verwandt gilt, so war mit diesem Rechtssatz gemeint: Es knüpfen sich an den Tatbestand der unehelichen Abstammung nicht die gleichen *Rechtsfolgen* wie an den Tatbestand der ehelichen Abstammung. Was sind das für Rechtsfolgen? Wir erwähnten schon, dass z. B. bei ehelicher Verwandtschaft in gerader Linie ein Zeugnisverweigerungsrecht besteht, das bei unehelicher Abstammung fehlte, solange § 1589 Abs. 2 BGB a. F. in Kraft war. Nach Wegfall des § 1589 Abs. 2 a. F. und weiteren Reformschritten des Gesetzgebers zur Angleichung der Rechtsstellung von „ehelichen" und „nichtehelichen" Kindern (z. B. Streichung des Erbersatzanspruchs in § 1934 a BGB a. F., der zu einer Ungleichbehandlung „nichtehelicher" Kinder im Erbfall führte, mit Wirkung zum 1. 4. 1998) ist zwar das Kriterium der „Ehelichkeit" heute weitgehend entschärft worden. Es spielt z. B. noch eine gewisse Rolle im Namensrecht (vgl. § 1616 BGB „Das Kind erhält den Ehenamen seiner Eltern als Geburtsnamen"; komplizierter ist es, wenn die Eltern trotz Ehe verschiedene Namen führen – vgl. § 1355 Abs. 1 – oder nicht verheiratet sind, s. §§ 1617 ff. BGB) und bei der Feststellung der Vaterschaft (im Falle der Ehe gesetzliche Vermutung des § 1592 Nr. 1 – im Vergleich zu den komplexeren Fällen des § 1592 Nr. 2 u. 3, vgl. §§ 1594 f., 1600 d); so ist es möglich, dass beim „nichtehelichen" Kind die Mutter eine Anerkennung seitens des natürlichen Vaters (§ 1592 Nr. 2) durch Verweigerung ihrer Zustimmung verhindert (§ 1595 Abs. 1: „Die Anerkennung bedarf der Zustimmung der Mutter"). Jedoch sind an den Tatbestand der – in unserem Beispiel – rechtlichen „Vaterschaft" als solcher und damit an den Tatbestand der rechtlichen „Abstammung" und der rechtlichen „Verwandtschaft" ganz erhebliche Rechtsfolgen geknüpft. Erwähnt seien weitgehende Konsequenzen im Erbrecht (§§ 1924, 1922 BGB) sowie im Unterhaltsrecht (§ 1601), aber auch im Bereich der „elterlichen Sorge" (§ 1626). Der Vater hat z. B. neben der Mutter die „elterliche Sorge" über sein Kind, d. h. das Recht und die Pflicht, für die Person und das Vermögen des Kindes zu sorgen durch Erziehung, Beaufsichtigung, gesundheitliche Betreuung, Leitung der Ausbildung und Berufswahl, Vertretung bei Rechtsgeschäften und in Prozessen (auch hier spielt das Element der „Ehelichkeit" noch eine Rolle: Wenn die Eltern nicht verheiratet sind und sich nicht auf die gemeinsame Sorge einigen, „hat die Mutter die elterliche Sorge", § 1626 a Abs. 2)[3].

Dies und nur dies bedeutet also vor dem Recht „Verwandtschaft" und (eheliche oder nichteheliche) „Abstammung": Es treten aufgrund des vom Gesetz so oder so umschriebenen „Tatbestandes" der Verwandtschaft oder Abstammung diese oder jene „Rechtsfolgen" ein oder nicht ein. Alles, was sonst im menschlichen Verkehr beim Begriff „Verwandtschaft" anklingt und mitschwingt: das Gefühl der Zusammengehörigkeit und Schicksalsverbundenheit, die Erinnerung an gemeinsame Ahnen und gemeinsame Heimat, das Bewusstsein, an der Ehre aller teilzuhaben, das sich daran knüpfende Verantwortungsempfinden, die Hilfsbereitschaft in der Not usw., all dies kommt für das Recht allenfalls mittelbar in Betracht, unmittelbar geht es dem Recht nur um diejenigen Rechte und Pflichten, die als „Rechtsfolgen" anerkannt sind. So mag es zwar eine moralische Pflicht sein, dass Kinder, die von den-

3 Vgl. dazu auch BVerfG NJW 2003, 955 ff. m. w. N.

selben Eltern abstammen (Geschwister und Nachgeschwister), einander in der Not helfen und Unterhalt gewähren. Hat – so das BGB! – das Recht diese Unterhaltspflicht nicht festgesetzt, so kommt der Tatbestand der Verwandtschaft insoweit rechtlich nicht in Betracht. Wohl aber besteht in unseren Prozessordnungen ein Zeugnisverweigerungsrecht für Verwandte der Seitenlinie bis zum dritten Grade, so dass wir auch hier wieder auf eine gewisse Relativität der rechtlichen Regelung stoßen.

Diese Relativität der rechtlichen Regelung in Gestalt unterschiedlicher *Rechtsfolgen* mit Bezug auf die gleiche Ausgangssituation macht uns nun auch die oben dargestellte Relativität in der Bildung der gesetzlichen *Tatbestandsbegriffe* näher verständlich. Dass ungeachtet des gleichen natürlichen Grundsachverhalts unterschiedliche Rechtsfolgen eintreten können, erklärt sich daraus, dass in dem Rechtssatz nicht ein an sich gegebener Tatbestand begrifflich *festgestellt* und zum Gegenstand von wissenschaftlichen Aussagen (über eine „an sich" gegebene biologische „Verwandtschaft" bzw. „Abstammung" mit diesen oder jenen „natürlichen" Wirkungen) gemacht wird, sondern dass hier „gesetzliche Tatbestände" als Voraussetzungen bestimmter rechtlicher Regelungen (zivilrechtlicher oder strafrechtlicher oder auch öffentlich-rechtlicher Art) markiert und gewissermaßen festgesetzt (konstituiert) werden, wobei der Gesetzgeber die Freiheit hat, die tatbestandlichen Voraussetzungen im Hinblick auf die spezifischen rechtlichen Angriffspunkte unterschiedlich zu bestimmen, also den einheitlichen natürlichen Grundtatbestand der „Abstammung" unter Ausrichtung an den jeweiligen Rechtsfolgen immer wieder anders zu beurteilen und zu fassen.

Wir sprachen soeben wiederholt von „*Rechtsfolgen*", die sich an einen „Tatbestand" knüpfen. Was sollen wir unter „Rechtsfolgen" verstehen? Wir lernten als solche etwa kennen: das Recht, einen bestimmten Namen zu führen, das Recht und die Pflicht, elterliche Sorge auszuüben, das Recht auf Unterhalt und das Erbrecht, also immer wieder „*Rechte und Pflichten*". Darin steckt mehrerlei: Zunächst einmal, dass die Rechtsfolgen in Rechten (Berechtigungen) und Pflichten bestehen, und dann, dass diese Rechte und Pflichten als rechtliche anerkannt sind. Mit Bezug auf Letzteres mag die Bemerkung genügen, dass Rechte und Pflichten nur dann als rechtliche anerkannt sind, wenn sie mit rechtlichen Mitteln geltend gemacht und durchgesetzt werden können, was heute angesichts der engen Verflechtung von Recht und Staat praktisch bedeutet, dass sie notfalls bei den staatlichen Justiz- und Verwaltungsbehörden verfolgt werden können (das Verhältnis der Rechte und Pflichten im Rechtssinne zu den moralischen Ansprüchen und Pflichten, denen jene staatliche Durchsetzbarkeit fehlt, ist ein hier nicht weiter zu behandelndes rechtsphilosophisches Problem[4]).

Wenn wir eben sagten, dass die Rechtsfolgen in Rechten und Pflichten bestehen, so hätten wir gleich hinzufügen sollen: in erster Linie! Zwar brauchen wir uns nicht beirren zu lassen durch solche „Rechtsfolgen" wie die Strafsanktionen; denn auch diese können, wie wir gleich nachher sehen werden, als Inhalt von Rechten und Pflichten aufgefasst werden. Wohl aber müssen wir daran denken, dass es im Recht auch „negative" Größen, also die Verneinung von Rechtsfolgen (von Rechten und Pflichten) gibt. Verstößt z. B. ein „Rechtsgeschäft" (insbesondere ein Vertrag) gegen das Gesetz oder die guten Sitten, wie etwa die Vereinbarung mit einer Prozesspartei, gegen Entgelt im Prozess eine falsche Aussage zu machen, so ist dieses Geschäft „nichtig" (§§ 134, 138 BGB), und das heißt: Es entstehen keine Rechte und Pflichten aus ihm. Davon ist dann wieder zu unterscheiden der Fall, dass aufgrund eines Tatbestandes Rechte und Pflichten entstehen können, die *negativen Inhalt* haben, d. h. Rechte und Pflichten, die sich auf ein Unterlassen, also ein etwas Nichttun richten, so z. B. das Recht bzw. die Pflicht, eine geräuschvolle Tätigkeit zu unterlassen. Rechte und Pflichten der letzteren Art sind juristisch etwas Positives, wie ja auch Schulden, die man rechnerisch als etwas Negatives behandelt und vom Vermögen subtrahiert, vor dem Recht etwas Positives, nämlich typische

4 Hierzu K. Engisch, Recht und Sittlichkeit, Schopenhauer-Jahrbuch 51 (1970), 107; R. Zippelius, Rechtsphilosophie, 5. Aufl. 2007, §§ 5 f.

Pflichten sind. Echte negative Größen im Rechtssinne sind dagegen die Verneinungen von Rechten und Pflichten, wie sie mit der Nichtigkeit von gesetz- und sittenwidrigen Rechtsgeschäften verknüpft sind. Sie stellen gleichsam Durchstreichungen von Rechtsfolgen dar, die man jedoch seltsamerweise auch wieder „Rechtsfolgen" nennt; denn man sagt, dass der Verstoß eines Rechtsgeschäfts gegen das Gesetz oder gegen die guten Sitten die Rechtsfolge habe, dass das Geschäft nichtig sei, also eigentlich keine Rechtsfolgen entstehen. In diesem Widersinn liegen offenbar Zweideutigkeiten verborgen[5]. Die verwirrende Zweideutigkeit besteht darin, dass man „Rechtsfolge" bald den einen Bestandteil des Rechts*satzes* nennt (der Rechtssatz „besteht aus Tatbestand und Rechtsfolge"), bald das im Rechtssatz Angeordnete: die Entstehung eines Rechts oder einer Pflicht bzw. dasjenige, worauf sich Recht und Pflicht richten: die Leistung, die Strafe usw. Man muss z. B. auseinanderhalten: die *Anordnung* des Rechtssatzes, dass aufgrund eines Kaufvertrages bestimmte Rechte und Pflichten des Verkäufers und des Käufers erwachsen sollen (das ist die Rechtsfolge als Bestandteil des Rechtssatzes), und die Rechte bzw. Pflichten der Vertragsparteien selbst, die in jenem Rechtssatz *angeordnet* sind, also das Recht des Verkäufers, den Kaufpreis zu fordern, die Pflicht des Käufers, die Ware zu bezahlen und abzunehmen. Sagen wir, dass ein Verstoß gegen das Gesetz oder die guten Sitten die Rechtsfolge habe, dass *keine* Rechtsfolgen eintreten, so ist an erster Stelle das Wort Rechtsfolge i. S. des Rechtssatzbestandteils zu verstehen, an zweiter Stelle dagegen i. S. von Recht oder Pflicht. Diese Zweideutigkeit wird sich nie ganz vermeiden lassen, da sich die juristische Umgangssprache ständig der beiden Ausdrücke nebeneinander bedient. Zur Vermeidung von Zweifeln ist es nützlich, wenn man die Rechtsfolge dort, wo sie als Rechtssatzbestandteil gemeint ist, als Rechtsfolgeanordnung oder Rechtsfolgebefehl bezeichnet.

Kehren wir nach dieser Zwischenbemerkung zurück zu der These: Die Rechtsfolgen stellen sich als Rechte und Pflichten

---

5 S. dazu K. Engisch, Der rechtsfreie Raum, ZgS 108 (1952), 385 (415 ff.).

dar. Wir werden dann an positive Rechte und Pflichten, wenn auch eventuell an solche, die auf etwas Negatives, ein Unterlassen, gerichtet sind, denken dürfen. Sie stellen die eigentliche Substanz des Rechtes dar. Ihnen gegenüber erscheinen die Verneinungen nur als Einschränkungen, als etwas Sekundäres[6]. Das Schwergewicht des Rechtes ruht darauf, dass es positiv Rechte gewährt und Pflichten auferlegt.

Man stößt nun in den Lehr- und Handbüchern des bürgerlichen Rechts immer wieder auf die Wendung, dass die „Rechtsfolge“ oder, wie man auch sagt, die „Rechtswirkung“ eines rechtlich bedeutsamen Tatbestandes in der Begründung, Aufhebung oder Veränderung eines Rechtsverhältnisses bestehe[7]. Fragt man aber, was unter diesem neuen Begriff „*Rechtsverhältnis*“ zu verstehen sei, so erhält man etwa folgende Antwort: Ein Rechtsverhältnis ist ein vom Recht bestimmtes Lebensverhältnis, wie es z. B. die Beziehungen zwischen Käufer und Verkäufer oder zwischen Ehegatten darstellen. „Inhaltlich erscheinen die Rechtsverhältnisse zumeist als Machtbefugnisse (Rechte), denen auf der anderen Seite Pflichten entsprechen; aber es gibt auch Rechtsverhältnisse, die nur als mögliche Quelle zukünftiger, erst beim Hinzutreten weiterer Erfordernisse entstehender Rechte und Pflichten in Betracht kommen, z. B. die Verwandtschaft, der Wohnsitz“[8]. Denkt man nun diese Ausführungen über das Rechtsverhältnis als Inhalt der „Rechtsfolge“ durch, so ist leicht zu erkennen, dass am Ende das Rechtsverhältnis gerade nicht als Rechtsfolge, sondern als *Tatbestand* für Rechtsfolgen fungiert, dass dagegen, soweit das Rechtsverhältnis bzw. seine Entstehung oder Aufhebung oder Veränderung wirklich *Rechtsfolge* ist, diese Formulierung wieder darauf hinausläuft, dass es sich um Rechte und Pflichten, um ihre Entstehung usw. handelt. Wir gelangen also auch so zu den Rechten und Pflichten als Inhalten der „Rechtsfolgen“.

---

6 Vgl. K. Engisch, Über Negationen in Recht und Rechtswissenschaft, FS f. H. Henkel (1974), S. 47.

7 S. z. B. L. Enneccerus/H. C. Nipperdey, Lehrbuch des Bürgerlichen Rechts, Bd. I 2, 15. Aufl. 1960, § 136 I.

8 S. dazu Enneccerus/Nipperdey, Bd. I 1, 15. Aufl. 1959, § 71; kritisch: F. W. Jerusalem, Die Zersetzung des Rechtsdenkens, 1968, S. 89 f.

Ebenfalls ist es nur auf den ersten Blick eine andere Auffassung vom Wesen der Rechtsfolge, wenn man sagt: Da das Recht eine Zwangsordnung sei, so bestehe der Rechtsfolgebefehl stets in der Anordnung von *Zwang*, also von Strafe oder Vollstreckung und dergleichen. „Ist … das Recht eine Zwangsordnung, dann ist jede Rechtsnorm eine Zwang anordnende Norm. Ihr Wesen drückt sich demnach in einem Satze aus, in dem an eine bestimmte Bedingung der Zwangsakt als Folge geknüpft ist". So sagt der Begründer der so genannten „reinen Rechtslehre", Hans Kelsen[9]. Bedenken wir jedoch, dass die Anordnung von Zwang auch wieder nur Rechte oder Pflichten zum Zwang erzeugt oder, wie Kelsen selbst sagt, dass bei Gegebensein des Tatbestandes Zwang sein *soll*, so ist augenfällig, dass auch hier die Rechtsfolgen auf Rechte und Pflichten hinauslaufen, nur auf Rechte und Pflichten besonderer Art, nämlich solche von Staatsorganen zur Vornahme bestimmter Akte. Die Bedeutung der so gearteten Rechte und Pflichten hängt natürlich damit zusammen, dass die *rechtlichen* Rechte und Pflichten gerade dadurch als rechtliche gekennzeichnet sind, dass sie bei den staatlichen Behörden Durchsetzung finden. Dies kann aber wieder nur dann geschehen, wenn es entsprechende staatliche Rechte und Pflichten gibt. Diese erscheinen daher als der letzte Halt aller Rechte und Pflichten – eine vielleicht einseitige Auffassung, die wir jedoch hier nicht weiter diskutieren können.

Wir wollen als vorläufiges *Ergebnis* festhalten: Die Rechtsfolgen, die in den Rechtssätzen an die Tatbestände geknüpft werden, bestehen in Rechten und Pflichten. Die Rechtsfolgeanordnungen ordnen das Bestehen oder Nichtbestehen von Rechten und Pflichten an. Können wir aber nun vielleicht

9 H. Kelsen, Allgemeine Staatslehre, 1925, § 10 A. Vgl. ferner die zusammenfassende Darstellung der Lehren Kelsens in dessen Werk „Reine Rechtslehre" (zum Text v. a. S. 114 ff.). Kritisch zu Kelsen: Larenz, Methodenlehre, S. 69 ff. (insbesondere zur Unterscheidung Kelsens zwischen „Rechtssatz" als Aussage und „Rechtsnorm" als Gebot: S. 75 f.); vgl. auch K. Engisch, Literaturbericht Rechtsphilosophie, ZStW 75 (1963), 591 (605 f.); P. Koller, Theorie des Rechts, 2. Aufl. 1997, S. 150 ff.; Rüthers, Rechtstheorie, Rn. 475 ff.

unsere Ausdrucksweise noch dadurch vereinfachen, dass wir entweder die Pflichten auf Rechte oder die Rechte auf Pflichten zurückführen? Wenn es keine Pflichten ohne Rechte und keine Rechte ohne Pflichten gibt, da stets dem Recht des einen die Pflicht eines anderen korrespondiert, z.B. dem Recht des Verkäufers auf Erlangung des Kaufpreises die Pflicht des Käufers auf dessen Entrichtung bzw. die Pflicht des Staates auf Verurteilung des Käufers und Zwangsvollstreckung in sein Vermögen, so genügt es vielleicht zu sagen, jeder Rechtssatz knüpfe als Rechtsfolge an den Tatbestand Rechte, *oder* zu sagen, jeder Rechtssatz knüpfe als Rechtsfolge an den Tatbestand Pflichten. Wenn man nun wirklich in dieser Weise vereinfachen will, so erscheint am ehesten der Weg gangbar, dass man die Rechte auf die Pflichten reduziert. Denn, dass es keine Rechte ohne Pflichten gibt, ist zweifellos, ob dagegen jeder Pflicht ein Recht auf Erfüllung dieser Pflicht gegenübersteht, ist zweifelhaft, und zwar selbst dann, wenn man bei den entsprechenden Rechten nicht nur an Rechte des Einzelnen, sondern auch an Rechte der Gemeinschaft und insbesondere des Staates denkt. Sagen wir also: Die in den Rechtssätzen vorgesehenen Rechtsfolgen bestehen in *Pflichten*. Was aber sind Pflichten? Eine Pflicht besteht immer in einem *Sichverhaltensollen*. Wer verpflichtet ist, ist verpflichtet, sich handelnd oder unterlassend zu verhalten, er soll so oder so handeln, dieses oder jenes unterlassen.

Damit sind wir aber bei einer neuen Station unserer Betrachtung angelangt: Die Rechtssätze sind *Sollenssätze*[10], und zwar, wie man zu sagen pflegt, *hypothetische* Sollenssätze. Sie sprechen ein bedingtes, nämlich eben ein durch den „Tatbestand“ bedingtes Sollen aus. Beispiele: Wenn ein gültiger Kaufvertrag über eine Sache geschlossen worden ist, so soll der Verkäufer die Sache dem Käufer übergeben und ihm das Eigentum an der Sache verschaffen, der Käufer soll dem Verkäufer die Sache abnehmen und den vereinbarten Kaufpreis

10 So auch H. Henkel, Einführung in die Rechtsphilosophie, 2. Aufl. 1977, S. 42 (mit S. 24ff.); R. Zippelius, Juristische Methodenlehre, 10. Aufl. 2006, S. 2ff.

für sie zahlen (vgl. § 433 BGB). Oder: Wenn jemand vorsätzlich oder fahrlässig das Leben, den Körper, die Gesundheit, die Freiheit, das Eigentum oder ein sonstiges Recht eines anderen widerrechtlich verletzt hat, so soll er dem Verletzten Schadenersatz leisten (vgl. § 823 BGB). Oder: Wenn jemand einem anderen eine fremde bewegliche Sache in der Absicht wegnimmt, diese sich oder einem Dritten rechtswidrig zuzueignen, so soll er wegen Diebstahls mit Freiheitsstrafe oder Geldstrafe bestraft werden (vgl. § 242 StGB). Mögen also die Gesetze die Rechtsfolgen als „Verpflichtungen" bezeichnen (§§ 433, 823 BGB) oder sich anders ausdrücken (das Strafgesetzbuch sagt merkwürdigerweise: „wird bestraft"), gemeint ist immer, dass etwas geschehen soll.

Was aber heißt „*Sollen*"? Was heißt – da uns andere Sollensbegriffe als diejenigen, die sich auf menschliches Verhalten beziehen, nur in zweiter Linie interessieren – sich verhalten sollen? Wir berühren wieder eine schwierige rechtsphilosophische, ja allgemeinphilosophische Frage. Manche Philosophen haben gesagt, über das Sollen könne nichts Weiteres gesagt werden: Es sei ein letzter, nicht mehr definierbarer Grundbegriff, eine „Kategorie", eine ursprüngliche Weise unseres Denkens. Diesen Standpunkt hat u. a. der feinsinnige Moral- und Kulturphilosoph Georg Simmel vertreten. „Das Sollen ist eine Kategorie, die zu der sachlichen Bedeutung der Vorstellung hinzutretend, ihr eine bestimmte Stelle für die Praxis anweist ... Es gibt keine Definition des Sollens ... Das Sollen ist ein Denkmodus wie das Futurum und das Präteritum"[11]. Andere betonen, dass das Sollen Ausdruck eines Wollens sei. So sagt das bekannte Wörterbuch der philosophischen Begriffe von Eisler: „Sollen ist das Korrelat eines Willens, ein Ausdruck für das von einem Willen (einem fremden oder dem eigenen) Geforderte"[12], bzw. sein Hand-

11 G. Simmel, Einleitung in die Moralwissenschaft I, 1892, S. 8f. An Simmel hat sich H. Kelsen, Hauptprobleme der Staatsrechtslehre, 2. Aufl. 1923, S. 7ff. angeschlossen. Dazu R. Schreiber, Die Geltung von Rechtsnormen, 1966, S. 51ff.

12 R. Eisler, Wörterbuch der philosophischen Begriffe, Bd. 3, 3. Aufl. 1910, S. 1362.

wörterbuch der Philosophie: „Das ‚Sollen' ist ein Willensdiktat ... es wendet sich von einem übergeordneten an einen untergeordneten Willen"[13]. Bedenkt man, dass der Ausdruck eines auf fremdes Verhalten gerichteten Willens „Imperativ" heißt, so kann man mit Eisler fortfahren: „Das ‚du sollst' ist imperativisch". Wir können dann sagen, die Rechtssätze als Sollenssätze, die auf ein fremdes menschliches Verhalten gerichtet sind, sind Imperative. Schließlich kann man aber auch den Begriff des Sollens durch den Begriff des *Wertes* zu erläutern versuchen: Ein Verhalten ist dann gesollt, wenn sein Vollzug positiv bewertet, sein Ausbleiben negativ bewertet wird[14]. Tiefer können wir hier nicht eindringen.

Wir knüpfen jetzt noch einmal an an die Formulierung, dass die Rechtssätze *Imperative* sind[15]. Das ist in dem Sinne gemeint, dass die Rechtssätze einen Willen der Rechtsgemeinschaft bzw. des Staates bzw. des Gesetzgebers ausdrücken. Dieser Wille ist auf ein bestimmtes Verhalten der Rechtsunterworfenen gerichtet, er fordert dieses Verhalten, um es zu bewirken. Soweit die rechtlichen Imperative in Geltung stehen, haben sie

13 R. Eisler, Handwörterbuch der Philosophie, 2. Aufl. 1922, S. 610.

14 In diesem Sinne E. Husserl, Logische Untersuchungen I, 4. Aufl. 1928, S. 40 ff.

15 Zum Folgenden (oftmals kritisch): Binder, S. 173 ff.; Kelsen, Rechtslehre, S. 73 ff.; U. Klug, Bemerkungen zur logischen Analyse einiger rechtstheoretischer Begriffe und Behauptungen, in: FS f. W. Britzelmayr (1962), S. 115; I. Tammelo, Contemporary developments of the imperative theory of law: a survey and appraisal, ARSP 49 (1963), 255; Th. Geiger, Vorstudien zu einer Soziologie des Rechts, 1964, S. 61 ff.; die Beiträge zur Engisch-Festschrift (1969) von W. G. Becker, K. Larenz, P. Noll und I. Tammelo; E.-J. Lampe, Juristische Semantik, 1970, S. 51 ff., 63 ff.; K. Engisch, Auf der Suche nach der Gerechtigkeit, 1971, S. 26 ff.; H. H. Keuth, Zur Logik der Normen, 1972; H. L. A. Hart, Der Begriff des Rechts, 1973, S. 34 ff. (37); Henkel, Rechtsphilosophie, S. 43 ff.; J. L. Austin, Zur Theorie der Sprechakte, dt. bearb. v. E. v. Savigny, 2. Aufl. 1981; H.-J. Koch/H. Rüßmann, Juristische Begründungslehre, 1982, S. 45 f.; R. N. Hare, Die Sprache der Moral, 2. Aufl. 1997, S. 19 ff.; Bydlinski, S. 197 ff.; Larenz, Methodenlehre, S. 253 ff. m. w. N.; Coing, S. 235 ff.; D. v. d. Pfordten, Deskription, Evaluation, Präskription, 1993, S. 336 ff.; Röhl/Röhl, S. 230 ff.; Rüthers, Rechtstheorie, Rn. 111 ff.

verpflichtende Kraft. Die Pflichten sind also das Korrelat der Imperative. Man hat hieraus eine „Theorie" gemacht, die so genannte Imperativentheorie, deren These lautet, dass das Recht seiner Substanz nach aus Imperativen und nur aus Imperativen besteht. Diese Theorie ist auch richtig, wenn man sie richtig deutet und nicht überspannt. Zunächst einmal bezieht sie sich natürlich nicht auf die einzelnen grammatischen Sätze in einem Gesetzbuch. Die Sätze sind nämlich aus „gesetzestechnischen" Gründen meist unselbstständig. Sie ergeben nur durch wechselseitige Zusammenfügung einen vollständigen Sinn. Dass in dieser Zusammenfügung ein wichtiger Teil der juristischen Kunst steckt, werden wir später noch sehen. Vorläufig bringen wir nur ein Beispiel. Wenn § 227 BGB und § 32 StGB übereinstimmend eine „Legaldefinition" der Notwehr liefern, nämlich: „Notwehr ist diejenige Verteidigung, welche erforderlich ist, um einen gegenwärtigen rechtswidrigen Angriff von sich oder einem anderen abzuwenden", so hat diese Begriffsbestimmung keine selbstständige Bedeutung, sondern Bedeutung nur im Zusammenhang mit der weiteren Erklärung des Gesetzes, dass die durch Notwehr gebotene Handlung nicht „widerrechtlich" (bzw. nicht „rechtswidrig") ist. Diese letzte Erklärung ist aber auch noch nicht selbstständig, sondern nur zu verstehen als Einschränkung von Verboten und Strafbarkeitserklärungen: Die Verletzung anderer Menschen, ihre Tötung, ihre Körperverletzung, ihre Nötigung usw., die im Allgemeinen verboten und strafbar ist, ist im Falle der Notwehr ausnahmsweise statthaft. Der bekannte Spruch: „Was nicht verboten ist, ist erlaubt", kann auch umgedreht werden: „Was erlaubt ist, ist nicht verboten"[16]. Sowohl gesetzliche Begriffsbestimmungen wie

16 Demgemäß wird von mir „erlaubt" als mit „nicht verboten" bedeutungsgleich (äquivalent) und zu „verboten" kontradiktorisch (das Verbot negierend) genommen. Die „Erlaubnis" braucht nicht ausdrücklich und keine positive Billigung zu sein. Viele unterscheiden aber „erlaubt" als positiv „gebilligt" von dem, was bloß „unverboten" (indifferent) ist; z. B. W. Sax, Die rechtliche Dogmatik der Sterbehilfe durch vorzeitigen Abbruch einer Intensivbehandlung, JZ 1975, 137 (145 f. mit Anm. 74). I. Tammelo, Outlines of modern legal logic, 1969, S. 90 ff. differenziert

auch Erlaubnisse sind also nur unselbstständige Sätze. Sie haben Sinn nur im Zusammenhang mit Imperativen, die sie erläutern oder einschränken, wie umgekehrt auch diese Imperative nur dadurch vollständig werden, dass man die Erläuterungen durch Legaldefinitionen und Einschränkungen, durch Erlaubnisse wie auch sonstige Ausnahmen hinzudenkt. Die eigentlichen Sinnträger der Rechtsordnung sind die aus den grammatischen Sätzen des Gesetzbuches herauspräparierten und herauskonstruierten Verbote und Gebote an die Rechtsunterworfenen, zu denen übrigens auch die Staatsorgane zu zählen sind[17].

Das eben Gesagte gilt auch weitgehend für jene Verneinungen von Rechtsfolgen, wie wir sie bei dem Verstoß von Rechtsgeschäften gegen ein Gesetz oder die guten Sitten kennengelernt haben. Wenn das BGB derartige Rechtsgeschäfte für nichtig erklärt und damit die Entstehung von Pflichten aus ihnen verneint, so ist damit nur gesagt, dass die Leistungsgebote, die sonst durch Rechtsgeschäfte, z. B. einen Kaufvertrag oder einen Dienstvertrag, begründet werden, ausnahmsweise nicht greifen. Die Leistungsgebote sind also auch wieder eingeschränkt durch diese Regeln über die Nichtigkeit der Rechtsgeschäfte.

Etwas anders steht es allerdings mit späteren Verneinungen von rechtlichen Imperativen, die diese ausdrücklich oder

---

gar zwischen „permissory" (positiv erlaubt), „licensory" (freigestellt) und „neutral" (im „offenen" Rechtssystem). An derartige Unterscheidungen kann man dann kalkülisierte deontisch-logische Überlegungen anknüpfen. S. dazu etwa außer Tammelo: W. Kamlah/P. Lorenzen, Logische Propädeutik, 2. Aufl. 1973, S. 202 ff.; G. H. v. Wright, Normenlogik, in: K. Lenk (Hg.), Normenlogik, 1974, S. 25; Koch/Rüßmann, S. 43 ff.; O. Weinberger, Rechtslogik, 2. Aufl. 1989, S. 231. In natürlicher Sprache ausgedrückt gilt nach der hier gewählten Terminologie folgendes: Was nicht verboten ist, ist erlaubt, was erlaubt ist, ist nicht verboten, was geboten ist, ist auch erlaubt, was erlaubt ist, ist aber darum noch nicht geboten.

17 Zu den unselbstständigen Bestandteilen der Rechtsordnung s. auch Larenz, Methodenlehre, S. 257 ff.; ferner Keuth, S. 72 ff., 87 ff.

stillschweigend *aufheben*[18]. Würde z.B., wie man dies immer wieder gefordert hat, das Abtreibungsverbot ganz aufgehoben, so würde dies die Zurücknahme eines Imperativs bedeuten. Diese wäre selbst weder ein Imperativ noch Bestandteil eines Imperativs. Im Imperativ wird der Wille des Rechtsunterworfenen gebunden, im aufhebenden Rechtssatz wird er freigesetzt. Wird aber das Abtreibungsverbot nur für gewisse Fälle durchbrochen, wie etwa bei frauenärztlichen Schwangerschaftsunterbrechungen zwecks Rettung des Lebens oder der Gesundheit der Schwangeren, so handelt es sich wieder nur um einen unselbstständigen, einschränkenden Erlaubnissatz, der sich dem im Allgemeinen weiterbestehenden Abtreibungsverbot als Ausnahme einfügen lässt.

Doch braucht sich die Imperativentheorie durch die Existenz nicht-imperativischer aufhebender Rechtssätze in ihrer Grundthese insofern nicht beirren zu lassen, als die aufhebenden Rechtssätze nur eine den Gesamtbestand der in Geltung befindlichen rechtlichen Imperative vermindernde Funktion haben, ohne den Bestand selbst mit neuartigen Rechtsvorschriften zu durchmischen. Durch die aufhebenden Rechtssätze werden bestimmte Verhaltensweisen aus der rechtlichen Herrschaft herausgenommen und in den „rechtsfreien Raum“ verwiesen. Was danach übrig bleibt, sind wieder nur Imperative.

Noch einer Klasse von Rechtssätzen müssen wir besondere Aufmerksamkeit schenken, nämlich den eigentliche subjektive Rechte „gewährenden“ Rechtssätzen[19]. Wir führen damit

18 D.h. ganz beseitigen (nicht nur durch spezielle Erlaubnisse durchbrechen). Zu diesen aufhebenden Rechtssätzen s.z.B. E.R. Bierling, Juristische Prinzipienlehre, Bd. I, 1894, S. 97ff.

19 Wir heben diese nicht nur von den bloßen Erlaubnissen (mit ihrem „Dürfen“) ab, sondern auch von solchen Rechtssätzen, die insofern ein rechtliches „Können“ enthalten, als sie zu Handlungen „ermächtigen“, die zur „Bewirkung“ von Rechtsfolgen führen, insbesondere im Zivilrecht „Privatautonomie“ einräumen, d.h. es ermöglichen, durch „Rechtsgeschäfte“ (Verträge, Verfügungen, Testamente) Rechte und Pflichten zu *begründen*. Solche Rechtssätze lassen sich auch wieder als „unselbstständig“ ansehen, sofern sie nur die Voraussetzungen regeln, unter denen überhaupt Rechte und Pflichten entstehen können, deren

unter einem neuen Blickpunkt Betrachtungen weiter, die wir oben über das Verhältnis von Recht und Pflicht angestellt haben. Klassische Beispiele von Gewährungen sind die verfassungsrechtlichen Grundrechtsgarantien, wie wir sie im ersten Teil unseres Grundgesetzes finden, aber auch die bürgerlichrechtlichen Bestimmungen über das Eigentum, seinen Inhalt und seinen Schutz (§§ 903 ff., 985 ff. BGB). Der juristische Sprachgebrauch unterscheidet objektives Recht und subjektives Recht. Das objektive Recht ist die Rechtsordnung, der Inbegriff der Rechtsnormen, der Rechtssätze, die wir soeben als Imperative aufgefasst haben. Das subjektive Recht ist die Berechtigung. Nimmt man aber an, dass subjektive Rechte durch gewährende Rechtssätze begründet werden, so gehören diese Gewährungen zum objektiven Recht, da sie ja Rechtssätze sind. Wie aber verhalten sie sich dann zu den imperativischen Rechtssätzen? Um diese Frage zu beantworten, müssen wir noch etwas näher auf das Wesen des subjektiven Rechts eingehen. Subjektive Rechte sind zunächst einmal mehr als bloße Erlaubnisse. Eine Erlaubnis, wie z. B. die zur Verletzung des Angreifers in Notwehr, darf als bloße Ausnahme von den verschiedenen Verletzungsverboten gelten und wird insofern nur negative Bedeutung haben. Die Gewährung eines subjektiven Rechts wie des Eigentums bedeutet dagegen etwas Positives. Hier wird dem Berechtigten eine Machtsphäre eingeräumt, damit er innerhalb ihrer seine persönlichen Interessen wahrnehmen kann. Das schon mehrfach zitierte Lehrbuch von Enneccerus sagt deshalb: „Das subjektive Recht ist *begrifflich* eine *Rechtsmacht*, die dem einzelnen durch die Rechtsordnung verliehen ist, seinem *Zwecke* nach ein *Mittel zur Befriedigung menschlicher Interessen*". Enneccerus stellt die „Gewährung" solcher subjektiver Rechte den Geboten und Verboten des Rechts zur Seite. „Jeder vollständige Rechtssatz enthält ein Gebot, viele aber außerdem, ja

---

Deutung unter dem Blickwinkel der Imperativentheorie nach wie vor zur Diskussion steht. Die Kernfrage ist jetzt, ob auch die Einräumung von (subjektiven) Rechten auf die Herausstellung von Imperativen, also von Verboten und Geboten, zurückgeführt werden kann.

sogar in erster Linie, eine Gewährung". „Bestände nämlich das Recht nur aus Geboten, so könnten diese zwar einem anderen *zugute* kommen (sc. wie z. B. das Gebot, im Winter bei Glatteis zu streuen, den Straßengängern zugute kommt; so genannte ‚Reflexe'), … ein *Recht* auf Erfüllung des Gebotes aber kann aus dem Gebote allein dem anderen nicht erwachsen; dazu ist eine *Gewährung* dieses Rechtes an ihn erforderlich … Der Rechtssatz, der mir Eigentum gibt, verbietet nicht nur anderen, mich in der Herrschaft über die Sache zu stören, sondern gibt zugleich mir die Herrschaft über die Sache in dem Sinne, dass ich *selbst* verlangen kann, in der Herrschaft nicht gestört zu werden"[20]. Diese positive Seite des Rechts scheint nun die Imperativentheorie des Rechts völlig zu verdecken. In einer berühmten Kritik dieser Theorie hat Binding davon gesprochen, dass nach ihr das subjektive Recht nur ein „Loch im Zentrum eines Normenkreises" sei[21]. Die Imperativentheorie stellt sich als eine Art von rechtsphilosophischem Pessimismus dar. Wenn nach Schopenhauer, dem klassischen Vertreter des philosophischen Pessimismus überhaupt, alle Lust der Erde nur im Fernbleiben von Unlust besteht, so scheint nach der Imperativentheorie alles Positive, was das Recht gewährt, nur im Nichtgebundensein durch Imperative, im Freisein von „lästigem Fordern, strengem Sollen" zu bestehen. So wie man die rein negative Freiheit von Unlust erst empfindet, wenn sie abhanden kommt, wie man Jugendfrische, Gesundheit, Arbeitskraft erst schätzen lernt, wenn sie allmählich dahinschwinden, so empfindet man auch den Segen rechtlicher Gewährung erst dann, wenn die Imperative zunehmend die Freiheit beeinträchtigen. Erst unter dem Joch des totalitären Staates lernt man die eingebüßten Grund- und Freiheitsrechte wieder schätzen. Indessen lässt sich die recht verstandene

---

20 Enneccerus/Nipperdey I 1, §§ 30, 72. Für die Ausführungen des Textes können diese Begriffsbestimmungen nach wie vor zugrunde gelegt werden (namentlich im Hinblick auf das Eigentumsrecht). Vgl. auch K. Larenz/M. Wolf, Allgemeiner Teil des deutschen Bürgerlichen Rechts, 8. Aufl. 1997, S. 273 ff.

21 K. Binding, Strafrechtliche und strafprozessuale Abhandlungen I, 1915, S. 539.

Imperativentheorie nicht mit dergleichen Unterstellungen abtun. Sie wird gar nicht leugnen, dass das Recht etwas gewährt, dass es sehr positive Leistungen erbringt und fühlbaren Segen stiftet. Die subjektiven Rechte sind da, und sie sind ein Positivum. Jedoch wird die Imperativentheorie darauf hinweisen, dass das Recht diesen positiven Effekt nur erzielt durch sinnreichen Einsatz von Imperativen. So wird das Eigentum, das als Prototyp eines subjektiven Rechtes gelten kann, dadurch und nur dadurch „gewährt", dass jedermann verboten wird, den Eigentümer im Genuss der ihm gehörigen Sache zu beeinträchtigen, also ihn zu bestehlen, zu berauben, ihm den Besitz vorzuenthalten, ihm den Gebrauch zu verleiden usw., dass außerdem demjenigen, der ohne besonderen Rechtstitel eine fremde Sache besitzt, geboten wird, die Sache an den Eigentümer herauszugeben, dass vor allem auch den Justizbehörden geboten wird, auf Verlangen dem Eigentümer behilflich zu sein, die Durchsetzung jener primären Gebote und Verbote zu erreichen[22].

Ohne alle diese Imperative wäre jede noch so ausdrückliche und feierliche Gewährung des Eigentums sinn- und substanzlos. Und Gleiches gilt für alle anderen subjektiven Rechte. Unter diesem Gesichtswinkel ist also die Gewährung subjektiver Rechte im Grunde eine façon de parler für eine besonders geartete Konstellation von Imperativen. Wohlgemerkt: subjektive Rechte sprießen nicht überall dort aus dem Boden, wo etwas vom Recht befohlen wird, sondern nur dort, wo die rechtlichen Imperative so geartet und zusammengeordnet sind, dass aus ihnen bestimmungsgemäß jene Machtpositionen hervorgehen, die wir subjektive Rechte nennen. Kelsen drückt dies so aus, dass er sagt: „Eine Berechtigung liegt dann vor, wenn unter die Bedingungen der Unrechtsfolge eine auf diese gerichtete, in der Form einer Klage oder Beschwerde abzugebende Willensäußerung des durch den Unrechtstatbestand in seinen Interessen Verletzten aufgenommen ist". So

22 Wir stoßen hier auf die allgemein anerkannte Unterscheidung von primären Verhaltensnormen und sekundären Sanktionsnormen. Dazu z. B. Zippelius, Methodenlehre, S. 4, 7 f.

„steht das subjektive Recht dem objektiven Recht nicht als etwas von ihm Unabhängiges gegenüber“ und „ist der Dualismus von subjektivem und objektivem Recht aufgehoben“[23]. Wo es subjektive Rechte gibt, wo sie „gewährt“ werden, da werden sie durch Erlass von Imperativen gewährt. Wie könnte es auch anders sein, da das Recht von Haus aus über kein anderes Vermögen verfügt als dasjenige, das ihm durch die anerkannte Befehlsgewalt eingeräumt ist. Was immer das Recht erreicht, erreicht es durch sinnvolle Nutzung dieser Befehlsgewalt. Es besitzt nicht einen Sack voll subjektiver Rechte, in den es hineingreifen könnte, um Berechtigungen unter das Volk zu streuen. Auf seiner relativen Armut beruhen im Grunde alle Schwierigkeiten des Rechts. Da Berechtigungen nur gewährt werden können, indem andere mit Anforderungen und Pflichten – und handle es sich auch nur um Pflichten der Schonung und der Enthaltsamkeit – belastet werden, so ist es viel schwerer, Gerechtigkeit zu üben, als wenn es sich um die Verteilung eines vorhandenen Schatzes an Berechtigungen handeln würde. Eine Mutter hat es auch leichter, wenn sie einen Kuchen gerecht unter ihre Kinder verteilen will, als wenn sie genötigt ist, einem Kinde zum Vorteil des anderen Pflichten aufzuerlegen. Von hier aus fällt auch noch einmal Licht auf den Unterschied zwischen bloßer Erlaubnis und der so genannten Gewährung subjektiver Rechte. Mit jeder Erlaubnis werden Verbote eingeschränkt, verlieren daher die Imperative Terrain. Bei Neugewährung subjektiver Rechte dagegen, wie sie z. B. in der Neuzeit bei der Einführung von Urheberrechten geschehen ist, nehmen die Imperative zwangsläufig zu. Das Reich des Erlaubten erstreckt sich um so weiter, je mehr die Imperative zusammenschmelzen. Der Bestand der subjektiven Rechte dagegen kann sich immer nur Hand in Hand mit dem Bestand der Verbote und Gebote erweitern[24].

23 H. Kelsen, Reine Rechtslehre, 1. Aufl. 1934, S. 48f. (vgl. auch 2. Aufl., S. 130ff.).

24 In der vorstehenden Gestalt glaube ich die Imperativentheorie weiter aufrechterhalten zu können gegenüber den kritischen Anfechtungen von Klug, Henkel und Larenz (s. o. S. 54 Anm. 15; vgl. auch Schreiber,

Dürfen wir also ohne Bedenken die vollständigen wesentlichen Rechtssätze primär als Imperative ansprechen, so wollen wir doch nicht vergessen, dass der imperativische Wille des Gesetzgebers kein ungebundener Wille, keine Willkür ist. Die Gebote und Verbote des Rechts wurzeln in so genannten „*Bewertungsnormen*"[25]. Sie gründen sich – einfacher gesagt – auf Bewertungen, auf Billigungen und Missbilligungen. Ganz richtig sagt der Moraltheoretiker Jodl: Jeder Imperativ „setzt notwendig das Urteil bereits voraus, dass dem Verlangten ein besonderer und eigentümlicher Wert zukomme, weswegen es

---

Geltung, S. 38 ff.; Bydlinski, S. 197 ff.; v. d. Pfordten, S. 336 ff.). Dass rein logisch gesehen die Konstruktion der Imperativentheorie nur eine unter mehreren möglichen ist, dass, um mit Klug (in: FS Britzelmayr (1962), S. 117) zu sprechen, „es nicht erforderlich ist, Rechtsnormen als Sollenssätze zu interpretieren", dass man „in der Wahl des normativen Grundmodus frei" ist, dass es also insbesondere logisch möglich ist, statt einer „Sollenssprache" eine „Sprache der Dürfenssätze" (in welcher das Sollen durch ein Nichtdürfen definiert ist) oder im Hinblick auf subjektive Rechte eine Ausdrucksweise, die von „Berechtigungen" spricht, zu wählen, bestreite ich nicht. Ich betonte nur die reale Abhängigkeit des subjektiven Rechts vom imperativisch objektiven Recht in dem Sinne, dass die Rechtsordnung subjektive Rechte nur vermittels des eigengearteten Einsatzes von Imperativen „gewähren" kann und dass insofern die „Gewährung" auf einer besonderen Konstellation von Imperativen fußt. Die von Lampe (S. 65) ins Feld geführten Ermächtigungen zu rechtsetzender Tätigkeit (einschließlich der schon oben erwähnten, „Privatautonomie" ermöglichenden Gestattungen zum Abschluss von schuldrechtlichen, dinglichen, familien- und erbrechtlichen Verträgen und Verfügungen, auf welche besonders auch Hart, S. 45 ff. in seiner eindrucksvollen Polemik gegen die Imperativentheorie hinweist) können, wie auch Hart bemerkt, als Voraussetzungen für das Inkrafttreten von Rechten und Pflichten, somit von Imperativen, gedeutet werden. S. dazu auch Engisch, Suche, S. 47, 50.

25 Wir haben bisher den Gebrauch des Wortes „Norm" vermieden. Gewöhnlich bedeutet „Rechtsnorm" den allgemein gefassten Rechtssatz. Gelegentlich spricht man aber auch von den für den Einzelfall geltenden Individualnormen. Uns interessieren als „Normen" in erster Linie die allgemeinen Rechtssätze. Über den besonderen Gebrauch des Terminus „Rechtssatz" bei Kelsen s. o. S. 51 Anm. 9.

eben gefordert wird"[26]. Ebenso richtig führt der Kriminalist Mezger aus: „Das Recht als ‚Bestimmungsnorm' (sc. Imperativ) ist gar nicht ‚denkbar' ohne das Recht als ‚Bewertungsnorm', das Recht als Bewertungsnorm ist unbedingte logische Voraussetzung des Rechts als Bestimmungsnorm ... Denn wer jemanden zu etwas ‚bestimmen' will, der muss zuvor wissen, zu was er ihn bestimmen will: er muss jenes Etwas in bestimmtem positivem Sinne ‚bewerten'. *Logisches* Prius des Rechts als Bestimmungsnorm ist überall das Recht als Bewertungsnorm, als ‚objektive Lebensordnung'"[27]. Zum mindesten wird man dies dann als richtig anerkennen müssen, wenn man im Recht nicht den Ausdruck despotischer Willenslaunen, sondern das Ergebnis verständiger Überlegungen erblickt. Danach wird z. B. die Abtreibung nicht von ungefähr verboten, sondern weil man das werdende Leben als heilig und unantastbar bewertet und die Notwendigkeit empfindet, ihm rechtlichen Schutz angedeihen zu lassen gegen die Gefahren, die ihm in Konfliktsituationen von Seiten der Schwangeren oder dritter Personen drohen. Nur wenn anderen Interessen der Vorzug vor dem keimenden Leben gebührt, kann eine andere Bewertung Platz finden und dann auch eine Ausnahme vom Abtreibungsverbot gemacht werden; in diesem Sinne ist bei uns beispielsweise die so genannte medizinische Indikation als ein wichtiger Grund für einen „Schwangerschaftsabbruch" anerkannt, nämlich zwecks Abwendung einer ernsten Gefahr für das Leben oder die Gesundheit der Schwangeren mit deren Einwilligung (§ 218 a Abs. 2 StGB)[28]. Das Abtreibungsverbot

26 F. Jodl, Allgemeine Ethik, 1918, S. 26; vgl. auch G. E. Moore, Principia Ethica, übers. u. hg. v. B. Wisser, 1996, S. 186 f.

27 E. Mezger, Die subjektiven Unrechtselemente, Gerichtssaal 89 (1924), 207 (240 f.); vgl. auch Arthur Kaufmann, Tatbestand, Rechtfertigungsgründe und Irrtum, JZ 1956, 353 (355 f.); Henkel, Rechtsphilosophie, 1. Aufl. 1964, S. 61 f. (anders 2. Aufl.).

28 Zum Streit um die Neuregelung des § 218 a – umgesetzt am 1.10.1995 –, insbesondere die Fristenregelung des Abs. 1, vgl. die Argumente in BVerfGE 88, 203 und bei K. Lackner/K. Kühl, Kommentar zum Strafgesetzbuch, 26. Aufl. 2007, vor § 218 Rn. 1 ff., 9 ff. m. w. N., § 218 a Rn. 1 ff. Die medizinische Indikation in Abs. 2 wird in der Diskussion freilich nicht in Frage gestellt.

wie seine Durchbrechungen beruhen also auf vorangehenden Bewertungen. Allgemein darf gesagt werden, dass das Zurückgehen auf solche den Rechtssätzen zugrunde liegende Wertungen für das rechte Verständnis und die Inhaltsbestimmung der Rechtssätze von der größten Bedeutung ist[29]. Wir werden hierauf noch zurückzukommen haben.

Aber auch diese Überlegung wird uns nicht daran hindern, die Substanz der Rechtssätze im Imperativischen zu sehen. Denn zum echten Rechtssatz wird die Bewertung nur dadurch, dass sie sich zum Imperativ waffnet. Mit bloßen Bewertungsnormen könnte das Recht nicht die ihm zukommende Herrschaft über das Leben der Menschen in der Gemeinschaft ausüben. Es wäre rein „platonisch“, ohne Zeugungskraft. Nur indem die Bewertungsnormen zu Willensäußerungen, also eben zu Befehlen erstarken, werden sie zu Rechtsnormen.

Bleiben wir also getrost bei der These, dass die Rechtssätze in ihrem Wesensgehalt Imperative sind, so weckt sie beim Kenner der Kantschen Begriffswelt die Frage: Sind diese Imperative kategorisch oder hypothetisch? Davon, dass die Rechtssätze hypothetische Sollenssätze sind, war schon die Rede. Wir werden darauf noch einmal zurückkommen. Vorerst geht es um die Frage, von welcher Art die rechtlichen Imperative im Lichte der Kantschen Terminologie sind. Denn: „Alle *Imperativen* gebieten entweder *hypothetisch* oder *kategorisch*. Jene stellen die praktische Notwendigkeit einer möglichen Handlung, als Mittel zu etwas anderem, was man will ..., zu gelangen, vor. Der kategorische Imperativ würde der sein, welcher eine Handlung als für sich selbst, ohne Beziehung auf einen anderen Zweck, als objektiv-notwendig vorstellte“[30]. Mit anderen Worten: die hypothetischen Imperative sind nur gute Ratschläge von der Gestalt: wenn du diesen oder jenen Zweck erreichen willst, so musst du diese oder jene Mittel

---

29 Zur Diskrepanz zwischen der Wertordnung des Grundgesetzes und der sozialen Wirklichkeit bei der Abtreibungsfrage vgl. Th. Würtenberger, Zeitgeist und Recht, 2. Aufl. 1991, S. 225 ff.

30 I. Kant, Grundlegung zur Metaphysik der Sitten, Werkausgabe, hg. v. W. Weischedel, Bd. VII, 13. Aufl. 1996, S. 43 (BA 39). Vgl. aus der philosophischen Literatur der Gegenwart etwa Hare, S. 54 ff.

ergreifen. Sie sind technische Anweisungen, bei denen ein bestimmter Zweck „hypothetisch" vorausgesetzt wird. Kant nennt sie auch „*Imperativen der Geschicklichkeit*" und betont scharf: „Ob der Zweck vernünftig und gut sei, davon ist hier gar nicht die Frage, sondern nur, was man tun müsse, um ihn zu erreichen. Die Vorschriften für den Arzt, um seinen Mann auf gründliche Art gesund zu machen, und für einen Giftmischer, um ihn sicher zu töten, sind in so fern von gleichem Wert, als eine jede dazu dient, ihre Absicht vollkommen zu bewirken"[31]. Das berühmte Buch des N. Machiavelli vom Fürsten ist in diesem Sinne ein hervorragendes Beispiel für eine Sammlung hypothetischer Imperative (für politische Zwecke)[32]. Darüber hinaus ist es ein Wesenszug der ganzen modernen Technik, hypothetische Imperative aufzustellen, die Mittel zur Verwirklichung bestimmter Zwecke zu lehren, ohne diese Zwecke selbst moralisch zu diskutieren. Dagegen ist es ja nun gerade die Aufgabe eines kategorischen Imperativs, mir zu sagen, welchen *Zweck* ich mir jeweils setzen soll „ohne Beziehung auf einen anderen Zweck", unbedingt und absolut. Soll ich als Arzt heilen oder als Giftmischer töten? Der Satz: „Du sollst nicht töten!" ist ein kategorischer Imperativ. Desgleichen: „Das Strafgesetz ist ein kategorischer Imperativ", d. h. es ist auch ein kategorischer Imperativ, dass der Verbrecher seine verdiente Strafe erleiden soll; dies ist wenigstens die Auffassung Kants in seiner Metaphysik der Sitten[33]. Offenbar besteht eine saubere Arbeitsteilung zwischen „Technik" und „Moral". Die Technik lehrt mich die Mittel zum Zweck und überlässt der Moral die Bestimmung der Zwecke selbst. Die Technik ist moralisch indifferent oder genauer, sie empfängt ihre moralische Bedeutung von der Moralität oder Immoralität der Zwecke, denen sie dienstbar wird.

31 Kant, Grundlegung, S. 44 (BA 41).

32 F. Blaschke (Einl. zu N. Machiavelli, Der Fürst, 3. Aufl. 1924, S. XXVI) betont richtig, es handle sich bei Machiavelli um die „Gewinnung politischer Regeln, ... wie ein Fürst sich zu verhalten habe, wenn er einen Ordnungsstaat ... schaffen will".

33 I. Kant, Metaphysik der Sitten, Werkausgabe, hg. v. W. Weischedel, Bd. VIII, 10. Aufl. 1993, S. 453 (A 197).

Wohin also gehören die Rechtssätze? Ist die Rechtswissenschaft mehr technisch oder mehr ethisch orientiert? Nun sind ja gewiss die Rechtssätze in bestimmter Hinsicht als Forderungen aufzufassen, die bestimmte Mittel für bestimmte Zwecke beanspruchen. Wir sahen, dass z. B. ein großer Teil der Imperative bestimmte Handlungsweisen verbietet und gebietet, um durch sie jene Machtpositionen zu schaffen, die wir subjektive Rechte nennen. Auch abgesehen hiervon steht das Recht unter dem Maßstab der Zweckmäßigkeit. Es soll das Gemeinschaftsleben zweckmäßig gestalten. Dennoch wäre es verfehlt, darum die Rechtssätze als hypothetische Imperative im Sinne Kants aufzufassen. Zunächst einmal prüft das Recht selbst die Zwecke, an denen es die Rechtssätze ausrichtet. Es bewertet bestimmte Zwecke als gut und unterwirft sich dabei, sofern es dem Streben nach dem „Richtigen" erfüllt ist, moralischen Grundsätzen. Der berüchtigte Satz des Nationalsozialismus: „Recht ist, was dem Volke nützt", der in der Tat das Recht zu lauter hypothetischen Imperativen zu erniedrigen drohte, ist nicht nur ein sittlich rohes, sondern auch ein rechstheoretisch unergiebiges Prinzip, weil er uns keine Antwort auf die Frage gibt, *was* dem Volke zu Nutz und Frommen ist, und weil wir vom Recht gerade eine Antwort auf die Frage erwarten, welche Zwecke wir unter dem Titel „Nutzen des Volkes" anstreben sollen: Ordnung im Inneren oder Macht nach außen, Frieden oder kriegerische Expansion, kulturellen Fortschritt oder materiellen Reichtum, Glück des Einzelnen oder Gedeihen der Gemeinschaft? Das Recht selbst also setzt die Zwecke fest und fordert ihre Realisierung genau so unbedingt, genau so „kategorisch" wie die Moral[34]. Es ist dann eine Konsequenz dieser Auffassung, dass wir bei der Deutung und Handhabung der rechtlichen Imperative diese als Mittel zu den vom Recht für gut befundenen Zwecken „verstehen". Diese Zwecke selbst sollen zur Richtschnur dienen. Dagegen ist es uns bei den hypothetischen Imperativen freigestellt, uns für oder gegen den Zweck zu entscheiden. Nur *wenn* wir den Zweck wollen und sicher erreichen wollen,

34 Vgl. L. Nelson, Rechtswissenschaft ohne Recht, 2. Aufl. 1949, S. 13.

müssen wir uns nach dem hypothetischen Imperativ richten, der uns die geeigneten Mittel empfiehlt.

Ist es aber nicht doch gerade so, dass das Recht dem Einzelnen die Zwecke freistellt und nur die Mittel an die Hand gibt? Diese Auffassung kann sich gründen auf die Tatsache, dass die Rechtssätze an bestimmte Handlungen willkommene oder unwillkommene rechtliche Folgen knüpfen mit der Maßgabe, dass ich, wenn ich diese Folgen anstrebe bzw. in Kauf nehme, die entsprechenden Handlungen vollziehen muss oder kann. So kann ich einerseits durch Willenserklärungen, Vertragsabschlüsse, Anträge bei Behörden und ähnliche Akte rechtliche Effekte erzielen, die mir genehm sind, kann aber andererseits auch „unerlaubte Handlungen" und „strafbare Handlungen" begehen, sofern ich bereit bin, die Leistung von Schadensersatz oder die Erduldung einer Strafe auf mich zu nehmen. Im Geiste dieser Auffassung sagt etwa Ruesch: „Wer sich bei genauer Kenntnis der angedrohten Strafe zur Begehung des Verbrechens entschließt, der entschließt sich gleichzeitig zum Erleiden der Strafe, indem er sie als einen gerechten und sogar vorteilhaften Preis der Genugtuung erachtet, die ihm das Verbrechen verschafft"[35]. Ferner können wir bei einem nicht unbedeutenden Rechtstheoretiker den Satz lesen: Die Rechtsnorm „stellt also ein Verhalten nur als bedingt richtig hin, nämlich als Mittel zu dem vielleicht von uns verfolgten, vielleicht aber auch verachteten Zwecke, mit dem Willen irgendwelcher Menschen im Einklang und also von der diesem Willen dienenden Macht verschont zu bleiben"[36]. Oder wir hören den großen italienischen Rechtsphilosophen Del Vecchio[37] – freilich mit Missfallen – von solchen sprechen, die „erklären, dem Schuldner sei es rechtlich freigestellt, seine Schuld nicht zu bezahlen, wenn er es vorziehe, sich wegen ihrer der Zwangsvollstreckung zu unterwerfen, und darüber hinaus könne ein jeder eine Straftat begehen, wenn er nur bereit sei, die auf sie gesetzte Strafe

35 A. Ruesch, Todesstrafe und Unfreiheit des Willens, 1927, S. 31.

36 P. Eltzbacher, Über Rechtsbegriffe, 1900, S. 28.

37 G. Del Vecchio, Der homo juridicus, Philosophia 2 (1937), 55 (61).

zu erdulden". Mit Del Vecchio selbst müssen wir aber sagen, dass „das Recht zugleich einen hypothetischen und kategorischen Charakter zu eigen hat". Und zwar liegen die Dinge folgendermaßen: Seiner Substanz nach ist der Rechtssatz ein kategorischer Imperativ. Er fordert unbedingt. Dass der Strafrechtssatz meinen könnte, man habe die Wahl zwischen Tötung und Nichttötung, zwischen Freiheitsentzug und Freiheit, man dürfe daher, wenn man bereit sei, sein Leben hinter den Mauern der Strafanstalt zu verbringen, getrost einen Mord begehen, wäre gewiss ein schnödes Missverständnis[38]. So ehern wie das mosaische Gesetz verbietet auch das moderne Recht den Mord. Desgleichen ist es ein kategorischer Imperativ, dass den Übertreter des Verbots seine Strafe ereile. Das hat Kant ganz richtig gesehen. Für das heutige Recht entspringt daraus das so genannte Legalitätsprinzip: Die zur Strafverfolgung berufene Staatsanwaltschaft ist laut Strafprozessordnung (§ 152 StPO) verpflichtet, wegen aller verfolgbaren Straftaten einzuschreiten, sofern genügende tatsächliche Anhaltspunkte vorliegen und gesetzlich nichts anderes bestimmt ist. Es gilt also von Rechts wegen der strikte Befehl der Vermeidung von „Straftaten". Nicht weniger ist es kategorische Pflicht, gewisse positive Leistungen an die Rechtsgemeinschaft zu erbringen, z. B. Steuern zu zahlen, Enteignungen zu dulden usw. Aber auch, dass man seine durch Willenserklärungen, insbesondere durch Vertragsabschlüsse, übernommenen zivilrechtlichen Pflichten zu erfüllen hat, ist kategorisches Gebot. Allerdings steht es uns zunächst frei, *ob* wir uns durch eine Willenserklärung, einen Vertragsabschluss binden wollen oder nicht. Wir haben es insoweit in der Hand, die rechtlichen Regeln und Vorschriften als Mittel zur zweckmäßigen Gestaltung unserer Lebensverhältnisse zu gebrauchen. Haben wir uns aber einmal gebunden, so sind wir kategorisch angesprochen, die von uns übernommenen Pflichten zu erfüllen. Der berühmte Satz „pacta sunt servanda" ist also auch ein kategorischer Imperativ, er wird vielfach als dem „Naturrecht" zugehörig angesehen.

38 S. jedoch im Anschluss an Th. Geiger: Schreiber, Geltung, v. a. S. 18 f.; dazu Lampe, S. 51 ff.

Wohl aber sind in einem ganz anderen Sinne, als es der Kant'-schen Terminologie entspricht, die rechtlichen Imperative „hypothetisch“. Sie sind es nicht in dem Sinne, dass wir bestimmte Vorschriften befolgen müssen, wenn wir gewisse Zwecke erreichen wollen, wobei uns über die Zwecke selbst nichts Verbindliches gesagt ist, sondern sie sind es in dem Sinne, dass sie an bestimmte, teils ausdrücklich fixierte, teils stillschweigend unterstellte Bedingungen gebunden sind. Die Rechtssätze sind m. a. W. im gleichen Sinne hypothetische Imperative, in dem wir sie bereits oben hypothetische Sollenssätze nannten. „Jeder Rechtssatz stellt in einem bestimmten Sinne ein Hypothese dar, weil er nur bei bestimmten Tatumständen, die in dem Satze selbst angegeben sind, anwendbar ist“[39]. So setzt z. B. das Tötungsverbot ungeachtet seines kategorischen Charakters voraus, dass eine normale Situation vorliegt, also keine Ausnahmesituation, wie sie der Stand der Notwehr oder das Vorliegen eines rechtskräftigen Todesurteils oder der Krieg bilden. Eigentlich lautet also das Tötungsverbot: Wenn nicht Notwehr, Vollstreckung eines Todesurteils, Vornahme einer Kriegshandlung in Frage kommen, ist es verboten zu töten. Das ist ein hypothetisch gefasster Imperativ. Um ihn nicht zu verwechseln mit dem „hypothetischen Imperativ“ im Sinne Kants, kann man ihn als „*konditionalen*“ Imperativ bezeichnen[40]. Schwerlich lässt sich ein rechtlicher Imperativ denken, der nicht in dieser Weise bedingt wäre. Wie aber nun die Logiker beim so genannten hypothetischen Urteil (wenn a, so b) Vordersatz und Nachsatz unterscheiden, so müssen wir auch beim konditionalen rechtlichen Imperativ Vordersatz und Nachsatz trennen. Der Vordersatz enthält die Voraussetzungen, von deren Gegebensein der Imperativ

39 Del Vecchio, Philosophia 2 (1937), 59; vgl. auch H. Rottleuthner, Richterliches Handeln, 1973, S. 13; Zippelius, Methodenlehre, S. 28 f.

40 So M. Moritz, Der praktische Syllogismus und das juridische Denken, Theoria 20 (1954), 78 (90 f.); vgl. auch N. Luhmann, Rechtssoziologie II, 3. Aufl. 1987, S. 227 ff. („konditionale Programmierung“ in Rechtsnormen).

abhängt, der Nachsatz den Imperativ selbst[41]. Der Jurist nennt den Vordersatz „Tatbestand“, den Nachsatz „Rechtsfolge“, wobei in letzterer Beziehung an die Rechtsfolgeanordnung, das Sollen einer Leistung, Duldung oder Unterlassung zu denken ist.

Was im einzelnen Falle zum „Tatbestand“, was zur „Rechtsfolge“ zu rechnen ist, kann übrigens zweifelhaft sein. Wenn § 823 BGB sagt: „Wer vorsätzlich oder fahrlässig das Leben, den Körper … eines anderen widerrechtlich verletzt, ist dem anderen zum Ersatze des daraus entstehenden Schadens verpflichtet“, so kann man sich die Frage vorlegen, ob die Wendung „des daraus entstehenden Schadens“ eigentlich zum Tatbestand oder zur Rechtsfolge gehört. Die richtige Lösung ist die, dass hier zum Tatbestand gehört, dass ein bestimmter Schaden entstanden ist, zur Rechtsfolge dagegen, dass eben dieser Schaden zu ersetzen ist. Denn zum Tatbestand gehört alles, was die Situation betrifft, an die das Sollen gebunden ist, zur Rechtsfolge alles, was den Inhalt dieses Sollens bestimmt.

Über den „*Tatbestand*“ lässt sich noch mancherlei sagen. Zunächst einmal dies, dass er nicht nur aus positiven Elementen, sondern, wie schon unsere früheren Beispiele betreffend Ausnahmen von Imperativen zeigen, auch aus negativen Elementen bestehen kann, dass zu ihm ferner nicht nur äußere, sinnlich wahrnehmbare, sondern auch innere, psychische, „subjektive“ Momente gehören können (z.B. in § 823 „vorsätzlich“) oder dass man bei ihnen neben beschreibenden, so genannten „deskriptiven“ Merkmalen (wie z.B. „Verletzung des Lebens“) wertbezügliche, „normative“ Merkmale vorfinden kann (z.B. „Verstoß gegen die guten Sitten“ in § 826 BGB). Wir gehen diesen Unterscheidungen jetzt nicht näher nach. Wenigstens auf einzelne von ihnen werden wir zurückzukommen haben. Eine besonders feine Ausbildung hat die

41 Selbstverständlich kommt es auch hier wieder nicht auf die grammatische Form an. Wenn etwa § 211 StGB sagt: „Der Mörder wird mit lebenslanger Freiheitsstrafe bestraft“, so besagt dies für uns: Wenn jemand einen Mord begeht, so soll er mit lebenslanger Freiheitsstrafe bestraft werden.

Tatbestandslehre innerhalb der *Strafrechts*wissenschaft erfahren, was teilweise mit dem berühmten, in § 1 StGB und auch im Grundgesetz Artikel 103 Abs. 2 verbrieften Prinzip zusammenhängt: keine Strafe ohne gesetzliche Grundlage! Dieses letztere Prinzip hat nämlich zur Folge, dass die strafgesetzlichen Bestimmungen die Tatbestände relativ genau umschreiben müssen, an die sich der Rechtsfolgebefehl der Bestrafung knüpft[42]. Andererseits spielen unter den rechtlichen Tatbeständen eine besondere Rolle jene Tatbestände des *bürgerlichen* Rechts, die *Willenserklärungen* in sich schließen, wie namentlich alle Tatbestände, die Vertragsschlüsse zum Gegenstand haben (Beispiel: § 652 BGB: „Wer für den Nachweis der Gelegenheit zum Abschluss eines Vertrags oder für die Vermittlung eines Vertrags einen Mäklerlohn verspricht ...“; Mäklervertrag). Solche Tatbestände ermöglichen es nämlich, wie schon berührt, unsere Lebensverhältnisse nach unserem Willen zu gestalten. Sie ermöglichen „Privatautonomie“ und halten damit die rechtlichen Imperative auf eine Weise zu unserer Verfügung, die uns an ihrem kategorischen Charakter zweifeln ließ. Scheint es ja der Sinn dieser Imperative zu sein, dass, wenn wir bestimmte Zwecke erreichen wollen (im Beispiel: den Nachweis einer Gelegenheit zum Abschluss eines Vertrags), wir uns durch entsprechende „Willenserklärungen“ zu einer Gegenleistung verpflichten müssen. Dennoch bleibt stets zu bedenken, dass die schließlich durch Willenserklärung begründete Pflicht selbst eine imperativische ist: „contractus ab initio voluntatis est, ex post facto necessitatis“[43].

Eines aber muss, ehe wir weiterschreiten, noch besonders hervorgehoben werden: Sowohl der Tatbestand wie auch die Rechtsfolgeanordnung sind als Elemente des Rechtssatzes abstrakt-begriffliche Gebilde. Wie hypothetische Urteile im

42 Dazu z. B. K. Engisch, Methoden der Strafrechtswissenschaft, in: J. Esser u. a. (Hg.), Methoden der Rechtswissenschaft I, 1972, S. 42 ff.; H.-H. Jescheck/Th. Weigend, Lehrbuch des Strafrechts (AT), 5. Aufl. 1996, S. 136 f., 244 ff.

43 Nachweis dieser alten Rechtsregel bei D. Liebs, Lateinische Rechtsregeln und Rechtssprichwörter, 7. Aufl. 2007, S. 52 (C 78), mit Verweis auf Codex Justinianus 4,10,5.

logischen Sinn aus Begriffen bestehen, so auch Vordersatz und Nachsatz eines konditionalen rechtlichen Imperativs. „Tatbestand" und „Rechtsfolge" als Rechtssatzelemente dürfen daher nicht verwechselt werden mit dem konkreten Lebenstatbestand und mit der konkreten Rechtsfolge, wie sie anhand des Rechtssatzes ausgesprochen wird. Den konkreten Tatbestand nennt man darum deutlicher „Lebenssachverhalt". Für die konkrete Rechtsfolge gibt es leider keine besondere Benennung. Immerhin bemüht sich unser Strafgesetzbuch, mit Bezug auf die Rechtsfolge den Unterschied des Abstrakten und des Konkreten dadurch zum Ausdruck zu bringen, dass es die im Gesetz abstrakt vorgesehene Strafe als „angedrohte" Strafe, dagegen die in concreto, d. h. im Einzelfall „zugemessene" Strafe als „verwirkte Strafe" bezeichnet (s. z. B. einerseits § 52 Abs. 2, andererseits § 53 StGB); jene Strafdrohung ist dabei vielfach unbestimmt. So ist z. B. öfters „Geldstrafe" schlechthin, ohne nähere Angabe über die Höhe angedroht, wenn sich auch aus allgemeinen Vorschriften (vgl. §§ 40 f. StGB) Mindest- und Höchstgrenzen ergeben. Die „verwirkte" Strafe ist dagegen im Prinzip genau bestimmt (sie ist z. B. Geldstrafe in Höhe von 20 Tagessätzen, deren Höhe das Gericht „bestimmt"). Eine Ausnahme bildet das Jugendstrafrecht mit der Möglichkeit einer – in Grenzen – unbestimmten Dauer.

Nur wenn man diesen Unterschied des Abstrakten und des Konkreten im Auge behält, wird man auch zu Rande kommen mit einem viel erörterten Problem, das ich hier nicht übergehen möchte, weil es für das Spezifische des juristischen Denkens aufschlussreich ist. Es handelt sich um die Frage, *in welchem Verhältnis Tatbestand und Rechtsfolge zueinander stehen.* Wir haben bisher dieses Verhältnis nur als ein konditionales gekennzeichnet: Der Tatbestand umschreibt als abstrakter Bestandteil des Rechtssatzes begrifflich die Bedingungen, unter denen die Rechtsfolgeanordnung eingreift. Nichts steht im Wege, dieses Verhältnis auch als schlichte Prädikation aufzufassen, wie dies der Gesetzgeber selbst häufig tut. Denn statt zu sagen: „*Wenn* jemand vorsätzlich oder fahrlässig das Leben, den Körper, die Gesundheit ... verletzt, so ist er dem anderen zum Ersatze des daraus entstandenen Schadens verpflichtet", sagt er: „Wer vorsätzlich oder fahrlässig … verletzt, ist dem anderen zum Ersatze des daraus entstandenen Schadens verpflichtet". Es ist also logisch gleichgültig, ob ich sage, dass unter den im Tatbestand formulierten Bedingungen die Rechtsfolge gilt, oder ob ich sage, dass *für* den Tatbestand die Rechtsfolge gilt. Die erstere Formulierung bringt allerdings deutlicher die Bedingtheit der rechtlichen Imperative zum Ausdruck, auf die wir einen gewissen Wert legten. Nun hat man aber, um die Eigentümlichkeit des juristischen Denkens plastischer herauszustellen, jene Bedingtheit als eine besondere Art *juristischer Kausalität* hingestellt. Dies hat schon im 19. Jahrhundert Zitelmann getan: Zwischen Tatbestand und Rechtsfolge besteht „ein eigentümliches erst von dem Gesetzgeber geschaffenes Band der Notwendigkeit, das wir nicht anders als analog der natürlichen Causalität … aufzufassen vermögen"; es handelt sich hier um „eine von Menschen *ganz nach Analogie der natürlichen geschaffne eigne juristische Causalität*"[44]. Der Gesetzgeber stiftet zwischen dem Tatbestand und der Rechtsfolge, d. h. dem Verpflichtetsein einer Person, eine kausale Verknüpfung, die er zugleich als vorhanden ausspricht. Von späteren hervorragenden Juristen ist v. Tuhr in die Fußstapfen Zitelmanns getreten: „Die Rechtswelt unterliegt, wie die äußeren Vorgänge, dem Satz des zureichenden Grundes. Zwischen Tatbestand und Rechtsfolge besteht eine nicht auf der Naturordnung, sondern auf dem Willen des Gesetzes beruhende Kausalität, welche, wie die Kausalität des natürlichen Geschehens, in letzter Linie in der Beschaffenheit des menschlichen Denkens begründet ist. Eine Rechtsänderung tritt nur dann ein, wenn der dazu erforderliche Tatbestand sich verwirklicht hat; sie erfolgt, wenn der dem Gesetzesbefehl entsprechende Tatbestand vorliegt, mit unabwendbarer Notwendigkeit, gewissermaßen automatisch, und zwar im selben Moment, in dem der Tatbestand vollendet ist: zwischen juristischer Ursache und Wirkung liegt, wie in der physischen Natur, kein meßbarer Zeitraum". „Die juristische Kausalität (dass eine Tatsache Rechtswirkungen nach sich zieht) beruht auf Bestim-

44 E. Zitelmann, Irrtum und Rechtsgeschäft, 1879, S. 214 ff. (216, 221).

mung des Gesetzes und kann daher vom Gesetz willkürlich gestaltet werden: das Recht kann an beliebige Tatsachen beliebige Rechtsfolgen knüpfen“[45].

Aus dieser Idee einer juristischen Kausalität werden dann auch praktische Folgerungen gezogen, z. B. dass eine Rechtsfolge nicht zweimal entstehen oder zweimal vernichtet werden könne. Es gebe keine „Doppelwirkungen“ im Recht. Ist z. B. jemand aufgrund eines Rechtsgeschäftes Eigentümer geworden, so kann er danach nicht noch einmal aufgrund eines anderen Tatbestandes, z. B. einer Ersitzung, Eigentümer werden. Oder ist ein Rechtsgeschäft bereits aufgrund eines Tatbestandes nichtig, so kann es nicht noch einmal aufgrund eines anderen Tatbestandes, z. B. aufgrund einer Anfechtung wegen Täuschung, vernichtet werden. In diesem Sinne sagt v. Tuhr, dass „ein entstandenes Recht nicht noch einmal entstehen, ein nicht entstandenes oder erloschenes Recht nicht aufgehoben werden kann“[46]. Nehmen wir z. B. an, in einem Prozess über die Gültigkeit eines Kaufvertrags werde von der einen Partei, die vom Vertrag loskommen möchte, zunächst geltend gemacht, der Vertrag verstoße gegen die guten Sitten und sei darum nichtig. Kann dann dieselbe Partei, falls sie auf Beweisschwierigkeiten stößt, sich außerdem darauf berufen, der Vertrag sei aufgrund von Täuschungen zustande gekommen und werde daher von ihr angefochten und auf diese Weise zunichte

45 A. v. Tuhr, Der Allgemeine Teil des Deutschen Bürgerlichen Rechts II 1, 1914, S. 5 f. mit Anm. 10. Zum Problem der Kausalität zwischen Tatbestand und Rechtsfolge und zur Frage der später im Text erwähnten „Doppelwirkungen“ ist eine kleine Literatur für sich entstanden. Zum Verhältnis von Tatbestand und Rechtsfolge s. z. B. W. Schulze, Tatbestand und Rechtsfolge, 1909; Binder, S. 902 ff.; R. Henle, Lehrbuch des Bürgerlichen Rechts I, 1926, S. 29 ff.; K. O. Petraschek, System der Rechtsphilosophie, 1932, S. 270 ff.; W. Sax, Das strafrechtliche „Analogieverbot“, 1953, S. 145; Schreiber, Geltung, S. 14 ff.; Koch/Rüßmann, S. 15, 18 f., 47; Zippelius, Methodenlehre, S. 28 ff. Rüthers, Rechtstheorie, Rn. 122 ff. Speziell zur Lehre von den Doppelwirkungen: Th. Kipp, Über Doppelwirkungen im Recht, in: FS f. F. v. Martitz (1911), S. 211; m. w. N.: Enneccerus/Nipperdey I 2, §§ 136 I, 203 III 7; W. Flume, Allgemeiner Teil des Bürgerlichen Rechts II, 4. Aufl. 1992, S. 566 ff.

46 v. Tuhr, S. 5 Anm. 7.

gemacht? Nach der Ansicht v. Tuhrs geht das nicht; denn es widerspricht der „juristischen Kausalität". Ein nicht entstandenes Recht kann nicht durch Anfechtung aufgehoben werden.

Der Theorie von dem Vorhandensein einer rechtskausalen Verknüpfung zwischen Tatbestand und Rechtsfolge ist immer wieder der Einwand entgegengesetzt worden, dass bei ihr ein logischer Zusammenhang mit einem ursächlichen verwechselt werde. Mit großer Schärfe erklärt z. B. Binder, es sei „barer Unsinn, wenn die Juristen von ‚Rechtswirkung' sprechen". Es handle sich dabei um eine bloße Bildersprache; denn die Rechtsfolge könne nicht wie jede echte Wirkung als „Veränderung eines Zustandes" gedacht werden, sie habe keinerlei „gegenständliche Wirklichkeit, weder in der physischen noch in der psychischen Welt". Die Rechtsfolge bestehe in nichts weiter als „in einer logischen Beziehung des Tatbestandes auf den Rechtssatz, in seiner *Normbetroffenheit*"[47]. Aber so leicht lässt sich die kausalistische Auffassung nicht abtun. Auf dem Wege, den Binder geht, scheinen wir das eigentliche Problem nicht zu erreichen. Wenn ein Richter einen konkreten Tatbestand, also einen Lebenssachverhalt, „auf den Rechtssatz bezieht", d. h. unter den abstrakten Tatbestand des Gesetzes „subsumiert", so gelangt er zur konkreten Rechtsfolge nicht schon mit dieser Subsumtion, sondern erst dann, wenn er logisch voraussetzt, dass im Gesetz einerseits und im konkreten Fall andererseits der Tatbestand die Rechtsfolge *nach sich zieht*. Eben dieses Nachsichziehen sprechen die Kausalisten als rechtliche Kausalität an[48]. Die Frage kann daher immer nur sein, ob man recht daran tut, diese Verknüpfung von Tatbestand und Rechtsfolge in abstracto (also innerhalb des Rechtssatzes) oder in concreto (d. h. mit Bezug auf den unter den Rechtssatz fallenden Lebensfall) als *Kausalität* anzusprechen. Wenn Binder bemerkt, dies gehe deshalb nicht, weil die Rechtsfolge keine gegenständliche Wirklichkeit besitze, so könnte man erwidern, eben dies sei die ungebührliche Einengung des Kausalbegriffs,

47 Binder, S. 904 f.

48 S. z. B. F. Sommer, Das Reale und der Gegenstand der Rechtswissenschaft, 1929, S. 111 ff. (123); Petraschek, S. 270 f.

dass man ihn nur auf Veränderungen in der Welt der physischen oder psychischen Erscheinungen anwenden wolle. Es gebe auch geistige Gebilde, die der Kategorie der Kausalität unterstellt werden könnten[49]. Warum solle man nicht ebensogut sagen können, ein Versprechen „bewirke" einen Anspruch oder eine Verpflichtung, wie, dass ein Schlag eine Körperverletzung oder eine seelische Kränkung bewirke. Von der Ansicht, dass die Kausalität selbst etwas Gegenständliches sei, sei man seit Hume und Kant sowieso abgekommen. Allerdings gründet sich die natürliche Kausalität auf Naturgesetze und die rechtliche Kausalität auf menschliche Gesetze, welch letztere in gewissem Sinne willkürlich geschaffen sind. Aber auch mit diesen Bedenken kann man fertig werden: „Zwar haben die Rechtstatsachen ihre rechtserzeugende Kraft nicht aus sich selbst, sondern durch Gesetz oder Gewohnheit: die rechtliche Kausalität ist von ... dem Staate ... eingerichtet worden. Aber auch die Naturtatsachen bewirken den Naturerfolg nicht aus sich, sondern die Welt ist jenseitig geschaffen und geordnet"[50]. Mehr und mehr drängt sich der Gedanke auf, dass wir in einen Streit um Worte geraten. Wenn die Juristen angesichts der geschilderten Analogien von natürlicher und rechtlicher Verknüpfung die Verbindung von Tatbestand und Rechtsfolge Kausalität zu nennen belieben, was schon allein der fest eingebürgerte Ausdruck „Rechtswirkung" beweist, soll man dann noch darüber streiten, ob es sich hier um eine bloße „Bildersprache" handelt oder um sinnvolle Ausdehnung einer „Kategorie" auf ein Gebiet, das man ihrer Herrschaft zu Unrecht entziehen wolle?

Dennoch ist größte Vorsicht geboten. Nicht nur aus theoretischen Gründen, weil die irgendwie vorgegebene naturgesetzliche Kausalität eine andere Struktur besitzt als die von Menschen hergestellte Verknüpfung von Tatbestand und Rechtsfolge, sondern auch aus praktischen Gründen. Der Übertritt von der bloßen „Bildersprache" zu der Anwendung der Kausalkategorie auf die Bestandteile des Rechtssatzes und

49 Vgl. Petraschek, S. 271.
50 Henle, S. 30.

auf die unter den Rechtssatz subsumierten Lebensgegebenheiten verführt allzu leicht zu „begriffsjuristischen" Folgerungen, die sich als Sünde wider den Geist der modernen Jurisprudenz darstellen. Dies zeigt sich gerade bei der Behandlung des Problems der Doppelwirkungen, auf das wir freilich nur kurz eingehen können. Wir sahen, dass z. B. v. Tuhr aus dem Begriff der rechtlichen Kausalität die Konsequenz ableitet, dass entstandene Rechte nicht noch einmal entstehen, nicht entstandene oder bereits erloschene Rechte nicht vernichtet werden können. So lange man das Verhältnis von Tatbestand und Rechtsfolge lediglich als konditionale oder prädikative Beziehung ins Auge fasst (*wenn* der Tatbestand vorliegt, tritt die Rechtsfolge ein, bzw.: *für* den Tatbestand gilt die Rechtsfolge), bestehen keine grundsätzlichen Bedenken, Doppelwirkungen für möglich zu halten. Mehrere Tatbestände, z. B. eine rechtsgeschäftliche Übereignung und eine Ersitzung oder ein Verstoß gegen die guten Sitten und eine Anfechtung wegen Täuschung, können dergestalt hintereinander oder nebeneinander realisiert sein, dass beide zugleich einen „Grund" dafür abgeben, dass die Rechtsfolge, also ein Recht oder eine Pflicht, zum Zuge kommt oder nicht zum Zuge kommt. Man kann sowohl deshalb Eigentümer sein, weil man durch einen gültigen Übereignungsvertrag dazu gemacht worden ist, wie auch zugleich deshalb, weil die Voraussetzungen der Ersitzung des Eigentums vorliegen. Desgleichen kann ein Kaufvertrag sowohl deshalb nichtig sein, weil er gegen die guten Sitten verstößt, wie auch deshalb, weil er wegen arglistiger Täuschung angefochten worden ist. Jeder Laie weiß, dass man aus mehreren Gründen im Recht oder im Unrecht sein kann. Es hat darum nichts Befremdendes für ihn, sich vorzustellen, dass mehrere Tatbestände, die jeder für sich in abstracto die gleiche Rechtsfolge nach sich ziehen, als mehrere Rechtsgründe für ein und dieselbe Rechtsfolge fungieren, wenn sie in concreto auf diese gleichsam konvergieren. Dies ist der Standpunkt, wie ihn vornehmlich Kipp in seiner berühmten Abhandlung über „Doppelwirkungen im Recht"[51] vertreten hat: Sind die juris-

51 Folgende Zitate aus: Kipp, in: FS Martitz (1911), S. 211 ff.

tischen Tatbestände nichts anderes als „Bedingungen für Imperative oder (für) Befreiungen von solchen", so ist „gegen doppelte Begründung derselben Rechtsfolge deshalb nichts einzuwenden, weil es gar keine Bedenken hat, dass zwei Gründe desselben Rechtsgebotes miteinander konkurrieren" (S. 220). Es ist daher ebensowohl möglich, dass „mehrere Verpflichtungen zu einer und derselben Leistung nacheinander begründet werden können", wie dass „ich aus zwei Gründen Eigentümer bin" (S. 221). Dabei ist es gleichgültig, ob die Gründe nebeneinander oder hintereinander eintreten. Desgleichen ist es möglich, „dass ein und dasselbe Rechtsverhältnis aus zwei Gründen zu verneinen ist" (S. 223). So steht „nichts im Wege, dass ein Mietverhältnis von beiden Seiten gleich wirksam gekündigt wird, und zwar nicht bloß dann, wenn die Kündigungen gleichzeitig, sondern auch, wenn sie nacheinander erfolgen", und ebenso ist es „möglich, dass eine Forderung bezahlt wird und dann verjährt" (S. 223). Und wie es möglich ist, dass „ein und dasselbe Rechtsgeschäft aus zwei Gründen nichtig sein kann, z. B. wegen Formfehlers und zugleich wegen Geisteskrankheit einer Partei" (S. 224), so kann auch ein nichtiges Rechtsgeschäft zusätzlich angefochten und aus diesem Grunde nichtig werden, denn es „handelt sich auch in diesem Falle nur um eine Mehrheit von Gründen für die Nichtexistenz der Verbindlichkeit" (S. 225). Alle gegenteiligen Auffassungen beruhen nur auf einer „Verwechslung der bildlichen Auffassung der Rechtswirkungen im Sinne der Körperwelt mit der wahren Natur der Dinge" (S. 220). Alle Bedenken gegen die Annahme einer Anfechtbarkeit nichtiger Rechtsgeschäfte schwinden, „sowie man sich von dem Bilde der Zerstörung einer körperlich vorhandenen Wirkung oder der Vertreibung eines leiblich vorhandenen Feindes losgerissen hat" (S. 225). Wir sehen also, dass die Lehre von der juristischen Kausalität, wenn man die Analogie zur natürlichen Kausalität zu weit treibt, praktisch-juristische Probleme gebiert. Diese Probleme sind bis zur Gegenwart noch nicht bereinigt. Kipps Auffassung hat viele Freunde, aber auch manchen Widersacher gefunden, z. B. v. Tuhr, teilweise auch Zepos und G. Husserl. Wir können die Diskussion hier nicht weiter verfolgen. Die

Tragweite bildlicher Ausdrücke im Recht ist noch umstritten[52]. Bilderjurisprudenz wird leicht zur „Begriffsjurisprudenz". Erschwert wird das Problem der Doppelwirkungen dadurch, dass man nicht immer genügend scharf verschiedene Fallgruppen trennt. Peter hat „Doppelgründe" und „Doppelfolgen" geschieden[53]. Bei jenen handelt es sich um eine Rechtsfolge aus mehreren Gründen, bei diesen um mehrere inhaltsgleiche Rechtsfolgen. In den Fragenkomplex spielen auch so genannte Konkurrenzprobleme hinein, die durch das positive Recht gelöst werden. Es kann, wie auch Kipp bemerkt hat, dem positiven Recht eine Regel zu entnehmen sein, dass bei Gegebensein eines Tatbestandes ein anderer Tatbestand nicht mehr erheblich sein soll. Wenn z. B. jemand aus einem Verein ausgetreten ist, so darf er nicht noch einmal durch den Verein ausgeschlossen werden, jedoch nicht aus logischen Gründen, sondern weil durch den Austritt des Vereinsmitgliedes der Verein über dieses die rechtliche Gewalt eingebüßt hat, kraft deren ein Ausschluss verhängt werden könnte. Ferner ist dem § 131 FamFG der Grundsatz zu entnehmen, dass eine durch den Tod aufgelöste Ehe nicht außerdem geschieden werden kann; aber auch dies ist nicht logisch notwendig, sondern nur praktisch begreiflich. Allgemeiner können wir sagen: Es kann sich aus besonderen rechtlichen Grundsätzen und Regeln ergeben, dass ein Tatbestand, der nach rein logischen – oder auch nach natürlich-realen – Gesichtspunkten sehr wohl neben einen anderen Tatbestand als zusätzlicher Rechtsgrund treten könnte, dennoch neben diesem anderen Tatbestand nicht zum Zuge kommen soll. Das hat aber dann nichts mehr mit unserem Problem der Natur des Zusammenhangs von Tatbestand und Rechtsfolge zu tun.

Was diesen Zusammenhang betrifft, so wollen wir unsererseits nunmehr folgendes festhalten: Der abstrakte Tatbestand des Rechtssatzes gibt zunächst nur die Bedingungen und

52 Dazu M. Bangemann, Bilder und Fiktionen in Recht und Rechtswissenschaft, 1963 (m. w. N.).

53 K. Peter, Die Möglichkeit mehrerer Gründe derselben Rechtsfolge und mehrerer gleicher Rechtsfolgen, AcP 132 (1930), 1 (4).

Umstände an, unter denen allgemein eine Rechtsfolge, d. h. ein Sollen, eintritt. Dieses Verhältnis ist ein konditionales Verhältnis, es kann aber auch als prädikatives aufgefasst werden. Wird nun in concreto im Wege der später noch ausführlicher zu behandelnden „Subsumtion" festgestellt, dass die Bedingungen für eine Rechtsfolge (ein Sollen) effektiv gegeben sind, so ist damit auch die Aktualität dieser Rechtsfolge festgestellt. Man kann dann auch sagen, dass das Vorhandensein der konkreten Tatsachen, die den abstrakten Tatbestand des Rechtssatzes erfüllen, zum zureichenden Grund für das Urteil über die Aktualität der Rechtsfolge wird. Ist z. B. nach allgemeiner gesetzlicher Regel der Mord mit lebenslanger Freiheitsstrafe zu bestrafen, so wird die Feststellung, dass in concreto ein Mord vorliegt, in Verbindung mit jener Regel zum zureichenden Grund der Rechtsfolge, dass diese Tat mit jener Strafe geahndet werden soll[54]. Es darf aber nicht übersehen werden, dass häufig die konkrete Rechtsfolge im Gesetz nicht vollständig bestimmt ist und dass daher deren Aktualisierung weiterer bestimmender Entscheidungen bedarf[55]. So gelange ich z. B. aufgrund der Feststellung, dass ein konkreter Totschlag vorliegt, nur zu dem Urteil, dass der Täter mit Freiheitsstrafe zwischen fünf und fünfzehn Jahren zu bestrafen ist (§§ 212 Abs. 1, 38 Abs. 2 StGB); welche genauere Strafe er verdient, muss durch eine besondere richterliche Entscheidung festgesetzt werden. An sich liegt nun gewiss die Versuchung nahe, bereits die abstrakte Verknüpfung von Tatbestand und Rechtsfolge durch den Gesetzgeber als eine von diesem gestiftete rechtliche Kausalität zu deuten. Noch näher liegt die Versuchung, den konkreten Tatsachenkomplex, der den abstrakten Tatbestand des Gesetzes „erfüllt", als rechtliche Ursache für die konkrete Rechtsfolge anzusehen, die sich

54 Nur nebenbei sei erwähnt, dass sich auf diese Weise auch Zusammenhänge psychischer Motivation zwischen dem Rechtssatz und der konkreten Entscheidung des Rechtsanwenders herstellen. Aber diese sind nicht mit der „rechtlichen Kausalität" gemeint, über die der Text handelt. Vgl. dazu z. B. H. Maier, Psychologie des emotionalen Denkens, 1908, S. 681 ff.

55 Hierzu auch Larenz, Methodenlehre, S. 276 f.

von Gesetzes wegen an jenen Tatsachenkomplex anheftet. Ist nicht die Kausalität auch in der Naturwissenschaft nur die Aufeinanderfolge von Gegebenheiten gemäß einem abstrakten Naturgesetz? Dennoch muss gegen die Konstruktion einer rechtlichen Kausalität bedenklich stimmen eben dies, dass die konkrete Rechtsfolge häufig noch gar nicht genau bestimmt ist, vielmehr nur in der Ermächtigung und dem Gebot besteht, innerhalb eines gewissen Spielraums eine angemessene Entscheidung zu treffen[56]. Aber auch hiervon abgesehen muss man sich dessen bewusst bleiben, dass die Redeweise von „Rechtswirkungen" und „rechtlicher Kausalität" zunächst nur als eine indirekte und bildliche façon de parler statthaft ist, uns dagegen nicht dazu legitimiert, solche juristischen Folgerungen zu ziehen wie die, dass eine bereits entstandene Rechtsfolge nicht noch einmal entstehen könne, eine beseitigte Rechtswirkung nicht noch einmal zunichte gemacht werden könne. Solche Schlussfolgerungen sind in der Tat Begriffsjurisprudenz, die man heute nicht mehr verteidigen kann. Wie weit eine und dieselbe Rechtsfolge aus mehreren sie begründenden Tatsachenkomplexen abgeleitet werden kann, kann nur von Fall zu Fall nach methodengerechten juristischen Gesichtspunkten entschieden werden. Grundsätzlich steht einer Annahme von Doppelwirkungen, handle es sich nun um „Doppelgründe" oder „Doppelfolgen", nichts im Wege.

Wir leiten nun über zu unserem nächsten Kapitel, indem wir besonders hervorheben, dass die Verknüpfung von Tatbestand und Rechtsfolge, wie immer man sie deuten und benennen mag, uns in abstracto wie in concreto als eine solche erschien, die vom positiven Recht, d. h. in erster Linie vom Gesetz hergestellt wird. Der „Rechtssatz", der – wie wir nun abschließend sagen können – in abstracto eine konditionale Verbindung zwischen einem „Tatbestand" und einer „Rechtsfolge" stiftet, ist heutigentags meist ein *gesetzlicher* Rechtssatz. Auch

---

56 Natürlich kann man jene Ermächtigung oder jenes Gebot selbst als „Rechtswirkung" ansprechen; aber man denkt ja bei der Rechtsfolge, die „Rechtswirkung" sein soll, gewöhnlich an die in Ausführung der Ermächtigung verhängte Sanktion als solche. Die Doppeldeutigkeit des Wortes „Rechtsfolge" muss auch hier beachtet werden.

solche Schriftsteller, die an eine „rechtliche Kausalität" zwischen Tatbestand und Rechtsfolge glauben, wie Zitelmann und v. Tuhr, betonen ausdrücklich, dass diese im Gesetz, im „Willen des Gesetzgebers" wurzele. Es ist ein neuer, bisher noch nicht in Sicht gekommener Gedanke, dass die Verknüpfung von Tatbestand und Rechtsfolge gar nicht auf dem Gesetz oder dem Willen des Gesetzgebers beruht, sondern vielleicht auf irgend einer „Natur der Dinge". Dieser Gedanke liegt für uns noch in weiter Ferne. Wir werden uns erst ganz am Schluss mit ihm kurz befassen können. Zunächst müssen wir beim Gesetz stehen bleiben. Wir sind dem Leser noch manche Aufklärung schuldig über die Ermittlung des Sollens anhand des positiven Rechts. Insbesondere werden wir klarstellen müssen, was die verschiedentlich berührte „Subsumtion" der Lebensfälle unter das Gesetz bedeutet und wie sie vor sich geht.

Kapitel III

Die Gewinnung konkreter juristischer Urteile aus dem Rechtssatz, insbesondere das Problem der Subsumtion

Der am Schluss des letzten Kapitels bezeichneten Aufgabe wollen wir uns noch einmal von einer anderen Seite nähern. Es war in jenem Kapitel vom Rechtssatz die Rede. Dabei schwebte uns in erster Linie der im geschriebenen Gesetz greifbar gewordene Rechtssatz vor. Wenn der Laie sich den Juristen und sein „Handwerk" vergegenwärtigt, so denkt er ihn sich als einen Menschen, der mit Gesetzen umgeht. Damit trifft er aber gewiss nur eine Seite der Sache. Auch der Laie weiß schon, dass der praktische Jurist, der ja immerhin der Prototyp des Juristen ist, es mit dem „Leben" zu tun hat. Der Laie weiß noch mehr. Er weiß, dass für *jeden* Menschen das Recht eine Macht ist, die in sein Leben eingreift. Davon war gleich zu Beginn dieses Buches die Rede. Was heißt das nun aber, dass die praktische Jurisprudenz und das Recht überhaupt das *Leben* betreffen? Bedenken wir, dass wir vom Recht als solche Wesen angesprochen sind, die ihr Leben durch *Handlungen* gestalten, so können wir sagen: Das Recht und die praktische Jurisprudenz betreffen unser Leben, indem sie von Tag zu Tag, von Stunde zu Stunde, ja von einem Augenblick zum anderen unser Tun und Lassen bestimmen, vermittels dessen wir unser Leben aufbauen. Wir dürfen ohne Übertreibung sagen, dass wir mit unserem Handeln unausgesetzt unter dem Recht stehen, wenn wir natürlich auch nicht bloß unter dem Recht stehen, sondern das Recht gewöhnlich nur den Rahmen abgibt, innerhalb dessen wir handelnd das Leben gestalten[1]. Die Form nun, in der das Recht bestimmende Bedeutung für unser Leben gewinnt, besteht darin, dass uns das Recht etwas darüber sagt, wie wir uns in concreto verhalten

1 Näher hierzu: Engisch, ZgS 108 (1952), 385.

sollen. Demgemäß spitzt sich das Recht, wenn es Bedeutung für unser Leben erlangen soll, auf *konkrete Sollenssätze* zu. Für unsere eigene Person oder mit Bezug auf andere Menschen lassen wir uns vom Recht sagen, wie wir und sie hic et nunc handeln sollen oder nicht handeln sollen. Die weitere Frage, wie wir handeln dürfen, lässt sich leicht umformen in eine entsprechende Sollensfrage („darf ich?" bedeutet: „soll ich nicht das Gegenteil?")[2].

Nun könnten wir uns ohne weiteres vorstellen, dass die Frage nach dem konkreten rechtlichen Sollen durch ein Herkommen beantwortet wird. In der Tat ist ja auch die ursprüngliche Art und Weise des Rechts, das Leben zu lenken, das so genannte Gewohnheitsrecht[3], der von der Rechtsüberzeugung getragene Brauch, der sich in allen gleichgelagerten Situationen bewährt. Aber heute spielt das Gewohnheitsrecht eine verhältnismäßig geringe Rolle. Von größerer Bedeutung ist es allenfalls im Völkerrecht. Wir lassen es daher jetzt beiseite. Beiseite bleiben soll aber vorerst auch eine andere Möglichkeit, nämlich die Möglichkeit, dass die Frage nach dem konkreten rechtlichen Sollen von Fall zu Fall durch Rechtsgefühl oder eine ähnliche unmittelbare Einsicht in das konkret Rechtmäßige bzw. Unrechtmäßige beantwortet wird[4]. Vielmehr

---

2 S. dazu K. Engisch, Logische Studien zur Gesetzesanwendung, 3. Aufl. 1963, S. 3f.

3 Dazu: M. Rehbinder, Einführung in die Rechtswissenschaft, 8. Aufl. 1995, S. 11 ff, 194 ff, 227f.; s. ferner Bydlinski, S. 214 ff m. w. N.; Larenz, Methodenlehre, S. 356 ff; F. Müller/R. Christensen, Juristische Methodik, Bd. 1, 10. Aufl. 2009, Rn. 193, 352.

4 Damit steht im Zusammenhang die Frage nach dem Richterrecht als weiterer „Rechtsquelle" *neben* dem Gesetzesrecht und dem Gewohnheitsrecht. Diese Frage ist mehr und mehr in den Vordergrund gerückt. Darauf ist in Kapitel VI zurückzukommen. Auf den folgenden Seiten des Textes wird der Richter zunächst nicht als eigenständig, sondern als nach dem Gesetz urteilend ins Auge gefasst. Über das „Rechtsgefühl" als „Quelle" richterlicher Entscheidungen vgl. nur die klassischen Schriften von M. Rümelin, Rechtsgefühl und Rechtsbewusstsein, 1925; H. Isay, Rechtsnorm und Entscheidung, 1929, S. 85ff.; E. Riezler, Das Rechtsgefühl, 3. Aufl. 1969, S. 137ff.; Ch. Meier, Zur Diskussion über das Rechtsgefühl, 1986; s. ferner Würtenberger, Zeitgeist, S. 167ff., 182ff.;

wollen wir jetzt von der Tatsache ausgehen – damit stellen wir den Zusammenhang zum vorigen Kapitel wieder her –, dass es wirklich in unserem modernen Leben das *Gesetz* ist, das uns in erster Linie auf die Frage nach dem konkreten rechtlichen Sollen die maßgebende Auskunft erteilt. Damit sind wir genötigt, das Leben zum Gesetz in Beziehung zu setzen. Wie geschieht dies? Diese Frage führt uns unmittelbar an das Problem des „juristischen Denkens“ heran.

Noch greifbarer wird dieses Problem, wenn wir uns darauf besinnen, dass die Feststellung des in concreto rechtlich Gesollten oder Gedurften auf autoritäre Weise durch eigens berufene Anwender des Rechts, nämlich durch Gerichte und staatliche Verwaltungsbehörden, getroffen wird, und zwar in Gestalt von gerichtlichen Entscheidungen und Verwaltungsakten. Die wichtigsten gerichtlichen Entscheidungen sind die gerichtlichen *Urteile*, durch die z. B. jemand zu einer Leistung verurteilt wird oder eines Verbrechens für schuldig befunden und zur Strafe verurteilt wird, durch die aber auch eine Klage abgewiesen oder ein Angeklagter freigesprochen werden kann. Beispiele für Verwaltungsakte sind Polizeibefehle, Konzessionen, Steuerbescheide. Für diese konkreten autoritären Feststellungen dessen, was rechtlich gesollt ist[5], ist heute bei uns das „Prinzip der Gesetzmäßigkeit“ beherrschend. Ausdrücklich erklärt Art. 20 Abs. 3 GG für unsere Bundesrepublik: „Die vollziehende Gewalt (also die Verwaltung) und die Rechtsprechung (also die Gerichte) sind an Gesetz und Recht gebunden“. Es ist dies eine wesentliche Seite der „Rechtsstaatlichkeit“ unseres Gemeinwesens. Maunz erläutert diesen Grundsatz der Gesetzmäßigkeit folgendermaßen: „Alle staatlichen Handlungen, seien sie nun Akte der Gerichtsbarkeit oder des verwaltenden Handelns des Staates, müssen sich auf

---

M. Rehbinder, Rechtswissenschaft, S. 153, 167; ders., Rechtssoziologie, 7. Aufl. 2009, Rn. 118 f. m. w. N.; Braun, S. 26 ff., 35 ff.; Zippelius, Rechtsphilosophie, §§ 18 ff.

5 Es kommt also für uns nur auf die im Urteil enthaltene „Feststellung des Sollens als reines Denkgebilde“, nicht auf den eventuell hinzutretenden imperativischen Gehalt an; vgl. dazu Engisch, Studien, S. 4; J. Rödig, Die Theorie des gerichtlichen Erkenntnisverfahrens, 1973, S. 10, 63 f., 82 ff.

ein formelles Gesetz zurückführen lassen, also ‚auf Grund' eines formellen Gesetzes erfolgen … Das GG gestattet … nicht, dass ein Akt der vollziehenden Gewalt nur auf das ungeschriebene Recht schlechthin oder auf allgemeine sozialethische Prinzipien wie Gerechtigkeit, Sittlichkeit, Gemeinwohl usw. gestützt wird"[6]. Nicht soll damit gesagt sein, dass das Gesetz allein und erschöpfend die konkreten Entscheidungen und Akte der Justiz und Verwaltung determiniert. Denn es bedarf, um eine solche positivistisch-normativistische Vorstellung von vornherein auszuschließen, nur eines Hinweises darauf, dass es Aufgabe der Verwaltung und teilweise auch der Gerichte ist, das Leben in der staatlichen Gemeinschaft nach Zweckmäßigkeits- und Billigkeitsgesichtspunkten und dabei auch nach Ermessen zu gestalten. Aber jedenfalls ist an den Entscheidungen der Justiz und Verwaltung das Gesetz maßgeblich beteiligt. Oft gibt es ihnen sogar die genaue Richtung.

Wollen wir jetzt das juristische Denken bei der Anwendung des Gesetzes auf die konkreten Lebenssachverhalte studieren, so ist es empfehlenswert, diesen Vorgang der Gesetzesanwendung dort in den Blick zu nehmen, wo er sich in Reinkultur darbietet. Das ist der Fall, wo das Gesetz mit dem Anspruch auftritt, ausschließlich und erschöpfend das konkrete Sollen rechtlich zu bestimmen. Darum stellen wir vorerst solche Fälle zurück, in denen sich das Gesetz mit einem Ermessen zusammenfindet oder in denen ähnliche Kombinationen auftreten. Wir befassen uns also zunächst mit solchen Fällen, in denen das Gesetz für sich selbst das konkrete rechtliche Sollen festlegen will. Die hier ermittelten logischen Operationen gehen dann mutatis mutandis mit ein in die Gedankengänge, bei denen das Gesetz nur eine Funktion unter mehreren ist, die dem konkreten Sollen den Inhalt geben.

Ein Musterbeispiel gleichsam nackter Gesetzesanwendung liefert das Strafrecht, soweit es sich um die Verurteilung wegen begangener Verbrechen handelt. Das hängt damit zusammen,

6 Th. Maunz, Deutsches Staatsrecht, 23. Aufl. 1980, § 10 I d; zum Vorbehalt und Vorrang des Gesetzes vgl. R. Zippelius/Th. Würtenberger, Deutsches Staatsrecht, 32. Aufl. 2008, § 12 Rn. 21 ff., 37 ff.

dass die Eingriffe des strafenden Staates zu den härtesten zählen, die es überhaupt gibt. Der Grundsatz der Rechtsstaatlichkeit und der mit ihm verknüpfte Grundsatz der Gesetzmäßigkeit sind darum hier in den modernen Kulturstaaten besonders scharf ausgeprägt worden. Auch unser Grundgesetz hat es sich nicht nehmen lassen, diese Grundsätze als speziell für das Strafrecht gültig zu bekräftigen. Es sagt in Art. 103 Abs. 2: „Eine Tat kann nur bestraft werden, wenn die Strafbarkeit gesetzlich bestimmt war, bevor die Tat begangen wurde“. Wir können diesen Satz jetzt nicht von allen Seiten beleuchten. Für unseren Zusammenhang ist er insoweit bedeutsam, als nach ihm niemand bloß deshalb bestraft werden kann, weil er nach unserem moralischen Empfinden oder gar nach „gesundem Volksempfinden“ Strafe verdient, er eine „Gemeinheit“ oder eine „Ordnungswidrigkeit“ begeht bzw. ein „Schurke“ oder „Spitzbube“ ist, sondern als jemand nur dann bestraft werden darf, wenn er die durch die „Tatbestandsmerkmale“ eines Strafgesetzes umschriebenen Voraussetzungen jener Bestrafung erfüllt, z. B. „eine fremde bewegliche Sache einem anderen in der Absicht wegnimmt, die Sache sich … rechtswidrig zuzueignen“ (§ 242 StGB) oder „aus Mordlust, zur Befriedigung des Geschlechtstriebs, aus Habgier oder sonst aus niedrigen Beweggründen … einen Menschen (vorsätzlich) tötet“ (§ 211 StGB). Nullum crimen sine lege! Durch diesen Grundsatz fühlte sich z. B. das Reichsgericht (RGSt 32, 165 und zuvor schon RGSt 29, 111) daran gehindert, die unbefugte Entnahme von Elektrizität durch heimliches Ableiten des Stromes vom Straßenleitungsdraht als Diebstahl zu bestrafen. Dass es sich bei dieser Tat um eine „Frechheit“ und „Unredlichkeit“ handelte, dass also eine Bestrafung, wie das Reichsgericht sagt, „einem sittlichen Rechtsgefühle, einer Anforderung des Verkehrslebens auf Schutz gegen Beeinträchtigung von Rechtsgütern“ (RGSt 32, 186) entsprochen hätte, genügte nicht. Es hätte sich um eine „Wegnahme fremder beweglicher Sachen“ handeln müssen, wenn Strafbarkeit wegen Diebstahls hätte angenommen werden sollen. Das Reichsgericht glaubte aber, die Elektrizität nicht dem Begriff der „Sache“ subsumieren zu können. Daher musste der Gesetzgeber im Jahre 1900 ein besonderes Gesetz zwecks Bestrafung der Entziehung elektrischer Energie erlassen (heute: § 248 c StGB). Auch mit diesem Elektrizitätsgesetz erlebte die Rechtsprechung insofern keine reine Freude, als z. B. das missbräuchliche Benutzen eines elektrisch arbeitenden Münzfernsprechers durch Einwurf breitgeklopfter Zweipfennigstücke doch nicht als Elektrizitätsentwendung bestraft werden konnte, weil das Gesetz Entziehung des Stroms „mittels eines Leiters" fordert. Das Reichsgericht sagt: „... durch die eingeworfene Zweipfennigmünze (ist) nicht die Weiterleitung des elektrischen Stromes bewirkt, sondern durch ihre Schwere lediglich die Sperre ausgelöst worden, die das Drehen der Nummernscheibe zu verhindern bestimmt ist" (RGSt 68, 67 f.). Betrug, an den man noch hätte denken können, lag insoweit auch nicht vor, als der Münzfernsprecher im Selbstanschluss funktionierte und deshalb keine Person getäuscht wurde, was zu dem gesetzlichen Tatbestandsmerkmalen des Betrugs gehört (§ 263 StGB: „Wer in der Absicht, sich ... einen rechtswidrigen Vermögensvorteil zu verschaffen, das Vermögen eines anderen dadurch beschädigt, dass er durch Vorspiegelung falscher ... Tatsachen einen Irrtum erregt oder unterhält"; zweifellos kann eine Apparatur sich nicht irren). Aufs Neue musste der Gesetzgeber eingreifen, um unangemessene Freisprüche zu verhindern. Er schuf im Jahre 1935 den § 265 a StGB, der die Erschleichung der Leistung eines Automaten unter Strafe stellte.

Wir haben nun schon eine Vorstellung von dem, was strenge Gesetzesanwendung bedeutet, müssen aber nun in eine genauere Analyse eintreten. Es handelt sich darum, dass wir die Entscheidung über das Gestraftwerdensollen als konkrete Sollensentscheidung aus dem Gesetz gewinnen müssen. Diese Entscheidung fällt letztlich der Strafrichter, zuvor aber auch etwa schon der Staatsanwalt, indem er durch Anklageerhebung ein Gestraftwerdensollen behauptet, oder – in verneinender Weise – der Verteidiger, indem er dieses Gestraftwerdensollen bestreitet, somit ein negatives Sollensurteil fällt[7], vielleicht aber

7 S. dazu Engisch, Studien, S. 3 f.

auch irgend ein Dritter, der sich über das juristische Problem der Strafbarkeit Gedanken macht. Denken wir jedoch der Einfachheit halber an den Strafrichter, dessen Entscheidung über die Strafbarkeit das größte Gewicht hat.

Um uns nicht in besondere logische Schwierigkeiten zu stürzen, betonen wir erneut, dass uns an der strafrechtlichen Entscheidung, insbesondere dem so genannten Strafurteil (z. B.: „A ist eines Mordes schuldig und wird deshalb zu lebenslanger Freiheitsstrafe und zur Tragung der Kosten des Verfahrens verurteilt"), nur das aus ihr herauszuschälende gedankliche Sollenselement interessiert, nicht der doppelte Rechts*befehl*, die Strafe zu vollstrecken und zu erleiden. Selbstverständlich steckt in einem verurteilenden „Erkenntnis" ein solcher konkreter *Imperativ* ganz ebenso, wie im abstrakten Strafgesetz ein genereller Imperativ der Bestrafung und Strafduldung enthalten ist. Indessen ist die „logische Ableitung" eines konkreten Imperativs aus einem abstrakten Imperativ eine theoretisch sehr heikle Angelegenheit. Moritz hat eine scharfsinnige Abhandlung über diesen „praktischen Syllogismus" verfasst[8], die zeigen will, dass es im Grunde unmöglich ist, aus „imperativen Obersätzen" konkrete Imperative zu erschließen, also etwa aus dem generellen Imperativ, dass alle Mörder mit lebenslanger Freiheitsstrafe bestraft werden sollen, den konkreten Imperativ, dass der Mörder M mit lebenslanger Freiheitsstrafe bestraft werden soll. Wir lassen das Problem dieser praktischen Syllogismen bzw. „volitiven Schlüsse"[9] hier offen. Wir weisen nur darauf hin, dass im Anschluss an H. Maier mehrfach die Lehre verkündet worden ist, dass „das Schließen nicht gerade lauter Aussagesätze erfordert", denn: „Einem Forderungssatz lässt sich ein Aussagesatz subsumieren und dadurch wieder ein Forderungssatz gewinnen"[10]. Z. B.: Jeder Mörder soll mit lebenslanger Freiheitsstrafe bestraft werden; M ist Mörder; also soll M mit

8 Moritz, Theoria 20 (1954), 78.

9 Maier, S. 615.

10 So F. Somló, Juristische Grundlehre, 2. Aufl. 1927, S. 218 Anm. 4; s. auch Peter, AcP 132 (1930), 41 f.; Weinberger, S. 250 f. („Abtrennungsregel").

lebenslanger Freiheitsstrafe bestraft werden. Genau genommen haben wir übrigens einen doppelten Schluss vom Generellen aufs Singuläre: Neben den Schluss betreffend das Gestraftwerdensollen des Mörders tritt der parallele Schluss vom Imperativ an jeden Richter, über den Mörder die Strafe zu verhängen, auf den konkreten Imperativ an den gerade entscheidenden Richter, hic et nunc die Strafe zu verhängen.

Vielleicht kann man sagen, dass das berühmte dictum de omni („quidquid de omnibus valet, valet etiam de quibusdam et singulis") nicht nur im Bereich der Aussagesätze, sondern auch der Imperative seine Gültigkeit hat und damit das Rückgrat der volitiven Schlüsse bildet, wobei natürlich das „de omnibus" zu interpretieren ist als: „von jedermann" und nicht als: „von allen insgesamt". Man könnte sonst nämlich einwenden: Was von allen verlangt werde, werde darum noch nicht von jedem Einzelnen verlangt, weil jeder Einzelne sich als Befehlsadressat nur angesprochen fühle unter der Voraussetzung, dass auch alle anderen das von ihm Verlangte täten. Aber diesen Standpunkt kann der Einzelne nur einnehmen, wenn der Sinn des generellen Imperativs dahin ginge, dass alle insgesamt das Geforderte tun sollen. Der Sinn des generellen Imperativs geht aber dahin, dass jeder Einzelne ohne Rücksicht auf das Verhalten der anderen, also ohne Rücksicht auf Beachtung oder Missachtung der Norm durch die anderen, das Befohlene tun soll. Unter dieser Voraussetzung ist das dictum de omni gültig.

Zunehmend hat auch die mathematische Logik die Aufgabe in Angriff genommen, das normativ-juristische Denken kalkulisierend zu erfassen[11]. Um alle derartigen logischen Spezialitäten und Subtilitäten kommen wir aber herum, wenn wir uns vor Augen halten, dass in die rechtliche Urteilsfindung und -begründung anhand des Gesetzes rein „*kognitive*" Schlüsse

11 Zunächst vermittels des „Modalkalküls" (vgl. O. Becker, Untersuchungen über den Modalkalkül, 1952, S. 40 ff.), danach im Rahmen einer spezifisch „deontischen" Logik, zu welcher eine eigene Literatur entstanden ist (s. dazu S. 92 Anm. 14).

eingebaut sind, d.h.: Schlüsse mit lauter *Aussagesätzen*[12]. Der Richter stellt nämlich zunächst anhand des Strafgesetzbuchs einen allgemeinen Aussagesatz auf von der Art: „Der Mörder soll nach § 211 StGB mit lebenslanger Freiheitsstrafe bestraft werden". Mit diesem „Obersatz", der ein echtes Sollensurteil im logischen Sinne (mit Anspruch auf Wahrheit) ist, kombiniert er den ebenso gearteten „Untersatz": „M ist Mörder", um daraus die Schlussfolgerung (conclusio) zu gewinnen: „M soll nach § 211 StGB mit lebenslanger Freiheitsstrafe bestraft werten", was wiederum ein Urteil im logischen Sinne ist. Solch ein Syllogismus ist ein streng theoretischer mittelbarer Schluss, ein Anwendungsfall dessen, was die Schullogiker „modus barbara" nennen, welcher Modus sich übrigens mühelos auch in einen „modus ponens" verwandeln lässt, bei welchem der Obersatz konditionale Gestalt annimmt: „*Wenn* jemand Mörder ist, so soll er mit lebenslanger Freiheitsstrafe bestraft werden". Die modernen Logiker nennen solche Sätze, die sich ebensowohl als generelle Sätze von der Form: „alle A sind B", wie als hypothetische Sätze von der Form: „wenn etwas A ist, so ist es B", darstellen lassen: „allgemeine Implikationen"[13]. Aus allgemeinen Implikationen mit Sollensgehalt werden also die konkreten Sollenssätze, um

12 Hierzu und zum Folgenden s. auch Lampe, S. 40ff., vgl. v.a. S. 48: „Jeder imperative Rechtssatz ... impliziert einen indikativen Rechtssatz, welcher festsetzt, dass ... sein soll, was er befiehlt". M. Moritz, Kann das (richterliche) Urteil deduziert werden?, in: FS f. P.O. Ekelöf (1972), S. 502 spricht von „Parallel-Urteilen" zu den rechtlichen Imperativen und gelangt unter ihrer Heranziehung gleichfalls zu einem „Syllogismus ..., mit dessen Hilfe man entscheiden kann, ob ein richterliches Urteil formell mit dem Gesetz übereinstimmt oder nicht" (S. 502), und zwar gerade „auch dann, wenn Rechtsregeln als Imperative aufgefaßt werden" (S. 518). Anders dagegen K. Haag, Kritische Bemerkungen zur Normlogik, in: Arthur Kaufmann (Hg.), Rechtstheorie, 1971, S. 135 (139). Zu beachten ist aber bei Moritz und mir, dass nicht Imperative in Aussagesätze *umgewandelt* werden, sondern dass *über sie* in Aussagesätzen gesprochen wird.

13 S.z.B. R. Carnap, Einführung in die Symbolische Logik, 3. Aufl. 1968, S. 36.

die es bei der Rechtsfindung geht, schlussfolgernd gewonnen[14].

Wir sagen: „*gewonnen*". Dürfen wir uns so ausdrücken? Es ist wiederholt der Gedanke aufgetaucht, z. B. bei H. Isay („Rechtsnorm und Entscheidung", 1929), der Jurist, insbesondere der Richter, begründe zwar nach außen hin seine konkrete Sollensentscheidung aus dem Gesetz und genüge damit scheinbar dem Prinzip der Gesetzmäßigkeit der Rechtspflege, aber er *finde* häufig, ja meistens, seine Entscheidung auf ganz andere Weise, nämlich intuitiv, instinktiv, aus dem Rechtsgefühl, aus der praktischen Vernunft, dem gesunden Menschenverstand. Die Begründung der Entscheidung aus der abstrakten Norm habe nur sekundäre Bedeutung, sie rationalisiere nachträglich die an sich irrationale Entscheidung und übe insofern allenfalls eine gewisse Kontrollfunktion aus. Diesen Standpunkt können wir jedoch nicht gelten lassen. Welche Rolle immer die irrationalen Quellen der richterlichen Urteilsfindung spielen mögen, der Richter kann vor seinem Amt und seinem Gewissen nur eine solche Entscheidung verantworten, die er auch aus dem Gesetz begründen, d. h. ableiten kann. Insofern sind Findung und Begründung der Entscheidung keine Gegensätze. Die dem Richter gestellte Aufgabe heißt: Findung einer durch das Gesetz begründeten Entscheidung. Isays Lehre ist Psychologismus in Reinkultur. An den spezifischen Problemen der normativen Logik sieht diese Lehre vorbei[15].

---

14 Näher zum Vorstehenden: Engisch, Studien, S. 6 ff.; Larenz, Methodenlehre, S. 271 ff.; vgl. ferner Kelsen, Rechtslehre, S. 76 f. Zur logistischen Darstellung: Th. Heller, Logik und Axiologie der analogen Rechtsanwendung, 1961, S. 68 ff.; R. Schreiber, Logik des Rechts, 1962, S. 38 ff.; K. Lenk (Hg.), Normenlogik, 1974; G. H. v. Wright, Handlung, Norm und Intention, hg. u. eingel. v. H. Poser, 1977; U. Klug, Juristische Logik, 4. Aufl. 1982, S. 48 ff.; Koch/Rüßmann, S. 31 ff.; Weinberger, m. w. N. im Literaturverzeichnis; R. Alexy, Theorie der juristischen Argumentation, 3. Aufl. 1996, S. 273 ff.; Röhl/Röhl, S. 123 ff.; Rüthers, Rechtstheorie, Rn. 681 ff.

15 Dazu K. Engisch, Die Idee der Konkretisierung in Recht und Rechtswissenschaft unserer Zeit, 2. Aufl. 1968, S. 188 ff. m. w. N.; kritisch z. B.

Meine Polemik gegen Isay ist mehrfach auf Ablehnung gestoßen[16]. Es lässt sich jedoch kaum bestreiten, dass Isay einerseits die nach seiner Ansicht typische und zugleich vorbildliche richterliche Entscheidung in einem psychologischen emotionalen Faktum, dem Rechtsgefühl, wurzeln lässt und andererseits der gesetzlichen Norm die Funktion, originäre Erkenntnisquelle der richtigen Entscheidung zu sein, abspricht, sie vielmehr nur mit einer subsidiären Kontrollfunktion ausstattet. Darin sehe ich nicht nur einen falschen Schluss von dem, was vorkommen mag (dass der Richter sich primär vom Rechtsgefühl leiten lässt und sich dann erst um die Normen kümmert und sich diese womöglich so zurechtlegt, dass sie mit seinem Rechtsgefühl harmonieren) auf das, was „in Ordnung" ist, ferner nicht nur die Gefahr des Subjektivismus, sondern v. a. auch einen Widerspruch zur Gesetzesgebundenheit des Richters (Art. 20 Abs. 3 GG)[17].

Die Neigung zu Scheinbegründungen um eines für befriedigend erachteten Ergebnisses willen kann übrigens nicht geleugnet werden[18]. Lehrreich der „Badewannenfall" (RGSt 74, 84), wozu sehr aufschlussreich F. Hartung, JZ 1954, 430: Um ein Todesurteil und seine Vollstreckung zu vermeiden, hat das Reichsgericht in „zugespitzter" Anwendung der subjektiven Teilnahmetheorie das Ertränken eines unehelich geborenen Kindes durch die Schwester der Mutter als Beihilfe „konstruiert". Maßstab für die Unterscheidung von echter

auch Coing, S. 276 ff.; anders (Isay beipflichtend) Esser, Grundsatz, S. 19 ff., 256 m. w. N.

16 So bei P. Schwerdtner, Rechtswissenschaft und kritischer Rationalismus, Rechtstheorie 2 (1971), 67 (70) und Keuth, S. 38 f. (mit einem „Appell an das richterliche Gewissen" könne man „Aussagen über ein faktisches Verhalten nicht widerlegen").

17 Vgl. auch Jarass, in: H. D. Jarass/B. Pieroth, Kommentar zum Grundgesetz für die Bundesrepublik Deutschland, 10. Aufl. 2009, Art. 20 Rn. 42 f. m. w. N.

18 Dazu F. Brecher, Scheinbegründungen und Methodenehrlichkeit im Zivilrecht, in: FS f. A. Nikisch (1958), S. 227; W. A. Scheuerle, Finale Subsumtionen, AcP 167 (1967), 305; M. Kriele, Theorie der Rechtsgewinnung, 2. Aufl. 1976, S. 218 ff.; Müller/Christensen, Methodik, Rn. 426 ff.

Begründung und Scheinbegründung kann m. E. nur die subjektive Ehrlichkeit sein. „Unbewusste Scheinbegründungen" möchte ich nicht als „Scheinbegründungen" ansprechen. Es ist beachtenswert, dass im Badewannenfall Hartung sagen konnte, dass er „wissenschaftlich" durchaus zu der von ihm selbst vorgeschlagenen Entscheidung stehe. Geht man von der schließlich nicht unbegründeten Vermutung aus, dass Gesetze und Präjudizien auf „vernünftige" Ergebnisse abzielen, so werden sich in aller Regel solche Ergebnisse auch ohne besondere „Tricks" und „Schleichwege" rational, d. h. unter Ableitung aus dem Gesetz bzw. Anlehnung an die Präjudizien begründen lassen. Auf einem anderen Blatt steht die Frage, ob der Richter unter ganz besonderen Voraussetzungen bewusst und offen einem „unvernünftigen" Gesetz (oder einer bedenklichen festen Rechtsprechung) die Gefolgschaft versagen darf und soll. Darüber im Kapitel VII.

Durch Esser, Kriele und Müller ist die Diskussion um die rationale Begründung „vernünftiger", „gerechter", „befriedigender" Ergebnisse, zugleich um das Verhältnis von Theorie und Praxis sowie von Psychologie und Logik der Urteilsfindung in ein neues Stadium eingetreten. Esser[19] gibt Isay recht, wenn er betont, dass der Richter mit einem gewissen „Vorverständnis" an den Fall herantritt, dessen „Konstitution" bereits durch eine Art „Vorentscheidung" bestimmt ist, dass er die Parteien mit bestimmten Erwartungen und Forderungen hinsichtlich der rechtlichen Behandlung vor Gericht kommen sieht, dass er dann weiter die kunstgerechte „Interpretation" von bestimmten Erwägungen über das möglicherweise rechtlich Richtige und insofern von „Vorbewertungen", „Vorurteilen" gesteuert sein lässt: Die Suche nach der passenden Norm, die Wahl dieser oder jener Norm, die Entscheidung über ihre Anwendbarkeit oder Nichtanwendbarkeit mag oft von derartigen Antizipationen gelenkt sein. Andererseits liefert die „formale" Logik – von der Esser und Kriele nicht sehr hoch denken – ohnehin nur die notwendige (immerhin: die not-

19 Vorverständnis und Methodenwahl in der Rechtsfindung, 1970, u. a. S. 132 ff., 175 f.

wendige!), nicht die hinreichende Bedingung der „Richtigkeit" der Entscheidung[20]. Aber unter der Herrschaft unseres Grundgesetzes (vgl. Art. 20 Abs. 3) kommt es dann – wie auch Esser und Kriele nicht verkennen – letztlich darauf an, ob das gefundene „Ergebnis" logisch, methodologisch und juristisch haltbar ist. Und hierbei sind die quaestio facti und die quaestio iuris, will sagen: das psychologische und soziologische Problem, wie unsere Richter bei der Rechtsfindung tatsächlich vorgehen, und das logisch-erkenntnistheoretische Problem, unter welchen formalen und sachlichen Voraussetzungen das Ergebnis der Rechtsfindung wahr oder richtig ist, schärfer getrennt zu halten, als dies zuweilen (jedenfalls bei Isay, aber auch Esser und Kriele[21]) geschieht. Wie und in welchem Maße z.B. unsere Gerichte sich an Präjudizien effektiv orientieren, liefert uns noch nicht oder nur unter bestimmten Voraussetzungen eine Antwort auf die Frage nach der Richtigkeit dieser Orientierung. Oder dass „eine methodische Regel mal befolgt, mal nicht befolgt" wird, bedeutet nicht, wie Kriele (S. 25) behauptet, dass „sie nicht gilt". Oder dass die Rangordnung zwischen den verschiedenen Interpretationsmethoden noch nicht gesichert ist, enthebt uns nicht der Verpflichtung, um der richtigen Entscheidung willen nach ihr zu suchen. Das Eigenrecht einer sich explizit so verstehenden „Psychologie" oder „Soziologie" der Rechtsfindung soll natürlich nicht angefochten werden[22]. Es soll auch gar nicht von vornherein die Möglichkeit von der Hand gewiesen werden, dass zwischen der quaestio facti und der quaestio iuris Zusammenhänge bestehen, worüber aber nur die Logik selbst (im weitesten Sinne einschließlich einer „Sachlogik") entscheiden kann. Der Nachdruck des vorliegenden Buches liegt

20 So Esser selbst, Vorverständnis, S. 77; vgl. auch Koch/Rüßmann, S. 27 f.; C.-W. Canaris, Systemdenken und Systembegriff in der Jurisprudenz, 2. Aufl. 1983, S. 22 f.; Alexy, Argumentation, S. 280 ff.; Müller/Christensen, Methodik, Rn. 86.

21 Vgl. die Kritik an Esser bei Larenz, Methodenlehre, S. 210 f.

22 Dazu und zu den Grenzen vgl. Rehbinder, Rechtssoziologie, Rn. 8 ff. (u.a. 21), 132 ff.

jedenfalls auf der Logik und Methodik des juristischen Denkens.

Gehen wir nunmehr der schlussfolgernden Begründung bei der Rechtsfindung nach, so liegt der Schwerpunkt dieser Begründung auf dem so genannten Untersatz, also in unserem Beispiel auf dem Satz: „A ist Mörder". (Vom Obersatz und seiner genaueren Zubereitung werden wir erst im nächsten Kapitel handeln. Hier mag nur betont werden, dass es für das Wesen des Untersatzes gleichgültig ist, ob der Obersatz kategorisch oder hypothetisch gefasst ist.) Im Untersatz steckt vor allem die schon mehrfach erwähnte Subsumtion[23]. Kei-

---

23 Hier sei eine formallogische Bemerkung eingeflochten. Wenn Kriele (S. 51) sagt: „Das angebliche Problem der richtigen Subsumtion ist überhaupt kein Problem ... Für eine mißlungene syllogistische Subsumtion lassen sich allenfalls amüsante Beispiele konstruieren ... man muss doch bestreiten, dass es ein Versäumnis sei, wenn eine Methodenlehre über den Subsumtionsschluss keine breiteren Ausführungen macht", so ist hier ersichtlich der Subsumtionsschluss als Ganzes gemeint, nicht die Subsumtion als Bestandteil des Untersatzes (im Beispiel des Textes „A ist Mörder"). Abgesehen davon ist zwar der Subsumtionsschluss als *Ganzes* ungeachtet seiner Wichtigkeit leicht zu vollziehen (vgl. dazu Engisch, Studien, S. 13), nicht so jedoch die Subsumtion als den Untersatz (die „praemissa minor") mitgestaltender Urteilsakt (zutreffend dazu Rödig, S. 151). Esser, der (Vorverständnis S. 28, 60f., 65ff. u.a.) gleichfalls Subsumtionsschluss und Subsumtion als Bestandteil des Untersatzes nicht scharf auseinanderhält, erkennt immerhin deutlich die Problemgeladenheit der Subsumtion als solcher (S. 45ff.), die auch Kriele berührt, wenn er die Montesquieusche Lehre von der Richterfunktion (vgl. unten Text S. 219 mit Anm. 49) als eine in Frage zu stellende Subsumtions-"Doktrin" bezeichnet (S. 49), wobei ihm wohl allerdings die irrige Lehre vorschwebt, dass die Subsumtion eine rein rationale, leicht zu vollziehende, zu einem eindeutigen Ergebnis führende Denkoperation sei. Diese grundlegende Missdeutung der häufig (vielleicht sogar meist) mit Wertungen Hand in Hand gehenden Subsumtion findet man leider immer wieder.

Ebenso sorglos wie mit dem Begriff der „Subsumtion" geht man auch mit dem Begriff des Untersatzes des juristischen Rechtsfindungssyllogismus um, wenn man ihn bald (Esser, Vorverständnis, S. 46; Kriele S. 48; Müller, Methodik, Rn. 24) nur auf die (tatsächliche) Sachverhaltsfrage und die „Beweiswürdigung" bezieht, bald auch (insofern ganz richtig: Esser, Vorverständnis, S. 50) die „Sachbeurteilung" umfassen lässt; vgl.

neswegs aber sie allein. Denn mit ihr ist im Regelfall eng verknüpft eine Tatsachenfeststellung, die Feststellung nämlich eben der Tatsachen, die subsumiert werden. Der Satz: „A ist Mörder“ enthält also sowohl die tatsächliche Feststellung, dass A das getan hat, was vom juristischen Standpunkt aus Mord ist, wie auch die Unterordnung dieser festgestellten Tatsachen unter den rechtlichen Begriff des Mordes. Genauer stellen sich die logischen Operationen bei der Gewinnung des Untersatzes im Falle einer strafrichterlichen Entscheidung, wie sie uns als Beispiel dient, etwa folgendermaßen dar: Dem entscheidenden Gericht ist durch die Anklageschrift des Staatsanwalts oder eines Privatklägers die Anschuldigung gegen eine Person, diese habe eine konkrete Straftat begangen, unterbreitet worden. Ob die Anschuldigung berechtigt ist, ist zunächst die Frage. Bejaht das Gericht diese Frage, gedenkt es also, zu einer Verurteilung des Angeklagten zu gelangen, so muss es einerseits eine Reihe von Tatsachen feststellen, in denen sich die Straftat realisiert hat, z. B. feststellen, dass A seine Frau bewusst und gewollt vergiftet hat, um sie zu beerben. Das Gericht muss andererseits diese einzelnen Tatsachen unter den besonderen gesetzlichen Verbrechenstatbestand subsumieren, an den die Rechtsfolge der Strafbarkeit in abstracto geknüpft ist. Es muss in unserem Beispielfalle erkennen, dass die bewusste und gewollte Vergiftung der Frau mit der Absicht, sie zu beerben, die Tatbestandsmerkmale des Mordes im Sinne des § 211 StGB aufweist, nämlich sich als vorsätzliche Tötung eines Menschen aus Habgier darstellt.

Bei der Feststellung der Tatsachen (der „Beweiserhebung“) müssen wir noch etwas verweilen, wobei wir an einen *Straf*prozess als Muster denken wollen. Das Ziel ist es, dem Gericht die Überzeugung von dem Gegebensein bestimmter Tatsachen zu verschaffen. Rein logisch genommen ist die Tatsachenfeststellung im gerichtlichen Verfahren nahe verwandt der historischen Tatsachenfeststellung. Wie der Historiker aufgrund der ihm zu Gebote stehenden Quellen geschichtliche Tat-

---

dazu näher: W. A. Scheuerle, Rechtsanwendung, 1952, S. 38; Engisch, Studien, S. 18 ff.; Larenz, Methodenlehre, S. 278 ff.

sachen ermittelt, so werden im gerichtlichen Prozess aufgrund der Erklärungen des Angeklagten selbst, zu denen auch ein etwaiges Geständnis gehört, und mit Hilfe der so genannten Beweismittel, nämlich der Augenscheinsobjekte, Urkunden, Zeugen und Sachverständigen, rechtserhebliche Tatsachen erschlossen. Als Tatsachen wollen wir dabei ansehen: in der Vergangenheit liegende raum-zeitlich oder auch nur zeitlich bestimmte Ereignisse, Zustände, Verhältnisse, Gegenstände und Beschaffenheiten, die der äußeren und inneren Wahrnehmungswelt zugehören und naturgesetzlich geordnet sind[24]. Da die meisten strafbaren Handlungen für das Gericht nur noch in einzelnen Nachwirkungen gegenwärtig wahrnehmbar sind, sind es hauptsächlich Erfahrungsschlüsse, und zwar logisch recht komplizierte Schlüsse, die die Tatsachenfeststellung ermöglichen.

Der gerichtliche Beweis ist meistenteils ein so genannter „Indizienbeweis", d. h. ein Beweis durch Schlussfolgerungen von „Indizien" auf die festzustellenden unmittelbar erheblichen Tatsachen. „Indizien" nennen wir solche Tatsachen, die zwar den Vorzug haben, unserer gegenwärtigen Wahrnehmung und Auffassung zugänglich zu sein, die aber an sich selbst rechtlich bedeutungslos wären, wenn sie nicht eben einen Schluss zulassen würden auf diejenigen Tatsachen, um deren Subsumtion unter die rechtlichen Tatbestände es sich handelt und die wir „unmittelbar erhebliche Tatsachen" nennen. In unserem vorhin erwähnten Beispiel des Giftmörders ist etwa der von einem Drogisten bezeugte Ankauf von Gift durch den Ehemann vor der Tat ein Indiz dafür, dass der Ehemann seiner Frau Gift beigebracht hat, während diese Giftbeibringung selbst „unmittelbar erhebliche Tatsache" ist, da sie unter den Tatbestand des Mordes zu subsumieren ist. Was unmittelbar erheblich ist, hängt naturgemäß vom jeweiligen Rechtssatz und seinem Tatbestand ab. In einem *Zivil*prozess könnte der

24 Näheres zum Begriff der Tatsachen und der Tatsachenfeststellung: Engisch, Studien, S. 37 ff.; Larenz, Methodenlehre, S. 304 ff.; Zippelius, Methodenlehre, S. 91 ff. (je m. w. N.). Ferner: E. Döhring, Die Erforschung des Sachverhalts im Prozess, 1964; J. Hruschka, Die Konstitution des Rechtsfalles, 1965; Rödig, S. 3 ff., 239 ff.; Bydlinski, S. 417 ff.

zwischen dem Drogisten und dem Ehemann abgeschlossene Giftkauf seinerseits eine unmittelbar erhebliche Tatsache sein, wenn der Drogist auf Zahlung des Kaufpreises klagt; m. a. W.: Auch dem Begriff der unmittelbar erheblichen Tatsache eignet eine gewisse Relativität. Unter den Indizien genießt im Strafprozess ein besonderes Ansehen das Geständnis des Angeklagten (über seine eigenartige Funktion im Zivilprozess soll hier nicht gesprochen werden). Mit Recht betont der Jurist der Neuzeit, dass das Geständnis des Angeklagten im Strafprozess keinen zwingenden Beweis der Schuld des Angeklagten liefert, sondern nichts weiter ist als eben ein Indiz, eine gegenwärtig fassbare Tatsache, die einen Schluss zulässt auf die eingestandene strafbare Tat. Dieser Schluss ist nicht selten trügerisch. Denn es kommt vor, dass ein Angeklagter über eine Tat ein Geständnis ablegt, die er nicht begangen hat. Er kann z. B. den wahren Täter decken wollen. Nebenbei sei bemerkt, dass daher auch die oft empfohlene Lösung des Problems der Todesstrafe, nämlich diese nur im Falle eines Geständnisses zu vollstrecken, insofern auf schwachen Füßen steht, als man auch dann nicht sicher ist, Unschuldige von der irreparablen Vollstreckung auszunehmen. Ferner sind aber auch die Aussagen der so genannten *Tatzeugen* nichts weiter als „Indizien". Die Aussagen der Zeugen vor Gericht sind nur „mittelbar erhebliche Tatsachen", die wiederum einen nur bedingt zuverlässigen Schluss gestatten auf die in der Vergangenheit liegende Tat, über welche die Aussagen gemacht werden. Wenn hier fortgesetzt von einem „Schluss" die Rede ist, so handelt es sich stets um einen nur mit unterschiedlichen Wahrscheinlichkeitsgraden gültigen Schluss auf der Grundlage von *Erfahrungssätzen*, die darum ihrerseits im gerichtlichen Beweisverfahren eine große Rolle spielen und dem Gericht durch die in allen schwierigen Fällen unentbehrlichen Sachverständigen vermittelt werden[25]. Die mannigfaltige Gestalt, in der uns der Erfahrungsschluss entgegentritt, kann nicht Gegenstand unserer Betrachtung werden. Besonders bedeutsam sind Schlüsse von der Wirkung

25 Dazu klassisch: F. Stein, Das private Wissen des Richters, 1893. Vgl. auch Döhring, v. a. S. 256 ff.; Rödig, S. 242 ff.

auf die Ursache oder von der Ursache auf die Wirkung, also Kausalschlüsse. Das leitende Prinzip jeder mittelbaren Beweisführung dürfte darin bestehen, die unmittelbar erheblichen Tatsachen, welche das eigentliche Beweisziel des Prozesses bilden, als die praktisch allein mögliche Erklärung der bewiesenen indizierenden Tatsachen anzusehen. In unserem Beispiel beweist der Giftkauf den Giftmord, wenn jener sich nur daraus erklären lässt, dass er das Mittel zum Mord sein sollte und demgemäß die Vorbedingung für diesen wurde. Indem die Straftat den allein passenden Schlüssel zu den erwiesenen Indizien liefert, ist sie selbst bewiesen. Damit ist sie dann geeignet, in den Untersatz einzugehen.

Wenn wir zuvor auf die Ähnlichkeit der gerichtlichen Tatsachenfeststellungen mit den historischen hingewiesen haben, so dürfen wir doch nicht versäumen, nunmehr auf einen sehr wesentlichen Unterschied aufmerksam zu machen, der freilich kein ausgesprochen methodologischer ist. Der Historiker ist *frei* in der Benutzung der ihm zu Gebote stehenden Quellen und der auf sie gegründeten Tatsachenforschung. Er ist nur an wissenschaftliche Direktiven gebunden. Dagegen ist die prozessuale Wahrheitsforschung rechtlich weitgehend geregelt. Zwar haben wir heute im Prozess kaum noch so genannte gesetzliche Beweisregeln, die gebieten, bei Gegebensein bestimmter Beweise (Geständnis, übereinstimmende Erklärung zweier „klassischer“ Zeugen[26], Vorliegen besonders qualifizierter Urkunden[27]) das durch sie erhärtete Beweisthema als ohne weiteres erwiesen anzusehen. Es gilt vielmehr im Allgemeinen der „Grundsatz der freien Beweiswürdigung“, den § 261 StPO folgendermaßen audrückt: „Über das Ergebnis der Beweisaufnahme entscheidet das Gericht nach seiner freien, aus dem Inbegriff der Verhandlung geschöpften Überzeugung“. Aber über die Heranziehung und Benutzung der Beweismittel gibt es mancherlei rechtliche Vorschriften, die sich allerdings teilweise als Niederschlag von Erfahrungen über die Beweistauglichkeit darstellen, teil-

26 S. z. B. die Peinliche Gerichtsordnung v. 1532, Art. 67.

27 S. z. B. heute noch ZPO §§ 415 ff.

weise aber auch als Gebot der Rücksichtnahme auf beweisfremde Interessen. Wenn z. B. § 250 StPO verbietet, schriftliche Erklärungen eines Zeugen anstelle der persönlichen Bekundung zu benutzen, so will er damit dem Beweisinteresse selbst dienen, da mündliche Aussagen der Zeugen vor Gericht aufschlussreicher sind als zurechtgedrechselte schriftliche Erklärungen. Wenn dagegen § 252 StPO verbietet, die frühere Aussage eines zeugnisverweigerungsberechtigten Zeugen, z. B. eines nahen Angehörigen, zu verwerten, insbesondere das Protokoll über die frühere Aussage zu verlesen, falls der Zeuge in der Hauptverhandlung nachträglich von seinem Zeugnisverweigerungsrecht Gebrauch macht, so gründet sich dieses „Beweisverbot" auf eine humane Berücksichtigung verständlicher Interessen des Zeugnisverweigerungsberechtigten, die über das Interesse an der Wahrheitsermittlung gestellt werden. Ich habe z. B. einmal auf eindrucksvolle Weise erlebt, wie ein Mann, der von der eigenen Ehefrau der Polizei gegenüber unzüchtiger Handlungen an den gemeinsamen Kindern bezichtigt worden war, freigesprochen werden musste, weil die Frau es später vor Gericht ablehnte, die früheren Aussagen gegen ihren Mann zu wiederholen. Grenzen einer historisch getreuen Wahrheitsfindung im Prozess ergeben sich auch dort, wo der „Verhandlungsgrundsatz" gilt, wie im deutschen Zivilprozess, wo es den Parteien – wenn auch in gewissen Grenzen – überlassen ist, den rechtlich zu beurteilenden Tatsachenstoff dadurch zu bestimmen, dass sie Behauptungen aufstellen oder nicht bestreiten, Beweise antreten oder nicht antreten; es bleibt z. B. die Tatsache unberücksichtigt, dass ein Vertrag im Zustande der Trunkenheit abgeschlossen ist, wenn sich die Parteien genieren, diesen Umstand zu erwähnen[28]. Weitere Einzelheiten der rechtlichen Regelung der Beweiserhebung können wir hier nicht behandeln. Sie gehören in die Lehren des Prozessrechts. Wir wollten nur an einzelnen Beispielen die rechtlichen Grenzen der prozessualen Wahrheitsforschung aufzeigen.

---

28 Vgl. dazu Döhring, S. 9; Larenz, Methodenlehre, S. 306 f. Zur hier ins Spiel kommenden „formellen Wahrheit" s. Rödig, S. 151 ff.

Ist nun schon die im Untersatz als Teilergebnis steckende Tatsachenfeststellung das Ergebnis umständlicher Erkenntnisakte und Schlussfolgerungen, so gilt Ähnliches auch für die *Subsumtion*, der als solcher wir uns jetzt zuwenden wollen. Der scheinbar so simple Satz „A hat einen Mord begangen“ ist auch nach Klarstellung aller einschlägigen Tatsachen nicht sofort zur Hand. Die Subsumtion kann Schwierigkeiten bereiten. § 211 StGB kommt ihr dadurch zu Hilfe, dass er den Mord näher umschreibt. Mörder ist nämlich nach § 211 Abs. 2, „wer aus Mordlust, zur Befriedigung des Geschlechtstriebs, aus Habgier oder sonst aus niedrigen Beweggründen, heimtückisch oder grausam oder mit gemeingefährlichen Mitteln oder um eine andere Straftat zu ermöglichen oder zu verdecken, einen Menschen tötet“. Sehr häufig aber ist der Richter im Zweifel, ob diese Merkmale auf die festgestellten tasächlichen Gegebenheiten zutreffen, ob z.B. die Tötung eines politischen Gegners oder eines eifersüchtig gehassten Nebenbuhlers eine solche aus „niedrigen Beweggründen“ darstellt oder ob die Tötung eines Schlafenden „heimtückisch“ ist. Man könnte annehmen, dass hier die Schwierigkeiten der Subsumtion darauf beruhen, dass die im Gesetz gebrauchten Begriffe „niedrig“, „heimtückisch“ mit Wertungen durchsetzt sind. Ziehen wir darum noch ein Beispiel heran, wo das Gesetz sich solcher Begriffe bedient, die ihrem unmittelbaren Sinne nach keine Wertung verlangen, die also, wie man sagt, nicht „normativ“, sondern „deskriptiv“ sind. § 243 Abs. 1 S. 2 Nr. 1 StGB umschreibt als Fall des schweren Diebstahls, dass „der Täter zur Ausführung der Tat in ein Gebäude, … oder in einen anderen umschlossenen Raum einbricht, einsteigt …“. Nun kommt es nicht selten vor, dass jemand das Verdeck eines Personenkraftwagens aufschlitzt und aus dem Wagen dort befindliche Gegenstände stiehlt. Ist ein solcher Diebstahl den Merkmalen des § 243 Abs. 1 S. 2 Nr. 1 zu subsumieren? Und was bedeutet dabei die „Subsumtion“? Das Reichsgericht hat früher jene Subsumtion abgelehnt. Es vertrat die Auffassung, § 243 Abs. 1 Nr. 1 (damals noch Nr. 2) „treffe nicht zu“, da der Täter weder aus einem Gebäude noch aus einem umschlossenen Raum gestohlen habe; Gebäude und umschlossene Räume seien stets umgrenzte Teile der Erd- oder Wasserfläche (RGSt 71, 198). Dagegen hat sich der BGH zu der „neuen" Subsumtion verstanden, dass ein abgeschlossener Personenkraftwagen ein „umschlossener Raum" i. S. des § 243 Abs. 1 S. 2 Nr. 1 StGB sei (BGHSt 2, 214 u. a.). Vorausgegangen war eine Entscheidung des Großen Senats v. 11. 5. 1951 (BGHSt 1, 158), in der ein Wohnwagen als umschlossener Raum angesprochen worden war, und zwar aufgrund der allgemeinen Feststellung, umschlossener Raum sei „jedes Raumgebilde, das nicht Gebäude (= ein durch Wände und Dach begrenztes, mit dem Erdboden fest … verbundenes Bauwerk, das den Eintritt von Menschen gestattet und Unbefugte abhalten soll) oder Behältnis (= ein zur Aufnahme von Sachen dienendes und sie umschließendes Raumgebilde, das nicht dazu bestimmt ist, von Menschen betreten zu werden) … ist, das (mindestens auch) dazu bestimmt ist, von Menschen betreten zu werden, und das mit (mindestens teilweise künstlichen) Vorrichtungen umgeben ist, die das Eindringen von Unbefugten abwehren sollen" (BGHSt 1, 163 f.). Preisgegeben wurde in dieser Entscheidung des Großen Senats die reichsgerichtliche Auffassung, dass der umschlossene Raum stets ein begrenzter Teil der Erd- oder Wasserfläche sei. Die spätere Entscheidung BGHSt 2, 214 glaubte sich aber auch insofern auf die frühere Entscheidung des Großen Senats stützen zu können, als die letztere „Wohnwagen" nicht deshalb als umschlossene Räume i. S. des § 243 Abs. 1 S. 2 Nr. 1 angesehen hat, weil sie „Menschen zur Wohnung dienen", sondern deshalb, weil sie dazu bestimmt sind, von Menschen betreten zu werden und mit Abwehrvorrichtungen gegenüber Unbefugten umgeben sind. Eben dies treffe nicht nur auf Wohnwagen, sondern auch auf Personenkraftwagen zu. Diese Rechtsprechung des BGH hat übrigens meist Beifall gefunden[29]. Bockelmann allerdings hat als das „maßgebende Kriterium" des umschlossenen Raumes angesehen, dass dieser „häusliche Stätte des Menschen" ist. Das kann zwar von einem Wohnwagen, nicht aber von einem

29 Dazu statt aller: Th. Fischer, Kommentar zum Strafgesetzbuch, 57. Aufl. 2010, § 243 Rn. 4 m. w. N.

gewöhnlichen Personenkraftwagen, übrigens auch nicht von einem Eisenbahnwagen, gesagt werden[30].

Was also bedeutet in einem Fall wie dem soeben geschilderten die Subsumtion? Wir wollen auf zweierlei achten. Es handelt sich bei der Subsumtion, wie wir sie jetzt im Auge haben, primär um die Unterordnung eines *einzelnen* Falles unter den gesetzlichen Tatbestand, nicht also gleich um die Unterordnung einer Fall*gruppe* oder Fall*art*[31]. Ferner: Wir denken uns, wie schon betont, die Subsumtion als eine *neue*, erstmalige, also nicht als bloßen routinemäßigen Nachvollzug von Subsumtionen, die für gleichartige Fälle schon öfters vorgenommen worden sind.

Man hat gesagt, dass die Unterordnung eines einzelnen realen Falles unter einen Begriff logischer Nonsens sei. „Bloß Gleiches kann unter Gleiches subsumiert werden". Unter einen Begriff kann immer wieder nur ein Begriff subsumiert werden[32]. Dem entspricht es, wenn eine Arbeit über die logische Struktur der Rechtsanwendung betont: die Subsumtion eines Falles unter einen Rechtsbegriff „stellt ein Verhältnis von Begriffen dar: ein *Faktum* muss in Begriffen gedacht sein,

30 P. Bockelmann, Der Diebstahl aus Fahrzeugen, JZ 1951, 296 (298).

31 Letztere Art von „Subsumtion" nenne ich im Anschluss an E. Husserl „Subordination" (Engisch, Studien, S. 23f.). Für diese „Subordination" gilt, was Larenz, Methodenlehre, S. 273 ausführt, dass es sich nämlich um die Unterordnung von Begriffen engeren Umfangs unter Begriffe weiteren Umfangs handelt (unter Weglassung der Artmerkmale). S. dazu auch Zippelius, Methodenlehre, S. 96ff.

32 So Sommer, S. 119f. Von ähnlicher Art sind die Bedenken, die K. Michaelis, Über das Verhältnis von logischer und praktischer Richtigkeit bei der so genannten Subsumtion, in: FS f. das OLG Celle (1962), S. 117 (130) erhebt, dass nämlich der „abstrakte Tatbestand und das konkrete Subsumtionsurteil auf logische Widerspruchsfreiheit nicht verglichen werden können, weil ihre Gegenstände – einmal der abstrakte Tatbestand, zum anderen der konkrete Sachverhalt – logisch nicht dieselben seien und aus der abstrakten Bestimmung des Tatbestandes die Übereinstimmung des konkreten Sachverhalts mit jenem logisch nicht deduzierbar sei". Ich glaube, dass die Schwierigkeiten bei Berücksichtigung des oben im Text Ausgeführten nicht auftauchen. Es wird eben, wie Michaelis selbst (S. 130f.) bemerkt, nicht Konkretes mit Abstraktem, sondern Konkretes mit Konkretem verglichen.

weil es sonst – als Faktum – nicht erkannt ist, während *Rechtsbegriffe*, wie ihr Name sagt, ohnehin stets in der begrifflichen Form gedacht sind“[33]. Es werden also Faktenbegriffe unter Rechtsbegriffe subsumiert. Wir können uns hier auf formallogische und erkenntnistheoretische Untersuchungen nicht weiter einlassen. Es muss aber betont werden, dass die Subsumtion eines real gesetzten konkreten Sachverhalts unter einen Begriff gedeutet werden *kann* als die Einordnung dieses Sachverhalts, des „Falles“, in die *Klasse* der durch den Rechtsbegriff bzw. durch den abstrakten Tatbestand des Rechtssatzes bezeichneten Fälle. Die Subsumtion eines jetzt zur Entscheidung stehenden Diebstahls aus einem Personenkraftwagen vermittels Aufschlitzens des Verdecks unter den allgemeinen Tatbestandsbegriff Diebstahl unter Einbruch „in einen umschlossenen Raum“ besagt dann soviel wie: Der konkrete Diebstahl aus dem Kraftwagen ist ein Element der Klasse, die unter dem Begriff Diebstahl mit Einbruch „in einen umschlossenen Raum“ zusammengefasst ist[34]. Die entscheidenden rechtslogischen Fragen erheben sich erst dahinter: Worauf gründet sich eigentlich diese Einordnung des konkreten Sachverhalts in die durch den Rechtsbegriff gemeinte Klasse? Die Antwort muss m. E. lauten: Sie gründet sich auf eine Gleichsetzung des neuen Falles mit denjenigen Fällen, deren Zugehörigkeit zur Klasse bereits feststeht[35], also in unserem Beispiel auf

33 Scheuerle, S. 150. Vgl. auch Sax, S. 101 f., 135 f.

34 Hierzu näher Carnap, Einführung, S. 40, 109 f.; ferner Heller, S. 69; Engisch, Studien, S. 22 f.

35 Eine verwandte Auffassung findet man bei W. Hassemer, Tatbestand und Typus, 1968, S. 17 f.; Arthur Kaufmann, Analogie und „Natur der Sache“, 2. Aufl. 1982, S. 38 ff., sowie bei Esser, Vorverständnis, S. 30: aus der gesetzlichen Norm wird gebildet „eine Palette von vorstellbaren Anwendungsfällen, mit der sich der jetzige vergleichen lässt“. Eine abweichende Auffassung von der Subsumtion hat dagegen Larenz, Methodenlehre, S. 274: Subsumtion ist die „Aussage, dass die im Tatbestand des Rechtssatzes genannten Merkmale in dem Lebensvorgang, auf den sich diese Aussage bezieht, verwirklicht sind“. Wie Larenz zieht auch K.-H. Strache (Das Denken in Standards, 1968) der im Text gegebenen umfangslogischen („extensionalen“) Deutung der Subsumtion eine inhaltslogische („intensionale“) Deutung vor: Subsumtion ist Fest-

die Gleichsetzung des Diebstahls aus dem verschlossenen Kraftwagen mit solchen Fällen, die bisher schon dem § 243 Abs. 1 S. 2 Nr. 1 zweifelsfrei zugeordnet wurden, wie z. B. mit dem Diebstahl aus einem verschlossenen Bergwerksschacht (vgl. RGSt 3, 411) oder aus einem Wohnwagen (BGHSt 1, 158). Worauf sich die Bestimmung der Klasse selbst und die zweifelsfreie Zuordnung der als Vergleichsmaterial dienenden Fälle ihrerseits gründet, ist eine Frage, die wir zunächst noch zurückstellen müssen. Sie gehört in den Bereich der *Auslegungsprobleme.* Insofern ist die Auslegung des Rechtsbegriffs logische Voraussetzung der Subsumtion, welche dann ihrerseits, nachdem sie vollzogen ist, ein neues Auslegungsergebnis darstellt und weiterhin als Vergleichsmaterial dienen kann, wie wir das an dem Fortschritt von BGHSt 1, 158 zu BGHSt 2, 214 wahrnehmen können[36]. Setzen wir aber jetzt voraus, dass wir über die Klasse als solche, die im Grunde nur eine Menge untereinander gleichartiger Objekte (im weitesten Sinne) bedeutet, genügend Bescheid wissen, so ist es dennoch stets ein schwerwiegendes Problem, ob die Einreihung eines neuen, bisher nicht für zugehörig erachteten Objekts in die Klasse gerechtfertigt ist oder nicht, ob also m. a. W. die erwähnte Gleichsetzung statthaft ist oder nicht. Die Problematik ergibt sich namentlich daraus, dass bei jeder wirklich neuen Sub-

---

stellung der Übereinstimmung des „konkreten Merkmalskomplexes" mit der „abstrakten Begriffsdefinition" (Strache, S. 52 Anm. 132); ähnlich auch Zippelius, Methodenlehre, S. 96 f. Beide, die extensionale und die intensionale Deutung, können m. E. nebeneinander bestehen.

36 Über das Verhältnis von Subsumtion und Auslegung s. auch D. Jesch, Unbestimmter Rechtsbegriff und Ermessen in rechtstheoretischer und verfassungsrechtlicher Sicht, AöR 82 (1957), 163 (186); Engisch, Studien, S. 26 ff. Auch die von Scheuerle, AcP 167 (1967), 305 behandelten „finalen Subsumtionen" greifen in den Bereich der Auslegungsproblematik über (die „finale Interpretation" dient der „finalen Subsumtion", S. 329 ff.). Hingewiesen sei noch darauf, dass auch die Ablehnung einer Subsumtion (z. B.: „ein verschlossener Pkw ist kein ‚umschlossener Raum' im Sinne des § 243 Abs. 1 S. 2 Nr. 1 StGB") ein Auslegungsergebnis enthält; vgl. Engisch, Studien, S. 28. Philosophisch beachtenswert über das Verhältnis von Auslegung und (Rechts-) Anwendung: H.-G. Gadamer, Wahrheit und Methode, 6. Aufl. 1990, S. 312 ff.

sumtion der zu subsumierende Fall von den bisher der Klasse zugeordneten Fällen irgendwie abweicht und daher die den Juristen, der dem Gleichheitsprinzip verschworen ist, immer wieder peinigende Frage auftaucht, ob die Abweichung „*wesentlich*" ist oder nicht. Ob aber wesentliche Gleichheit oder wesentliche Verschiedenheit zwischen dem neuen Fall und den bisher der Begriffsklasse zugerechneten Fällen vorliegt, führt auf die weitere Frage: Worauf kommt es eigentlich an? Kommt es in unserem Beispiel beim Rechtsbegriff des umschlossenen Raumes darauf an, dass dieser einen „Teil der Erdoberfläche" darstellt (so das Reichsgericht), oder kommt es nur darauf an, dass der Raum allseitig – u. U. teilweise durch künstliche Vorrichtungen – abgeschlossen ist (so der BGH)? Kommt es ferner darauf an, dass der Raum als „häusliche Stätte" dient (so Bockelmann), oder nur darauf, dass er zum Betreten durch Menschen bestimmt ist (so der BGH)? Steht man auf dem Standpunkt, dass es nur darauf ankomme, dass der Raum allseitig abgeschlossen und zum Betreten durch Menschen bestimmt ist, so ist „in diesen Beziehungen" der Personenkraftwagen einem Wohnwagen oder einem Bergwerksschacht gleichzuachten. Diese „Beziehungen" sind dann eben „wesentliche Beziehungen". Offenbar ist es nun wiederum eine Frage der *Auslegung*, worauf es bei einem Begriff wie dem des umschlossenen Raumes ankommt und ob die Beziehungen, in denen sich die Fälle gleichen, wesentlich sind oder nicht. Die Auslegung liefert nicht nur das Vergleichs*material* für die Subsumtion, sondern auch die *Beziehungspunkte* für die Vergleichung. Sie entscheidet damit zugleich über diejenigen Momente am Vergleichsmaterial und an dem zu subsumierenden Sachverhalt, die miteinander zu vergleichen sind. Sie entscheidet schließlich auch darüber, mit welchen geistigen *Mitteln* der Vergleich durchzuführen ist, ob etwa mit Mitteln der Wahrnehmung oder solchen des Denkens, im letzteren Falle, ob mit Mitteln des „kognitiven" oder des „emotionalen" Denkens[37]. Ob sich dann diese Auslegung selbst an den

37 Über die Unterscheidung von Subsumtion als Element des Untersatzes und Subsumtionsschluss als Syllogismus s. o. S. 96 f. Anm. 23. Was die

„gewöhnlichen Sprachgebrauch“ oder an den „Willen des Gesetzgebers“ oder an den „vernünftigen Zweck des Gesetzes“ oder woran etwa sonst zu halten hat, das ist eine Problematik, der wir ein besonderes Kapitel widmen müssen.

Im gegenwärtigen Kapitel müssen wir noch eine kurze Ausführung machen über die Konsequenzen, die sich an ein etwaiges *Misslingen* des Untersatzes knüpfen. Bisher haben wir nämlich vorausgesetzt, dass der Untersatz wirklich zustandekommt, dass also die Feststellung von Tatsachen gelingt, die sich unter einen Rechtsbegriff subsumieren lassen[38], und zwar auf eine Weise, dass wir aus dem Untersatz im Verein mit dem Obersatz einen entsprechenden Folgesatz ableiten können. Speziell für das Strafrecht, das uns die Beispiele lieferte, dachten wir daran, dass sich Tatsachen feststellen lassen, die sich insgesamt[39] den einzelnen Begriffen bzw. Merkmalen einer gesetzlichen Verbrechensart so subsumieren lassen, dass die im

---

jetzt allein noch interessierende Subsumtion als solche betrifft, so sind zu ihr zu vergleichen: Scheuerle, S. 148ff.; Jesch, AöR 82 (1957), 178ff., 188ff.; H.-E. Henke, Die Tatfrage, 1966, S. 106ff., 177ff.; Bydlinski, S. 395ff.; Larenz, Methodenlehre, S. 273ff.; Coing, S. 274ff.; Müller/Christensen, Methodik, Rn. 89ff.; Pawlowski, Rn. 124ff., 379ff. Im Vergleich mit dem von mir verwendeten Begriff der Subsumtion, der auch Gleichsetzungen aufgrund „irrationaler Wertungen“ unter sich begreift, findet man bei vielen der genannten Schriftsteller engere, auf rationale Operationen beschränkte Subsumtionsbegriffe, die dann freilich der Ergänzung durch andere Begriffe der „rechtlichen Beurteilung“ innerhalb des Untersatzes bedürfen. In den umgekehrten Fehler verfällt man, wenn man *alle* Subsumtionen als auf Wertungen beruhend ansieht. Bei vielen („deskriptiven“) Begriffen bedarf es zur Subsumtion keiner Wertung, sondern einer Erfahrungserkenntnis (Beispiel: „A hat die Höchstgeschwindigkeit von 50 km/h überschritten“).

38 Zur Strukturverschlingung von Tatsachenfeststellung und Subsumtion s. außer Engisch, Studien, S. 82ff. und den Arbeiten von Jesch, Döhring (S. 12ff.) und Henke: W. A. Scheuerle, Beiträge zum Problem der Trennung von Tat- und Rechtsfrage, AcP 157 (1957), 1. Auch Larenz, Methodenlehre, S. 307ff. m.w.N. geht näher auf das Problem der „Unterscheidung der ‚Tat-‘ und der ‚Rechtsfrage‘“ ein.

39 Zur „Gesamtsubsumtion“ beachtlich Scheuerle, S. 152ff. Sie baut auf den Einzelsubsumtionen auf.

Obersatz der Verbrechensart zugedachte Bestrafung für den konkreten Fall als gesollt abgeleitet werden kann. Wie aber nun, wenn das den Untersatz bildende Urteil nicht gefällt werden kann, sei es nun, dass sich erhebliche Tatsachen nicht feststellen lassen, sei es, dass die festgestellten Tatsachen sich nicht unter die im Obersatz verwendeten Tatbestandsbegriffe subsumieren lassen? Es kann z. B. in unserem Diebstahlsfall sein, dass nicht feststellbar ist, dass gerade der Angeklagte derjenige ist, der das Dach des Kraftwagens aufgeschlitzt hat und Sachen aus ihm genommen hat. Es kann aber auch sein, dass wir die Auffassung vertreten, der Kraftwagen sei kein umschlossener Raum i. S. des § 243 Abs. 1 S. 2 Nr. 1 und daher die Wegnahme von Sachen aus einem Kraftwagen nicht subsumierbar unter die Merkmale dieser Bestimmung.

Rein logisch folgt nun aus dem Nichtzustandekommen des Untersatzes überhaupt nichts; denn die Logik lehrt uns zwar, dass mit dem Grunde die Folge gesetzt ist (modus ponens), dass andererseits mit der Folge der Grund aufgehoben ist (modus tollens). Dagegen lehrt uns die Logik nicht, dass mit dem Grunde auch die Folge aufgehoben ist. Soll also der Richter im Falle des Nichtzustandekommens eines bestimmten Untersatzes, der als zum Obersatz hinzutretend vom Kläger behauptet worden ist, ein Urteil fällen können, das seinerseits wieder aus Obersätzen abgeleitet ist, so bedarf es *zusätzlicher* Obersätze. Konkret gesprochen: Hat die Staatsanwaltschaft im Strafprozess behauptet, der A habe aus dem Personenkraftwagen des K mittels Aufschneidens des Verdecks Sachen gestohlen und sich damit eines schweren Diebstahls nach §§ 242, 243 Abs. 1 S. 2 Nr. 1 StGB schuldig gemacht, er sei daher mit Freiheitsstrafe zu bestrafen, und kann das Gericht sich diese Behauptungen der Staatsanwaltschaft nicht zu eigen machen, weil es die Täterschaft des A nicht als erwiesen ansieht oder weil es der Meinung folgt, dass ein Personenkraftwagen kein umschlossener Raum i. S. des § 243 Abs. 1 S. 2 Nr. 1 ist, so weiß das Gericht zunächst nur, dass es den Schluss aus dem dem § 243 Abs. 1 S. 2 Nr. 1 entsprechenden Obersatz nicht ziehen kann.

Denkbar ist nunmehr, dass das Gericht sich überhaupt jedes Urteils enthält, etwa in Form einer so genannten „absolutio ab instantia“ (s. u.), oder dass es ein anderes Urteil fällt, als die Staatsanwaltschaft zunächst beantragt hat, z. B. – wie dies in früheren Zeiten üblich war – eine „Verdachtsstrafe“ bzw. eine „poena extraordinaria“ ausspricht, oder – was heute noch unter den Voraussetzungen des § 265 StPO in Betracht kommt – aufgrund eines anderen Straftatbestands verurteilt, z. B. wegen eines Diebstahls mit Waffen (§ 244 Abs. 1 Nr. 1 StGB) oder wegen eines einfachen Diebstahls, wenn dessen Voraussetzungen erwiesen sind, oder schließlich: dass es den A ganz freispricht. Aber im Rahmen der Gesetzmäßigkeit der Rechtsprechung bedarf es für ein jedes dieser Urteile neuer im Gesetz vorfindbarer Obersätze, zu denen entsprechende Untersätze hinzutreten müssen, um das Urteil als Schlusssatz zu begründen.

Von besonderem Interesse sind unter diesen Obersätzen einmal diejenigen, die bei fehlender Subsumtionsmöglichkeit in Richtung einer bestimmten Rechtsfolge *Freisprechung* oder *Abweisung* einer Klage oder eines sonstigen Antrags für gesollt erklären, und zum anderen diejenigen über die so genannte „*Beweislast*“. Nehmen wir als Beispiel für einen Obersatz der ersteren Art die Freisprechung im Strafprozess, so besteht die rechtliche Vorschrift und ein ihr entsprechender juristischer Obersatz des Inhalts, dass der Angeklagte – von prozessualen Hindernissen abgesehen – durch ein Sachurteil ausdrücklich freigesprochen werden muss, wenn er nicht verurteilt werden kann. Ist also der Angeklagte der ihm zur Last gelegten Tat nicht überführt oder ist die nachgewiesene Tat keine nach dem Gesetz strafbare Handlung, so wird er freigesprochen (von der Möglichkeit der Verhängung einer Sicherungsmaßnahme sehen wir hier ab). Der „Freispruch“ ist wohlgemerkt keine logische Schlussfolgerung daraus, dass der Tatbestand des abstrakten Strafrechtssatzes bzw. des diesem entsprechenden Obersatzes in concreto nicht zutrifft und daher die entsprechende Rechtsfolge nicht zum Zuge kommen kann. Die Freisprechung ist vielmehr nur die logische Konsequenz daraus, dass es einen besonderen sie vorschreibenden Obersatz gibt (vgl. dazu § 267 StPO). Ohne einen solchen besonderen Obersatz wäre auch ein Urteil ganz anderen Inhalts denkbar, etwa die schon erwähnte absolutio ab instantia, wie sie früher vorkam, das will sagen: eine Hinausschiebung des Urteils bis auf weiteres unter Vorbehalt späterer Wiederaufnahme des Verfahrens und späterer Verurteilung, oder auch die gleichfalls schon erwähnte Verdächtigsprechung unter Verhängung einer poena extraordinaria. Diese Möglichkeiten scheiden heute nur aus verständlichen humanitären Gründen[40], nicht dagegen aus logischen Gründen für uns aus.

Was auf der anderen Seite die Obersätze über die so genannte „*Beweislast*" angeht, so handelt es sich hier um eine der sinnreichsten gedanklichen Figuren, die der juristische Verstand ausgebildet hat. Die Beweislast betrifft den Fall, dass in der *Tatsachenfrage* ungeachtet aller Beweiserhebungen Zweifel zurückgeblieben sind. Zweifel in der *Rechts*frage, in der „quaestio iuris", z. B. Zweifel über die Tragweite des Begriffes „umschlossener Raum", muss der Richter durch seine Entscheidung immer beheben; er muss sich also stets zu einer bestimmten Auffassung bekennen, auch wenn er innerlich zwischen ihr und einer anderen möglichen Auffassung schwankt. Dies ist wenigstens der Standpunkt unseres geltenden Rechts; um ein logisches oder auch nur „natürliches" Prinzip handelt es sich wieder nicht. Zweifelt nun im *Tatsachenbereich* das Gericht z. B., ob der Angeklagte oder ein anderer der Täter ist oder – um noch ein Beispiel aus dem Zivilprozess heranzuziehen – ob der Beklagte das ihm gewährte Darlehen zurückgezahlt hat, was er behauptet, dagegen der auf Rückzahlung klagende Kläger bestreitet, so ist es dem Gericht zunächst unmöglich, *eine* der in Frage stehenden Alternativen für die allein richtige zu erklären, also den Angeklagten kurzentschlossen für schuldig bzw. für nicht schuldig zu erklären oder das Darlehen als zurückgezahlt bzw. nicht zurückgezahlt hinzustellen. Zweifel über die Tatsachen können nicht wie Rechtszweifel dadurch über Bord geworfen werden, dass man sich einfach mit Entschiedenheit zu einer bestimmten Auffassung durchringt. Andererseits ist es aber dem Gericht auch verwehrt, unter Hinweis auf seine Zweifel in

40 Zu ihnen E. Beling, Deutsches Reichsstrafprozessrecht, 1928, S. 239.

der Tatsachenfrage die Entscheidung zu verweigern. Das Gericht muss den *Streit* aus der Welt schaffen, auch wenn es den *Zweifel* nicht aus der Welt schaffen kann. Denn es würde sonst seine Aufgabe der konkreten Befriedung der Verhältnisse nicht erfüllen. *Welche* Entscheidung es aber unter diesen Umständen zu geben hat, eben dies sagt ihm die Beweislast, genauer die Beweislastregelung. Diese Regelung ist verhältnismäßig einfach im *Straf*prozessrecht. Hier gilt von seltenen Ausnahmen abgesehen der bekannte Grundsatz: in dubio pro reo! Dieser Grundsatz sagt, dass, wenn Zweifel über tatsächliche Umstände bestehen, die für die Verurteilung oder Freisprechung des Angeklagten bedeutsam sind, der Richter denjenigen Sachverhalt „anzunehmen" hat, der zu einem günstigeren Urteil für den Angeklagten führt. Bestehen also Zweifel über die Täterschaft, so ist anzunehmen, dass der Angeklagte nicht der Täter war. Bestehen Zweifel, ob der Angeklagte mit seiner Tat sich gegen einen Angriff zur Wehr gesetzt hat, so ist dies zu seinen Gunsten zu unterstellen, solange es nicht widerlegt ist. Bestehen Zweifel, ob der Angeklagte bei der Tat im Vollbesitz seiner Geisteskräfte war, so ist anzunehmen, dass er dies nicht war, solange das Gegenteil nicht erwiesen ist. Sehr viel komplizierter liegen die Dinge im *Zivil*prozess, weil hier eine so genannte Beweislast*verteilung* stattfindet. Der gesamte Tatsachenkomplex wird aufgeteilt in solche Tatsachen, für die der Kläger, und solche Tatsachen, für die der Beklagte die Beweislast trägt. Z. B. trägt der Kläger, der auf Rückzahlung eines Darlehens klagt, die Beweislast dafür, dass er dem Beklagten das Darlehen gegeben hat. Wird dies bestritten und werden die Zweifel über die Hingabe des Darlehens in der Beweisaufnahme nicht behoben, so ist zu ungunsten des Klägers zu entscheiden. Hier gilt also: in dubio contra actorem. Gibt dagegen der Beklagte zu, das Darlehen empfangen zu haben, und wendet er nur ein, er habe das Darlehen bereits zurückgezahlt, und bleibt dann diese Zurückzahlung in Streit und Zweifel befangen, so trägt für diese „Einrede" (exceptio) des Beklagten dieser die Beweislast. Kann er die Rückzahlung nicht beweisen, so wird er zur Zahlung an den Kläger verurteilt und verliert somit den

Prozess. Insoweit gilt im Zivilprozess: in dubio contra reum. Die Römer sagten (D 44,1,1): „reus in exceptione actor est". Das will sagen: Bezüglich derjenigen Einwände oder Einreden, für die der Beklagte die Beweislast trägt, steht er hinsichtlich des Prozessrisikos einem Kläger gleich, der mit seiner Klage nicht durchdringt, weil er die diese Klage begründenden Tatsachen nicht beweisen kann. Auf weitere Einzelheiten der Beweislastregelung in den verschiedenen Prozessarten können wir hier nicht eingehen. Es kam uns nur darauf an zu zeigen, was die Beweislast rechtslogisch bedeutet, nämlich eine Weisung an den Richter, wie er dort zu entscheiden habe, wo er eine rechtlich erhebliche Tatsache weder mit Sicherheit bejahen noch mit Sicherheit verneinen kann, also „einen Rechtssatz, nach dem sich, einerlei, ob der Entscheidungsinhalt objektiv das Richtige trifft oder nicht, wenigstens die Rechtgemäßheit des richterlichen *Verhaltens* als solchen bestimmt"[41].

Einer interessanten Komplikation sei aber wenigstens noch Erwähnung getan. Es kommt nicht selten vor, dass der Richter, der sich um eine geeignete Subsumtion bemüht, nur zu einer so genannten „Alternativfeststellung" gelangt. Der Richter kann etwa in einem Strafprozess nur ermitteln, dass der Angeklagte eine bei ihm vorgefundene fremde Sache entweder durch Diebstahl oder durch Hehlerei unredlich erworben hat; so oder so liegt eine strafbare Handlung vor, aber es lässt sich nicht bestimmt sagen, welche der beiden Arten von strafbarer Handlung gegeben ist. Wie soll sich der Richter in solchen Fällen verhalten? Soll er gemäß dem Grundsatz „in dubio pro reo" freisprechen oder darf er im Hinblick darauf, dass der Angeklagte doch jedenfalls einer Straftat schuldig ist, zu einer Verurteilung schreiten? Theorie und Praxis billigen heute überwiegend in gewissen Grenzen eine Verurteilung unter Anwendung des mildesten Gesetzes. Aber der Leser kann sich denken, dass dieses praktisch erwünschte Ergebnis nicht nur

41 Beling, Reichsstrafprozessrecht, S. 238 f. Zur Beweislast im Zivilprozessrecht: L. Rosenberg, Die Beweislast, 5. Aufl. 1965, sowie ders./K. H. Schwab/P. Gottwald, Zivilprozessrecht, 17. Aufl. 2010, § 115.

rechtsgrundsätzliche Bedenken hervorruft, sondern auch logisch nicht ganz einfach zu konstruieren ist[42].

42 Zur „Alternativfeststellung" im Strafprozess: R. Maurach/H. Zipf, Strafrecht, Allgemeiner Teil, Bd. 1, 8. Aufl. 1992, § 10 Rn. 24 ff. m. w. N.

Kapitel IV

Die Gewinnung abstrakter juristischer Urteile aus den Rechtssätzen. Auslegung und Verstehen der Rechtssätze

Wir haben uns im vorigen Kapitel vornehmlich mit dem Untersatz des juristischen Entscheidungssyllogismus beschäftigt. Der Untersatz ist der Nerv, der den im Gesetz bzw. im juristischen Obersatz enthaltenen allgemeinen Rechtsgedanken hinleitet zum konkreten Rechtsfall und damit dessen gesetzesgemäße Beurteilung ermöglicht. Da wir unsere Aufmerksamkeit ganz auf diesen Untersatz und seine Bestandteile konzentrierten, konnte vielleicht die Meinung aufkommen, dass der dem Gesetz zu entnehmende allgemeine Rechtsgedanke ein klar und fest bestimmtes, ja gleichsam starres Gebilde sei, dass also alle Dynamik des juristischen Denkens im Untersatz stecke. Diese Meinung wäre jedoch irrig[1]. Der juristische Obersatz, an den der Untersatz anknüpft, ist selbst wieder das Ergebnis einer eindringlichen juristischen Denktätigkeit – dies wenigstens dann, wenn wir uns mit der Rechtsfindung durch Deduktion und Begründung aus dem Gesetz befassen. Man kann sogar sagen, dass das, was man „juristische Methodenlehre" nennt, in erster Linie die Gewinnung des juristischen Obersatzes zum Gegenstand hat. Wir

---

1 Vgl. dazu Esser, Vorverständnis, z.B. S. 71ff. Wenn Esser (S. 75ff.) anzunehmen scheint, dass ich die Arbeit am Obersatz zu gering veranschlage, so übersieht er, dass ich mir in den dort angeführten „Logischen Studien zur Gesetzesanwendung", wie schon der Titel erkennen lässt, nur eine begrenzte Aufgabe gestellt habe (vgl. Engisch, Studien, S. 6: keine erschöpfende Behandlung der Probleme der Begründung des juristischen Sollensurteils). Die gegenwärtige Einführung in das juristische Denken zeigt dagegen, welch große Bedeutung ich der Zubereitung gerade auch des Obersatzes, namentlich vermittels der „Interpretation" und „Lückenergänzung" beilege. Richtig ist allerdings, dass ich das von Esser für „unzerreißbar" erklärte „Ganze" von Normanwendung und Normverständnis in seine Elemente zerlege.

sahen ja auch schon im vorigen Kapitel, dass die im Untersatz enthaltene Subsumtion zurückweist auf eine „Auslegung" des Gesetzes und damit auf eine Gedankenarbeit am Obersatz. Wir wollen aber schrittweise vorgehen.

Wir sagten, dass der Obersatz, an den der Untersatz anknüpft, dem Gesetz entnommen wird[2]. Das Gesetz denken wir uns nach dem früher Gesagten als konditionalen Imperativ, den dem Gesetz entsprechenden Obersatz denken wir uns dagegen als ein hypothetisches Urteil im logischen Sinne. Nun wäre aber in der Tat die Herstellung des Obersatzes eine sehr primitive Denkleistung, wenn sie nur darauf hinausliefe, den konditionalen Gesetzesimperativ in ein hypothetisches Urteil im logischen Sinne umzudenken. Der Imperativ des § 211 StGB, der gebietet, den Mörder mit lebenslanger Freiheitsstrafe zu bestrafen, ist z. B. mit Leichtigkeit umzuformulieren zu dem abstrakten juristischen Sollensurteil: „Wenn jemand Mörder ist, so soll er nach § 211 StGB mit lebenslanger Freiheitsstrafe bestraft werden".

Eine erste kompliziertere Aufgabe, die der Jurist zu erfüllen hat, um den juristischen Obersatz aus dem Gesetz zu gewinnen, besteht darin, die im Gesetz aus „technischen" Gründen auseinander gelegten, um nicht zu sagen: auseinander gerissenen Bestandteile eines vollständigen rechtlichen Sollensgedankens zu einem Ganzen zusammenzufügen, genauer: wenigstens diejenigen Bestandteile des rechtlichen Sollensgedankens heranzuziehen und zusammenzufügen, die für die Beurteilung des konkreten Rechtsfalles benötigt werden[3].

---

2 Es sei – da auf diesen Punkt gelegentlich hingewiesen wird (z. B. bei I. Ebsen, Gesetzesbindung und „Richtigkeit" der Entscheidung, 1974, S. 31 ff.) – ausdrücklich vermerkt, dass man sowohl bei den Gesetzen selbst wie bei den aus ihnen gebildeten Obersätzen auseinanderhalten muss: den sprachlichen Ausdruck („Text", „Wortlaut") und den darin geborgenen „Sinn" („Gedankeninhalt"). Der Erstere ist *Gegenstand*, der Letztere *Ziel* der Auslegung.

3 S. dazu näher K. Engisch, Die Einheit der Rechtsordnung, 1935, S. 26 ff.; ders., Studien, S. 14 f.; Zippelius, Methodenlehre, S. 31 ff. Das im Text Gesagte wäre (mit Larenz, Methodenlehre, S. 281 ff.) insofern zu ergänzen, als schon die Auswahl der zu gewinnenden Rechtssätze ein Problem sein kann, bei dem insbesondere das System von Bedeutung wird (vgl.

Bleiben wir bei unserem Beispiel des Mordes, so enthält § 211 StGB, selbst wenn man sogleich die dort in Abs. 2 entwickelten Begriffsmerkmale heranzieht, nur einen Teil der für den kompletten juristischen Obersatz wesentlichen Merkmale. Es ist in Gedanken hinzuzunehmen, dass der Mörder, um als solcher strafbar zu sein, schuldfähig sein muss (worüber §§ 19 f. StGB und das Jugendgerichtsgesetz Bestimmung treffen), dass kein Rechtfertigungsgrund (z. B. Notwehr, § 32 StGB) und kein Entschuldigungsgrund (z. B. Notstand i. S. des § 35 StGB) zum Zuge kommt. Der vollständige Obersatz würde dann etwa so lauten: Nach deutschem Strafrecht soll jemand als Mörder mit lebenslanger Freiheitsstrafe bestraft werden, wenn er als schuldfähiger Mensch ohne Vorhandensein eines Rechtfertigungsgrundes oder eines Entschuldigungsgrundes vorsätzlich einen anderen Menschen getötet und die Tötung aus Mordlust, zur Befriedigung des Geschlechtstriebes, aus Habgier oder sonst aus niedrigen Beweggründen ... ausgeführt hat. Die Vervollständigung des Obersatzes reicht dabei von Fall zu Fall so weit, wie es für die Beurteilung des Sachverhalts erforderlich ist. Man wird z. B. aus dem Obersatz den Hinweis auf das Nichteingreifen eines Rechtfertigungs- oder Entschuldigungsgrundes weglassen können, wenn kein Anhaltspunkt dafür vorliegt, dass solche in concreto in Frage kommen[4]. Eine gute Illustration der

---

auch Canaris, Systemdenken, S. 86 ff.). Esser (Vorverständnis, u. a. S. 28 f.) betont die Bedeutung von „Vorüberlegungen“ für die Auswahl der „maßgebenden Normen“; hierzu dürfte ein gutes Beispiel die von Esser (S. 68) erwähnte „Selbstopferung im Straßenverkehr“ bieten, wo das Gericht zu überlegen hat, ob es sie nach Schadensersatzrecht oder Geschäftsführungsrecht beurteilen soll.

4 Über das hier auftauchende logische Problem des Zirkels s. Engisch, Studien, S. 14 f. Die zur Lösung dieses Problems dort eingeführte, aber von mir nicht sonderlich strapazierte, auch nicht näher analysierte Wendung vom „Hin- und Herwandern des Blickes zwischen Obersatz und Lebensachverhalt“ ist von Hruschka, Konstitution, S. 55; Henke, S. 139; Kriele, S. 161; Jescheck/Weigend, S. 153; Alexy, Argumentation, S. 281 f.; Bydlinski, S. 421 ff.; Larenz, Methodenlehre, S. 281; Rüthers, Rechtstheorie, Rn. 658 ff. und anderen (zur Rezeption genauer A. Maschke, Gerechtigkeit und Methode: Zu Karl Engischs Theorie

Schwierigkeit der Aufgabe, die hier dem Juristen gestellt ist, liefern die staatsanwaltlichen Anklageschriften. Die Strafprozessordnung verlangt nämlich, dass die Anklageschrift außer dem Angeschuldigten und der ihm zur Last gelegten Tat „die gesetzlichen Merkmale“ dieser Tat bezeichnet. Sie verlangt damit bis zu einem gewissen Grade die genaue Anführung des juristischen Obersatzes, aus dem die Strafbarkeit des Angeschuldigten abgeleitet wird. Eben dies macht häufig beträcht-

---

des juristischen Denkens, 1993, S. 255 ff.) mit freundlicher Zustimmung aufgegriffen, dagegen von Esser (Vorverständnis, S. 76) ein wenig ironisiert worden. Dieser meint, bei einer solchen „Wanderung ohne Ende“ könne nichts Rechtes „herauskommen“, wenn man nicht „im Vorwegnehmen eines Wertungshintergrundes die Kriterien anzugeben vermag, die das Einpendeln auf eine bestimmte Subsumtion erlauben“ (kritisch auch Müller, Rechtslehre, S. 243). Hier setzt also das in der vorherigen Fußnote erwähnte, von Heidegger und Gadamer inspirierte oder wenigstens mitbestimmte „Vorverständnis“ ein, welches namentlich durch Esser in die juristisch-hermeneutische Diskussion eingebracht wurde. Zu den philosophischen Grundlagen s. M. Heidegger, Sein und Zeit, 1927 (19. Aufl. 2006), §§ 32, 63, und Gadamer, S. 270 ff., 296 ff.; ferner E. Betti, Allgemeine Auslegungslehre als Methodik der Geisteswissenschaften, 1967, S. 172 f., 219 ff.; J. Hruschka, Das Verstehen von Rechtstexten, 1972, m. w. N.; O. Pöggeler (Hg.), Hermeneutische Philosophie, 1972, S. 23 ff., 43 f.; ders., Schritte zu einer hermeneutischen Philosophie, 1994; H. Ineichen, Philosophische Hermeneutik, 1991, u. a. S. 172 ff., 184 ff; vgl. auch Bydlinski, S. 65 ff. Zu Esser vgl. W. Fikentscher, Methoden des Rechts in vergleichender Darstellung, Bd. III, 1976, S. 435 ff., 753 ff.; Bydlinski, S. 422 f.

Vgl. im Übrigen zum allgemein und innerhalb der juristischen Hermeneutik noch weiter klärungsbedürftigen (weil schillernden) Begriff des Vorverständnisses und zu dem mit ihm zusammenhängenden „hermeneutischen Zirkel“: A. Mennicken, Gesetzesauslegung, 1970, S. 91 ff.; Arthur Kaufmann, Über den Zirkelschluss in der Rechtsfindung, in: FS f. W. Gallas (1973), S. 7 (17 ff.); ders., Das Verfahren der Rechtsgewinnung, 1999, S. 60 ff.; H. Rottleuthner, Hermeneutik und Jurisprudenz, in: H.-J. Koch (Hg.), Juristische Methodenlehre und analytische Philosophie, 1976, S. 7 (19 ff.); Bydlinski, S. 420 f.; Larenz, Methodenlehre, S. 206 ff.; Müller, Rechtslehre, S. 48 ff., 196 ff.; ders./Christensen, Methodik, Rn. 268 ff., 420 f., 495; Röhl/Röhl, S. 116 ff.

Um einem noch nicht bewanderten Leser dieser Einführung das von mir eingangs dieser Anmerkung Gemeinte zu verdeutlichen, sei dem im Text Gesagten noch folgende Erläuterung beigegeben: Wenn bei einer tätli-

liche Schwierigkeiten. Auf anderen Rechtsgebieten sind die Schwierigkeiten nicht geringer. Je umfangreicher und subtiler die Gesetzgebung wird, desto höhere Anforderungen stellt das Zusammenfügen und Ineinanderdenken der Bestandteile der Rechtsnorm an die geistige Beherrschung der Gesetze. Der Rechtsphilosoph Stammler zitiert den Satz: „Sobald jemand einen Paragrafen eines Gesetzbuches anwendet, so wendet er das ganze Gesetzbuch an“[5]. Man kann diese These als eine gelinde Übertreibung ansehen. Sie bringt aber den Grundsatz der Einheit der Rechtsordnung zum Ausdruck, der sich in unserem Zusammenhang dahin auswirkt, dass die juristischen Obersätze aus dem ganzen Gesetz, ja darüber hinaus auch unter Zuhilfenahme anderer Gesetze aufzubauen sind. Es ist dabei vorausgesetzt, dass die Rechtssätze innerhalb einer Rechtsordnung einen homogenen und harmonisch zusammenhängenden Komplex von Rechtsgedanken enthalten. Es sei

---

chen Auseinandersetzung mit tödlichem Ausgang, wie sie z. B. RGSt 66, 244 schildert, die Frage auftaucht, ob der Täter, der mit einem Messer zugestochen hat, wegen vorsätzlicher Tötung (Mord, Totschlag) oder wegen vorsätzlicher Körperverletzung mit tödlichem Ausgang verurteilt oder wegen Notwehr freigesprochen werden soll, so wird gewiss teils aufgrund laienhafter, teils aufgrund beruflicher Kenntnis der einschlägigen Rechtsfragen und Rechtsbegriffe nach den etwa zum Zuge kommenden gesetzlichen Bestimmungen geforscht, deren Tatbestände mit ihren (im Bedarfsfalle näher zu interpretierenden, letztlich auf das „natürliche Weltbild“ zurückgreifenden) Merkmalen dann den Blick zurücklenken auf den „Lebenssachverhalt“, um zu eruieren, ob und wieweit sie dort „verwirklicht“ sind, womit am Lebenssachverhalt diejenigen konkreten Momente als wesentlich und beweisdürftig hervortreten, die unter die Tatbestände (eventuell Ausnahmetatbestände wie z. B. Notwehr) subsumierbar sind. Dieses „Hin und Her“ findet sein „Ende“ mit der Bejahung oder Verneinung der Anwendbarkeit der in Betracht gezogenen gesetzlichen Bestimmungen. Der logische Zirkel, der darin gefunden werden könnte, dass der Obersatz bzw. die Obersätze vom konkreten Falle her gesucht werden, der die Anregung bietet, sie heranzuziehen, dass andererseits am konkreten Fall das allein „wesentlich“ ist, was Bezug auf den jeweiligen Obersatz hat, erweist sich also als nur scheinbarer „circulus vitiosus“. Vgl. dazu ausführlich auch Larenz, Methodenlehre, S. 278 ff.

5 R. Stammler, Theorie der Rechtswissenschaft, 1911, S. 24 f.

gestattet, diese wichtige Seite der juristischen Kunst noch an einem Zivilrechtsfall zu demonstrieren, der nur ein Exempel unter tausenden ist, der mir aber, da ich mit ihm zufällig während meiner Referendarzeit befasst war, schon in jungen Jahren eindrücklich die Eigenart des juristischen Kombinierens von Gesetzesvorschriften nahe brachte. Vielleicht ist er daher geeignet, dies auch bei anderen zu tun[6].

Der Fall, der bis zum Reichsgericht gelangte und einer unter vielen ähnlichen war, kann nachgelesen werden unter RGZ 106, 44. Nach dem Ende des ersten Weltkrieges, als sich die Truppen auf dem Rückzug befanden, konnten diese häufig ihre marode gewordenen Pferde nicht mehr weiter mitschleppen. Ein Futtermeister veräußerte daher ein marschunfähiges Pferd zum Preise von 165 Mark an einen Landwirt, der das Tier hochfütterte und ein Jahr später für 6000 Mark weiterveräußerte. Das Reich (der „Reichsfiskus") verlangte nun von dem Landwirt die Summe von 4100 Mark als „ungerechtfertigte Bereicherung", wobei von dem Kaufpreis, den der Landwirt erlöst hatte, der von ihm gezahlte Preis von 165 Mark und ein angemessener Betrag für Fütterungskosten in Abzug gebracht worden waren. Die unteren Instanzen hatten die Klage abgewiesen. Es herrschte, wie ich mich deutlich erinnere, das rechtsgefühlsmäßig begründete Bestreben, in dergleichen Fällen den Bauern zu helfen. Die juristischen Begründungen wurden – insofern haben wir es hier wirklich mit einem Beitrag zu der früher erwähnten These von Isay zu tun – etwas an den Haaren herbeigezogen. Das unbeirrt gesetzesstrenge Reichsgericht gab dagegen der Klage statt und verurteilte den Landwirt zur Zahlung. Der Klageanspruch wurde „dem Grunde nach für berechtigt erklärt". Der Paragraf, an den das Reichsgericht unmittelbar anknüpfte, war § 816 BGB. Er lautet: „Trifft ein Nichtberechtigter (sc. in unserem Falle der Landwirt) über einen Gegenstand (das Eigentum am Pferd) eine Verfügung (hier die Weiterveräußerung gegen 6000 Mark), die dem Berechtigten (dem Reichsfiskus) gegenüber

6 Ein weiteres Beispiel bei Zippelius, Methodenlehre, S. 31 ff, 90.

wirksam ist, so ist er dem Berechtigten zur Herausgabe des durch die Verfügung Erlangten (der 6000 Mark) verpflichtet". Aber es ist auch für einen Laien sofort zu erkennen, dass diese Vorschrift für sich genommen noch keinen sinnvollen Obersatz ergibt. Denn es bedarf ja zunächst rechtlicher Bestimmungen, die uns darüber Aufschluss geben, inwiefern der Landwirt Nichtberechtigter und der Reichsfiskus Berechtigter war. War denn der Landwirt nicht durch den Erwerb des Pferdes Eigentümer und insofern Berechtigter geworden, nachdem früher der Fiskus berechtigt gewesen war? Tatsächlich war der Landwirt nicht Eigentümer geworden, vielmehr Nichtberechtigter geblieben, und zwar deshalb, weil der Futtermeister, von dem er das Pferd erworben hatte, weder Eigentümer des Pferdes war noch Verfügungsbefugnis über das Pferd besessen hatte und daher nach den Vorschriften über den Eigentumserwerb (§§ 929 ff. BGB) dem Landwirt kein Eigentum verschaffen konnte. Der gute Glaube des Landwirts, der Futtermeister sei zur Verfügung befugt, konnte ihm nichts helfen. Der Landwirt war also nach wie vor Nichtberechtigter i. S. des § 816 BGB. Er hatte nach den Vorschriften über den Eigentumserwerb an beweglichen Sachen, die insoweit § 816 ergänzen und erläutern, kein Eigentum am Pferd erlangt[7]. Durch die Weiterveräußerung an den Dritten hat er sodann als Nichtberechtigter über das Eigentum am Pferd verfügt. Wieso aber war diese Verfügung „dem Berechtigten gegenüber wirksam", wie § 816 weiter voraussetzt? So wenig wie der Futtermeister dem Landwirt Eigentum übertragen konnte, so wenig konnte doch wohl der Landwirt dem dritten Käufer Eigentum verschaffen. Hatte doch der Landwirt nicht mehr Verfügungsmacht über das Pferd als zuvor der Futtermeister. Allerdings glaubte nun der dritte Erwerber, das Pferd nicht bloß

7 Zwar besagt der am 20. 8. 1990 eingefügte § 90 a BGB, dass Tiere keine Sachen seien. Die für Sachen geltenden Vorschriften seien allerdings auf sie entsprechend anzuwenden. Diese entsprechende Anwendung bewirkt jedoch keine Änderung der praktischen Handhabung, so dass trotz der Neufassung des § 90 a BGB Tiere nach wie vor im Wesentlichen wie Sachen zu behandeln sind. Vgl. dazu Palandt-Ellenberger, § 90 a m. w. N.

von einem Verfügungsberechtigten zu erwerben, sondern vom Eigentümer. Denn er hielt ja den Landwirt für den Eigentümer des Pferdes. Der gute Glaube an das Eigentum wird aber – im Unterschied zum guten Glauben an die Verfügungsbefugnis – durch § 932 BGB geschützt. Aber jetzt griffen zwei Ausnahmevorschriften ein. Nämlich der § 935 BGB, der einen Eigentumserwerb kraft guten Glaubens ausschließt, wenn es sich um „abhanden gekommene" Sachen handelt. Das Pferd war aber dem Reich in dem Augenblick abhanden gekommen, in dem der Futtermeister als bloßer „Besitzdiener" (§ 855 BGB) dem Landwirt das Pferd übergeben hatte. Außerdem griff eine besondere Verordnung v. 23. 5. 1919 durch, die den gutgläubigen Erwerb von Militärgut aus der Hand von Nichtberechtigten ausschloss. Wie also, so müssen wir erneut fragen, war die Veräußerung des Landwirts an den dritten Erwerber eine dem berechtigten Reichsfiskus gegenüber wirksame Verfügung? Hier ist das Reichsgericht auf einen Gedanken verfallen, auf den nur ein findiger Jurist verfallen konnte. Es hat nämlich aus dem allgemeinen Teil des Bürgerlichen Gesetzbuches den § 185 BGB herangezogen, der in Abs. 1 und Abs. 2 S. 1 besagt: „Eine Verfügung (sc. die Weiterveräußerung an den Dritterwerber), die ein Nichtberechtigter (unser Landwirt) über einen Gegenstand (das Eigentum am Pferd) trifft, ... wird wirksam, wenn der Berechtigte (der Reichsfiskus) sie genehmigt". Die Genehmigung zu der Verfügung des Landwirts hat aber der Reichsfiskus dadurch gegeben, dass er gegen den Landwirt Klage auf den durch die Verfügung erzielten Kaufpreis erhoben hat. „Indem er ... das Entgelt mit der Klage in Anspruch nimmt, genehmigt er die Verfügung" (RGZ 106, 45). Damit sind aber nun wirklich alle Voraussetzungen des § 816 erfüllt: Ein Nichtberechtigter (der Landwirt) hat über einen Gegenstand eine Verfügung getroffen, die dem Berechtigten gegenüber wirksam ist, genauer: Die durch die Klage auf das Entgelt und die in ihr liegende Genehmigung rückwirkend (vgl. § 184 BGB) wirksam geworden ist.

Es kommt uns jetzt nicht darauf an, ob diese für einen Juristen bemerkenswerte Gedankenentwicklung auch beim Laien volles Verständnis findet. Es kommt nicht einmal darauf an, ob sie ganz zwingend ist[8]. Wir legten es nur darauf an zu verdeutlichen, wie der Jurist die über ein Gesetzbuch verstreuten Paragrafen (§§ 816, 929, 932, 935, 855, 185 usw.) zu einem sinnvollen Ganzen zusammengefügt und damit den „Obersatz“ zubereitet, den er im konkreten Falle benötigt. Ob diesem Obersatz eine gefällige sprachliche Formulierung gegeben werden kann, ist nebensächlich. Vielleicht stellt er sich als ein Gedankengefüge dar, das nur durch eine Satzfolge sprachlich angemessen zum Ausdruck gebracht werden kann. Wesentlich ist und bleibt, dass im logischen Verstand der innere Zusammenhang der Rechtsgedanken jenen Obersatz bildet, an den der Untersatz und dann die Konklusion angeschlossen werden. Wie dieser „innere Zusammenhang“ innerhalb des Obersatzes genauer strukturiert ist, kann hier nicht bloßgelegt werden; denn es sind mannigfaltige sachliche Beziehungen, die jenen Zusammenhang begründen. Bald handelt es sich darum, dass ein Paragraf den anderen expliziert, bald darum, dass er ihn sonstwie ergänzt, bald darum, dass er ihn durch Ausnahmen durchbricht usw. Sachliche Beziehungen sind es, die auf der Basis des Grundsatzes der „Einheit der Rechtsordnung“ die Zusammenfügung der rechtlichen Gedankensplitter zum Mosaik des jeweils einschlägigen Obersatzes vorzeichnen. Aber hier setzt schon die ganz konkrete juristische Arbeit ein, mit der wir uns nicht mehr befassen können.

Hand in Hand mit der Ergänzung des § 816 aus anderen Vorschriften des BGB ging aber nun, wie wir gesehen haben, eine „*Auslegung*“ dieser Bestimmung. Denn wir interpretierten die einzelnen Merkmale des § 816 (Nichtberechtigter usw.) durch Heranziehung jener anderen Vorschriften, die eine interpretierende Funktion erfüllen konnten. Indessen ist Interpretation einer Vorschrift durch andere Vorschriften des Gesetzes noch nicht das ganze Geschäft der Interpretation, das dem Juristen obliegt. Wohl aber dürfen wir sagen, dass wir

8 Über die hier entstandene Kontroverse s. L. Enneccerus/H. Lehmann, Lehrbuch des Bürgerlichen Rechts, Bd. II, 15. Aufl. 1958, § 225 I 3; s. nunmehr aber K. Larenz/C.-W. Canaris, Lehrbuch des Schuldrechts, Bd. II 2, 13. Aufl. 1994, S. 182.

fast unvermerkt auf das Problem der Interpretation überhaupt geführt worden sind. Diesem Problem, das wir als das zentrale Problem der juristischen Methodenlehre ansehen dürfen, wenden wir uns jetzt zu. Wir werden dabei nunmehr vom gleichsam Extensiven zum gleichsam Intensiven, nämlich von der „Gesamtsubsumtion" zur „Einzelsubsumtion" zurückgeführt[9].

I. Denken wir zu diesem Zwecke noch einmal kurz an das Beispiel des vorigen Kapitels. Ist ein Personenkraftwagen ein „umschlossener Raum" i. S. des § 243 Abs. 1 S. 2 Nr. 1 StGB? Wir sagten damals, dass die Subsumtion als solche sich vollzieht durch Gleichsetzung des hic et nunc zu entscheidenden Falles mit solchen Fällen, die zweifellos vom Gesetze betroffen sind, dass dabei aber die Frage, welche Fälle denn vom Gesetze betroffen sind, und die weitere Frage, unter welchen Gesichtspunkten und in welchen Beziehungen der neue Fall diesen gesetzesbetroffenen Fällen gleichzuachten ist, durch Auslegung der fraglichen Gesetzesvorschrift (also des § 243 Abs. 1 S. 2 Nr. 1) entschieden wird. Man spricht nun mitunter davon, dass durch diese Auslegung der dem Gesetz unmittelbar zu entnehmende Obersatz mit seinen abstrakten Begriffsmerkmalen dem konkreten zur Entscheidung stehenden Falle „angenähert" werde. Das ist zwar richtig, aber nur ein Bild! Will man diesem Bilde einen exakteren logischen Ausdruck verleihen, so muss man sagen, dass durch die Auslegung zwischen den unmittelbar dem Gesetz zu entnehmenden juristischen Obersatz und die Entscheidung des Falles nicht bloß ein Untersatz,

9 Die Literatur über Auslegung und Verstehen im Recht ist unermesslich, zumal der Jurist, der sich mit dieser Materie gründlich beschäftigen will, auch das philosophische Schrifttum berücksichtigen muss. Ausführliche Literaturhinweise s. K. Engisch, Einführung in das juristische Denken, 8. Aufl. 1983, Anm. 57 (S. 218ff.). Vgl. auch Alexy, Argumentation, S. 219ff., 288ff.; Bydlinski, S. 428ff.; Larenz, Methodenlehre, S. 204ff., 312ff.; Zippelius, Gerechtigkeit, S. 379ff., 393ff.; ders., Methodenlehre, S. 19ff.; ders., Rechtsphilosophie, §§ 39f.; D. Schmalz, Methodenlehre für das juristische Studium, 4. Aufl. 1998, Rn. 219ff.; Pawlowski, § 11. Über die Auslegungsgrundsätze der höchstrichterlichen Rechtsprechung s. u. S. 137 Anm. 28. Zur „verfassungskonformen Auslegung" s. Literatur S. 151 Anm. 51.

sondern deren mehrere eingeschoben werden, die die Subsumtion erleichtern[10]. Die Schlussfolgerung sieht dann im ganzen etwa so aus:

I Wenn der Täter eines Diebstahls in einen umschlossenen Raum einbricht, so soll er mit Freiheitsstrafe von drei Monaten bis zu zehn Jahren bestraft werden.

II Wenn der Täter eines Diebstahls in einen Raum einbricht, der dazu bestimmt ist, von Menschen betreten zu werden und mit mindestens teilweise künstlichen Vorrichtungen umgeben ist, die das Eindringen Unbefugter abwehren sollen, so bricht er in einen umschlossenen Raum ein.

III Wenn der Täter eines Diebstahls in einen Raum einbricht, der dazu bestimmt ist, von Menschen betreten zu werden und mit ... Vorrichtungen umgeben ist, die ... abwehren sollen, so soll er mit Freiheitsstrafe von ... bis ... bestraft werden.

IV Wenn der Täter eines Diebstahls in einen PKW einbricht, so bricht er in einen Raum ein, der dazu bestimmt ist, von Menschen betreten zu werden und mit ... Vorrichtungen umgeben ist, die ... abwehren sollen.

V Wenn der Täter eines Diebstahls in einen PKW einbricht, soll er mit Freiheitsstrafe von ... bis ... bestraft werden.

VI A ist als Täter eines Diebstahls in einen PKW eingebrochen.

VII A soll mit Freiheitsstrafe von ... bis ... bestraft werden.

In dieser Schlusskette bedeuten die Prämissen II und IV zwei speziellere Sätze, die dazu dienen, den allgemeinen Obersatz I, der sich unmittelbar aus dem Gesetz ergibt, an den zu entscheidenden konkreten Fall (Diebstahl aus einem Personenkraftwagen) „anzunähern". II und IV sind dabei logisch gesehen Untersätze, III und V neue speziellere Obersätze. Bei V

10 Dazu Heller, S. 67 ff.; E.-W. Hanack, Der Ausgleich divergierender Entscheidungen, 1962, S. 114 ff., 184 ff. Vgl. auch Hassemer, S. 18 f.; Rödig, S. 180 ff.; Zippelius, Methodenlehre, S. 97 ff.

sind wir bei einem so speziellen Obersatz angelangt, dass die eigentliche Subsumtion in VI mühelos vollzogen werden kann. Hierzu ist nur noch eine „Proslepsis" notwendig, d.h. die „Einsetzung eines bestimmten Subjekts (A) für den unbestimmten Träger des Prädikats (Täter eines Diebstahls)"[11]. Die „Auslegung" steckt ersichtlich in den speziellen Untersätzen II und IV. Wir können das auch so deutlich machen, dass wir an den allgemeinen Obersatz die Frage anknüpfen: Was *heißt* hier „umschlossener Raum"? Auf diese Frage gibt zunächst der Untersatz II eine Antwort, die sich als typische Auslegung darstellt, woran uns die im Interesse der Schlusskette vollzogene sprachliche Umkehrung nicht irremachen darf. Der Sinn des auslegenden Untersatzes ist: Ein umschlossener Raum ist ein solcher, der dazu bestimmt ist, von Menschen betreten zu werden usw. Die Unterordnung von Personenkraftwagen unter diese Merkmale im Untersatz IV setzt dann die Auslegung fort.

Was die Auslegung für die juristischen Deduktionen logisch bedeutet, können wir auch so ausdrücken: Es ist die Aufgabe der Auslegung, dem Juristen *Inhalt und Umfang der Rechtsbegriffe* zu vergegenwärtigen. Die Angabe des *Inhalts* geschieht dabei durch Definition, also durch Anführung von Begriffsmerkmalen (umschlossener Raum ist ein Raum, welcher ...). Die Angabe des *Umfangs* geschieht durch Vorführung von Fallgruppen und einzelnen Fällen, die dem Rechtsbegriff zu subordinieren bzw. zu subsumieren sind[12]. Jeder Blick in einen

---

11 S. dazu Ch. Sigwart, Logik I, 4. Aufl. 1911, S. 50 Ziff. 4.

12 Über das Verhältnis der Subsumtion zur Subordination einerseits und zur Auslegung andererseits s. Engisch, Studien, S. 13ff., 23ff.; Jesch, AöR 82 (1957), 186ff.; Hassemer, S. 98ff.; Rödig, S. 165ff., 181; Jescheck/Weigend, S. 152f.; Pawlowski, Rn. 126f. Zu der im Text gemachten Unterscheidung von inhalts- und umfangsbestimmender Auslegung vgl. Scheuerles (S. 170ff.) analoge Unterscheidung zwischen definitorischer und exemplifikativer Interpretation; s. ferner Jesch, AöR 82 (1957), 192 Anm. 109; A. Wolffers, Logische Grundformen der juristischen Interpretation, 1971, S. 11ff. (die hier neben der „definierenden" und der „exemplifizierenden" Interpretation weiter erscheinende „klassifizierende" Interpretation gehört m.E. zur Ersteren; Beispiel daselbst: „Schweizer sind nur Männer" heißt soviel wie: „Schweizer sind nur männliche Schweizer").

Kommentar zu einem Gesetz kann uns hierüber belehren. Als Beispiel sei noch angeführt der Rechtsbegriff der „Urkunde", wie er für den strafrechtlichen Tatbestand der Urkundenfälschung (§ 267 StGB) von Bedeutung wird. Einer unserer führenden Kommentare zum Strafgesetzbuch sagt: „Urkunde i. S. des materiellen Strafrechts ist jede mit einer körperlichen Sache fest verbundene und allgemein oder doch für die Beteiligten verständliche Gedankenerklärung, die bestimmt und geeignet ist, im Rechtsverkehr eine außerhalb ihrer selbst liegende Tatsache zu erweisen, und zugleich den Aussteller bezeichnet oder doch erkennbar macht" (Definition des Urkundenbegriffs). An späterer Stelle heißt es dann: „Zu den Urkunden rechnet ... die Rspr. die so genannten Beweiszeichen" (Anführung einer Fallgruppe zwecks Umfangbestimmung; jedoch wird anschließend für den Begriff des Beweiszeichens eine besondere Definition gegeben). Hierauf werden einzelne Fälle aus der Fallgruppe der Beweiszeichen angeführt: „Als Beweiszeichen und damit als Urkunden sind z. B. angesehen worden: Fahrgestellnummer, Motornummer sowie Typenschilder an Kraftfahrzeugen, ... der Korkbrand auf einer Weinflasche ... Künstlerzeichen auf einem Gemälde"[13].

II. Man kann nun mit einem gewissen Recht sagen, mit alledem sei nur das Endresultat und gewissermaßen die äußere Seite der Auslegung gekennzeichnet. Muss die Auslegung nicht tiefer dringen, muss sie nicht den *Sinn* der Rechtsvorschriften erfassen, muss sie nicht zu einem „*Verstehen*" werden? Wird nicht erst durch Auslegung als Verstehen der innere materielle Gehalt der Rechtssätze bloßgelegt und begriffen? Nur der Jurist, der nach dem wahren Sinn und dem rechten Verstehen der Rechtsvorschriften strebt, macht glaubhaft, dass die Rechtswissenschaft eine Geisteswissenschaft ist, so gewiss Sinn und Verstehen nach moderner Auffassung

13 So Schönke/Schröder, 10. Aufl. 1961, III zu § 267. Vgl. heute auch Schönke/Schröder-Cramer/Heine (27. Aufl 2006), II u. III zu § 267 (ohne methodische Änderungen).

das maßgebliche Kriterium der Geisteswissenschaften sind[14]. Wie nun also steht es mit Sinnerfassung und Verstehen in der Rechtswissenschaft?

Den Begriff des „Sinnes“ hier so nebenbei philosophisch klären zu wollen, ist eine Unmöglichkeit. Er zählt zu den problematischsten Begriffen. Eine Untersuchung über den „Sinn des Daseins“ unterscheidet z.B. zu Beginn sechzehn Bedeutungen von „Sinn“[15]. Und auch der allgemeine philosophische Begriff des Verstehens ist vielschichtig und vielgesichtig. Andererseits ist das, was uns als juristische „Hermeneutik“ in älteren Lehrbüchern dargeboten wird, recht

14 Über die Begriffsgeschichte und das Wesen der Geisteswissenschaften s.W. Dilthey, Gesammelte Schriften, Bd. I, 4. Aufl. 1959, Bd. VII, 2. Aufl. 1958; weiterhin z.B.: E. Rothacker, Logik und Systematik der Geisteswissenschaften, 1927, S. 6ff.; H. Freyer, Theorie des objektiven Geistes, 3. Aufl. 1934; Gadamer, u.a.S. 9ff., 222ff., 287ff.; ders., Geisteswissenschaften, in: Die Religion in Geschichte und Gegenwart, hg. v. K. Galling, Bd. 2, 3. Aufl. 1986, S. 1304; U. Diederichsen, Einführung in das wissenschaftliche Denken, 2. Aufl. 1972, S. 17ff.; A. Diemer, Geisteswissenschaften, in: Historisches Wörterbuch der Philosophie, hg. v. J. Ritter u.a., Bd. 3, 1974, S. 211; J. Ritter, Die Aufgabe der Geisteswissenschaften in der modernen Welt, in: ders., Subjektivität, 1974, S. 105 (120ff.); O. Marquard, Über die Unvermeidlichkeit der Geisteswissenschaften, in: ders., Apologie des Zufälligen, 1986, S. 98. Das Verstehen, das J.G. Droysen (Grundriß der Historik, 3. Aufl. 1882, §§ 8ff.) als die spezifisch historische Methode herausgestellt hatte, hat Dilthey zum Kennzeichen der Geisteswissenschaften schlechthin erhoben: s.z.B. Bd. VII, S. 131: „Die Geisteswissenschaften beruhen auf dem Verhältnis von Erlebnis, Ausdruck und Verstehen“ (ähnlich S. 86f.); ihr Umfang reicht so weit wie das Verstehen (vgl. S. 141).
Zur Rechtswissenschaft als Geisteswissenschaft s.z.B. Binder, S. 886ff.; Th. Viehweg, Zur Geisteswissenschaftlichkeit der Rechtsdisziplin, Studium generale 11 (1958), 334; Dreier, Rechtstheorie 2 (1971), 37; H. Rottleuthner, Rechtswissenschaft als Sozialwissenschaft, 1973, S. 205ff., 245ff; G. Winkler, Theorie und Methode in der Rechtswissenschaft, 1989, S. 219ff., 233ff.; Bydlinski, S. 65ff., 76ff.; Coing, u.a.S. 95ff., 297f.; Horn, Rn. 48; Rüthers, Rechtstheorie, Rn. 156ff.

15 R. Lauth, Die Frage nach dem Sinn des Daseins, 1953, S. 32f. Zum Begriff des „Sinns“ ferner: J.E. Heyde, Vom Sinn des Wortes Sinn, in: ders., Wege zur Klarheit, 1960, S. 101; Lampe, S. 42ff.; Hruschka, Verstehen, S. 27ff., 42ff.

dogmatisch und trocken[16]. Statt mit abstrakten Erörterungen zu beginnen, ziehen wir es daher vor, die Bemühungen des Juristen um Sinn und Verstehen von Rechtsvorschriften an einem konkreten Beispiel erkennbar zu machen und von da aus zu dem Problemkreis der Hermeneutik vorzudringen.

Den Gesetzestext setzen wir dabei als gesichert voraus. Mit den Problemen der *Textkritik* geben wir uns also hier nicht ab, da diese Probleme nicht eigentlich juristisch-logischer Art sind. Bei der modernen Art und Weise, die Gesetze in maßgeblichen Gesetzblättern zu veröffentlichen, entstehen auch nur ganz ausnahmsweise Schwierigkeiten bei der Feststellung des Textes.

Wir demonstrieren nunmehr die *Methodik juristischen Auslegens, Sinnerfassens und Verstehens* zunächst an einem neuen Beispiel, das mir für unseren besonderen Zweck vorzugsweise geeignet erscheint, nämlich dem Beispiel der Hehlerei. Der Text, um dessen Auslegung es sich handelt, ist § 259 StGB, an dem uns aber auch nur wenige Worte interessieren. § 259 lautet: „Wer eine Sache, die ein anderer gestohlen oder sonst durch eine … rechtswidrige Tat erlangt hat, ankauft oder sonst sich … verschafft, … um sich … zu bereichern, wird mit Freiheitsstrafe bis zu fünf Jahren oder mit Geldstrafe bestraft“. Uns sollen aus dieser Bestimmung vornehmlich beschäftigen die Worte „durch eine … rechtswidrige Tat erlangt“. Ihre Auslegung macht eigentümliche Schwierigkeiten. Beginnen wir mit der praktischen Seite der Bestimmung, also mit dem Inhalt und dem Umfang des Begriffes „Erlangtsein durch eine rechtswidrige Tat“, so geht es vor allem um die Frage, ob dieses Erlangtsein „unmittelbar“ durch die rechtswidrige „Vortat“ geschehen sein muss oder ob mittelbares Erlangtsein genügt. Speziell nach dem *Umfang* (dem Anwendungsbereich) gewendet geht die Frage dahin, ob nicht nur gestohlene oder sonstwie kriminell erworbene Sachen, sondern auch die mit diesen Sachen erworbenen oder gegen sie eingetauschten Sachen „durch eine … rechtswidrige Tat erlangt“ sind. Dazu ein

16 Das hat schon F. Regelsberger, Pandekten I, 1893, § 35* beklagt. Um Erhebung der juristischen „Hermeneutik“ auf ein höheres Niveau bemüht man sich jetzt.

Beispiel: Gewiss ist Hehler derjenige, der sich von einem Juwelendieb einen Teil der gestohlenen Juwelen schenken lässt. Ist aber auch Hehler derjenige, der sich Juwelen schenken lässt, die – wie er weiß – von gestohlenem Gelde oder von dem Erlös gestohlener Sachen gekauft sind? Man spricht im letzteren Falle von „Ersatzhehlerei“, weil sich die Hehlerei nicht auf die gestohlene Sache selbst (das Geld usw.), sondern auf eine an ihre Stelle getretene Sache (die mit dem gestohlenen Geld gekauften Juwelen) bezieht. Ist diese Ersatzhehlerei strafbare Hehlerei i. S. des § 259? Das ist die Frage! Ihre Bejahung oder Verneinung hängt ab von der Auslegung der Worte „durch eine rechtswidrige Tat erlangt“. Das Reichsgericht hat in einer ganz frühen Entscheidung (RGSt 2, 444) gesagt, es könnten „nach dem klaren Wortsinn des § 259 … unter den (wie es damals hieß) ‚mittels einer strafbaren Handlung erlangten Sachen‘ nur solche individuell bestimmte Sachen verstanden werden, welche *unmittelbar* mittels einer strafbaren Handlung erlangt worden, keineswegs aber Sachen, welchen ein solcher Mangel nicht anhängt, welche vielmehr nur an die Stelle der ersteren getreten … sind“. Dieser engen Auffassung haben sich manche Schriftsteller widersetzt, unter ihnen einer der bedeutendsten Kriminalisten unseres Jahrhunderts, nämlich Ernst Beling, der der Meinung war, dass auch „der Erlös einer gestohlenen Sache, das für gestohlenes Geld Gekaufte, das für gestohlenes Geld eingewechselte Geld durch den Diebstahl erlangt“ sei. „Denn ‚mittels‘ der Vortat ist die Sache vom Vortäter dann erlangt, wenn … die Vortat … für das Haben der Sache kausal war“. Die Verwertung der gestohlenen Sache gehört gleichsam noch selbst zur vorangegangenen Tat, zur „strafbaren Handlung“ hinzu[17]. Wohlgemerkt: Beling will nicht anders als das Reichsgericht den „Wortsinn“ des § 259 StGB erfassen. Es geht auch ihm um das,

17 E. Beling, Begünstigung und Hehlerei, in: K. v. Birkmeyer u. a. (Hg.), Vergleichende Darstellung des deutschen und ausländischen Strafrechts, BT VII, 1907, S. 1 (69). Der BGH hat sich dem Reichsgericht angeschlossen; s. z. B. BGHSt 9, 137 (139). Vgl. auch W. Stree, Die Ersatzhehlerei als Auslegungsproblem, JuS 1961, 50; ferner Lackner/Kühl, § 259 Rn. 8 m. w. N.

was man eine „*grammatische*“ Auslegung nennt[18]. Aber diese führt in unserem Beispiel – wie übrigens auch sonst oft – nicht zu einem eindeutigen Ergebnis. Das Wort „durch“ (früher „mittels“) ist zweideutig, es ist mit dem „Wortlaut“ die Ansicht Belings so gut vereinbar wie die Ansicht des Reichsgerichts. Dies ist auch wesentlich, weil nach herrschender Lehre der „Wortlaut“ niemals überschritten werden darf, wenn es um die Bestrafung geht: nullum crimen sine lege. Aber nun ist der Jurist mit seinem Latein noch nicht zu Ende. Er setzt vielmehr – innerhalb der Grenzen des mehrdeutigen Wortlauts – die Auslegung mit anderen Methoden fort. Hier bietet sich etwa an die *systematische Stellung* der Hehlerei. Was diese betrifft, so sind von Haus aus zwei Möglichkeiten gegeben. Man kann die Hehlerei neben Mittäterschaft, Anstiftung und Beihilfe unter die *Teilnahme*bestimmungen einreihen als eine Art von „auxilium post delictum“, also als nachträgliche Förderung der Vortat. Man kann sie aber auch als eine eigentümliche *selbstständige Verbrechensart* ansehen gleich Diebstahl, Raub, Erpressung und Betrug. Unser Strafgesetzbuch hat sich für Letzteres entschieden. Es hat die Hehlerei zusammen mit der Begünstigung in den Besonderen Teil des Strafgesetzbuchs zwischen die eben erwähnten Verbrechensarten eingeschoben. Ergibt sich daraus etwas für das Sinnverständnis des § 259? In der Tat scheint z. B. Maurach in seiner Darstellung des Besonderen Teils des Strafrechts aus der „Entwicklung, die sich von der Teilnahme fort- und auf das eigenständige Delikt hinbewegt“, die Notwendigkeit erschließen zu wollen, die Hehlerhandlung „genau an der konkreten Sache einsetzen zu lassen, die der Vortäter mit seiner Handlung erlangt“[19]. Andere dagegen, z. B. Mezger, sind der Meinung, dass der Stellung im Gesetz für unsere Frage nichts oder sogar das Gegenteil, d. h. die Strafbarkeit der „Ersatzhehlerei“ zu entnehmen sei[20]. Angesichts dieser

18 S. z. B. F. C. v. Savigny, System des heutigen römischen Rechts I, 1840, S. 213 f.; E. R. Bierling, Juristische Prinzipienlehre, Bd. IV, 1911, S. 211 f.

19 R. Maurach/F.-Ch. Schröder, Strafrecht, Besonderer Teil, Bd. 1, 6. Aufl. 1977, § 50 I C 3.

20 S. etwa E. Mezger, Zur Entwicklung der so genannten Ersatzhehlerei, ZStW 59 (1940), 549 (570 ff).

neuerlichen Zweideutigkeit müssen wir uns noch nach einem anderen Auslegungsbehelf umsehen, der übrigens schon bei Maurach in Sicht kommt: der *historischen* Entwicklung der Hehlerei und der „Entstehungsgeschichte" des § 259. Es würde freilich zu weit führen, sie hier näher darzustellen. Das hat Mezger in seiner eben zitierten Abhandlung getan. Wir heben nur hervor, dass die geschichtlichen Schritte, die 1870/71 zu § 259 geführt haben, in einer modifizierten Übernahme des Hehlereiparagrafen aus dem Preußischen Strafgesetzbuch bestanden. Der Paragraf im Preußischen Strafgesetzbuch (§ 237), an den unser § 259 anknüpft, lautete: „Wer Sachen, von denen er weiß, dass sie gestohlen, unterschlagen oder mittelst anderer Verbrechen oder Vergehen erlangt sind, ankauft ... oder verheimlicht". Diese Fassung drückte sich sehr viel klarer in der Richtung der reichsgerichtlichen Auffassung, also gegen die Annahme einer strafbaren Ersatzhehlerei aus. Denn die Voranstellung der konkreten Fallgruppen (gestohlen, unterschlagen) warf ein Licht auch auf die anschließende allgemeine Formel „mittelst anderer Verbrechen oder Vergehen erlangt". Es schien deutlich nur an ein unmittelbares verbrecherisches Erlangtsein gedacht worden zu sein. Aber indem das neue Strafgesetzbuch von 1870 die Hehlereibestimmung abstrakter fasste, war nun eben auch Raum geschaffen für eine erweiternde Auslegung, die die Ersatzhehlerei in die Strafbarkeit einbezog. Diese Auslegung wird auch gestützt durch das im Preußischen Strafgesetzbuch nicht aufgestellte, wohl aber im Reichsstrafgesetzbuch von 1870 ausdrücklich hereingenommene Erfordernis, dass der Hehler „seines Vorteils wegen" gehandelt haben muss[21]. Demgemäß wird denn auch mit der Entstehungsgeschichte des § 259 auf zweideutige Weise operiert. Es führen also nicht nur der „Wortlaut" und die „systematische Stellung", sondern auch die „Entstehungsgeschichte" zu keinem eindeutigen Ergebnis. Weder die

21 Darauf legt insbesondere Mezger Gewicht. Die später in § 259 an die Stelle des Merkmals „seines Vorteils wegen" getretene Wendung „um sich zu bereichern" ändert nichts an dem auf unser Problem der Ersatzhehlerei bezogenen Sinn des § 259.

grammatische noch die systematische noch die historische Auslegung gelangen ans Ziel. Können wir etwa noch auf einem anderen Weg ein positives Resultat zustande bringen? In der Tat räumt der moderne Jurist allen bisher genannten Auslegungsmethoden gegenüber gerne einen gewissen Vorrang ein der so genannten „*teleologischen*“ Auslegungsmethode, die nach dem Zweck, nach der „ratio“, nach dem „Grundgedanken“ der gesetzlichen Bestimmung forscht und von da her ihren „Sinn“ ermittelt. Hier wird also der „Sinn“ zum Zweck. Mit Bezug auf unser Hehlereibeispiel handelt es sich darum klarzustellen, zu welchem Zweck und aus welchem Grunde die Hehlerei überhaupt bestraft wird. Man kann allgemein sagen, dass die Strafvorschriften dem Zwecke der Abwehr gemeinschädlicher Handlungen dienen. Aber *inwiefern* ist die Hehlerei gemeinschädlich, was ist an ihr verabscheuungswürdig, *warum* soll sie bestraft werden? Leider gibt es auch auf diese Frage keine absolut eindeutige Antwort. Es bieten sich vielmehr wieder zwei mögliche Problemlösungen an, die man in neuerer Zeit zu einigermaßen prägnanten „Theorien“ ausgebildet hat, die man aber bereits in der Geschichte des Hehlereibegriffs mehr oder minder deutlich miteinander ringen sieht. Man kann nämlich einmal sagen, dass der Hehler deshalb Strafe verdient, weil er die Schädigung fortsetzt und aufrechterhält (man sagt auch: „perpetuiert“), die der Vortäter, etwa ein Dieb, angerichtet hat: Bringt der Hehler die Sache an sich, die der Vortäter gestohlen hat, so erschwert er es dem Eigentümer, wieder in den Besitz seiner Sache zu gelangen. Streng juristisch ausgedrückt besteht das Wesen der Hehlerei in der „Aufrechterhaltung des durch die Vortat geschaffenen rechtswidrigen Vermögenszustandes“[22]. Unter Zugrundelegung dieser Auffassung gelangte das Reichsgericht unter Zustimmung vieler Schriftsteller zur Ablehnung der Bestrafung der Ersatzhehlerei. Denn bei ihr bringt der scheinbare „Hehler“, der also in Wahrheit gar keiner ist, nicht diejenigen Sachen an sich, die der Vortäter strafbar erworben hat, sondern

22 S. z. B. Th. Fischer, § 259 Rn. 1.

andere Sachen, die den durch die Vortat Geschädigten gewissermaßen gar nichts angehen. „Ist das Wesen der Hehlerei Aufrechterhaltung des durch die Vortat geschaffenen Zustandes, so kann sich der Hehler nur an dem gleichen körperlichen Gegenstand vergreifen, der selbst durch die Vortat ‚erlangt' wurde" (Erfordernis der Sachidentität)[23]. Man kann aber nun auch eine andere Auffassung vom Wesen der Hehlerei vertreten, die man unter den Namen „Ausnützungstheorie" und „Ausbeutungstheorie" jener Aufrechterhaltungstheorie bzw. Perpetuierungstheorie gegenüberstellt: Das Strafwürdige an der Hehlerei ist die bewusst gewinnsüchtige Ausnützung strafbarer Handlungen, die andere begangen haben, ist kurz gesagt das Fischen im Trüben. Der Hehler ist der Parasit des Verbrechertums, der „Zuhälter der Diebe". Als solcher verdient er Strafe. Diese Ansicht tritt z. B. deutlich in Erscheinung im Preußischen Allgemeinen Landrecht von 1794, Teil II, Titel XX, § 83, wonach Hehler derjenige ist, der „an den Vortheilen eines Verbrechens, nach dessen Ausführung, wissentlich und freywillig Theil genommen" hat. Sie findet aber auch im Wortlaut unseres § 259 insofern eine Stütze, als nach ihm der Hehler in Bereicherungsabsicht gehandelt haben muss. Auch Gallas hat sie vertreten: Das Wesen der Sachhehlerei sei „als eine eigennützige Beteiligung an der Frucht einer zur Wahrung von Vermögensinteressen unter Strafe gestellten Vortat zu bestimmen"; Mezger räumt dieser Theorie wenigstens ein gewisses Recht ein[24]. Vom Standpunkt dieser Ausnützungstheorie kann es nicht entscheidend darauf ankommen, ob der Hehler gerade diejenigen Gegenstände an sich bringt, die der Vortäter unmittelbar auf rechtswidrige Weise erworben hat. Es muss genügen, dass der Hehler solche Gegenstände an sich bringt, die der Vortäter in naher Ver-

23 R. Maurach/F.-Ch. Schröder/M. Maiwald, Strafrecht, Besonderer Teil, Bd. 1, 10. Aufl. 2009, § 39 Rn. 9.

24 W. Gallas, Zur Kritik der Lehre vom Verbrechen als Rechtsgutsverletzung, in: FS f. W. Gleispach (1936), S. 50 (59); E. Mezger, Strafrecht, Besonderer Teil, 7. Aufl. 1960, § 51 IV. Anders die heute h. M., vgl. Schönke/Schröder-Stree, § 259 Rn. 1 f. m. w. N.

bindung mit der Vortat erworben hat, an denen noch der „Makel des strafbaren Erwerbs" haftet. Zum mindesten in gewissen Grenzen muss dann die Ersatzhehlerei strafbar sein. Sachen, die mit gestohlenem Gelde gekauft sind, und umgekehrt der Gelderlös gestohlener Gegenstände, weiter auch von diesem Gelderlös gekaufte Sachen und schließlich Geld, in das gestohlenes Geld umgewechselt worden ist, all dies muss möglicher Gegenstand einer Hehlerei sein. Soll es z. B. wirklich einen Unterschied machen, ob der Vortäter von fünf gestohlenen Zwanzigmarkscheinen einen weiterschenkt oder ob er einen gestohlenen Hundertmarkschein auf der Bank in fünf Zwanzigmarkscheine umwechselt und dann einen von diesen eingewechselten Scheinen weiterschenkt? Ist nicht im letzteren Falle der Empfänger ganz ebenso strafwürdig wie im ersteren Falle? Freilich kann man die Ausnützungstheorie als moralisierend, als weniger streng juristisch verdächtigen. Aber dann taucht eben wieder nur das neue Auslegungsproblem auf, ob denn nicht moralische Gedanken der Bestrafung der Hehlerei zugrunde liegen. Es spielt also der Streit zwischen einer moralischen und einer streng juristischen Strafrechtsauffassung in die Auslegung des § 259 hinein.

Es ist hier nicht der Ort, den Streit der Ansichten über das Wesen der Hehlerei und die Strafbarkeit der Ersatzhehlerei auszutragen[25] und genauer die Grenzen zu bestimmen, die man einer zu weitgehenden Bestrafung der Ersatzhehlerei vom Standpunkte der Ausnützungstheorie aus zu ziehen hätte. Uns geht es jetzt ausschließlich um das Wesen und die Methodik der Auslegung und des Verstehens. Wir halten daher einen Augenblick inne und fragen uns, was wir unserem

25 Zur Orientierung s. z. B.: H. Blei, Strafrecht, Besonderer Teil, Bd. 2, 12. Aufl. 1983, § 72; Schönke/Schröder-Stree, § 259 Rn. 13 f.; J. Wessels/Th. Hillenkamp, Strafrecht, Besonderer Teil 2, 32. Aufl 2009, Rn. 837 ff. m. w. N. Hervorgehoben sei noch, dass die Begründung zur Neufassung des § 259 sich entschieden für die „Aufrechterhaltungstheorie" ausspricht (s. Blei, § 72 II), was für die Behandlung der Ersatzhehlerei bei Zugrundelegung einer „subjektiv-teleologischen Methode" von großer Tragweite ist (vgl. unten Text S. 175 f.).

Beispiel bisher schon mit Bezug auf Auslegung und Verstehen entnehmen können, welche Probleme etwa noch offen sind.

Zunächst einmal haben wir verschiedene Methoden und Ansatzpunkte der Auslegung in Funktion gesehen, nämlich die Auslegung nach dem Sprachsinn (die „grammatische" Auslegung), die Auslegung aus dem gedanklichen Zusammenhang (die „logische" oder „systematische" Auslegung, die sich an die Stellung einer Bestimmung im Gesetz und an ihren Zusammenhang mit anderen Bestimmungen hält), die Auslegung aus dem historischen Zusammenhang, insbesondere aus der „Entstehungsgeschichte", und schließlich die Auslegung aus der ratio, dem Zweck, dem „Grund" der Bestimmung (die „teleologische" Auslegung). In dieser oder ähnlicher Gestalt gehören die vier Arten der Auslegung seit Savigny zum einigermaßen festen Bestand der juristischen Hermeneutik[26]. Das wichtige „Lehrbuch des Bürgerlichen Rechts" von Enneccerus legt dar[27], dass die Auslegung vom Wortlaut des Gesetzes auszugehen hat, der „unter Beachtung der Regeln der Grammatik und namentlich des Sprachgebrauchs", aber auch unter besonderer Berücksichtigung der „technisch-juristische(n) Redeweise" klarzustellen ist, dass aber neben dem Wortlaut zu beachten sind: „der *innere Zusammenhang* der Vorschrift, der Ort, *an dem sie steht*, und ihr *Verhältnis zu anderen Bestimmungen*"

---

26 Savigny, S. 213f. spricht von vier Elementen der Auslegung: dem grammatischen, dem logischen, dem historischen und dem systematischen Element. Über die Unterscheidung verschiedener Arten der Auslegung in der älteren nichtjuristischen hermeneutischen Literatur s.J. Wach, Das Verstehen, z.B. Bd. 1, 1926, S. 46 (Ast), 74f. (F.A. Wolf), 109, 119ff. (Schleiermachers Kritik), 195ff. (Boeckh), Bd. 3, 1933, S. 172ff. (Droysen). Für die traditionelle Theorie der juristischen Auslegung ist kennzeichnend Enneccerus/Nipperdey I 1, § 56. Ähnlich bereits unter der Herrschaft des Gemeinen Rechts: B. Windscheid, Lehrbuch des Pandektenrechts I, 9. Aufl. 1906, § 21. Kritisch zur Unterscheidung der verschiedenen Arten der Interpretation: A. Keller, Die Kritik, Korrektur und Interpretation des Gesetzeswortlautes, 1960, S. 48f.; Rödig, S. 282ff.; Kriele, S. 81ff., 85ff.; Müller/Christensen, Methodik, Rn. 92ff.

27 Folgende Zitate aus Enneccerus/Nipperdey I 1, § 56.

(das ist die logisch-systematische Auslegung), weiter „der Zustand, wie er vor dem Gesetze bestand, und die historische Entwicklung" sowie „die *Entstehungsgeschichte*", die sich insbesondere aus den Gesetzesmaterialien ergibt, und schließlich der „besondere *Zweck des Gesetzes* oder der Einzelvorschrift" (das wäre die teleologische Auslegung). Abschließend wird aber noch betont, dass auch der Wert des Ergebnisses von Bedeutung sei, dass das Recht nur ein Teil der Gesamtkultur sei und somit die Gesetzesvorschrift im Zweifel so auszulegen sei, dass sie „*den Anforderungen unseres Gesellschaftslebens* und der Entwicklung unserer gesamten Kultur *möglichst gerecht*" werde (das kann man aber m. E. in den Begriff der teleologischen Auslegung einbeziehen). Diese repräsentativen Formulierungen mögen für viele ähnliche stehen. Natürlich gibt es mannigfache Abweichungen in der Terminologie und auch in der Sache. Wesentlich dürfte sein, dass auch die Praxis der Gerichte im Großen und Ganzen mit den gleichen Gesichtspunkten operiert[28].

Auf die Einzelheiten der juristischen Hermeneutik, die sich zu einer regelrechten Auslegungsdogmatik ausgebildet hat, können wir nur kurz eingehen. Mit Bezug auf die so genannte *grammatische Auslegung* darf zunächst hervorgehoben werden, dass immer wieder das Missverständnis aufkommt, als ob es eine reine Wortinterpretation im Unterschied zu einer Sinninterpretation gebe. So sagt z. B. Zweigert: „Die Wortinterpretation

---

28 Zu den höchstrichterlichen Auslegungsgrundsätzen s. z. B.: A. Gern, Die Rangfolge der Auslegungsmethoden von Rechtsnormen, VerwArch 1989, 415 (426 ff.); Larenz, Methodenlehre, S. 312 ff., 320 ff.; Jescheck/Weigend, S. 154 ff.; K. Hesse, Grundzüge des Verfassungsrechts, 21. Aufl. 1999, Rn. 53 ff.; Schönke/Schröder-Eser, § 1 Rn. 36 ff.; Jarass/Pieroth, Einl. Rn. 5 ff.; Müller/Christensen, Methodik, Rn. 23 ff.; J. Wessels/W. Beulke, Strafrecht, Allgemeiner Teil, 39. Aufl. 2009, Rn. 57 f.; Palandt-Sprau, Einl. vor § 1 Rn. 40 ff. Vgl. speziell zum EuGH: A. Bleckmann, Europarecht, 6. Aufl. 1997, Rn. 537 ff.; J. Kropholler, Internationales Privatrecht, 6. Aufl. 2006, § 10 III (m. w. N.); Th. Oppermann/C. D. Classen/M. Nettelsheim, Europarecht, 4. Aufl. 2009, § 10 V (m. w. N.). Zur verfassungs- und der europarechtskonformen sowie der völkerrechtskonformen Auslegung s. u. S. 150 ff. Anm. 51.

der zweifelhaften Norm, die meist als erste Phase der Auslegung genannt wird, führt in der Regel nicht weiter ... Der Zweifel kann vielmehr – darüber besteht Einigkeit – nur dadurch gelöst werden, dass der *Sinn der Norm* zu erforschen ... ist"[29]. Einen Gegensatz ergeben aber nur: die Auslegung nach dem Wort*sinn* und die Auslegung nach dem sonstwie zu bestimmenden Sinn[30]. Mit Bezug auf den Wortsinn, um den es

29 K. Zweigert, Juristische Interpretation, Studium generale 7 (1954), 380 (381).

30 Nicht glücklich ist die Wendung, eine dem Wortlaut nach eindeutige Bestimmung bedürfe keiner Auslegung. So z.B. BGH NJW 1951, 922 Nr. 9, NJW 1956, 1553 r.o.; BVerfGE 4, 331 (351); Kaufmann, Analogie, S. 5 („die Auslegung ... beginnt doch erst da, wo keine Eindeutigkeit mehr gegeben ist"); Kriele, S. 91 („Die Interpretation beginnt eben erst, wenn Zweifel und Meinungsverschiedenheiten auftauchen"); Hesse, Rn. 49. Nichts ist dagegen einzuwenden, wenn Larenz (Methodenlehre, S. 204) „Verstehen" und „Auslegung" in der Weise terminologisch trennt, dass er Letztere auf das „reflektierte" Verstehen beschränkt. Kritisch zur „sens-clair"-Doktrin, zur Lehre, dass bei „eindeutigem Wortlaut" für Auslegung kein Raum sei: z.B. Enneccerus/Nipperdey I 1, § 56 I 4; H.u.K. Clauss, Zum Begriff „eindeutig", JZ 1961, 660; Fikentscher III, S. 658f.; Esser, Grundsatz, S. 179, 253f.; Larenz, Methodenlehre, S. 343.

Man unterscheide aber die Thesen, dass bei eindeutigem Wortlaut überhaupt keine Auslegung in Betracht komme (s.o.) und dass gegen den (vermeintlichen) eindeutigen Wortsinn keine anderen Auslegungsgesichtspunkte ins Feld geführt werden dürfen (so z.B. B. Heusinger, Rechtsfindung und Rechtsfortbildung im Spiegel richterlicher Erfahrung, 1975, S. 94f.). Letzteres ist immerhin diskutabel, wenn auch von der problematischen Voraussetzung ausgehend, dass es überhaupt einen eindeutigen Wortsinn gebe; dies wird zumindestens für die Mehrzahl der Gesetzesworte oft bezweifelt: s.z.B. Sax, S. 52f.; Esser, Vorverständnis, S. 134f.; Larenz, Methodenlehre, S. 312f., 343; Zippelius, Methodenlehre, S. 20f., 46f.; immerhin mag es bei Zahl-, Maß- und Gewichtsworten Eindeutigkeit geben, aber auch diese Worte müssen „verstanden" und somit „gedeutet" werden.

Was dann den oft gebrauchten Terminus „Wortlaut" (statt „Wortsinn") angeht, so liegt ihm das Fehlen der Unterscheidung und Trennung von sprachlichen Zeichen und sprachlicher Bedeutung zugrunde. Genaugenommen ist der Wortlaut „Gegenstand der Auslegung" (Rödig, S. 282), der „Wortsinn", auf dessen Ermittlung es ankommt, Ziel der

bei der grammatischen Auslegung geht[31], herrscht naturgemäß eine Spannung zwischen den Bestrebungen, auf der einen Seite den natürlichen alltäglichen Sprachsinn und auf der anderen Seite den technisch-juristischen Sprachsinn zur Geltung zu bringen. Die Methodik der Auslegung hängt hier ab von der Methodik der Gesetzgebung. Hegel hat gesagt, das Recht seiner Gestalt nach nur denen zugänglich zu machen, „die sich gelehrt darauf legen", sei dasselbe Unrecht, wie es Dionysius, der Tyrann, beging, als er die Gesetze so hoch aufhängte, „dass sie kein Bürger lesen konnte"[32]. Aber Binding sagt: „Nichts ist falscher als der so oft ausgesprochene ... Satz: wenn die Bedeutung eines gesetzlichen Ausdrucks dunkel sei, müsse mit ihm der Sinn der Umgangssprache verbunden werden ... der Rechtsbegriff bedarf Festigkeit seines Inhalts und Schärfe seiner Grenzen". Das Recht spricht „seine eigene Sprache". Daher kommt es stets auf den „technisch-juristischen Sinn" an, der schärfere Grenzen besitzt als der Begriff der Umgangs-

---

Auslegung, die „Grammatik" und die „Syntax" sind Mittel der Auslegung. Gewöhnlich ist bei „Wortlaut" an den „Wortsinn" gedacht.

31 Wenn Kriele (S. 82) vermerkt, dass der Ermittlung des „Wortsinnes" nicht nur die so genannte „grammatische Auslegung" (worunter er „die Darlegung der vom Gesetzgeber angewendeten Sprachgesetze" versteht) dient, sondern eventuell auch ein anderes Auslegungselement, wie z. B. die systematische Auslegung, so ist gewiss richtig, dass zur Klärung des Sinnes einer Gesetzesstelle alle Auslegungsarten beitragen und zusammenwirken; mit der nicht sehr präzisen, aber nun einmal üblichen Vokabel „grammatische Auslegung" ist jedoch nur jene spezifische Methode der Sinnermittlung gemeint, die sich (zumindest fürs erste) an der sprachgebräuchlichen (häufig lexikalisch zu erschließenden) Bedeutung der Worte und ihrer syntaktischen Zusammenfügung orientiert; nichts anderes ist unter dem „Wortsinn" als solchem verstanden; dass dieser dann meist nicht eindeutig ist, wurde bereits gesagt. Vgl. im Übrigen zur grammatischen Auslegung z. B. Bydlinski, S. 437 ff.; Larenz, Methodenlehre, S. 320 ff. m. w. N.; Pawlowski, Rn. 360 ff.; Zippelius, Methodenlehre, S. 46 f.; Röhl/Röhl, S. 613 ff.; Rüthers, Rechtstheorie, Rn. 731 ff.

32 G. W. F. Hegel, Grundlinien der Philosophie des Rechts, Werkausgabe, hg. v. E. Moldenhauer u. a., Bd. VII, 3. Aufl. 1993, § 215.

sprache[33]. Inzwischen haben wir jedoch gelernt zu sehen, dass auch der technisch-juristische Sprachgebrauch des Gesetzes keineswegs so scharf ist, wie Binding meinte. Oft verbindet der Gesetzgeber mit einem und demselben Wort innerhalb desselben Gesetzes und innerhalb verschiedener Gesetze einen verschiedenen Sinn. Dies ist z. B. bei den Worten „Beamter", „Besitz", „Eigentum", „Öffentlichkeit", „Fahrlässigkeit" der Fall. Man spricht hier auch von einer „Relativität der Rechtsbegriffe" (Müller-Erzbach)[34]. Sie ergibt sich als unvermeidlich aus dem Eingehen der Begriffe in jeweils andere systematische und teleologische Zusammenhänge. Die reine „Wortinterpretation" wird hier zurückgedrängt durch die systematische und die teleologische Interpretation.

Was nun diese beiden letzteren Interpretationsmethoden betrifft, so darf mit Bezug auf sie noch Folgendes hervorgehoben werden: Beide Methoden muss man sich als vielsei-

---

33 K. Binding, Handbuch des Strafrechts, 1885, S. 463 f. Zum Verhältnis von juristischer Sprache und Umgangssprache s. auch Esser, Vorverständnis, S. 103, 116 f., 135; U. Ladnar/C. v. Plottnitz (Hg.), Fachsprache der Justiz, 1976; R. Wassermann/J. Petersen (Hg.), Recht und Sprache, 1983; J. Eckert/H. Hattenhauer (Hg.), Sprache – Recht – Geschichte, 1991; Larenz, Methodenlehre, S. 320 ff.; U. Neumann, Fachsprache und Umgangssprache, in: G. Grewendorf (Hg.), Rechtskultur als Sprachkultur, 1992, S. 110; M. Paroussis, Theorie des juristischen Diskurses, 1995, S. 66 ff.; Rüthers, Rechtstheorie, Rn. 150 ff., 216. Aus sprachphilosophischer Sicht kritisch wegen der grundsätzlichen Unbestimmtheit und Beschränktheit von Sprache, auch im Kontext von Normen und juristischer Argumentation: Müller/Christensen, Methodik, Rn. 166 ff. (mit Verweisen auf Quine und Wittgenstein).

34 R. Müller-Erzbach, Die Relativität der Begriffe und ihre Begrenzung durch den Zweck des Gesetzes, JhJ 61 (1913), 343; K. Engisch, Die Relativität der Rechtsbegriffe, in: Dt. Landesreferate zum 5. Int. Kongreß f. Rechtsvergleichung (1958), S. 59; Esser, Vorverständnis, S. 99 f.; P. K. Ryu/H. Silving, Was bedeutet die so genannte „Relativität der Rechtsbegriffe"?, ARSP 59 (1973), 57 ff., 76 ff. (kritisch). S. ferner aus der Rechtsprechung BVerfGE 6, 32 (37, betreffend den Begriff „verfassungsmäßige Ordnung"; dieser wird in Art. 2 Abs. 1 GG als gesamte verfassungsgemäße Rechtsordnung interpretiert, umfasst in Art. 9 Abs. 2 GG aber nur elementare Grundsätze der Verfassung; vgl. dazu B. Pieroth/B. Schlink, Grundrechte, Staatsrecht II, 25. Aufl. 2009, Rn. 408, 811).

tiger vorstellen, als es den ersten Anschein hat. Der *logisch-systematische Zusammenhang*[35] betrifft nicht nur die Bedeutung der Rechtsbegriffe im jeweiligen konkreten Gedankenzusammenhang (wie z.B. die Bedeutung des Besitzbegriffs im Rahmen des Unterschlagungsparagrafen), auch nicht nur die äußere Stellung eines Rechtssatzes im Gesetz, die freilich oft genug für die Auslegung Anhaltspunkte gibt (wie z. B. die Stellung der Strafbestimmung gegen falsche Verdächtigung hinter denen gegen die Eidesdelikte in unserem Strafgesetzbuch darauf schließen lässt, dass wie diese so auch jene primär ein Delikt gegen die Rechtspflege ist und nicht ein Delikt gegen die persönliche Ehre). Er betrifft vielmehr letztlich die Fülle des im einzelnen Rechtssatz geborgenen Rechtsgedankens in seiner mannigfaltigen Bezüglichkeit auf die anderen Bestandteile des gesamten Rechtssystems, wie z.B. die Hehlerei nur „verstanden" werden kann im Zusammenhang mit den allgemeinen Teilnahmebestimmungen (§§ 25ff. StGB), mit der Begünstigung (§ 257 StGB), mit den Delikten gegen das Vermögen (Betrug, Erpressung usw.), mit der privatrechtlichen Ordnung unanfechtbaren Eigentumserwerbs usw. (so konnte ja auch in unserem Beispiel oben der § 816 BGB nur verstanden werden im Zusammenhang mit der Regelung der Verfügung Nichtberechtigter.). Da diese Sinnbezüglichkeit jedes Rechtssatzes auf die Gesamtrechtsordnung zum guten Teil eine *teleologische* ist, indem ja die Rechtssätze großenteils die Aufgabe haben, im Zusammenhang mit anderen Normen bestimmte Zwecke zu erfüllen, diese anderen Normen final zu

35 Zur systematischen Auslegung s. Engisch, Einheit, S. 70f. (mit älterer Literatur); Fikentscher III, S. 672ff.; Canaris, Systemdenken, S. 90ff.; Bydlinski, S. 442ff.; Larenz, Methodenlehre, S. 324ff.; Pawlowski, Rn. 362ff.; Zippelius, Methodenlehre, S. 52ff.; Röhl/Röhl, S. 622f.; Rüthers, Rechtstheorie, Rn. 744ff.; Müller/Christensen, Methodik, Rn. 365ff. Ein Blick in die verzweigte Literatur offenbart die beträchtliche Vielseitigkeit der „systematischen" Methode (Erheblichkeit des Kontextes, äußere Stellung des Rechtssatzes, innerer Zusammenhang der Bestandteile der Rechtsordnung, Bedeutung des geregelten Sach- und Lebenszusammenhangs, Durchschlagen allgemeiner Rechtsprinzipien).

ergänzen, lässt sich die systematische Auslegung von der teleologischen kaum trennen. Sie ist als systematische Auslegung weitgehend zugleich teleologische Auslegung. Aber nicht ausschließlich. Zur systematischen, nicht aber zur teleologischen Sinnbestimmung wird man z. B. rechnen dürfen die Deutung einer Strafdrohung innerhalb des Systems der Strafdrohungen unter dem Gesichtswinkel der vergeltenden Gerechtigkeit. Umgekehrt haben wir eine teleologische, aber nicht systematische Auslegung, wo die durch den Rechtssatz verfolgten Zwecke außerhalb der Rechtsordnung selbst liegen (wie z. B. die Erziehung zum gesitteten Menschen).

Im Übrigen ist auch die *teleologische Auslegung*[36] als solche eine mehrdimensionale Methode. Eben wurde angedeutet, dass die durch die Rechtssätze verfolgten Zwecke sowohl *innerhalb* wie *außerhalb* der Rechtssätze liegen können. Im *ersten* Falle handelt es sich darum, dass Probleme, die durch einen Teil der Rechtsordnung aufgeworfen sind, durch einen anderen Teil gelöst werden. So erscheint das Strafrecht als final-akzessorisch zum bürgerlichen Recht, wenn es die bürgerlichrechtliche Eigentumsordnung durch Strafbestimmungen gegen Diebstahl, Unterschlagung, Raub und Sachbeschädigung sanktioniert. Das Prozessrecht ist final-akzessorisch zum materiellen Recht. Im *zweiten* Falle handelt es sich darum, dass das Leben für sich selbst durch das Recht gestaltet wird. Strafen und Verwaltungsmaßnahmen dienen dazu, die Menschen zu lenken und zu erziehen. Naiv wäre es auch, jeder Rechtsnorm *einen* bestimmten Zweck zuordnen zu wollen. Es gibt nähere

36 Dazu Keller, S. 117 ff.; O. A. Germann, Probleme und Methoden der Rechtsfindung, 2. Aufl. 1967, S. 80 ff.; Fikentscher III, S. 279 f., 676 ff.; Bydlinski, S. 453 ff.; Larenz, Methodenlehre, S. 328 ff., 333 ff. m. w. N.; Pawlowski, Rn. 368; Zippelius, Methodenlehre, S. 49 ff.; Röhl/Röhl, S. 620 ff.; vgl. hingegen Rüthers, Rechtstheorie, Rn. 717 ff. (Unterscheidung zwischen „Normzweck" als „Ziel der Auslegung" und den anderen drei Methoden, die er als „Mittel der Auslegung" bezeichnet, Rn. 725 ff.). Historisch interessant J. Edelmann, Die Entwicklung der Interessenjurisprudenz, 1967, S. 15 ff. Vgl. zum Folgenden: G. Warda, Dogmatische Grundlagen des richterlichen Ermessens im Strafrecht, 1962, S. 111 ff.

und entferntere, niedere und höhere Zwecke. Der Begriff des Zweckes ist elastisch und vieldeutig. Er erstreckt sich dem Inhalt nach vom konkreten realen Effekt, wie z. B. der Setzung eines Gegenmotivs gegen eine verworfene Handlung, bis zu so abstrakten und ideellen Zielen wie: Wahrung der Rechtssicherheit, Stiftung von Frieden, Aufrechterhaltung der öffentlichen Ordnung, soziale Wohlfahrt, „Daseinsvorsorge“, Humanität, Schutz des Vertrauens im Rechtsverkehr, Befriedigung des Billigkeitsempfindens, Beschleunigung der Rechtspflege und dergleichen mehr. Unter diesen ideellen Gesichtspunkten wollen z. B. solche Institutionen wie die Rechtskraft der richterlichen Entscheidung, das Walten der Polizei, der Verzicht auf die Todesstrafe, die Regelung des Irrtums bei Rechtsgeschäften, die Anerkennung des gutgläubigen Erwerbs vom Nichtberechtigten, die Begnadigung verurteilter Verbrecher gewürdigt und verstanden werden. Es können ferner ebensowohl einzelne isolierte Interessen (Rechtsgüter) als teleologische Beziehungspunkte der Auslegung in Betracht kommen wie komplexe Interessenkonflikte, deren Lösung eine Rücksichtnahme auch auf „Gegeninteressen“ erfordert[37]. Die

37 Ein besonders bedeutsames Beispiel bildet die Berücksichtigung von ökonomischen Effizienz- und Folgenabschätzungskriterien im Gesetzgebungs- wie auch im Rechtsanwendungsprozess, wie sie Vertreter der so genannten „Ökonomischen Analyse des Rechts“ fordern. Die „Ökonomische Analyse des Rechts“ fragt nach den ökonomischen Folgen rechtlicher Regelungen und rechtlicher Entscheidungen; sie zielt darauf ab, ein Instrumentarium zur ökonomischen Optimierung (bzw. zu effizientem Ressourceneinsatz) der Gesetzgebung sowie der Rechtsanwendung bei Gerichten und in der Verwaltung zu liefern. Die „Ökonomische Analyse des Rechts“ begründet wesentliche empirisch-ökonomische Gesichtspunkte, die aus rein juristischer Sicht oftmals nur unzureichend beachtet werden; im Rahmen der teleologischen Auslegung bietet sie ein neuartiges realwissenschaftliches methodisches Hilfsmittel. Dazu H.-D. Assmann/Ch. Kirchner/E. Schanze, Ökonomische Analyse des Rechts, 1993 (m. w. N.); M. R. Deckert, Folgenorientierung in der Rechtsanwendung, 1995, S. 155 f., 172 f., 233 ff.; Pawlowski, Rn. 11, 852, 855; Horn, Rn. 131 ff. (mit Verweis auf die besondere Bedeutung in den Bereichen Umweltrecht, Schadensrecht und Verbraucherschutz); R. P. Schenke, Die Rechtsfindung im Steuerrecht, 2007, S. 70 ff.; Röhl/Röhl, S. 645 ff.; Rüthers, Rechtstheorie, Rn. 306 a ff. m. w. N.

so genannte Interessenjurisprudenz, auf die wir später noch einmal zurückkommen werden, denkt sich – wenigstens in der Gestalt, die ihr Philipp Heck gegeben hat – die teleologische Auslegung vorzugsweise als methodische Bereinigung von Interessen*konflikten* anhand der gesetzlichen Maßstäbe, Wertungen und Vorzugsakte. Dennoch bleibt bei aller Dehnungsfähigkeit die Idee der teleologischen Auslegung ergänzungsbedürftig. Nicht immer und überall bieten die „Zwecke" die letztgültigen Prinzipien der Auslegung dar. Ideen und Kräfte, die man ungern als Zwecke denkt und formuliert, können die für die Auslegung und das Verstehen ausschlaggebenden Gründe der Rechtsnormen sein. Wir denken hier an ethische Grundsätze (Sühne für Schuld!), Forderungen der Gerechtigkeit und der Gleichheit, politisch-weltanschauliche Postulate[38], irrationale Kräfte wie Macht und Hass. Sahen wir ja auch bei der Bestrafung der Ersatzhehlerei einen moralisierenden Gesichtspunkt zum Zuge kommen. Irgendwie erscheint der Begriff der teleologischen Auslegung als zu eng. Daher hat man an Stelle eines teleologischen ein „kausales" Rechtsdenken gefordert[39]. „Auslegung aus dem Grunde" wäre vielleicht passender, weil umfassender als „Auslegung aus dem Zweck".

Schließlich darf aber auch noch mit Bezug auf die *Auslegung aus der Entstehungsgeschichte* ein erläuterndes Wort gesagt werden. Auch hier muss man sich des Perspektivenreichtums versichern, dessen man bei Rückgang auf historische Gründe gegenwärtig sein muss[40]. Es kann sich nicht nur darum

---

38 Hier wäre auch hinzuweisen auf die Ideen, welche die Basis der Grundrechte unserer Verfassung bilden. Zur Abhängigkeit der Verfassungsauslegung von der jeweiligen Grundrechtstheorie (stehen die Grundrechte im Dienste der Freiheit des Individuums oder sind sie etwa staatstragende objektive Werte?): E.-W. Böckenförde, Grundrechtstheorie und Grundrechtsinterpretation, NJW 1974, 1529.

39 R. Müller-Erzbach, Die Rechtswissenschaft im Umbau, 1950. Kritisch: Keller, S. 128; dieser zieht es vor, von legislativ-politischen und -dogmatischen Überlegungen zu sprechen.

40 Einleuchtend ist z.B. die von Müller/Christensen, Methodik, u.a. Rn. 360 ff. empfohlene Unterscheidung zwischen „genetischer" und eigentlich „historischer" Auslegung: „genetisch" ist die anhand der

handeln, das Hervorgehen einer Bestimmung aus den Entwürfen und Vorbildern in anderen Gesetzen und im Gewohnheitsrecht zu erforschen, auch nicht nur darum, die politischen, wirtschaftlichen, weltanschaulichen Ursachen der gesetzlichen Vorschriften ans Licht zu ziehen[41], erst recht nicht bloß darum, die mehr oder minder zufällige „occasio legis“ herauszustellen. Ein „Subjektivist“ wie Windscheid fordert, „sich unter Beachtung aller erreichbaren Momente möglichst vollständig in die Seele des Gesetzgebers hineinzudenken“; auch der „zur Zeit der Erlassung des Gesetzes vorhandene Rechtszustand, von welchem anzunehmen ist, dass er dem Gesetzgeber gegenwärtig gewesen ist“, ist zu berücksichtigen[42]. Teleologische und historische Auslegung verbinden sich, wenn speziell der Zweck aufgedeckt wird, der dem Gesetzgeber vorschwebte. Darüber hinaus bemüht sich rechtes Verstehen der Vorschriften um die geistesgeschichtlichen Hintergründe und die Bedeutung der Tradition. So ist z. B. der heute in Art. 103 GG verlautbarte und schon mehrfach erwähnte Grundsatz von der Strafbarkeit auf gesetzlicher Grundlage (nullum crimen sine lege, nulla poena sine lege) nur zu verstehen und sinngemäß auszulegen bei Rückgang auf seine historischen Wurzeln im Jahrhundert der Aufklärung. So kann weiter das Schuldrecht des Bürgerlichen Gesetzbuches nur im Zusammenhang mit der römischrechtlichen Tradition dieser Materie, das Sachenrecht des Bürgerlichen Gesetzbuches großenteils nur im Zusammenhang mit der deutschrechtlichen Tradition verstanden und gedeutet werden. Auch einzelne Begriffe haben ihre traditionellen Gehalte, z. B. der Begriff des Ehebruchs, der entsprechend ausgelegt werden muss. Ob die historische Individualität

---

„Entstehungsgeschichte“ und der „Gesetzesmaterialien“ vorgehende Auslegung einer Norm, „historisch“ im eigentlichen Sinne ist die Auslegung anhand von „Normvorläufern“ als Antwort auf die Frage: „Wie war das denn früher geregelt?“ (Rn. 360). Vgl. im Übrigen zur historischen Auslegung z. B. Bydlinski, S. 449 ff; Larenz, Methodenlehre, S. 328 ff; Pawlowski, Rn. 365 ff; Zippelius, Methodenlehre, S. 50 f.; Röhl/Röhl, S. 619 f.; Rüthers, Rechtstheorie, Rn. 778 ff.

41 Dazu unser Hehlereibeispiel und Keller, S. 136 ff.

42 Windscheid, § 21.

der Gesetzesschöpfer die Bedeutung hat, die ihr Windscheid beilegt, ist freilich bei parlamentarischer Gesetzgebung zweifelhaft (dazu später!).

Mehr als Andeutungen über die zunächst am Beispiel der Hehlerei entwickelten und danach in ihrer allgemeinen Bedeutung erfassten Methoden der Auslegung konnten und wollten wir an dieser Stelle nicht geben. Zweigert hat mit Recht geklagt, der Mangel unserer juristischen Interpretationslehre liege vornehmlich darin, dass eine „*gesicherte Rangordnung*" unter den vielfältigen Auslegungskriterien noch nicht zur Hand sei[43]. Wenn Savigny sagte, das grammatische, das logische, das historische und das systematische Element seien „nicht vier Arten der Auslegung, unter denen man nach Geschmack und Belieben wählen könnte, sondern ... verschiedene Thätigkeiten, die vereinigt wirken müssen, wenn die Auslegung gelingen soll"[44], so verdeckte er das Problem mit einer gewandten Formulierung. Wir müssen mit der Möglichkeit rechnen, dass die verschiedenen Methoden zu widersprechenden Ergebnissen führen, dass z. B. der Wortsinn in die eine Richtung weist, der systematische Zusammenhang oder die Entstehungsgeschichte in eine andere Richtung. Waltet

43 Zweigert, Studium generale 7 (1954), 385. S. weiter zum Problem der „Rangordnung" und zum Vorwurf des „Methodensynkretismus" (der Verschmelzung der Auslegungselemente zu einem undifferenzierten Ganzen) oder auch des „Methodenpluralismus" (des beliebigen Gebrauchs bald dieser, bald jener Methode): Sax, S. 69 ff.; W. Siebert, Die Methode der Gesetzesauslegung, 1958, S. 10 ff., 37 ff.; Esser, Vorverständnis, S. 121 ff.; Kriele, S. 85 ff.; J. Rahlf, Die Rangfolge der klassischen juristischen Interpretationsmittel in der strafrechtswissenschaftlichen Auslegungslehre, in: U. Neumann u. a. (Hg.), Juristische Dogmatik und Wissenschaftstheorie, 1976, S. 14; Gern, VerwArch 1989, 415 m. w. N.; Alexy, Argumentation, S. 303 ff.; Bydlinski, S. 553 ff.; Larenz, Methodenlehre, S. 343 ff. m. w. N.; Coing, S. 271 ff.; Müller, Rechtslehre, S. 44 ff.; ders./Christensen, Methodik, Rn. 27 ff., 429 ff.; Kaufmann, Verfahren, S. 93 ff. (mit Verweis auf Lösungsansätze bei J. Habermas u. R. Alexy – Diskurstheorien/Verfahrensregeln – und J. Rawls – inhaltliche Prinzipien der Gerechtigkeit/Vorrangregeln); Zippelius, Methodenlehre, S. 61 f.; Schönke/Schröder-Eser, § 1 Rn. 53.

44 Savigny, S. 215.

nicht oft genug Belieben bei Heranziehung oder Bevorzugung der einen oder anderen Art der Auslegung im einzelnen Fall? Wenn Scheuerle sagt: „Die Mittelfunktion der Interpretation manifestiert sich in der Tatsache, dass sich die praktische Rechtsanwendung nach Belieben aller Methoden bedient, welche die Auslegungstheorie kennt", so wird ein Verfahren für legitim befunden, das oft genug in der Praxis der Gerichte bemerkbar wird, nämlich von Fall zu Fall diejenige Auslegungsmethode zu wählen, die zum befriedigenden Ergebnis führt[45]. Hier hätten wir wieder einen Beleg zu der Ansicht der Freirechtslehrer (zuletzt namentlich Isays), dass die Begründung der Entscheidungen zu den rechtsgefühlsmäßig gefundenen Ergebnissen willkürlich hinzugedacht wird.

In Wahrheit liegen die Dinge verwickelter. Es fehlt nicht an Bemühungen, ein Rangverhältnis zwischen den verschiedenen Methoden der Auslegung festzustellen. Häufig – z. B. von den Pandektisten Windscheid und Regelsberger – wird dem Wortsinn der Vorrang eingeräumt. Ausgehend von der Auffassung, dass eine Auslegung, die den „klaren und eindeutigen" Wortsinn wegzudisputieren versucht, eigentlich nicht mehr „Auslegung" heißen darf, wird eben dieser Wortsinn als in erster Linie maßgeblich angesehen. Nur bei „mehrdeutigem" Wortsinn, also subsidiär, können die anderen Auslegungsmethoden zum Zuge kommen[46]. Die so genannte „Andeutungstheorie"

45 Scheuerle, S. 167; ebenso auch Sax, S. 56; W. Ecker, Gesetzesauslegung vom Ergebnis her, JZ 1967, 265 (271: „Der Gedanke an die möglichen Folgen, Neben- und Begleiterscheinungen ist auf weiten Strecken ein notwendiger Bestandteil schulgerechter Gesetzesinterpretation"); Esser, Vorverständnis, S. 122 f.

46 Dies wird vom BVerfG mehrfach mit besonderer Schärfe betont für die "verfassungskonforme Auslegung". S. namentlich BVerfGE 8, 28; dort wird der Leitsatz aufgestellt: „Der Richter darf einem nach Wortlaut und Sinn eindeutigen Gesetz nicht durch ‚verfassungskonforme' Auslegung einen entgegengesetzten Sinn geben". S. ferner BVerfGE 38, 41 (49): Verfassungskonforme Auslegung „verbietet schon der eindeutige Wortlaut des Gesetzes". Ob das BVerfG und andere Gerichte, die sich auf die „verfassungskonforme Auslegung" berufen, diese und andere maßgebliche Grenzen stets beachtet haben, ist fraglich. So weist R. Zippelius, Verfassungskonforme Auslegung von Gesetzen, in: FS f. das BVerfG,

schwächt zwar die Bedeutung des Wortsinns ab, fordert aber, dass er wenigstens als Grenze der Auslegung respektiert werde: Der durch Auslegung zu ermittelnde Sinn muss irgendwie noch mit dem „Wortlaut" des Gesetzes vereinbar sein, irgendwie im Gesetz „zum Ausdruck gekommen sein"[47]. Das ist die Stellung, die der Wortsinn nach herrschender Lehre im Strafrecht mit besonderem Hinblick auf den Grundsatz nullum crimen sine lege beansprucht. Danach ist z. B. das boshafte telefonische Anrufen zur Nachtzeit dem Wortsinn nach nicht mehr als „Eindringen in die Wohnung" anzusprechen und kann also nicht als Hausfriedensbruch nach § 123 StGB qualifiziert werden. Aber auch manche Zivilisten sind der Meinung, dass ein Hinausgreifen über den Wortsinn nicht mehr Auslegung, sondern Analogie bedeute[48]. Seit dem Siegeszug der Zweck- und Interessenjurisprudenz hat sich allerdings die teleologische Methode mehr und mehr gegenüber der „Wortinterpretation" in den Vordergrund schieben können. Gemäß dem von alters her bekannten Grundsatz: „cessante ratione legis cessat lex ipsa" soll es mehr auf den Zweck und den Grund des Gesetzes als auf seinen Wortsinn ankommen. Nicht nur innerhalb der Grenzen eines vielfach

---

Bd. II (1976), S. 108 (116) darauf hin, dass das BVerfGE 35, 263 (278 f.) „gänzlich ungeniert" erklärt habe: „Am Wortlaut einer Norm braucht der Richter aber nicht haltzumachen".

47 Die hierzu aufgestellte These Krieles (S. 223): „Das Abgrenzungskriterium ‚möglicher Wortsinn' ist … so vage und … so manipulierbar, dass es praktisch gar nichts mehr bedeutet", dürfte eine Übertreibung sein. Ist z. B. eine „Frau" ein Mann (§ 218 StGB) oder ein „Mann" eine Frau (§ 175 StGB a. F.)?

48 Vgl. zum Vorstehenden („Andeutungstheorie" und „möglicher Wortsinn" als Grenze der Auslegung): Mennicken, S. 14 f.; Ebsen, S. 44 ff.; U. Neumann, Der „mögliche Wortsinn" als Auslegungsgrenze in der Rechtsprechung der Strafsenate des BGH, in: ders. u. a. (Hg.), Juristische Dogmatik und Wissenschaftstheorie, 1976, S. 42 (m. w. N.); Larenz, Methodenlehre, S. 322 f., 343 f., 366 ff.; Zippelius, Methodenlehre, S. 46 f.; Müller/Christensen, Methodik, Rn. 304 ff., 446 ff., 480. Die bekannte Formulierung Ph. Hecks (Gesetzesauslegung und Interessenjurisprudenz, 1914, S. 33): „Die Grenze der Auslegungshypothesen ist der ‚mögliche Wortlaut'" gibt zwar treffend die zur Rede stehende Ansicht, nicht aber Hecks eigene Lehre wieder (vgl. diesen S. 120 ff., 138 ff.).

mehrdeutigen Wortlauts, sondern auch unter Sprengung der Fesseln dieses Wortlauts oder unter Einschränkung einer zu weit geratenen Gesetzesfassung soll die „ratio“ durchdringen[49]. Man spricht in den letzteren Fällen von ausdehnender (extensiver) oder einschränkender (restriktiver) Auslegung.

Zurückhaltender verfährt man dagegen im Rahmen der viel berufenen „verfassungskonformen Auslegung“. Diese strebt nämlich dort, aber auch nur dort, wo der „Wortlaut“ mehrdeutig ist, also insbesondere von vornherein eine engere und eine weitere Auslegung gestattet, eine Entscheidung zugunsten desjenigen Wortsinnes an, der zur Vereinbarkeit der auszulegenden gesetzlichen Bestimmung mit der Verfassung und ihren Prinzipien führt. Hier wird also ein mehrdeutiger Wortsinn vorausgesetzt, nicht *gegen* den dem Gesetz mit der „grammatischen“ Auslegung unmittelbar zu entnehmenden Wortsinn operiert. Aber soweit danach eine „verfassungskonforme Auslegung“ stattfindet, läuft diese darauf hinaus, dass die oben erwähnte „Sinnbezüglichkeit jedes Rechtssatzes auf die Gesamtrechtsordnung“ eine „systematische Auslegung“ auf den Plan ruft und der rein „grammatischen Auslegung“ zu Hilfe eilen lässt, letztlich auch den Ausschlag gibt, wobei dann das Besondere ist, dass jene Sinnbezüglichkeit zugleich dem höheren Rang und der starken Ausstrahlungskraft der Verfassung Tribut leistet. Wie schon oben hervorgeboben, setzte das BVerfG wiederholt – wenn auch nicht ausnahmslos –

49 Dazu Keller, S. 134 f., 143 ff.; Germann, S. 104 ff.; Heusinger, S. 94 ff. (m. w. N. aus der Rechtsprechung); C.-W. Canaris, Die Feststellung von Lücken im Gesetz, 2. Aufl. 1983, S. 189 ff. (zur Vorsicht mahnend); W. Löwer, Cessante ratione legis cessat ipsa lex, 1989; kritisch: D. Heckmann, Geltungskraft und Geltungsverlust von Rechtsnormen, 1997, S. 421 ff. Aus der Praxis ungeachtet der inzwischen die Rechtslage klärenden neueren Gesetzgebung immer noch methodisch aufschlussreich das „Tonbandurteil“, BGHZ 17, 266 (275 f.), das auf dem Prinzip „cessante ratione ...“ beruht und der Auslegung „nach dem Sinn und Zweck des Gesetzes“ den Vorrang selbst gegenüber einem „sprachlich eindeutigen Wortlaut“ einräumt. So auch das „Fotokopieurteil“, BGHZ 18, 44 (49). Dem Tonbandurteil stimmt zu: Canaris, Lücken, S. 190 ff. Kritisch zur Auslegung gegen den Wortsinn namentlich Larenz, Methodenlehre, S. 322 f., 343 ff. (vgl. andererseits daselbst S. 366 f., 397 ff.).

explizit voraus, dass die verfassungskonforme Auslegung dazu berufen ist, bei *mehrdeutigem* Wortlaut unter den möglichen Deutungen diejenige auszuwählen, die am besten mit dem GG und seinen Prinzipien harmoniert[50]. Dieser eigentümliche Auslegungskanon lässt sich wohl am ehesten verständlich machen und legitimieren als Anwendungsfall des Prinzips der Einheit der Rechtsordnung und der mit ihm in Zusammenhang stehenden „systematischen Auslegung". Er wird zwar nicht ausschließlich, aber doch auffallend praktisch bedeutsam im Normenkontrollverfahren, wenn es sich darum handelt nachzuprüfen, ob ein gewöhnliches Gesetz mit der Verfassung im Einklang steht. Uns interessiert an dieser Stelle aber nicht dieses Verfahren als solches mit seinen besonderen Problemen, sondern nur der methodologische Aspekt. In dieser Beziehung ist an sich gleichgültig, auf welche Art von Rechtsnormen (Gesetz, Verordnung, Staatsvertrag, neue Verfassungsnorm, welche mit einer unabänderlichen Verfassungsnorm kollidiert) die verfassungskonforme Auslegung bezogen wird, sofern nur die Verfassung (das GG) den Maßstab der „richtigen" Auslegung liefert. Dabei muss natürlich die Verfassung selbst ebenfalls einer Auslegung unterzogen werden[51].

---

50 Vgl. Larenz, Methodenlehre, S. 339 f.

51 Vgl. Zippelius, in: FS BVerfG (1976), S. 112. Methodologisch wichtig ist auch, dass die sich in der Rechtsprechung des BVerfG vielfach zeigende, keineswegs unangefochtene und gewiss nicht allein maßgebende Tendenz, die verfassungskonforme Auslegung als Mittel zur Vermeidung oder Begrenzung der Nichtigerklärung von verfassungsrechtlich problematischen Gesetzen einzusetzen, zugleich zu restriktiver oder extensiver Auslegung oder gar Lückenausfüllung von auf den ersten Blick verfassungswidrigen Gesetzen führt (also nicht nur auf die Auswahl unter mehreren sich zunächst darbietenden Deutungen hinausläuft). Als Lückenausfüllung (nicht bloß verfassungskonforme Auslegung) sieht z. B. Zippelius, in: FS BVerfG (1976), S. 122 die Ausdehnung des Armenrechts über das Zivilprozessrecht hinaus auf das strafprozessuale Klageerzwingungsverfahren an; s. BVerfGE 2, 336 (340 f.). In den Bereich restriktiver Auslegung gehört m. E. das umstrittene „Abhörurteil", BVerfGE 30, 1: Die nachträgliche Ergänzung des Art. 10 Abs. 2 GG (betreffend die Einschränkung der Geheimnissphäre) sollte nicht gegen

Indessen brauchen wir jetzt das Rangverhältnis der Auslegungsarten nicht erschöpfend zu behandeln, zumal wir auf die Bedeutung der einen von ihnen, nämlich der historischen, alsbald noch zurückkommen müssen. Es ist klar ersichtlich, dass es einerseits Bemühungen um eine feste Bestimmung des Verhältnisses der Auslegungsmethoden gibt, dass andererseits aber alle diesbezüglichen Thesen in der Luft schweben, solange kein festes theoretisches Fundament für die

---

Art. 79 Abs. 3 GG (Unzulässigkeit gewisser Grundgesetzänderungen) verstoßen, sofern jene Ergänzung aus dem „Sinnzusammenhang", also kraft systematischer Auslegung, so angewendet wird, dass sie mit den elementaren Grundsätzen des GG in seiner Wertordnung übereinstimmt (kritisch das der Entscheidung angeschlossene Sondervotum sowie P. Häberle, JZ 1971, 145). In BVerfGE 33, 23 wird dagegen aus Art. 4 GG ein Recht zur Eidesverweigerung aus religiösen Gründen abgeleitet, das zu einer „verfassungskonformen" Auslegung des § 70 StPO („gesetzlicher Grund") führt; hier darf man wohl eine verfassungskonform-extensive Auslegung des § 70 StPO annehmen, ohne dass man geradezu von einem „mehrdeutigen Wortlaut" dieses Paragrafen sprechen kann. Vgl. auch BGHSt 19, 325 (330).

Literatur zur verfassungskonformen Auslegung: H. Bogs, Die verfassungskonforme Auslegung von Gesetzen, 1966; K.A. Bettermann, Die verfassungskonforme Auslegung, 1986; O. Depenheuer, Der Wortlaut als Grenze, 1988; Larenz, Methodenlehre, S. 339ff.; Zippelius, Gerechtigkeit, S. 425ff. m.w.N.; ders./Würtenberger, § 7 Rn. 55ff.; Hesse, Rn. 79ff.; Rüthers, Rechtstheorie, Rn. 764f.; H. Maurer, Allgemeines Verwaltungsrecht, 17. Aufl. 2009, § 8 Rn. 11f.; Pieroth/Schlink, Rn. 101ff., 639f.

Die Prinzipien der verfassungskonformen Auslegung lassen sich in zweifacher Hinsicht auch auf das *Europarecht* übertragen. Erstens gelten sie im Sinne einer „vertragskonformen Auslegung" (Bleckmann, Rn. 554; s. auch F. Müller/R. Christensen, Juristische Methodik, Bd. 2, Europarecht, 7. Aufl. 2007, Rn. 540ff.; Rüthers, Rechtstheorie, Rn. 767) auf der Ebene des Europarechts *selbst* im Verhältnis zwischen Primärrecht (z.B. den Gründungsverträgen als einer Art „Verfassung" der EG; dazu Bleckmann, Rn. 532ff.; Müller/Christensen, Europarecht, Rn. 541f.) und Sekundärrecht (Verordnungen, Richtlinien, Entscheidungen). Zweitens stellt sich das Problem einer „europarechtskonformen Auslegung" von *nationalem* Recht mit Blick auf vorrangiges Europarecht, u.a. herleitbar aus Art. 5 EG-Vertrag, aus dem sich die Verpflichtung der Mitgliedsstaaten der Europäischen Union ergibt, das Gemeinschaftsrecht auf nationaler Ebene effektiv durchzusetzen; dazu gehört u.a. eine europa-

Auslegungslehre insgesamt erstellt ist. Es bedarf tiefergehender Gesichtspunkte, um jeder Auslegungsmethode ihr relatives Recht und ihren besonderen logischen Ort zuzuweisen. Diese Gesichtspunkte haben wir noch aufzusuchen. Sie allein können uns auch weiter helfen, wenn – wie in unserem Beispiel der Ersatzhehlerei – schließlich alle herkömmlichen Methoden der Auslegung mehr oder minder zweideutig bleiben.

Um das vorgreifend zu verdeutlichen (s. u. S. 172 ff.), sei beispielhalber vermerkt, dass, wenn man sich für die im nächsten Kapitel behandelte (früher herrschende) subjektive Auslegungstheorie entscheidet, wonach es auf den Willen des historischen Gesetzgebers ankommt, sofern er im Gesetz irgendwie zum Ausdruckgekommen ist, zwar die grammatische Auslegung einen Rahmen für die Auslegungsmöglichkeiten erstellt, sich die „Methodenwahl" im Übrigen aber ausrichtet an der Eignung der betreffenden Methode, den wirklichen Willen des Gesetzgebers an das Tageslicht zu

---

rechtskonforme Auslegung der nationalen Normen: im Zweifelsfall erhält diejenige Interpretation der Norm den Vorzug, die dem Europarecht am besten Geltung verschafft (vgl. H.-G. Suelmann, Die Horizontalwirkung des Art. 3 II GG, 1994, S. 122 ff.; Bleckmann, Rn. 677 ff. (687); Müller/Christensen, Europarecht, Rn. 561 ff.; Schenke, S. 463 ff.; H. J. Wolff/O. Bachof/R. Stober/W. Kluth, Verwaltungsrecht, Bd. 1, 12. Aufl. 2007, § 28 Rn. 59; Röhl/Röhl, S. 625; Rüthers, Rechtstheorie, Rn. 766 ff. (weiter differenzierend); Zippelius/Würtenberger, § 7 Rn. 29, 61; R. Geiger, Grundgesetz und Völkerrecht, 4. Aufl. 2009, S. 177; Palandt-Sprau, Einl. vor § 1 Rn. 43). Noch nicht abschließend konsentiert ist allerdings der Kollisionsfall zwischen Europarecht und nationalem *Verfassungsrecht* (unserem Grundgesetz), und damit auch das Rangverhältnis von europarechtskonformer und verfassungskonformer Auslegung. Hierzu vertreten der EuGH und das BVerfG unterschiedliche Positionen (vgl. Rüthers, Rechtstheorie, Rn. 222, 767 b m. w. N.).

Vgl. ferner zur „völkerrechtskonformen Auslegung", wobei „nach Möglichkeit" deutsches Recht so auszulegen ist, dass dabei keine völkerrechtlichen Verpflichtungen Deutschlands verletzt werden: Th. Schilling, Rang und Geltung von Normen in gestuften Rechtsordnungen, 1994, S. 318; Schenke, S. 55 f.; Zippelius/Würtenberger, § 7 Rn. 30, 59 f.; R. Geiger, S. 3, 171 f.; Jarass/Pieroth, Art. 1 Rn. 29, Art. 25 Rn. 4 m. w. N.; s. auch T. Stein/Ch. v. Buttlar, Völkerrecht, 12. Aufl. 2009, Rn. 81 ff.

ziehen: Ein Methodologe von der Bedeutung Ph. Hecks hatte in dieser Beziehung ein sehr klares (wenn auch möglicherweise nicht mehr gültiges[52]) Konzept. Ein solches dürfte auch dem BGH vorschweben, wenn er erklärt: „Dem Zweck, den objektivierten Willen des Gesetzgebers zu erfassen, dienen die sich gegenseitig ergänzenden Methoden der Auslegung aus dem Wortlaut der Norm, aus ihrem Sinnzusammenhang sowie aus den Gesetzesmaterialien und der Entstehungsgeschichte", BGHZ 49, 221 (223). Jedenfalls gilt es, nach einem einigermaßen – sofern in den Grenzen des juristischen Erkenntnisvermögens überhaupt erreichbaren – plausiblen und verlässlichen Prinzip der Verhältnisbestimmung der Auslegungsmethoden zu suchen. Vielleicht kann diese Aufgabe nicht allgemeingültig gelöst werden oder gibt es nur eine situationsgebundene Lösung[53] – dazu im nächsten Kapitel. Hält man sie dagegen für schlechthin unlösbar, so gibt es überhaupt keine annähernd Vertrauen erweckende Bewältigung der Rechtsfindungsprobleme. Denn alles unvermittelte Transzendieren in die Bereiche des Naturrechts, der Gerechtigkeit, der Vernünftigkeit setzt uns der hier obwaltenden Relativität der Ansichten (Parteistandpunkte, Weltanschauungen) und letztlich dem Dezisionismus höchstrichterlicher Entscheidungen aus, für die man sich vergeblich fragt, woran sie sich eigentlich selbst halten und ausrichten sollen als an ihre eigenen, nur relativ gültigen Wertungen, wenn es sich um noch nicht geklärte Rechtsanwendungsfragen handelt. Wo immer Gesetze die Gerichte und Verwaltungsbehörden binden, sind wir auf eine bis zum Letzten durchgebildete Rechtsfindungsmethodik angewiesen. Dass dabei namentlich im Rahmen der zweifellos besonders bedeutsamen teleologischen Rechtsfindungsmethode auch Gesichtspunkte der Gerechtigkeit, der Zweckmäßigkeit und der Vernünftigkeit zum Zuge kommen, versteht sich von selbst.[54]

---

52 Vgl. Esser, Vorverständnis, S. 129 f.

53 Sax, S. 75 f.

54 Dies tritt an vielen Stellen des vorliegenden Buches hervor. Ungeachtet unterschiedlicher Akzentsetzungen glaube ich deshalb mit den hinsichtlich der Wertschätzung der herkömmlichen Methodenlehre vorbehalts-

Noch eine andere Erwägung gebietet eine Tieferlegung der Fundamente. Wir haben bisher die Art und Weise der Auslegung vorzugsweise am praktischen Fall erprobt. Wir lernten die grammatische, die systematische, die teleologische und die historische Auslegung zunächst kennen als die Methoden der Bewältigung einer zweifelhaften Rechtsfrage (des Problems der Ersatzhehlerei). Wir dürfen uns aber nicht den Blick einengen lassen. Nicht nur um der grauen Theorie willen, sondern um der Weckung eines für unsere ganze Einstellung zum Recht höchst fruchtbaren Verstehens der Rechtsvorschriften willen ist es notwendig, dass der Jurist beim Interpretieren das Gesichtsfeld des bloßen Praktikers durchbricht und um ein reines geisteswissenschaftliches Verstehen ringt. Wir können auch sagen, dass es nicht nur um das geht, was der juristische Alltag „Auslegung" nennt, sondern auch um wahres und allseitiges Verstehen in einem höheren Sinne, mögen wir dabei nun auf einen philosophischen oder einen kulturhistorischen oder einen politischen Standort gezwungen werden[55].

Damit treten wir jedoch in einen Kreis von Betrachtungen ein, dem ein neues Kapitel gewidmet werden muss.

---

reicheren, weniger konservativen Ansichten von Esser und Kriele nicht in unschlichtbarem Widerstreit zu liegen, zumal diese die grundsätzliche Bindung der Rechtspflege an das Gesetz keineswegs in Frage stellen. Vgl. zum Vorstehenden auch Larenz, Methodenlehre, S. 138ff., 147ff.; Zippelius, Methodenlehre, S. 82ff.

55 Hierzu Th. Mayer-Maly, Auslegen und Verstehen, (österr.) Juristische Blätter 1969, 413.

Kapitel V

Auslegung und Verstehen der Rechtssätze, Fortsetzung: Gesetzgeber oder Gesetz?

Die neuere philosophische Verstehensdoktrin kennt mannigfache Unterscheidungen des „Verstehens". Man unterscheidet etwa das reine „Sinnverstehen", als Erfassen des Sachgehalts eines Ausdrucks, vom „Motivverstehen", als dem Begreifen der Motive des sich Ausdrückenden (Simmel, M. Weber[1] u. a.). In ähnlicher Weise unterscheidet Jaspers das „geistige Verstehen" gemeinter Inhalte vom „psychologischen Verstehen" aus den Motiven heraus[2]. Als letztes Ziel des Verstehens sieht man auch wohl eine geistige Begegnung mit der sich äußernden Individualität an (Rothacker, Bollnow[3]). Ja, Jaspers kennt über das geistige und psychologische Verstehen hinaus ein existentielles und metaphysisches Verstehen[4], und auch Bollnow spricht von Berührung von „Existenz zu Existenz"[5]. Ist hier der Drang spürbar, mit dem Verstehen vom Sachlichen zum Persönlichen, vom äußerlich Erscheinenden zum Hintergründigen vorzudringen, so hatte umgekehrt Dilthey als höheren Grad des Verstehens die Zueignung der „dauernd fixierten Lebensäußerungen" als solcher, zumal der Schriftdenkmäler angesehen. Es hatte für ihn „die Kunst des Verstehens ihren Mittelpunkt in der Auslegung oder Interpretation der in der Schrift enthaltenen Reste menschlichen Daseins". Hier hat die Philologie ihren Ausgangspunkt und

1 G. Simmel, Probleme der Geschichtsphilosophie, 5. Aufl. 1923, S. 37 f.; M. Weber, Wirtschaft und Gesellschaft, 5. Aufl. 1990, S. 3 f.

2 K. Jaspers, Allgemeine Psychopathologie, 7. Aufl. 1959, S. 253, 256.

3 Rothacker, S. 121 ff., 128; O. F. Bollnow, Die Methode der Geisteswissenschaften, 1950, S. 37 ff.

4 Jaspers, S. 256 f.

5 Bollnow, Methode, S. 37.

alle wahre Kunst des Verstehens[6]. Das philologische Verstehen hatte aber Boeckh in einer oft zitierten Formulierung seiner „Enzyklopädie" als „Erkennen des Erkannten" (genauer: als „*das Erkennen* des vom menschlichen Geist *Produzierten, d. h.* des *Erkannten*") beschrieben[7]. Dem entspricht es, wenn Dilthey sagt:

„Nur was der Geist geschaffen hat, versteht er"[8]. Aufgrund dieser letzten Äußerungen hat man die philologische Interpretation als empirische Methode gekennzeichnet. So sagt Radbruch in seiner Rechtsphilosophie: „Philologische Interpretation ist auf die Feststellung einer Tatsache gerichtet, des subjektiv gemeinten Sinnes, der wirklich gedachten Gedanken wirklicher Menschen". Er fügt aber hinzu, dass die moderne Literaturwissenschaft sich mehr und mehr von einer solchen philologischen Interpretation emanzipiert und sich der „Erforschung des objektiv gültigen Sinnes der Dichtung" zuwendet[9], um auf diese Weise, wie die bis auf Kant zurückzuverfolgende – etwas schulmeisterliche – Wendung lautet, den Autor „besser zu verstehen, als er sich selbst verstand"[10]. Von diesem besseren Verstehen künden auch die großen Dichter, bald spöttisch, bald ernst. In Shakespeares „Sturm" sagt Gonzalo: „Ihr habt wahrer gesprochen, als in Eurer Absicht lag", und Sebastian antwortet: „Ihr habt es weiser ausgelegt, als ich von Euch erwartete"[11]. Von Goethe ist der Zweizeiler aus den „Zahmen Xenien" bekannt: „Im Auslegen seid frisch und munter! Legt ihr's nicht aus, so legt was unter"[12]. Sehr schön sagt André Gide in Paludes: „Ehe ich den andern mein Buch

6 W. Dilthey, Gesammelte Schriften, Bd. V, 2. Aufl. 1957, S. 319f.

7 A. Boeckh, Enzyklopädie und Methodologie der philologischen Wissenschaften, 1877, S. 10.

8 Dilthey, Bd. VII, S. 148.

9 G. Radbruch, Rechtsphilosophie, 8. Aufl. 1973, S. 206, 211.

10 I. Kant, Kritik der reinen Vernunft, Werkausgabe, hg. v. W. Weischedel, Bd. III–IV, 13. Aufl. 1995, S. 322 (A 314). Vgl. auch O. F. Bollnow, Das Verstehen, 1949, S. 7ff.

11 W. Shakespeare, Der Sturm, übers. u. hg. v. G. Stratmann, 1982, Akt 2, Szene 1, Vers 19ff.

12 J. W. v. Goethe, Zahme Xenien II, in: ders., Werke, Festausgabe, hg. v. R. Petsch, Bd. 2, 1926, S. 204 (Vers 428f.).

erkläre, erwarte ich, dass andere es mir erklären. Es zuerst erklären wollen, hieße gleichzeitig seinen Sinn beschränken; denn wenn wir auch wissen, was wir sagen wollten, so wissen wir doch nicht, ob wir nur das gesagt haben. – Man sagt immer mehr als DAS. – Und was mich besonders daran interessiert, ist gerade das, was ich hineingetan habe, ohne es zu wissen, – der Teil Unbewusstes, den ich den Teil Gottes nennen möchte. – Ein Buch … ist desto mehr wert, je kleiner der Anteil des Schreibers daran ist, je größer der Empfang Gottes darin sein wird. – Erwarten wir von überallher die Offenbarung der Dinge, vom Publikum die Offenbarung unserer Werke“[13]. Ebenso kann man bei T. S. Eliot lesen: „Wenn das Wort ‚Inspiration‘ irgend einen Sinn haben soll, so muss es der sein, dass der Sprechende oder Schreibende etwas ausdrückt, das er nicht ganz versteht“[14].

Wo sollen wir nun die juristische Auslegung und das juristische Verstehen inmitten dieser geistigen Region ansiedeln? Man wird zunächst unterscheiden müssen zwischen den Absichten des Rechtshistorikers und denen des Rechtsdogmatikers. Dem Rechts*historiker* obliegt es, mit seinen Forschungen über den unmittelbaren Sinngehalt der Rechtsquellen hinaus vorzustoßen zu den Motiven der Gesetze und der Rechtsbräuche (Motivverstehen), unter Umständen die Persönlichkeiten und geistigen Mächte vorzustellen, die bei der Rechtsschaffung am Werke waren („Personverstehen“ usw.), schließlich aber die ganze historische Situation zu beleuchten, aus der das Recht erwuchs. All dies gehört zur

13 A. Gide, Paludes, übers. v. M. Schäfer-Rümelin, 1946, S. 7.

14 T. S. Eliot, Vergil und die christliche Welt, Merkur 8 (1954), 617 (619). Vgl. ferner H. Wagner, Interpretation in Literatur- und Rechtswissenschaft, AcP 165 (1965), 520 (544 Anm. 75); Radbruch, Rechtsphilosophie, S. 210 Anm. 1. Weitere Äußerungen dieser Art: F. v. Schlegel erklärt, dass „jedes vortreffliche Werk … mehr weiß als es sagt, und mehr will als es weiß“ (Über Goethes Meister, in: ders., Kritische Schriften, hg. v. W. Rasch, 3. Aufl. 1971, S. 452 (466)); von Novalis stammt der Satz: „Der wahre Leser muss der erweiterte Autor sein“ (Fragmente, hg. v. E. Kamnitzer, 1929, Fragment „Der wahre Leser“, S. 645).

ursprünglichen Art rechtshistorischen Verstehens, während das, was Radbruch als „Erforschung der Bewegungen des objektiven Sinnes", als „kollektive Geistesgeschichte vom Werke her" im Auge hat und erstmals bei Hegel ausgebildet vorfindet – indem dieser danach trachtet, die Gedankensysteme in ihren „sachlichen Bezügen" zu entwickeln und „ihre geschichtliche Folge als einen logischen Prozess zu begreifen ..., den Gang des objektiven Geistes zu deuten wie das Werk *eines* Geistes"[15] –, nicht mehr als rein historisches Verstehen, sondern als geschichtsphilosophische „Deutung" anzusprechen wäre. Der Rechtshistoriker steht einer Rechtsquelle, insbesondere einem Gesetz, nicht anders gegenüber als der politische Geschichtsschreiber einem politischen Dokument. Nehmen wir als drastisches Beispiel die Emser Depesche[16], so dringt der Historiker zunächst ein in den von Bismarck gemeinten und gewollten Sinn der berühmten Wendung: „Seine Majestät der König hat es darauf abgelehnt, den französischen Botschafter nochmals zu empfangen und demselben durch den Adjutanten vom Dienst sagen lassen, dass Seine Majestät dem Botschafter nichts weiter mitzuteilen habe". Dabei vergleicht der Historiker diesen Sinn mit dem der Originaldepesche, wie sie durch Abeken von Ems nach Berlin aufgegeben war, um auf diese Weise zu erkennen, welche Auslassungen und Änderungen aus der „Chamade" eine „Fanfare" machten (von einer „Fälschung" zu sprechen, ist schief und unsachlich). Hernach wird es sich darum handeln, die veröffentlichte Fassung des Telegramms in ihren historischen *Zusammenhang* zu bringen, sie als Antwort auf eine Herausforderung zu verstehen, die darauf berechnet war, der französischen Regierung eine diplomatische Niederlage in der europäischen Öffentlichkeit zu bereiten. Das historische Ver-

15 Radbruch, Rechtsphilosophie, S. 212.

16 Wortlaut in: Quellen zur neueren Geschichte 27–29, hg. v. Historischen Seminar der Universität Bern, Bern 1959, S. 16. Dazu J. Dittrich, Bismarck, Frankreich und die spanische Thronkandidatur der Hohenzollern, 1962, S. 278 ff. Ein weiteres historisches Beispiel bietet Luthers Thesenanschlag; zu dessen „Verstehen" s. K.-G. Faber, Theorie der Geschichtswissenschaft, 5. Aufl. 1982, S. 128 ff.

stehen bezieht also selbstverständlich auch die erwartete Aufnahme der Äußerung ein. Der Weg führt dann weiter zu den Motiven des Bismarckschen Handelns, zum psychologischen Eindringen in seine Persönlichkeit, zur historischen Situation, wie sie sich ihm selbst darstellte und wie sie sich heute uns darstellt, zur Erhellung des „Geistes der Zeit“, diesen letzteren im schlichten Sinn der damals herrschenden Anschauungen verstanden.

Auf gleiche oder ähnliche Weise geht nun auch das *historische* Verstehen eines *Gesetzes* vor, einsetzend beim faktisch gemeinten und gewollten Sinn, sodann die nächsten geschichtlichen Zusammenhänge aufklärend, die „Motive“ ergründend, die Ansichten der Autoren befragend, schießlich den ganzen historischen Wurzelboden und die geistige Atmosphäre der gesetzlichen Entwicklung erforschend. In diesem Sinne konnte Windscheid in der Tat dem Ausleger die Anweisung geben, „sich unter Beachtung aller erreichbaren Momente möglichst vollständig in die Seele des Gesetzgebers hineinzudenken“ (Pandekten, § 21).

Kann aber das gleiche Rezept dem Rechts*dogmatiker*[17] ausgestellt werden? Ihm muss es doch auf den sachlichen Gehalt des Gesetzes per se und dabei in erster Linie auf dessen praktische Tragweite, auf den Inhalt und den Umfang der Rechtsbegriffe und Rechtssätze, in zweiter Linie aber auch auf ihre politische, ethische und kulturelle Bedeutung ankommen. Alle historischen Momente können nur diesen sachlichen Gehalten untergeordnet sein und dienstbar werden. Doch wäre es voreilig, sogleich den Schluss zu ziehen, eine historische und philologische Interpretation der Gesetze sei falsch, Ziel der juristischen Interpretation könne nur die Herausstellung des „objektiv gültigen Sinns des Rechtssatzes“ sein. Vielmehr beginnt hier gerade erst die zentrale Problematik der juristischen Auslegungstheorie: Wird der Sachgehalt

17 Zum Unterschied zwischen rechtsdogmatischer und rechtshistorischer Einstellung den „Quellen“ gegenüber s. F. Wieacker, Notizen zur rechtshistorischen Hermeneutik, 1963; E. Betti, Die Problematik der Auslegung in der Rechtswissenschaft, in: FS f. K. Engisch (1969), S. 205 (207 f., 214 ff.).

des Gesetzes und damit das letzte „Auslegungsziel“ durch den vormaligen und einmaligen „Willen“ des historischen Gesetzgebers derart bestimmt und festgelegt, dass der Rechtsdogmatiker in die Spuren des Rechtshistorikers treten muss – zwar nicht um der Historie, wohl aber um der Sache selbst willen –, oder aber ruht der sachliche Gehalt des Gesetzes in ihm selbst und in seinen „Worten“, als „Wille des Gesetzes“, als objektiver Sinn, der unabhängig ist von dem „subjektiven“ Meinen und Willen des historischen Gesetzgebers, dafür aber auch notfalls frei beweglich, entwicklungsfähig wie alles, was am „objektiven“ Geist teilhat? Um diese Problematik tobt der *Streit der juristischen Auslegungstheorien* – man nennt sie kurz: die subjektive und die objektive Theorie – bis auf den heutigen Tag.

Den Streitstand ausführlich darzustellen, würde zu weit führen. Was die Verteilung der Ansichten betrifft, so dürfte vormals die subjektive Theorie häufiger vertreten worden sein. *Subjektivisten* waren: *Savigny* (Auslegen heißt „sich in Gedanken auf den Standpunkt des Gesetzgebers versetzen und dessen Thätigkeit in sich künstlich wiederholen“; S. 213), *Windscheid* (Auslegung ist „Feststellung des Sinnes, welchen der Gesetzgeber mit den von ihm gebrauchten Worten verbunden hat“, der Interpret muss alles tun, um „sich ... möglichst vollständig in die Seele des Gesetzgebers hineinzudenken“; § 21)[18], *Regelsberger* („Gesetz ist der Ausdruck des Willens des Gesetzgebers, Inhalt des Gesetzes das vom Gesetzgeber erkennbar Gewollte, der Wille des Gesetzgebers“; S. 143), *Enneccerus* („Maßgebend ... ist ... *der im Gesetz zum Ausdruck gelangte Wille des Gesetzgebers*“; Enneccerus/Nipperdey I 1, § 54 II), *Bierling* (IV,

18 Hierzu sowie über die rechtsphilosophischen Hintergründe und gewisse Modifikationen s. Larenz, Methodenlehre, S. 28ff. Übrigens möchte Larenz (S. 16) Savigny nicht zu den Subjektivisten gezählt wissen. Aber die im Text zitierte Äußerung legt eine subjektivistische Deutung doch sehr nahe. Vielleicht liegt die Wurzel der Meinungsverschiedenheit in der ungenügenden Trennung der Auslegung einzelner Gesetze von der Auslegung der Rechtsquellen im Ganzen, welche Kriele (S. 68ff.) bei Savigny herausgearbeitet hat (Erstere wohl subjektivistisch).

S. 230 ff.)[19], *Heck* („Die richtige Methode der Gesetzesauslegung ist ... eine historische Gebots- und Interessenforschung"; Gesetzesauslegung, S. 59), *Beling* (der Jurist hat „den wertenden Vorstellungen nachzugehen, die die empirisch-konkreten Menschen hatten, die das Gesetz geschaffen haben, dem ‚*Willen des Gesetzgebers*' im Sinne der klassischen Auslegungstheorie"[20]), *Stammler*[21], *Petraschek* (§ 30) und *Nawiasky*[22].

Im Ganzen ist aber seit Jahrzehnten die so genannte *objektive* Auslegungstheorie im Vordringen begriffen, und zwar in augenscheinlichem Parallelismus zum Vordringen des konstitutionellen und demokratischen Prinzips; unter dem Nationalsozialismus gab es daher insofern einen gewissen Rückschlag, als das „Führerprinzip" eine subjektive Auslegungsmethode zu legitimieren schien[23]. Schon Ende des vorigen Jahrhunderts hatten die großen Juristen *Binding*, *Wach* und *Kohler* einen objektiven Standpunkt verfochten. Heute ist die objektive Theorie – wenngleich in vielen Spielarten – durchaus herrschend[24]. Allenfalls findet man *vermittelnde* Äußerungen z. B. bei

---

19 Über die psychologistischen Hintergründe des Bierlingschen Subjektivismus s. Larenz, Methodenlehre, S. 39 ff.

20 E. Beling, Vom Positivismus zum Naturrecht und zurück, in: FS f. Ph. Heck u. a. (1931), S. 1 (12).

21 R. Stammler, Lehrbuch der Rechtsphilosophie, 3. Aufl. 1928, § 129.

22 H. Nawiasky, Allgemeine Rechtslehre, 2. Aufl. 1948, S. 126 ff. Zur „subjektiven" Methode: Keller, S. 88 ff.; Germann, S. 66 ff. (der m. E. nicht genügend scharf zwischen einer subjektiven Theorie unterscheidet, die sich mit der im vorherigen Kapitel behandelten „Andeutungstheorie" verbindet und somit den – eventuell aus den Materialien hervorgehenden – Willen des Gesetzgebers für maßgeblich erachtet, sofern er im Gesetz irgendwie zum Ausdruck gelangt ist, und einer objektiven Theorie, die den Willen des Gesetzgebers ganz beiseite schiebt und demgemäß die Materialien für völlig unbeachtlich hält); Mennicken, S. 19 ff., 30 ff.; H. Soell, Das Ermessen der Eingriffsverwaltung, 1973, S. 16 ff., 142 ff.; Fikentscher III, S. 662 ff. (v. a. 665, 667 f.); Larenz, Methodenlehre, S. 28 ff., 316 ff.; Zippelius, Methodenlehre, S. 21 ff., 49 ff.; Röhl/Röhl, S. 627 f. m. w. N.

23 S. dazu Engisch, Einheit, S. 87 Anm. 1.

24 Im Einzelnen dazu: Enneccerus/Nipperdey I 1, § 54 II Anm. 5; Larenz, Methodenlehre, S. 32 ff. (v. a. S. 34), 316 ff.; vgl. auch Fikentscher III,

Bartholomeyczik, Dahm und Larenz[25]. Ohne dass wir jetzt den einen oder anderen Vertreter der objektiven Theorie besonders herausstellen wollen, versuchen wir die Grundgedanken dieser Theorie dem Leser zur Kenntnis zu bringen[26]:

Mit dem Akt der Gesetzgebung, so sagen die Objektivisten, löst sich das Gesetz von seinem Urheber los und wird in ein objektives Dasein erhoben. Der Urheber hat seine Rolle ausgespielt, er tritt hinter seinem Werk zurück. Das Werk

S. 662 ff. (v. a. 664 f.); Zippelius, Methodenlehre, S. 21 ff., 49 ff. m. w. N.; Rüthers, Rechtstheorie, Rn. 797 ff. Eingehende Darstellung und Kritik der objektiven Theorie bei Mennicken, S. 24 ff., 48 ff. Zu den „Arten“ der objektiven Methode lehrreich Keller (S. 161 ff.), der sich selbst zwar zur objektiven Methode bekennt, aber unter Zugrundelegung der „zur Zeit des Gesetzeserlasses bestehenden Sprachgebräuche und Realien“ sowie des „in jenem Zeitpunkt geltende(n) übrige(n) Recht(s)“ (S. 161, 225; „entstehungszeitlich-objektive Methode“), wobei dem „Historismus“ immerhin wesentliche Zugeständnisse gemacht werden. Germann (S. 74 ff., 79 ff., 96 ff.) ist dagegen Anhänger einer solchen objektiven Methode, die für den immanenten Sinn des Gesetzes grundsätzlich auf den Zeitpunkt der Rechtsanwendung abstellt (nach Keller S. 162 „geltungszeitlich-objektive Methode“). Den Unterschied von entstehungszeitlichem und geltungszeitlichem Bezugspunkt der Auslegungsmethode stellt auch Mennicken (S. 16 ff.) scharf heraus, wobei er jene als „objektiv-historische“, diese aber als schlechthin „objektive“ kennzeichnet.

25 Vgl. z. B. Larenz, Methodenlehre, S. 316 ff., jedoch mit Schwerpunkt auf der objektiven Seite und der „Geltungszeit“: „Ziel der Gesetzesauslegung kann … nur die Ermittlung des heute rechtlich maßgeblichen, also eines normativen Sinnes des Gesetzes, sein“ (S. 318). Als ältere Vertreter einer vermittelnden Ansicht nennt Larenz (S. 101 f., 105 f., 115 f.) W. Sauer, J. Binder und G. Husserl; zur Verteilung der Ansichten vgl. auch Fikentscher III, S. 662 ff. Ferner vermittelnd: Legaz y Lacambra, S. 515 ff.; Esser, Vorverständnis, S. 125 ff.; Röhl/Röhl, S. 632; ebenso Mennicken, der dem Richter die Aufgabe zuweist, die Spannung zwischen den Stabilitätsinteressen, die hinter der subjektiven Theorie stehen, und der materialen Gerechtigkeit, die auf Rechtsfortbildung drängt und insofern die objektive Theorie begründet, „auszugleichen“ (S. 78 ff., 106). Über meinen eigenen, ebenfalls „vermittelnden“ Standpunkt s. näher unten S. 172 ff. Für unbrauchbar halten die „Differenzierung“ subjektiv-objektiv: Müller/Christensen, Methodik, Rn. 442 ff., 493 f. (m. E. zu Unrecht).

26 Ich lege dabei jene Spielart zugrunde, die Keller (S. 162) als die „geltungszeitliche“ bezeichnet, für welche grundsätzlich auch Germann

ist der Gesetzestext, der „Wort gewordene Wille" des Gesetzes, der „mögliche und wirkliche Gedankeninhalt der Gesetzesworte". Dieser dem Gesetze immanente Gedanken- und Willensinhalt ist forthin allein maßgeblich. Denn er allein ist verfassungsmäßig in Erscheinung getreten und legalisiert, während die um ihn kreisenden Vorstellungen und Erwartungen der Gesetzesschöpfer keinerlei Verbindlichkeit erlangt haben. Im Gegenteil: wie jeder andere, so ist auch der am Gesetzgebungsakt Beteiligte nunmehr dem Gesetz selbst unterworfen. Er muss sich beim Worte nehmen und den im Gesetz ausgedrückten Willen gegen sich gelten und wirken lassen. Der dem Gesetz einverleibte Sinn kann auch reicher sein als alles das, was sich die Gesetzesverfasser bei ihrer Arbeit gedacht haben – wenn sie sich überhaupt etwas gedacht haben, was man für die über ein Gesetz abstimmenden Parlamentarier nicht immer behaupten kann. Das Gesetz selbst und sein innerer Gehalt ist auch nicht statisch wie alles historisch Vergangene („ewig still steht die Vergangenheit"), sondern lebendig und wandelbar und daher anpassungsfähig. Der Sinn des Gesetzes wandelt sich schon darum, weil das Gesetz Bestandteil der gesamten Rechtsordnung ist und daher an deren ständiger Umbildung kraft der Einheit der Rechtsordnung teilnimmt. Neu hinzukommende Bestimmungen strahlen ihre Sinnkraft auf ältere aus und gestalten sie um. Aber nicht nur der Wandel des gesamten Rechts zieht das überkommene Recht in Mitleidenschaft, sondern auch der Fluss des Lebens reisst das Recht mit sich fort. Neue technische, wirtschaftliche, soziale, politische, kulturelle, moralische Phänomene heischen

optiert (S. 96 ff.), und die auch Mennicken (S. 26, 53 ff.) als die reinste Verkörperung der objektiven Methode ansieht. Nach ihr „hat die Rechtsfindung für jeden Augenblick der Geltung des Gesetzes ihre Aufgabe neu zu lösen, und zwar unter Zugrundelegung der im jeweiligen Geltungszeitpunkt herrschenden Sprachgebräuche und Realien sowie des in jenem Zeitpunkt geltenden übrigen Rechtes" (Keller, S. 162). Jedenfalls scheint mir diese, eine „gegenwartsnahe" Interpretation befürwortende objektive Methode die kompromissloseste Variante der objektiven Theorie zu sein. Für sie entscheidet sich auch Zippelius, Methodenlehre, S. 23 f.

rechtliche Beurteilung anhand der vorhandenen Rechtssätze. Indem das Recht gezwungen wird, sich auf Erscheinungen und Situationen einzustellen, die der historische Gesetzgeber gar nicht kennen und bedenken konnte, wächst es über diesen hinaus. „Das Gesetz geht, sobald es in die Erscheinung getreten ist, in ein *soziales Kräftefeld* ein, dem es von nun ab ... seine inhaltliche Weiterbildung entnimmt“[27]. Schon darum kommen wir in die Lage, das Gesetz „besser zu verstehen“, als es der historische Gesetzgeber selbst verstanden hat. Es kann nicht unsere Aufgabe sein, uns aus der Gegenwart mit ihren Problemen um Jahre und Jahrzehnte zurückzuversetzen in die Seele eines Gesetzgebers, der uns eigentlich nichts mehr angeht. Also: interpretatio ex nunc und nicht interpretatio ex tunc! Von hier und heute haben wir, die wir durch das Gesetz angesprochen werden und unser Dasein nach ihm zu gestalten haben, das für uns Vernünftige, Zweckmäßige und Angemessene aus dem Gesetz herauszuholen[28]. Gegenwartsnahe, zeitgemäße Interpretation ist die Aufgabe des Juristen. Sein Blick ist nicht auf die Vergangenheit, sondern auf die Gegenwart und auf die Zukunft gerichtet. Es heißt den Rechtsanwender degradieren, wenn man ihn zum gehorsamen Diener des Gesetzgebers macht (mit dem Begriff des „denkenden Gehorsams“ hat namentlich der Subjektivist Heck operiert). Zumal der Richter ist als Träger der „dritten Gewalt“ im Staate dem Gesetzgeber ebenbürtig. Indem er mittels objektiver Interpretation das Gesetz nur als solches gelten lässt, verteidigt er seine eigene Selbstständigkeit. Schließlich und endlich: Was ist das heutigen Tags überhaupt für ein Gesetzgeber, dessen „persönlicher“ Wille eine „historische“ Auslegung soll lenken können? „Der moderne Gesetzgeber ist ein anonymes Wesen, das aus einer Vielzahl von Personen und damit aus einer Vielzahl von Willensrichtungen besteht“[29]. Der

27 Mezger, ZStW 59 (1940), 573.

28 Zippelius, Methodenlehre, S. 25 ff.; vgl. auch Würtenberger, Zeitgeist, S. 174 ff., 191 ff.

29 Zweigert, Studium generale 7 (1954), 382.

Sinn des Gesetzes kann aber doch nur ein einziger, in sich widerspruchsloser sein.

So oder so ähnlich lassen sich also die Objektivisten vernehmen. Am faszinierendsten hat Radbruch ihre Argumente zusammengefasst. Er war es auch, der auf die Parallele mit der objektiven Interpretation im Märchen, in der Magie, in der Rhetorik, in der Scholastik, in der geistlichen Kasualrede, im „Biblizismus" und in der modernen Literaturwissenschaft hingewiesen hat.

Und doch kann das Problem der Auslegungstheorie noch nicht als endgültig gelöst angesehen werden. Gegen den so einleuchtenden Objektivismus gibt es gewichtige Gegenargumente, die namentlich schon Heck ins Treffen geführt hat. Er hat vor allem vier zentrale, immer wiederkehrende Argumente der objektiven Theorie aufs Korn genommen, nämlich das „Willensargument" (ein willensfähiger Gesetzgeber existiert nicht), das „Formargument" (nur die in Gesetzesform gebrachten Willensäußerungen haben Gesetzesmacht), das „Vertrauensargument" (die Normadressaten, die Rechtsuntertanen müssen dem Wort als solchem Vertrauen schenken können) und das „Ergänzungsargument" (nur eine objektive Auslegung wird den Ergänzungs- und Fortbildungsinteressen gerecht). Da wir jedoch den Streit hier nicht bis zum Letzten austragen können, verweisen wir für die Verteidigung der subjektiven Theorie gegen diese Argumente der objektiven Theorie auf Heck und andere[30]. Wir wollen uns darauf beschränken, diejenigen Gesichtspunkte herauszustellen, die m. E. heute für die Problemlösung entscheidend sind.

Man wird da zunächst Vorsicht walten lassen müssen im Umgang mit Bildern und Parallelen. Radbruch hat den Übergang von der philologischen zur juristischen Auslegung verglichen mit einem Schiff, das „bei der Ausfahrt vom Lotsen auf

30 Heck, Gesetzesauslegung, S. 67 ff. Ferner Bierling IV, S. 257 ff.; Enneccerus/Nipperdey I 1, § 54 II; dazu W. Kallfass, Die Tübinger Schule der Interessenjurisprudenz, 1972, S. 24 ff., 95 ff. Vgl. auf der anderen Seite Keller, S. 226 ff. Vielfach abschließend zu den Argumenten dieser Theorien: Mennicken, S. 19 ff.

vorgeschriebenem Wege durch die Hafengewässer gesteuert wird, dann aber unter Führung des Kapitäns auf freier See den eigenen Kurs sucht"[31]. Man fühlt sich auch versucht, bei dem Verhältnis des Gesetzgebers zu seinem Gesetz an das Verhältnis der Eltern zu ihren Kindern zu denken, denen zunächst der Geist des Elternhauses eingegeben wird, die dann aber mehr und mehr selbstständig werden und mit eigenen Ansichten und Entschlüssen den Eltern gegenübertreten. Solche Bilder können zwar veranschaulichen, sie haben aber keine Beweiskraft. Ähnlich steht es mit den Parallelen zu anderen Wissenschaften. Dass die Literaturwissenschaft neuerdings dazu neigt, über die philologische Interpretation fortzuschreiten zur „Erforschung des objektiv gültigen Sinnes der Dichtung", darf zwar als geisteswissenschaftlich interessant vermerkt werden, beweist aber nur dann etwas für andere Wissenschaften, wenn man an allgemein gültige Gesetze der Entwicklung des menschlichen Geistes glaubt. Der logisch Behutsame wird erst die Auslegungsmethoden der einzelnen Geisteswissenschaften untersuchen, um dann zu prüfen, ob sich eine allgemeine Gesetzlichkeit offenbart. Vielleicht besteht ein erheblicher Unterschied zwischen Dicht- und Kunstwerken, die – auch noch in unserer entgötterten Zeit – den Stempel der Inspiration aufweisen, und Rechtsgesetzen, die heute das Produkt einer sehr nüchternen, wirklichkeitsnahen Arbeit sind[32]. Daher wird man sich bei der Interpretation von Dicht- und Kunstwerken eine – übrigens auch nie ganz unproblematische und ungefährliche – „besser verstehende" Auslegung eher gestatten dürfen als im juristischen Bereich. Immerhin mag der Blick auf andere Gebiete geistigen Schaffens lehren, dass der Begriff der „Auslegung" nicht von vornherein auf eine subjektiv-historische Interpretation festgelegt ist. Gerne möchte man nämlich sonst glauben, dass „Auslegung" gleichsam „wesensgesetzlich" Ermittlung des in Worten und anderen Symbolen zum Aus-

31 Radbruch, Rechtsphilosophie, S. 207.

32 Hierzu W. Haug, Zur verfassungsrechtlichen Bedeutung der objektiven Auslegung von Gesetzen, DÖV 1962, 329 (330 f.); Wagner, AcP 165 (1965), 520.

druck gebrachten *persönlichen* Gedankens sei, dass eine vom Urheber des Gedankens sich loslösende Sinnerfassung etwas grundsätzlich anderes bedeute, nämlich Sinneinlegung, Sinnfortbildung, jedenfalls „der Herren eigener Geist“, der sich selbstgefällig im Spiegel fremder Worte wiedererkennt. Wie der Blick auf andere Geisteswissenschaften lehrt, sind Wort und Begriff „Auslegung“ geduldig genug, um neben einer subjektiv-historischen auch eine objektive Interpretation zu decken. Ergeben danach Wort, Begriff und Wesen der Auslegung nicht Entscheidendes für unsere Frage, so wird sich a priori überhaupt nichts Eindeutiges zu dem Streit der Theorien sagen lassen. Daher mögen diejenigen recht haben, die sagen, dass die Frage der richtigen Auslegungsmethode, d. h. des letzten Auslegungszieles, nicht ein für allemal im Sinne dieser oder jener Theorie zu beantworten ist, dass vielmehr die Auslegungsmethode abhängig ist von den besonderen Aufgaben, die ihr gestellt sind. Auf das Recht angewendet bedeutet dies, dass es von der juristischen Funktion der Auslegung, von der jeweiligen Stellung des Interpreten zum Gesetz, ja unter Umständen vom Bau der Rechtsordnung und von positivgesetzlichen Regeln abhängt, welche Methode die richtige ist. Somló hat „Grundlehren der Rechtsdeutung“ und „Rechtsinhaltsbestimmungen über Rechtsdeutung“ unterschieden[33]. Erstere, zu denen namentlich der Grundsatz zählt, dass „ein bestimmter Rechtsinhalt nicht die Notwendigkeit der Interpretation überhaupt ausschließen kann“ (Unmöglichkeit der Auslegungsverbote), gelten a priori, Letztere dagegen nicht. Zu den Letzteren zählt aber Somló gerade das Problem des Gegensatzes von subjektiver und objektiver Methode, das daher positivrechtlich gelöst werden kann. Freilich wird man auf allgemeine *gesetzliche* Auslegungsregeln dieser Art kein allzu großes Gewicht legen. Auch in Form von sinnlosen „Auslegungsverboten“ (richtiger: Kommentierungsverboten), wie sie die Rechtsgeschichte als Denkmäler gesetzgeberischer

33 Somló, S. 377 ff. S. zum Folgenden auch K. Stern, Interpretation – eine existentielle Aufgabe der Jurisprudenz, NJW 1958, 695 (697 f.).

Naivität kennt, ist ihre Macht gering[34]. Verlangt etwa eine gesetzliche Auslegungsregel, dass der Interpret sich streng an den Willen des *Gesetzgebers* zu halten habe, so ist dies zwar gültig und sinnvoll, kann aber nicht hindern, dass sich unter Berufung auf die wahren Absichten des Gesetzgebers oder auf die Unerforschlichkeit klarer und eindeutiger Absichten eine objektive Interpretation einnistet. Verlangt umgekehrt eine gesetzliche Auslegungsregel, dass der Interpret auf irgendeine Weise den *objektiven* Sinn zu ermitteln habe, so kann man dennoch erleben, dass dieser Sinn auf dem Wege über die Absichten des historischen Gesetzgebers gesucht wird, weil er sich so am besten finden lässt. Überdies bedürfen ja gesetzliche Auslegungsregeln ihrerseits der Interpretation. Soll man eine solche Regel auf sich selbst anwenden? Sind da nicht Paradoxien[35] zu befürchten? Etwa von der Art, dass der Gesetzgeber vermittels einer objektiven Auslegungsmaxime erklärt, er wolle, dass sein Wille nicht maßgeblich sei? Leicht setzt der Streit zwischen subjektiver und objektiver Theorie schon bei der Auslegung der gesetzlichen Auslegungsregeln selbst ein. So geschah es z. B. angesichts des § 1 des Steueranpassungsgesetzes v. 16. 10. 1934. Dieser lautete: „Die Steuergesetze sind nach national-sozialistischer Weltanschauung auszulegen". Das klang objektiv. Da aber zur national-sozialistischen Weltanschauung der Führergrundsatz gehörte und dieser auf eine subjektive Auslegungsmethode hin tendierte (das Gesetz war „Wille des Führers"), so konnte sich auch eine subjektive Auslegungsmethode auf jene gesetzliche Auslegungsregel des Steueranpassungsgesetzes berufen. Daneben erhob sich die Frage nach der Verallgemeinerungsfähigkeit der Bestimmung. Galt sie etwa nur für Steuergesetze und nicht auch sonst?

34 Auslegungsverbote z. B. in der Constitutio Tanta (§ 21) des Corpus iuris civilis und der Vorrede zum Corpus iuris Fridericiani von 1749/51. Vgl. auch §§ 46f. der Einleitung zum Preußischen Allgemeinen Landrecht von 1794. Zu Auslegungsvorschriften s. auch Sax, S. 73ff.; Legaz y Lacambra, S. 517f.; Kriele, S. 61; R. Ogorek, Richterkönig oder Subsumtionsautomat?, 1986, S. 39ff.

35 Über „Paradoxien in der Methodendiskussion" s. auch Kriele, S. 35f.

Noch weniger als allgemeine gesetzliche Auslegungsregeln geben die so genannten „authentischen Interpretationen“, die man auch Legalinterpretationen nennt, etwas für eine grundsätzliche Lösung der Auslegungsprobleme her. Sie haben nur Bedeutung für die konkrete Bestimmung, deren Interpretation sie erhellen; „was man Legalinterpretation nennt, ist Aufstellung eines neuen Rechtssatzes ... sie selbst bildet ... wieder einen Gegenstand der wissenschaftlichen Auslegung“[36].

Wenn also die gesetzlichen Auslegungsregeln für uns kein Gewicht haben, andererseits apriorische Grundsätze die wesentlichen Probleme auch nicht lösen, so bleibt nur noch die schon erwähnte juristische Funktion der Auslegung als Maßstab der rechten Auslegungsmethode. Eine rein *wissenschaftlich* orientierte Auslegung kann sich freilich jeder Methode bedienen und soll dies wohl auch tun. Der Rechts*gelehrte* kann, wenn er will, den Standpunkt des reinen Historikers einnehmen, er kann aber auch unter den verschiedensten objektiven Gesichtspunkten den Gesetzestext auf seinen möglichen Inhalt befragen und aufweisen, was er an „vernünftigen“, „zweckmäßigen“, „gegenwartsnahen“ Sinngehalten birgt und hergibt. Eine andere Frage ist aber die, wie weit diese Sinngehalte, seien sie nun historisch oder objektiv, für die praktische Rechts*anwendung* verbindlich sind[37]. Diese für den Praktiker und den der Praxis dienenden Dogmatiker entscheidende Frage wird sich nur beantworten lassen unter Berücksichtigung des Verhältnisses der verschiedenen Gewalten im Staate, der Funktion der Gesetzgebung einerseits und der Rechtsanwendung andererseits, insbesondere unter Berücksichtigung der Stellung, die die Rechtsanwendung zum Gesetz einnimmt oder einnehmen soll. Denken wir hier nur an den Richter, so wird es vor allem darauf ankommen, welche Stellung er im Staat einnimmt und wie sein Verhältnis zum

36 Regelsberger, S. 142f. S. auch Enneccerus/Nipperdey I 1, § 53 II; Keller, S. 52ff.

37 Die Auslegungsgrundsätze erlangen dann Rechtsnormqualität (Esser, Grundsatz, S. 116ff.). Gegen eine „Verrechtlichung“ der Auslegungsmethoden: Hruschka, Verstehen, S. 89ff.

Gesetz geregelt ist[38]. Es ist schon öfters bemerkt worden, dass der Richter, der als Diener eines absoluten Monarchen dessen Gesetze handhabt, nach subjektiven Methoden auslegen muss, weil er den „persönlichen Willen des souveränen Landesherrn erforschen“ soll, „denn dieser Wille … war eben Gesetz“[39]. Ähnliche Gedanken wurden für den national-sozialistischen Führerstaat vertreten. In einem konstitutionellen oder demokratischen Staatswesen mit Gewaltenteilung und Parteienpluralismus mag es anders stehen[40]. Es ist gewiss richtig, dass „die allgemeine Verfassungslage auf das hermeneutische Gesetzesverständnis einwirkt“[41]. Es ist sogar denkbar, dass nach einer Revolution die Auslegungsmethode dem bisherigen und dem neuen Recht gegenüber zwiespältig ist. Das alte Recht wird u. U. mit objektiver Methodik der durch die Revolution geschaffenen neuen Lage angepasst, das neue Recht wird dagegen pünktlich gemäß dem Willen des zur Macht gelangten revolutionären Gesetzgebers ausgelegt[42]. Man darf sich aber die Sache nicht zu leicht machen und ohne weiteres behaupten, dass für jedes parlamentarische und demokratische Verfassungssystem die objektive Auslegungsmethode die einzig mögliche sei. Mir will scheinen, dass man dann die willens-

---

38 Dazu P. Bockelmann, Richter und Gesetz, in: FS f. R. Smend (1952), S. 23; Kriele, S. 60 ff. (kein „Rechtsetzungsmonopol“, aber „Rechtsetzungsprärogative“ des Gesetzgebers; soweit der Gesetzgeber von dieser keinen Gebrauch macht, hat der Richter originäre rechtsschöpferische Gewalt).

39 H. Reichel, Gesetz und Richterspruch, 1915, S. 69 f. (70). Vgl. auch Esser, Grundsatz, S. 116, 176 m. w. N.

40 Vgl. Schmitt, S. 17 f.; Zippelius, Methodenlehre, S. 23: „Welche Auslegung einer wählt, hängt davon ab, was für eine Staatsphilosophie er hat“.

41 E. Forsthoff, Recht und Sprache, 1940, S. 45. Vgl. auch E.-W. Böckenförde, Die Methoden der Verfassungsinterpretation, NJW 1976, 2089 (2097); Larenz, Methodenlehre, S. 317 f.; Müller/Christensen, Methodik, Rn. 289 f.

42 Vgl. dazu Engisch, Einheit, S. 87 ff., betreffend die Situation nach 1933. Hierzu auch E. Fraenkel, Die Bedeutung weltanschaulicher Überzeugung in der Gesetzesanwendung, Universitas 15 (1960), 1203 (1205 f.). Zur Situation nach 1945: W. Wengler, Die Nichtanwendung nationalsozialistischen Rechts, JR 1949, 67; Bogs, S. 75 ff.

mäßige, politisch-dezisionistische Bedeutung der Gesetzgebung *auch* in der Demokratie zu gering achtet und den anderen Gewalten im Staate, die in gewissem Sinne dem Willen des Gesetzgebers und seinen das Staatsganze zusammenhaltenden Direktiven folgen sollten, zu viel Eigenständigkeit einräumt, was Gefahren des Missbrauchs und der „Desintegration" in sich schließt[43]. Die objektive Auslegungsmethode überschätzt vor allem jene Kombination von Willens- und Formargument, die besagt, dass nur der Wille der Volksvertretung in die rechte gesetzliche Form gebracht sei und dass dieser maßgebliche Wille keine greifbare Realität sei[44]. Ich halte es da immer noch mit der vielgeschmähten Auffassung, dass eine Volksvertretung, die keinen besonderen eigenen Sinn bei der Beratung und Beschlussfassung des Gesetzes als maßgeblich herausstellt, denjenigen Sinn akzeptiert, den die eigentlichen Gesetzesverfasser dem von ihnen erarbeiteten gesetzlichen Text mit auf den Weg gegeben haben und den sie in der „Begründung" kund getan haben (so genannte „Paktentheorie")[45]. Ich will auf das „*Materialienproblem*" hier nicht näher eingehen[46]. Aber der oft gehörte Einwand, die Materialien seien nicht das Gesetz, verfängt meines Erachtens nicht, da ja die Materialien

43 Schmitt, S. 20 f. weist mit Recht darauf hin, dass dort, wo die Weisungen des Gesetzgebers Mittel der Planung und Lenkung sind, sein Wille maßgeblich sein muss. Vgl. auch Germann, S. 105; Esser, Vorverständnis, S. 82.

44 S. z. B. Hesse, Rn. 56: „Die Ermittlung des vorgegebenen objektiven Willens der Verfassung oder des subjektiven Willens des Verfassungsgebers als ‚Ziel' der Auslegung betrachten, heißt …, etwas nachvollziehen wollen, was nicht real präexistent ist". Hier werden m. E. die volitiven Akte unterschätzt, die bei jeder Art von Gesetzgebung wirksam werden. Vgl. demgegenüber: Ebsen, S. 43; Heusinger, S. 96 f. Anm. 69.

45 Zur Paktentheorie Enneccerus/Nipperdey I 1, § 55; Keller, S. 95; Kelsen, Rechtslehre, S. 7*. Gegen diese Theorie namentlich A. Wach, Handbuch des deutschen Civilprozessrechts, Bd. 1, 1885, S. 259 ff.; Binding, Handbuch, S. 470 ff.; Mennicken, S. 34; Larenz, Methodenlehre, S. 328 f.

46 Vgl. dazu Enneccerus/Nipperdey I 1, § 55; Keller, S. 109 ff., 165 ff.; K. Roth-Stielow, Das Ärgernis vom „historischen Gesetzgeber" in der Rechtsprechung, NJW 1970, 2057.

nur Hilfsmittel sein sollen zur Erkenntnis dessen, was man sich bei Abfassung des Gesetzes gedacht hat. Die Durchführung einer ehrlich gemeinten subjektiven Theorie ist ohne gewissenhafte Verwertung der Materialien und der gesamten Entstehungsgeschichte jedenfalls nicht denkbar. Auch ist ja die grundsätzliche Frage eigentlich die: Dürfen wir uns dort über den Willen des historischen Gesetzgebers hinwegsetzen, wo er feststeht und nur die Ausdrucksweise im Gesetz nicht eindeutig ist? Soweit der Wille des historischen Gesetzgebers nicht greifbar ist, mag schon eher der „vernünftige“ Sinn zum Zuge kommen, von dem man ja behaupten kann, dass er im Zweifel vom historischen Gesetzgeber gewollt sei. Mit all dem soll nun aber nicht schon die subjektive Theorie als die wahre hingestellt werden. Ich bin vielmehr der Meinung, dass das ganze Problem noch nicht endgültig gelöst ist und sich wie alle echten Grundlagenprobleme nie endgültig wird lösen lassen. Es wird uns stets aufs Neue zu zeitgemäßer Entscheidung herausfordern. Zu prüfen wäre auch noch, ob sich nicht ein Gewohnheitsrecht herausgebildet hat, das den Richter legitimiert, den gesetzlichen Text unter Loslösung vom Willen des historischen Gesetzgebers mit einem gegenwartsnahen, vernünftigen, zweckgerechten Sinn zu erfüllen. Unsere „Einführung“ stellt sich nicht die Aufgabe, feste Dogmen zu liefern. Sie will die Probleme aufweisen und die Richtung zeigen, in der ihre Lösung liegt.

Nachdem ich aber am Ende des vorherigen Kapitels die Notwendigkeit einer Lösung des Methodenproblems, besonders der Frage nach dem Verhältnis der Auslegungsmittel zueinander, nachdrücklich betont habe, halte ich es für angezeigt, noch einige Angaben über den eigenen Standpunkt zu machen und als Thesen zur Diskussion zu stellen:

1. Ich erachte die subjektive Theorie immerhin in gewissem Umfang für richtig, und zwar mit der Maßgabe, dass das, was der Gesetzgeber feststellbar klar als verboten, geboten, erlaubt und gewollt erklärt hat, als Gehalt seiner Regelung hinzunehmen ist. Dabei ist der Sprachgebrauch (der Umgangssprache oder der juristischen Fachsprache), eventuell auch der durch eine „Legaldefinition“ näher

bestimmte „Wortsinn“ einerseits Grenze einer „Auslegung im engeren Sinne“ insofern, als ein Wille, der in keiner Weise in den Worten des Gesetzes Ausdruck gefunden hat, auch nicht durch Auslegung dem Gesetz entnommen werden kann (er kann allenfalls durch Lückenergänzung oder Rechtsfortbildung zum Zuge kommen); man kann also nicht interpretierend eine Frau unter den Rechtsbegriff „Mann“, einen Gorilla unter den Rechtsbegriff „Mensch“ bringen. Andererseits ist aber jener Sprachgebrauch Mittel zur Erforschung des Willens des Gesetzgebers *neben* den anderen Auslegungsmethoden (systematische usw.); über die Vorzugswürdigkeit der einen oder anderen Methode entscheidet wie bei jeder historischen Forschung die Eignung. Die Gesetzesmaterialien sind dabei unentbehrlich, aber auch nur als Hilfsmittel der Forschung.

2. Ist das vom Gesetzgeber Gewollte nicht unmittelbar deutlich als gewollt erklärt, so darf es eventuell doch durch „extensive“ oder „restriktive“ Auslegung aus dem Gesetz entwickelt werden, sofern kein Widerspruch mit dem „klaren Wortlaut“ entsteht. Dabei können insbesondere die mit historischen Methoden erkennbaren Zwecke, die der Gesetzgeber verfolgte, Aufschlüsse über das Gewollte geben. So kann zwar keine (extensive oder restriktive) Auslegung aus einer „Frau“ einen „Mann“, aus einem Tier einen Menschen machen, wohl aber den Rechtsbegriff „verursachen“ auf adäquate Bedingungszusammenhänge einschränken (vgl. unten Beispiele S. 181, 186).
3. Wo der Wille des Gesetzgebers weder nach Maßgabe von 1. noch von 2. zu erkennen ist, ist eine gegenwartsnahe „vernünftige“, insbesondere „objektiv-teleologische“ (d. h. heute für die Rechtsanwendung als zweckmäßig erscheinende) „Auslegung“ insoweit angebracht, als sie nicht mit dem „möglichen Wortsinn“ in Konflikt gerät. Was also für eine „geltungszeitlich-objektive“ Auslegung als „immanenter vernünftiger Sinn“ den Gesetzesworten entnommen werden kann, zumal durch teleologische oder verfassungskonforme Auslegung, ist sehr wohl als legitimes

Auslegungsergebnis anzuerkennen, sofern es nicht dem klar erkennbaren Willen des Gesetzgebers widerspricht.

4. Jede Entfaltung von Rechtsgedanken, die sich mit dem vom Gesetzgeber klar ersichtlich Gewollten in Widerspruch bringt, ist nicht mehr „Auslegung", sondern „Rechtsfortbildung" im weiteren Sinne und bedarf besonderer Legitimation als „Lückenergänzung", „Beseitigung eines Redaktionsversehens", „Rechtsfindung contra legem" usw.
5. Dass die Grenzen zwischen „Auslegung" und diesen anderen Methoden der Rechtsgewinnung nicht scharf sind, ist wahr und soll darum denen, die dies betonen[47], nicht abgestritten werden. Im Zweifel mag dann noch „Auslegung" angenommen werden, wo dies irgend vertretbar ist. So mag unter Berücksichtigung eines Bedeutungswandels der Begriff der „Waffe" in § 223 a StGB a. F. (heute: § 224 StGB) so „ausgelegt" werden, dass auch Salzsäure darunter fällt (s. u. Text S. 258 mit Anm. 48). Aber irgendwo gibt es Grenzen, die die grundsätzliche Verschiedenheit der Methoden und ihrer Berechtigung an den Tag bringen und Respekt verlangen, zumal im Strafrecht, wo der Grundsatz „nullum crimen sine lege" gilt. Keineswegs sollte dann mit dem Wort „Auslegung" argumentiert werden.

Wir brechen nun die Diskussion über den Streit zwischen subjektiver und objektiver Auslegungsmethode ab und ziehen nur noch einige *Schlussfolgerungen*:

1.) Wir denken zunächst noch einmal an die Ausgangspunkte, die am Schluss des vorigen Kapitels sichtbar wurden und die Betrachtung des gegenwärtigen Kapitels einleiteten. Wir glauben, kurz gezeigt zu haben, wie man theoretisches und praktisches Verstehen, historisches Erfassen dessen, was eigentlich gemeint und gewollt ist, und gegenwartsnahe Sinnentfaltung in das richtige Verhältnis bringen kann. Es dürfte aber auch

47 Z. B. Esser, Vorverständnis, S. 117, 174 ff.; Mennicken, S. 100 f.; Kriele, S. 221 ff.

deutlich geworden sein, dass erst eine wohlbegründete Stellungnahme im Streit der Theorien über das eigentliche Auslegungsziel dazu befähigt, mit den herkömmlichen Auslegungsmethoden (grammatische, systematische, historische, teleologische Auslegung) erfolgreich zu operieren[48]. Kehren wir noch einmal zu unserem Paradebeispiel der Ersatzhehlerei zurück, so ist nunmehr leicht zu erkennen, dass erst durch die Verbindung der früher beschriebenen Methoden mit der entweder historischen oder objektiven Bestimmung des Auslegungszieles feste Entscheidungen zu gewinnen sind. Auf allen Stufen der Auslegung, nämlich auf der grammatischen, der logisch-systematischen, der historischen und der teleologischen Stufe, blieben für die Anwendbarkeit des § 259 StGB auf die Ersatzhehlerei zweideutige und offene Fragen zurück, solange wir noch nicht wussten, ob es eigentlich auf den „Willen des Gesetzgebers", d. h. also des Schöpfers des § 259, oder auf den „Willen des Gesetzes selbst" ankommt. Auf allen diesen Stufen tritt uns die Alternative: Gesetzgeber oder Gesetz entgegen. Welchen Sinn verband der Gesetzgeber mit seinen Worten bzw. welchen Sinn tragen die Worte des Gesetzes in sich selbst? Welche Bedeutung hat der logisch-systematische Zusammenhang nach den Absichten des Gesetzgebers bzw. welche Bedeutung ergibt der Zusammenhang innerhalb des Gesetzes als solchen? Welchen Zweck verfolgte der historische Gesetzgeber bzw. welcher Zweck ist dem Gesetz immanent? Selbst die „Entstehungsgeschichte" kann man, so paradox dies klingt, nicht nur streng historisch erforschen, sondern auch objektivierend zu „deuten" versuchen, indem man die Gesetzesmaterialien nicht so sehr als Beweismittel für die realen Gedanken und Absichten des Gesetzgebers auswertet, als vielmehr zur Grundlage objektiv-sinnhafter historischer Konstruktionen macht. In dem Augenblick, in dem wir uns für eine bestimmte Auslegungstheorie entschieden haben, nehmen

48 Leider ist der Ausdruck „Auslegungstheorie" mehrdeutig. Er wird einerseits für die soeben erwähnten vier Auslegungsmethoden bzw. -mittel, andererseits für die das Auslegungsziel bestimmende subjektive oder objektive Interpretationsmethode gebraucht. Es muss sich jeweils aus dem Zusammenhang ergeben, was gerade gemeint ist.

auch die Fragen nach dem Wortsinn, dem systematischen Zusammenhang und dem Zweck festere Gestalt an. Sind sie, wie wir gezeigt haben, allesamt für sich genommen mehrdeutig, so ändert sich das Bild, wenn wir wissen, ob wir hinter dem Wortlaut oder dem Zusammenhang oder dem Zweck einen historischen persönlichen Willen zu erforschen haben oder ob wir dahinter eine gegenwartsnahe vernünftige Entscheidung zu suchen haben. Mag die Antwort dann immer noch Schwierigkeiten bereiten und auch Zweifel zurücklassen, die Frage ist deutlich gestellt und die Methode der Beantwortung gesichert. Demgemäß spricht man auch, indem man Auslegungsziel und Auslegungsverfahren in eins zusammenzieht, von einer subjektiv-grammatischen bzw. objektiv-grammatischen oder von einer subjektiv-teleologischen bzw. objektiv-teleologischen Auslegungsweise[49].

2.) Umgekehrt muss man dann aber auch beachten, dass Subjektivismus und Objektivismus allein noch nicht vollständig die Methode der Auslegung und des Verstehens kennzeichnen. Stelle ich mich z. B. auf den subjektiven Standpunkt, so ist immer noch die Frage, worauf es in erster Linie ankommen soll, ob etwa auf die subjektiven „Gebotsvorstellungen" des historischen Gesetzgebers (welche Tatbestände und welche Rechtsfolgen hat er im Auge?) oder auf seine „Zwecke" (welche näheren und ferneren Wirkungen will der Gesetzgeber mit seinen Anordnungen erzielen?)[50] oder auf seine Gesamthaltung (von welchen Ideen und Grundsätzen

---

49 Hierzu Larenz, Methodenlehre, S. 333 ff.; vgl. auch Bydlinski, S. 453 ff. Unter die (nicht zu eng verstandene) Rubrik „objektiv-teleologische Auslegung" lässt sich m. E. weitgehend auch einordnen die von Esser (Vorverständnis, S. 174 ff.) und Kriele (S. 167 ff.) empfohlene Methodik, die am „vernünftigen Ergebnis" orientiert ist; so sagt z. B. Esser, S. 175: „Die Basis eines Gesetzesverständnisses ist die ‚selbstverständliche' Einschließung aller Inhalte, die im Regelungszweck … implizit mitgemeint sein ‚müssen'".

50 Der Unterschied zwischen gleichsam psychologischer und teleologischer Auffassung des Willens des historischen Gesetzgebers tritt deutlich in Erscheinung in dem Gegensatz von Bierlings Methode der „historischen Vorstellungsforschung" und Hecks Methode der „historischen Interessenforschung". S. dazu Heck, Gesetzesauslegung, S. 207 f.

lässt er sich leiten?). Entsprechend verhält es sich bei Einnahme des objektiven Standpunktes. Ja in gesteigertem Maße zwingt gerade die objektive Theorie dazu, sich Rechenschaft abzulegen über die Ziele und Gesichtspunkte, nach denen der objektiv dem Gesetz innewohnende Sinn aktualisiert werden soll. Das, was als objektiv vernünftig, gerecht, zweckmäßig, zeitgemäß, gegenwartsnah dem Gesetzestext zu entnehmen ist, kann ihm nur abgewonnen werden, wenn wir wissen, was wir wollen. Wir können auch sagen: Das rechte Verstehen des Gesetzes setzt voraus, dass wir uns selbst recht verstehen. Nur wenn wir die Entscheidung und die sie tragenden materiellen Gründe zuvor schon konzipiert haben, also eigentlich antizipiert haben, können wir an das Gesetz mit der Frage herantreten, wie weit diese Entscheidung den Worten des Gesetzes als möglicher Sinn „immanent" ist. Hier öffnet sich ein Feld fruchtbarer Detailforschung, da sich in neuerer Zeit die Ansichten über die Substanz der Rechtsbestimmungen vielfach und tiefgreifend geändert haben. Ergreifen wir, um dies etwas deutlicher zu machen, hypothetisch die Partei der Objektivisten, so hätte sich in unserem Beispiel der Ersatzhehlerei eine frühere Zeit wahrscheinlich damit begnügt zu fragen, was man sich bei den Worten „mittels einer strafbaren Handlung erlangt" sprachüblich zu denken habe und allenfalls noch, welches Rechtsgut, welches Interesse bei der Sachhehlerei schutzwürdig sei. Selbstverständlich wird man auch heute noch nach diesen Dingen fragen. Aber wir sind inzwischen nicht nur über eine philologische, sondern auch über eine im engeren Sinne teleologische, d. h. am Interessenschutz orientierte Jurisprudenz hinausgelangt. Das Recht überhaupt und das Strafrecht insbesondere erscheinen uns nicht mehr allein als Schutz von Interessen und Bereinigung von Interessenkonflikten, sondern auch als Träger von sittlichen Gedanken. Der rechtliche Unwertgehalt solcher Delikte wie Meineid, Zuhälterei und auch Hehlerei erschöpft sich nicht darin, dass scharfumschriebene „schutzwürdige Interessen" verletzt werden, sondern er liegt auch darin beschlossen, dass durch diese Delikte die Sittenordnung erschüttert wird, die das Recht zu kräftigen berufen ist. In diesem Sinne sagt z. B. H. Mayer treffend: „Das Verbrechen ist Rechtsgüterverletzung, darüber hinaus aber unerträgliche Verletzung der Sittenordnung“[51]. Zeitweilig hat man auch im Strafrecht mit dem Begriff eines „normativen Tätertyps“ gearbeitet, um den über die bloße Interessenverletzung hinausgehenden substantiellen Unrechtsgehalt der strafbaren Handlung auszudrücken: Uns allen und auch dem Strafgesetzgeber schwebt bei den wichtigsten Verbrechenstatbeständen mehr oder minder deutlich ein volkstümliches Bild von der verbrecherischen Tat und von der hinter ihr stehenden Art der Person und der Gesinnung vor, an welches Bild sich der Interpret der „gesetzlichen Tatbestände“ halten darf. Es gibt etwa den typischen „Mörder“, den typischen „Betrüger“, den typischen „Zuhälter“ usw. Ein Hauptvertreter der Lehre vom normativen Tätertyp, nämlich Dahm, führt mit Bezug auf unser Beispiel der Ersatzhehlerei aus: „Die Ausdehnung des § 259 StGB auf die Ersatzhehlerei ist auch darin begründet, dass i. S. der Volksanschauung Hehler auch derjenige ist, der sich nicht den gestohlenen 100-Mark-Schein, sondern zwei 50-Mark-Scheine aushändigen lässt“[52].

Wenn auch diese Lehre vom „normativen Tätertyp“ nach 1945 wieder in den Hintergrund getreten ist, so war doch in ihr ein richtiger Kern enthalten, nämlich der Gedanke, dass es bei einem Verbrechen nicht nur auf den äußeren Effekt, sondern wesentlich auch auf andere Momente, nämlich auf die Gesinnung des Täters oder auf seine besondere Pflichtenstellung als Vater, Beamter usw. ankommt. Auch die häufig notwendige Rücksichtnahme auf Ausnahmesituationen und Gegeninteressen, wie sie z. B. bei der medizinisch indizierten Schwangerschaftsunterbrechung geboten ist, stellt sich für unser heutiges

51 H. Mayer, Lehrbuch des Strafrechts (AT), 1953, S. 50.

52 G. Dahm, Deutsches Recht, 1944, S. 434. Vgl. kritisch zur Lehre vom normativen Tätertyp: C. Roxin, Strafrecht, Allgemeiner Teil, Bd. 1, 4. Aufl. 2006, § 6 Rn. 6 ff., 12. In der 2. Aufl. 1963, S. 48 Anm. 14 betont Dahm, dass der methodische Grundsatz, nämlich „die in der Typenlehre enthaltene Auffassung des Verhältnisses von Rechtsbegriff und Lebenssubstrat“ seine Bedeutung behalte; s. dazu auch Engisch, Idee, S. 275 f. Allgemein zur Bedeutung von Typen für die Rechtsfindung s. u. S. 191 f. Anm. 6.

Empfinden nicht nur als ein Akt bloßer „Interessenabwägung“ dar, sondern als sozialethisch bedingte Bewertung des Sachverhaltes in der Gesamtheit und Fülle seiner Momente. In dem Augenblick aber, in dem sich eine neue Grundanschauung vom Wesen des Verbrechens durchsetzt, muss sie vom Standpunkt einer objektiven Theorie wirksam werden für die Richtung, die die Auslegung nimmt. Muss dann also nicht die Ersatzhehlerei auf der Grundlage des sie umgreifenden „möglichen Wortsinnes“ des § 259 strafbar sein, weil sie – zwar nicht so sehr vom Standpunkt des Interessenschutzes, wohl aber vom Standpunkt sozialethischer Bewertung – nach unserer gegenwärtigen Auffassung der Hehlerei zuzuordnen ist? Nur eine subjektiv-historische Auslegung hätte zu fragen, wie weit solche moralischen Vorstellungen schon bei der Schaffung des § 259 StGB Pate gestanden haben. Welche Gefahren für die gesetzliche Gebundenheit der Rechtspflege und die Rechtssicherheit eine „objektive Deutung“ heraufbeschwört, sofern man mit ihren Formeln wirklich ernst macht, liegt auf der Hand. Dies ist das Risiko, das mit ihren Vorteilen unauflöslich verknüpft ist. Daher ist das Bemühen so wichtig, die Intentionen der subjektiven und der objektiven Theorie in ein sachgerechtes Verhältnis zu bringen.

3.) Noch in einer weiteren Beziehung müssen wir das durch den Gegensatz von subjektiver und objektiver Auslegungstheorie beherrschte Problembild abrunden. Es war oben schon einmal flüchtig von dem Begriffspaar „*extensive*“ (ausdehnende) und „*restriktive*“ (einschränkende) Auslegung die Rede. Auch diese oft behandelten Methodenbegriffe sind nicht eindeutig. Es lassen sich mit Bezug auf sie mindestens drei, wenn nicht vier, freilich teilweise miteinander verbundene Gedankenrichtungen sondern:[53]

a) Das eine Mal bewegt man sich im Bereich *sprachlichen* Sinnes und stellt einem „nächstliegenden“, „engen“, „stren-

53 Vgl. nur W. Burckhardt, Methode und System des Rechts, 1936, S. 286ff.; J.-M. Priester, Zum Analogieverbot im Strafrecht, in: H.-J. Koch (Hg.), Juristische Methodenlehre und analytische Philosophie, 1976, S. 155 (158ff.).

gen", „eingeschränkten" Sinn einen „entfernten", „weiten", „gedehnten" Sinn gegenüber[54]. Für das Hehlereibeispiel kann man sagen, dass im „strengen" Sinne „durch eine rechtswidrige Tat erlangt" nur die unmittelbar durch die eigene rechtswidrige Handlung des Vortäters erworbenen Sachen heißen dürfen, dass es dagegen eine „Dehnung" des Sprachsinnes ist, wenn man auch die Surrogate jener Sachen als „durch eine rechtswidrige Tat erlangt" anspricht. Oder: „Es ist eine ‚enge' Auslegung, wenn man eine Bestimmung, welche die ‚Vorbestraften' von einem Amte ausschließt, dahin auslegt, dass sie jeden treffen soll, der irgend einmal und irgendwie bestraft worden ist; eine ‚weite' Auslegung ist es dagegen, wenn man darunter nur die Bestrafung versteht, die nicht zu weit zurückliegt und nicht wegen bloßer Polizeiübertretungen ergangen ist. Die erste Auslegung hält sich enger, die zweite weniger eng an den sprachlichen Sinn der Worte"[55]. Manchmal geht man mit den Begriffen extensive und restriktive Auslegung noch freier um und verwendet sie für die nahezu völlige Beiseitesetzung des Wortsinnes zu Gunsten des wahren Willens des Gesetzgebers bzw. des Gesetzes[56]. Damit gerät dann freilich die Grenze zwischen der Auslegung einerseits und der weiter unten zu behandelnden Lückenausfüllung und Gesetzesberichtigung andererseits ins Schwimmen.

54 Der Sache nach nahe verwandt dürfte diesem Kriterium das von Larenz (Methodenlehre, 2. Aufl. 1969, S. 328) sein, wonach „eng" eine Auslegung heißen soll, die „die Bedeutung eines Ausdrucks strikt auf den Vorstellungs*kern* beschränkt", „weit" dagegen eine solche, die die Bedeutung des Ausdrucks auf den „Randbereich" erstreckt. Eine gewisse Modifikation ergibt sich aber daraus, dass Larenz keinen „festen Wortsinn" anerkennt. Seit der 3. Aufl. (1975), S. 342 (6. Aufl., S. 354) scheint mir Larenz zur Spielart b) des Textes (gleich unten) überzugehen: „Unter den verschiedenen Bedeutungen muss diejenige ‚eng' genannt werden, die im Verhältnis zu anderen möglichen einen engeren Anwendungsbereich hat".

55 So Burckhardt, S. 287.

56 S. z. B. Heck, Gesetzesauslegung, S. 195 f., 208 f.; Enneccerus/Nipperdey I 1, § 57 II.

b) Ein anderes Mal denkt man bei unserem Begriffspaar an das Verhältnis des Wortsinnes einer einzelnen Rechtsvorschrift zu ihrem *Anwendungsbereich*: Die engere (restriktive) Auslegung bezieht die Vorschrift auf einen kleineren Kreis von Fällen als die weitere (extensive) Auslegung. Unsere Gesetze bedienen sich z. B. häufig des Wortes „Verursachung". Dieses Wort wird bald im Sinne eines „Bedingungszusammenhanges", bald im Sinne eines „typischen Zusammenhanges" gedeutet. Nach der ersteren Auslegung ist jede noch so leichte Wunde, die durch irgendeine Komplikation zum Tode führt, „ursächlich" für diesen, nach der anderen Auslegung ist dagegen nur eine solche Wunde für den durch sie bedingten Tod „ursächlich", die typischerweise tödlich ist. Die letztere Auslegung stellt sich im Verhältnis zur ersteren insofern als „restriktiv" dar, als sie den Anwendungsbereich des Verursachungsbegriffes und damit den Anwendungsbereich der gesamten Rechtsvorschrift einschränkt. Betrachten wir noch einmal das eben angeführte Vorbestraftenbeispiel von Burckhardt, so muss jetzt anders als unter a) restriktiv diejenige Auslegung heißen, die den Ausschluss vom Amt beschränkt auf in neuerer Zeit ernstlich Vorbestrafte, während extensiv diejenige Auslegung genannt werden muss, die jeden Vorbestraften vom Amte fernhält. Ein weiteres Beispiel: Wenn § 46 Nr. 2 StGB a. F. demjenigen, der eine strafbare Handlung *versucht* hat, Straffreiheit zusicherte, wenn er „zu einer Zeit, zu welcher die Handlung noch nicht entdeckt war, den Eintritt des zur Vollendung … gehörigen Erfolges durch eigene Tätigkeit abgewendet hat", so war es eine den Anwendungsbereich restringierende Auslegung, wenn man zusätzlich forderte, dass die Abwendung des Erfolges absolut freiwillig erfolgt ist; dagegen bedeutete dieser Zusatz, gemessen am Wortsinn, eine „Extension", da die „Freiwilligkeit" im Gesetz nicht besonders erwähnt war[57]. Das Reichsgericht hat in

57 Der § 46 Nr. 2 StGB a. F. wurde 1975 ersetzt durch § 24 StGB, wo die Freiwilligkeit ausdrücklich zur Voraussetzung der Strafbefreiung wegen Rücktritts erhoben ist. Als methodologisches Exempel soll gleichwohl jener § 46 Nr. 2 a. F. herangezogen werden.

einem Falle, wo ein Brandstifter in einer Tischschublade liegendes Papier mit Spiritus getränkt und angezündet, dann aber, weil er jemand kommen hörte und Entdeckung fürchtete, rasch das Feuer erstickt hatte, § 46 Nr. 2 nicht angewendet, obwohl die Tat nach dem Wortlaut dieser Bestimmung „noch nicht entdeckt“ war. Das Reichsgericht hat damit den Anwendungsbereich des § 46 Nr. 2 durch das im Gesetz nicht ausgesprochene Erfordernis echter Freiwilligkeit „restringiert“ (RGSt 38, 402).

c) Wenn die eben unter b) entwickelte Auffassung des Begriffsgegensatzes zwar keine rein sprachliche, sondern eine sachliche ist, so haftet ihr insofern doch noch ein gewisser Formalismus an, als es auf das äußere Verhältnis der Gesetzesvorschriften zu ihrem „Umfange“, d.h. zu ihrem Anwendungsbereich ankommt. Eine *materielle* Bedeutung erlangt die Unterscheidung von restriktiver und extensiver Auslegung, wenn man sie auf das Verhältnis der Rechtsnormen zur bürgerlichen *Freiheit* oder zum Besitz *subjektiver Rechte* oder zum Vorhandensein eines allgemeinen *Prinzips* bezieht. Gelegentlich behauptet man nämlich, es gelte: „in dubio pro libertate“[58] oder: „singularia non sunt extendenda“. Dann bedeutet eine enge und strenge (restriktive) Auslegung eine solche Auslegung, die Strafgesetze, Eigentumsbeschränkungen (auch Urheberrechtseinschränkungen und Steuerlasten), Pflichtenauferlegungen, Durchbrechungen eines Grundsatzes derart interpretiert, dass die Strafgewalt oder der Eingriff in das Eigentum oder die Belastung mit einer Pflicht oder die Ausnahme von einer Regel tunlichst in Schranken gehalten ist. In diesem Sinn ist „restriktiv“ diejenige Auslegung des Begriffs des „Vorbestraften“, die sich unter a) als extensiv darstellte. Typisch „restriktiv“ im gegenwärtigen Sinn war auch diejenige Handhabung des „normativen Tätertyps“, die dazu

58 P. Schneider, In dubio pro libertate, in: FS f. dt. Juristentag, Bd. II (1960), S. 263. Vgl. auch W. Maihofer, Rechtsstaat und menschliche Würde, 1968, S. 126; W. Knies, Schranken der Kunstfreiheit als verfassungsrechtliches Problem, 1972, S. 58f. Anm. 35 (m.w.N.); Müller/Christensen, Methodik, Rn. 127ff., 394.

diente, eine zu weit gehende Bestrafung des „Zuhälters“ oder des „Volksschädlings“ zu verhüten (der „Wortlaut“ wurde dabei aufgelockert; im Sinne von a) lag daher eine extensive Auslegung vor). Andererseits ist im Lichte unserer gegenwärtigen Unterscheidung jede Auslegung „extensiv“, die die Staatsgewalt auf Kosten der Freiheit ausdehnt bzw. subjektive Rechte beeinträchtigt bzw. Rechtsgrundsätze durch Erweiterung der Ausnahmen in größerem Ausmaße durchbricht. Die Bestrafung der Ersatzhehlerei ist in diesem Sinne zweifellos „extensive Auslegung“ des § 259 StGB, während z. B. „restriktiv“ im gegenwärtigen Sinne (übrigens auch im Sinne von b), nicht dagegen im Sinne von a)) die Ausscheidung des Ansichbringens *verarbeiteter* Sachen aus dem Tatbestand der Hehlerei ist. Die Auslegung des § 46 Nr. 2 StGB a. F. durch das Reichsgericht war unter dem Blickwinkel der *Freiheit* ebenfalls „extensiv“, weil durch sie die Strafbarkeit erweitert wird, während sie im Sinne der vorhergehenden Unterscheidung (b) restriktiv war (dagegen wieder extensiv im Sinne von a)). Oder: Wenn der Grundsatz gilt, dass sonst strafbare Handlungen, die zur Rettung aus gegenwärtiger Gefahr für Leib und Leben begangen werden, nicht strafbar sein sollen (Notstand; s. § 35 StGB), so bedeutet eine Ausdehnung dieses Grundsatzes eine restriktive Auslegung, sofern sie die *Strafbarkeit* einschränkt, auch wenn auf diese Weise der Anwendungsbereich des Notstandsgrundsatzes ausgedehnt wird. Andererseits bedeutet es eine *Ausnahme* von diesem (Notstands-) *Grundsatz*, wenn jemand als Seemann für verpflichtet erklärt wird, in Lebensgefahr unter allen Umständen standzuhalten (vgl. §§ 106, 109 Seemannsgesetz). Es bedeutet dann aber auch eine gegen die Maxime „singularia non sunt extendenda“ verstoßende *extensive* Interpretation, wenn man solche Vorschriften wie §§ 106, 109 Seemannsgesetz ausdehnt auf Personen, die nicht unmittelbar in diesen Vorschriften erwähnt sind[59], obwohl rein formal gesehen im Sinne von b) insofern

59 Vgl. R. Frank, Kommentar zum StGB, 18. Aufl. 1931, § 54 IV; H. Henkel, Der Notstand nach gegenwärtigem und künftigem Recht, 1932, S. 131 f.; BGH NJW 1964, 730.

wieder eine *restriktive* Auslegung angenommen werden kann, als die Notstandsbestimmung des § 35 StGB ihrem *Umfange* nach eingeschränkt wird durch die Ausdehnung der Pflicht, den Notstand hinzunehmen. Das letzte Beispiel belehrt uns nochmals über den schon betonten formalen Charakter des Begriffs „Anwendungsbereich", zugleich aber auch über die Relativität von „Grundsatz" und „Ausnahme": Die Ausnahmeregelung des Seemannsgesetzes kehrt in gewissem Sinne, da sie sich als Ausnahme von einer Ausnahme, nämlich als Ausnahme von der ausnahmsweisen Straffreiheit der Notstandshandlung darstellt, zur *Regel* der Strafbarkeit zurück.

Damit stehen wir schon bei der Kritik der bisherigen Unterscheidungen von extensiver und restriktiver Auslegung. Sie haben allesamt in der bisherigen Fassung Bedenken gegen sich. Die Unterscheidung zu a) scheitert häufig an der Unsicherheit darüber, welcher Wortsinn eigentlich der „nächstliegende" ist, zumal das Gesetz oft sprachlich eigene Wege geht und sich einer juristisch-technischen Terminologie bedient. Die Unterscheidung zu b) ist zu äußerlich und zu formal, weil sie immer nur am Umfang der einzelnen Vorschrift klebt. Soweit sich mehrere Vorschriften gegenseitig ergänzen, kann die Einschränkung bzw. Ausdehnung der einen Vorschrift eine in umgekehrter Richtung sich bewegende Erweiterung oder Beschränkung anderer Vorschriften sein. Ebenso relativ ist, wie bereits bemerkt, das Verhältnis von Regel und Ausnahme im Sinne von c), manchmal aber auch sogar der Begriff der Freiheit; denn bei einem Konflikt zwischen einem Polizeibeamten und einem Staatsbürger, der zu einem „Widerstand gegen die Staatsgewalt" führt, steht nicht nur die Freiheit des Staatsbürgers, sondern auch die Handlungsfreiheit des Beamten auf dem Spiel. Die Sätze „in dubio pro libertate" oder „in dubio contra fiscum" oder „singularia non sunt extendenda" sind wenig gesichert. Das betonen auch liberale Rechtstheoretiker wie Burckhardt und Nawiasky[60].

d) Dann aber ist es wohl richtig, diejenige Deutung des Begriffsgegensatzes zu akzeptieren, die bisher noch im Hin-

60 Burckhardt, S. 287 f.; Nawiasky, S. 135 f. Vgl. auch OGHSt 1, 271 f.

tergrund gehalten wurde, die aber nun gerade wieder mit den Begriffen „*Wille des Gesetzgebers*“ und „*Wille des Gesetzes*“ arbeitet und die auch die meist anzutreffende ist. Hier werden die Worte des Gesetzes als Ausdrucksmittel angesehen für den Willen des Gesetzgebers oder des Gesetzes und danach gedehnt oder verengt. Sehr einfach stellen sich die Dinge vom Standpunkt der *subjektiven* Theorie aus dar. Klar und schön hat schon Savigny (S. 231) gesagt, der Unterschied von ausdehnender und einschränkender Auslegung beziehe sich nur „auf das logische Verhältnis des Ausdrucks zum Gedanken, indem jener entweder weniger oder mehr enthalten kann als der Gedanke“. „Im ersten Fall geschieht die Berichtigung des Ausdrucks durch eine *ausdehnende* Auslegung, im zweyten durch eine *einschränkende.* Beide gehen lediglich darauf aus, den Ausdruck mit dem wirklichen Gedanken (sc. des Gesetzgebers) in Übereinstimmung zu bringen“. Ähnliche Formulierungen findet man auch bei anderen Subjektivisten, z.B. bei Windscheid (§ 21), Regelsberger (S. 152 ff.), Enneccerus (Enneccerus/Nipperdey I 1, § 57). Der Letztgenannte betont allerdings noch besonders, dass eine so oder so „berichtigende Auslegung“ nur zulässig sei, falls „das Gesetzeswort immer noch als eine, wenn auch unvollkommene, doch bei Berücksichtigung aller in Betracht kommenden Umstände noch verständliche Erklärung des Gesetzeswillens angesehen werden darf“. Damit ist gemeint, dass die Auslegung sich immer noch irgendwie in den Grenzen des „Wortsinns“ halten muss, also allenfalls an diese Grenzen „stoßen“, nicht aber über sie hinausschreiten darf. Jenseits der Grenzen gibt es keine ausdehnende Auslegung mehr, sondern allenfalls „Analogie“. Entsprechendes würde für die restriktive Auslegung zu sagen sein. Bestimmungen z.B., die sich ausdrücklich, wenn auch gegen den eigentlichen Willen des Gesetzgebers, nur auf „Männer“ beziehen, können niemals im Wege ausdehnender Auslegung auf „Frauen“ mitbezogen und damit auf „Menschen überhaupt“ erstreckt werden[61].

61 Kritisch zu dieser Auffassung allerdings Heck, Gesetzesauslegung, S. 138 ff. Vgl. im Übrigen die Ausführungen im Text weiter oben zur

Wie aber stellen sich nun die Begriffe extensive und restriktive Auslegung von der *objektiven* Theorie her gesehen dar? Da diese Theorie den Text unabhängig vom Willen des historischen Gesetzgebers als Träger eines immanenten Sinnes auffasst und respektiert, scheint auf den ersten Blick für eine extensive oder restriktive Interpretation überhaupt kein Raum zu sein. Ist der Wortsinn eindeutig, so hat sich nun einmal der objektive Geist gerade auf diese Weise manifestiert, ist der Wortsinn aber mehrdeutig, so fällt die Entscheidung zu Gunsten des „vernünftigen" Sinnes aus. Dennoch begegnen wir auch bei Objektivisten dem Begriffspaar „extensive" und „restriktive" Auslegung. So sagt z.B. Wach: „Es muss ..., um den vernünftigen Sinn gegen den inkorrekten Wortlaut zur Geltung zu bringen, sehr häufig festgestellt werden, dass das Gesetz fehlerhaft gefasst ist (ausdehnende, einschränkende Auslegung)"[62]. Zu unserer Erheiterung bemerken wir, dass also vom objektiven Standpunkt aus nicht nur das Gesetz klüger sein kann als sein Verfasser, sondern auch der Interpret klüger als das Gesetz selbst.

Wir schließen hiermit die Lehre von der Auslegung vorläufig ab. Wir sind mit unseren letzten, einigermaßen komplizierten Betrachtungen bereits an die Grenzen des Gebietes der eigentlichen Auslegungsmethodik gelangt. In gewissem Sinne können die extensive und die restriktive Auslegung bereits als eine Art von Weiterbildung des Gesetzes angesehen werden. Noch ein Schritt und wir stehen bei der so genannten Rechtsfindung „praeter legem", deren Hauptbeispiel die Analogie ist, und bei der Rechtsfindung „contra legem", die im engeren Sinne eine „Berichtigung" des Gesetzes bedeutet, während sich die echte Auslegung als eine Wegweiserin zur Rechtsfindung „secundum legem", gemäß dem Prinzip der gesetzlichen Treue gibt. Bevor wir zur Rechtsfindung praeter legem und contra legem übergehen, müssen

„Andeutungstheorie" und zum „möglichen Wortsinn" als Auslegungsgrenze.

62 A. Wach, S. 276.

wir jedoch unsere bisherige Betrachtung über die Rechtsfindung secundum legem in einem wesentlichen Punkte ergänzen (Kap. VI).

Kapitel VI

Juristenrecht[1]*. Unbestimmte Rechtsbegriffe, normative Begriffe, Ermessen, Generalklauseln*

Bisher haben wir stillschweigend die Voraussetzung festgehalten, dass es sich bei der Rechtsanwendung und der in ihrem Dienst stehenden Auslegung im Wesentlichen um Erkenntnisakte, wenn auch um solche einer eigentümlich geisteswissenschaftlichen Struktur, handelt. Immerhin mochten uns manche Dinge irritieren, ja beängstigen, so die Unsicherheit

1 Der hier und in Kapitel VII an die Spitze gestellte Begriff „Juristenrecht" wird nur in dem Sinne gebraucht, dass die Juristen (Theoretiker oder Praktiker) gerade unter den jetzt zu schildernden Voraussetzungen durch „schöpferische" Tätigkeit zur inhaltlichen Entfaltung des Rechts in besonderem Maße beitragen, also nicht nur Gedanken des Gesetzgebers weiter- und zu Ende denken. Das Problem dagegen, ob das Juristenrecht eine Rechtsquelle eigener Art ist, geeignet, sich in die Grundordnung des gewaltenteilenden Staates einzufügen, können wir nicht behandeln. Es wird schon lange erörtert. Bereits Savigny hat die Bedeutung der Jurisprudenz für die Entfaltung des im Volksgeiste verwurzelten Rechts hervorgehoben. Am Ende des 19. Jahrhunderts hat O. Bülow, Gesetz und Richteramt, 1885, die Gleichwertigkeit des Richterrechts an der Seite des Gesetzesrechts betont („Gesetz und Richteramt schafft dem Volke sein Recht", S. 48). Natürlich hat auch die Freirechtsschule, die das „Richterkönigtum" feierte, das Richterrecht als Rechtsquelle eigener Art angesehen und konnte sogar das Reichsgericht in ihre Gefolgschaft aufnehmen (s. dazu E. Fuchs, Was will die Freirechtsschule?, 1929, S. 18 ff.). In den letzten Jahrzehnten ist nun wieder zunehmend der Gedanke aufgekommen, dass das Juristenrecht und zumal das Richterrecht die Dignität einer Rechtsquelle beanspruchen dürfe. Vgl. aus der umfangreichen Literatur: Esser, Vorverständnis, S. 184 ff., 189 ff.; Fikentscher III, S. 701 ff.; J. Ipsen, Richterrecht und Verfassung, 1975; F. Müller, „Richterrecht", 1986; ders./Christensen, Methodik, Rn. 105 ff.; Bydlinski, S. 501 ff.; Larenz, Methodenlehre, S. 366 ff.; J. Vogel, Juristische Methodik, 1998, S, 83 ff., 160 ff.; Zippelius, Methodenlehre, S. 78 ff. m. w. N.; Röhl/Röhl, S. 570 ff.; Rüthers, Rechtstheorie, Rn. 235 ff., 936 ff.; Maurer, § 4 Rn. 35 m. w. N.

beim Vollzug der „Subsumtion“, so die Zweideutigkeit, mit der die Auslegung auf allen Stufen zu ringen hat, so die Verschiedenartigkeit der Auslegungsmethoden und der Streit um das Grundanliegen der Interpretation, so schließlich auch die Vieldeutigkeit der Begriffe „extensive“ und „restriktive“ Auslegung. Mit Schwierigkeiten hat aber jede Wissenschaft zu kämpfen. Ausschlaggebend ist, ob im Prinzip ein Suchen nach „Wahrheit“ sinnvoll und erfolgversprechend ist. Indessen gibt es im Bereiche des Rechts und seiner Erkenntnis eine Reihe von Phänomenen, die schon das Prinzip der Wahrheitssuche selbst zum Problem werden lassen, die die Grenzen einer rein wissenschaftlichen Rechtserkenntnis wie eine „Schattenlinie“ in den Blick bringen[2].

Es hat einmal eine Zeit gegeben, die zuversichtlich der Meinung huldigte, es müsse möglich sein, durch genau gefasste Normen absolute Rechtsklarheit und Rechtssicherheit zu begründen, insbesondere absolute Eindeutigkeit aller richterlichen und behördlichen Entscheidungen und Akte zu gewährleisten. Diese Zeit war die Aufklärung. Bockelmann hat 1952 noch einmal treffend ihre Grundkonzeption dargestellt: „Die richterliche Gesetzesanwendung soll … funktionieren wie ein Automat, mit der einzigen Besonderheit, dass der funktionierende Apparat kein mechanischer, sondern ein logischer Automatismus ist“[3]. Das Misstrauen, das sich die Richter in der vorangegangenen Zeit der Willkür- und der Kabinettsjustiz (d.h. einer Justiz, die den Weisungen der Landesherren gefügig war) zugezogen hatten, und auf der anderen Seite die rationalistische Anbetung des Gesetzes ließen die strenge Bindung des Richters an das Gesetz zur zentralen Forderung werden. Dabei verstieg man sich zur Aufstellung unhaltbarer Auslegungs- und Kommentierungsverbote, zur Ausschaltung jeder Strafzumessung durch den Richter (System der „peines fixes“ im Code pénal von 1791) und zu dergleichen

2 Hierzu grundsätzlich: Kelsen, Rechtslehre, S. 346ff.; Engisch, Wahrheit, v. a. S. 17f.; Hassemer, S. 127ff.; Rödig, S. 151ff.

3 Bockelmann, in: FS Smend (1952), S. 26.

mehr. Der Richter sollte der „Sklave des Gesetzes“ sein[4]. Diese Vorstellung des Verhältnisses von Gesetz und Richter ist im Laufe des 19. Jahrhunderts ins Wanken geraten. Man hat nicht nur die Forderung strenger Bindung des Richters an das Gesetz für unerfüllbar befunden, weil es nicht gelingen will, die Gesetze so exakt zu fassen und ihre Auslegung in amtlichen Kommentaren so genau und erschöpfend durchzuführen, dass alle Anwendungszweifel ausgeschaltet sind. Man hat auch jene Forderung der Gesetzesgebundenheit auf die Dauer nicht mehr als ideal empfunden. In dem Maße, in dem die Gerichte von der Macht der Landesherrn freigestellt wurden und als „unabhängige“ Spruchbehörden mit Sachlichkeit und Gerechtigkeitssinn ihres Amtes walteten, glaubte man, sie auch vom Gängelband des Gesetzes lösen zu dürfen, damit sie diejenige Entscheidungsfreiheit gewönnen, deren sie bedürften, um das Leben in seiner Vielgestaltigkeit und Unabsehbarkeit zu meistern. Die Entwicklung im Einzelnen zu schildern, ist hier nicht der Ort[5]. Heute ist es so, dass die Bindung der Gerichte und der Verwaltungsbehörden an das Gesetz zwar nicht in dem Ausmaße gelockert ist, wie dies zu Beginn unseres Jahrhunderts die so genannte „Freirechtsschule“ für unvermeidlich und richtig hielt, dass sie aber doch auf eine Weise gelockert ist, die unsere methodologischen Betrachtungen auf neue Bahnen lenken muss.

Das Prinzip der Gesetzmäßigkeit von Rechtspflege und Verwaltung bleibt an sich unangetastet. Wir kennen schon Art. 20 Abs. 3 GG, der die vollziehende Gewalt und die Rechtsprechung an Gesetz und Recht bindet. Aber die Gesetze selbst sind heute auf allen Rechtsgebieten so gebaut, dass die Richter und Verwaltungsbeamten nicht nur durch Subsumtion unter feste Rechtsbegriffe, deren Gehalt durch Auslegung sicher entfaltet wird, ihre Entscheidungen finden

4 Bockelmann, in: FS Smend (1952), S. 27; s. auch die Lehre Montesquieus, unten Text S. 219 u. Anm. 49. Vgl. ferner Engisch, Idee, S. 180f.; Scheuerle, AcP 167 (1967), 307 spricht hier von „kausaler Subsumtion“. S. auch oben S. 167f. u. Anm. 34.

5 S. dazu Bockelmann, in: FS Smend (1952), S. 28ff.; O. Bachof, Grundgesetz und Richtermacht, 1959, S. 25ff.; Hanack, S. 55ff.

und begründen, sondern dass sie aufgerufen sind, selbstständig zu werten, mitunter gesetzgebergleich zu entscheiden und zu verfügen. So wird es auch in Zukunft bleiben. Es wird sich immer nur um die Frage des Mehr oder Minder der Bindung an das Gesetz handeln. Erwägen wir deshalb etwas genauer, wie sich das juristische Denken gestaltet, wenn die Bindung an das Gesetz gelockert ist, wenn wir es in diesem Sinne mit so genanntem „billigem Recht“ (ius aequum) im Gegensatz zu „strengem Recht“ (ius strictum) zu tun haben.

Ausgangspunkt unserer neuen Erwägungen muss sein die Methodik der Gesetzgebung selbst bei Auflockerung der Bindung der Gerichte und Verwaltungsbehörden an das Gesetz. Da begegnen uns heute verschiedene Formen gesetzlicher Ausdrucksweise, die dahin führen, dass der Anwender des Gesetzes diesem gegenüber Selbstständigkeit gewinnt. Wir unterscheiden als derartige Formen: die unbestimmten Rechtsbegriffe, die normativen Begriffe, die Ermessensklauseln und die Generalklauseln[6]. Leider ist die Terminologie

6 Mancherlei Berührungspunkte mit den im folgenden Text näher behandelten Rechtsbegriffen weisen die mit zunehmender Aufmerksamkeit betrachteten „Typenbegriffe“ auf. Sie spielen auch außerhalb des Rechts eine erhebliche Rolle (s. Engisch, Idee, Kap. VIII). Was das Recht selbst betrifft, so haben sich des „Typus“ in bahnbrechender Weise angenommen: G. Radbruch, Klassen- und Ordnungsbegriffe im Rechtsdenken, Int. ZS f. Theorie des Rechts 12 (1938), 46; H.J. Wolff, Typen im Recht und in der Rechtswissenschaft, Studium generale 5 (1952), 195. Weitere Literatur zum Thema „Typus und Recht“: z.B. Hassemer; Strache; R. Zippelius, Die Verwendung von Typen in Normen und Prognosen, in: FS f. K. Engisch (1969), S. 224; ders., Gerechtigkeit, S. 411 ff.; D. Leenen, Typus und Rechtsfindung, 1971; L. Kuhlen, Die Denkform des Typus und die juristische Methodenlehre, in: H.-J. Koch (Hg.), Juristische Methodenlehre und analytische Philosophie, 1976, S. 53; Kaufmann, Analogie; Bydlinski, S. 543 ff. m.w.N.; Larenz, Methodenlehre, S. 216 ff., 226 f., 461 ff. m.w.N.; Pawlowski, Rn. 146 ff.; Rüthers, Rechtstheorie, Rn. 930 ff.

Es würde den Rahmen dieser Einführung sprengen, dem vieldeutigen Typus eine eigene ausführliche methodologische Betrachtung zu widmen. Es gibt unendlich viele Aspekte, unter denen der Typus rechtstheoretisch Verwendung finden kann. Methodologisch weist er starke Berührungspunkte mit der teleologischen Rechtsanwendung auf. Viele

nicht einheitlich. Es spielen in sie auch Probleme hinein, die uns als solche hier nicht näher interessieren, nämlich Probleme der Anfechtbarkeit von gerichtlichen Entscheidungen und Verwaltungsakten durch Rechtsmittel. Wir können und wollen hier nicht mehr tun, als die verschiedenen Formen der gesetzlichen Lockerung so darstellen, wie dies im Hinblick auf unsere Methodenprobleme sinnvoll und angemessen ist.

Überlegungen, die unter dem Stichwort „typologische Betrachtungsweise" angestellt werden, können auch im Rahmen der teleologischen Rechtsanwendung behandelt werden (vgl. Leenen, S. 190 ff.). Einschränkungen des Anwendungsbereichs dieser Rechtsbegriffe im Hinblick auf „Atypizität" finden ihren Platz bei der restriktiven Auslegung, Erweiterungen wegen typologischer Ähnlichkeit finden ihn bei der Analogie (vgl. Leenen, S. 110, 162 ff., 172 ff.). Ferner zeigt sich bei einer typologischen Rechtsanwendung auch ein Eingehen auf „typische" Interessenlagen und Interessenkonflikte, wie es der Interessenjurisprudenz eigen ist (s. Leenen, S. 157 ff. zum Verkauf eines neuen Pkw unter Inzahlungnahme eines Altwagens, der sich später als minderwertig herausstellt; Larenz, Methodenlehre, S. 218 ff. zum „Typus" des „Tierhalters"). Damit wird natürlich die Fruchtbarkeit eines typologischen juristischen Denkens nicht in Frage gestellt, sondern nur seine Vielseitigkeit und Vereinbarkeit mit den klassischen juristischen Methoden betont.
Was die im folgenden Text behandelten Klassen von Rechtsbegriffen angeht, so lassen sich ihnen gewiss die rechtlichen Typenbegriffe als eine weitere Begriffsklasse nebenordnen und mit mancherlei Besonderheiten ausstatten. Sie erweisen sich aber zum Teil auch als Unterarten der „unbestimmten" Begriffe (mit ihren „fließenden" Grenzen) oder der „normativen" Begriffe. So sind z. B. für den Typus der „Gesellschaft" oder des „gefährlichen Gewohnheitsverbrechers" unbestimmte Grenzen des Geltungsbereichs charakteristisch. So tritt weiter der „normative" Einschlag stark hervor beim Typus des „bonus pater familias" oder des „ordentlichen Kaufmanns", wobei letzterer Begriff zugleich den Charakter einer „Generalklausel" hat. Auf den Zusammenhang zwischen Typus und Normativität im Sinne der Maßgeblichkeit „objektiver Wertungen" weisen „typologische" Begriffe wie der der „Verkehrssitte" hin (Larenz, Methodenlehre, S. 464). So wird sich also vieles von dem, was über die nunmehr behandelten Begriffsklassen gesagt wird, auf die Typenbegriffe mitbeziehen lassen, ohne dass damit gesagt sein soll, dass diese Begriffe schon logisch voll ausgeschöpft sind.

1.) Unter einem „unbestimmten Begriff“[7] verstehen wir einen Begriff, dessen Inhalt und Umfang weitgehend ungewiss ist. Absolut bestimmte Begriffe sind innerhalb des Rechts selten. Immerhin dürfen hierher die auch im Recht verwendeten Zahlbegriffe (insbesondere in der Verbindung mit Maß- und Zeit- und Geldbegriffen) gerechnet werden (50 km, Frist von 24 Stunden, 100 DM). Überwiegend sind die Rechtsbegriffe wenigstens teilweise unbestimmt[8].

Dies gilt z.B. schon von solchen in das Recht übernommenen natürlichen Begriffen wie „Dunkelheit“, „Nachtruhe“, „Lärm“, „Gefahr“, „Sache“. Es gilt noch mehr von den eigentlichen Rechtsbegriffen wie „Mord“, „Rechtswidrigkeit“, „Verbrechen“, „Verwaltungsakt“, „Rechtsgeschäft“ usw. Mit Philipp Heck[9] kann man bei den unbestimmten Begriffen einen Begriffskern und einen Begriffshof unterscheiden. Soweit wir uns über Inhalt und Umfang der Begriffe

---

7 Zu den unbestimmten Rechtsbegriffen vgl. Maurer, § 7 Rn. 26ff. (umfangreiche Literaturhinweise Rn. 64f.). Zum Bestimmtheitsgrundsatz des § 1 StGB s. auch Schönke/Schröder-Eser, § 1 Rn. 17ff. m.w.N.

8 Die „Unbestimmtheit“ von Rechtsbegriffen kann beruhen auf der Mehrdeutigkeit eines Begriffswortes. Z. B. kann „Sache“ ein „körperlicher“ Gegenstand (als Gegenstand von Eigentum, Diebstahl, Unterschlagung, Sachbeschädigung), Gegenstand eines Verfahrens („Verhandlung zur Sache“) oder aber auch (bei der Irrtumsanfechtung) der „Geschäftsgegenstand“ sein (vgl. Larenz, Methodenlehre, S. 321). Bei solcher Mehrdeutigkeit stellt häufig die Auslegung aus dem Zusammenhang klar, welche Bedeutung jeweils in Frage kommt. Praktisch wichtiger dürfte jene „Unbestimmtheit“ sein, die auf den unscharfen Grenzen des Begriffs beruht, an welche Heck gleich unten im Text mit der Vokabel „Begriffshof“ denkt. In diesem Sinne können selbst exakte Begriffe wie Zahlbegriffe unbestimmt werden, wenn sie nämlich z.B. Prüfungsnoten bedeuten, für die ein gewisser „Spielraum“ in Betracht kommt („noch Eins“, eine „glatte Zwei“, eine „Vier an der oberen Grenze“).

9 S.z.B. Heck, Gesetzesauslegung, S. 173; ders., Begriffsbildung und Interessenjurisprudenz, 1932, S. 52, 60. Zippelius (Methodenlehre, S. 46) zieht es vor, statt von einem „Begriffshof“ von einem „Bedeutungsspielraum“ zu sprechen. Ebenso lehnt H.-J. Koch, Der unbestimmte Rechtsbegriff im Verwaltungsrecht, in: ders. (Hg.), Juristische Methodenlehre und analytische Philosophie, 1976, S. 186ff. (203ff.) das Hecksche Bild ab und ersetzt es durch präzisere Umschreibungen dessen, was mit „unbestimmten“ bzw. „vagen“ Begriffen gemeint ist.

im Klaren sind, haben wir es mit dem Begriffskern zu tun. Wo die Zweifel sich einstellen, beginnt der Begriffshof. Dass in einer mondscheinlosen Nacht um die zwölfte Stunde im nichterleuchteten Freien in unseren Breiten Dunkelheit herrscht, ist klar; Zweifel erregen z. B. die Stunden der Dämmerung. Dass Grundstücke, Möbel, Lebensmittel „Sachen" sind, ist über jeden Zweifel erhaben; anders steht es etwa mit der Elektrizität oder einer Rauchfahne (Reklameschrift) am Himmel. Dass mit der glücklichen Vollendung der Geburt eines Kindes menschlicher Eltern ein „Mensch" im Rechtssinn vorhanden ist, ist sicher, ob und wann dagegen schon während des Geburtsvorganges (nach Einsetzen der Wehen) ein „Mensch" (und nicht mehr bloß eine „Leibesfrucht") vorhanden ist, ist nicht so sicher; die Frage wird sogar für verschiedene Rechtsteile verschieden beantwortet: Nach bürgerlichem Recht haben wir einen „rechtsfähigen" Menschen erst nach „Vollendung der Geburt" (§ 1 BGB) vor uns, während nach strafrechtlicher Beurteilung (vgl. § 217 StGB a. F.) schon während der Geburt (aber von welchem Moment an?) ein „Mensch" da ist[10], der Gegenstand eines Mordes oder Totschlags oder einer fahrlässigen Tötung sein kann. Unbestimmte Begriffe können aber innerhalb der Rechtssätze nicht nur im so genannten „Tatbestand" vorkommen, sondern auch innerhalb der „Rechtsfolge". Ein Beispiel bietet § 231 Abs. 1 StPO: Dem in der Hauptverhandlung erschienenen Angeklagten gegenüber kann der Vorsitzende „die geeigneten Maßregeln treffen", um seine Entfernung zu verhindern.

2.) Viele unbestimmte Begriffe sind in einem gleich näher zu erläuternden Sinne „normative" Begriffe[11]. Man stellt diese Begriffe gegenüber den „deskriptiven" Begriffen, d. h. solchen

10 Auch nach Abschaffung des alten § 217 StGB durch das 6. StrRG v. 26. 1. 1998 greift der strafrechtliche Schutz des „Menschen" weiterhin mit dem Beginn des Geburtsaktes (vgl. BGHSt 31, 348), genauer dem Einsetzen der Eröffnungswehen (BGHSt 32, 194); vgl. Schönke/Schröder-Eser, vor § 211 Rn. 13 m. w. N.; Lackner/Kühl, vor § 211 Rn. 3.

11 Dazu s. z. B. K. Engisch, Die normativen Tatbestandselemente im Strafrecht, in: FS f. E. Mezger (1954), S. 127 (m. w. N.); M. Herberger, Die deskriptiven und normativen Tatbestandsmerkmale im Strafrecht, in:

Begriffen, die wirkliche oder wirklichkeitsartige[12], grundsätzlich wahrnehmbare oder sonstwie erfahrbare Objekte „beschreibend" meinen: „Mensch", „Tod", „Beischlaf", „Dunkelheit", „rot", „Geschwindigkeit", „Absicht". Wie diese Beispiele zeigen, befinden sich auch unter den deskriptiven Begriffen viele unbestimmte Begriffe. Es sind also beileibe nicht alle unbestimmten Begriffe zugleich „normativ". Aber die normativen Begriffe sind häufig in besonders hohem Grade unbestimmt und bieten daher viele Musterbeispiele der Unbestimmtheit und damit zugleich der Unsicherheit und relativen Ungebundenheit der Gesetzesanwendung. Was also sollen wir nun unter „normativen" Begriffen verstehen? Leider ist der Begriff des „normativen" Begriffs selbst nicht „eindeutig". Bedenkt man, dass jeder Rechtsbegriff Bestandteil einer Rechtsnorm ist und durch sie Sinn und Gehalt empfängt, so müsste man eigentlich jeden Rechtsbegriff (und innerhalb des „gesetzlichen Tatbestandes" jedes Tatbestandsmerkmal) als „normativ" bezeichnen, was denn auch gelegentlich geschehen ist[13]. Dann wären aber auch die oben angeführten „deskriptiven" Begriffe im Grunde „normative" Begriffe, denn die Begriffe des „Menschen", des „Todes", der „Dunkelheit" haben ja als Rechtsbegriffe eine eigentümliche Bedeutung, die sich von der der entsprechenden biologischen oder theologischen oder physikalischen Begriffe sehr wohl abheben mag. Wenn man aber von normativen Rechtsbegriffen im Unterschied zu deskriptiven Begriffen redet, so muss man offenbar etwas Spezifisches meinen, etwas anderes als nur die Zugehörigkeit zum System der Rechtsnormen bzw. zu den Merkmalen der Tatbestände. Diese Zugehörigkeit eignet jedem Rechtsbegriff. Sie bewirkt das, was man „Wertbezogenheit" nennen kann, nämlich die Bezogenheit des Inhalts und des Umfangs jedes Rechts-

H.-J. Koch (Hg.), Juristische Methodenlehre und analytische Philosophie, 1976, S. 124; Jescheck/Weigend, S. 269 f. m. w. N.; Röhl/Röhl, S. 59 f.; Rüthers, Rechtstheorie, Rn. 180 ff.; kritisch: Lampe, S. 25 ff.

12 Vgl. R. Carnap, Der logische Aufbau der Welt, 1928, S. 239 f.; Engisch, Studien, S. 41 f.; Rüthers, Rechtstheorie, Rn. 177 ff.

13 E. Wolf, Der Sachbegriff im Strafrecht, in: FS f. das Reichsgericht, Bd. 5 (1929), S. 44 (56). S. auch Heller, S. 93; Esser, Vorverständnis, S. 54, 59.

begriffs auf die spezifischen rechtlichen Wertgedanken. Worin aber das Besondere der im engeren Sinne „normativen" Rechtsbegriffe (im Unterschied zu den deskriptiven Rechtsbegriffen) zu suchen sei, darüber sind die Meinungen noch geteilt, zumal es sich hier bis zu einem gewissen Grad um Fragen des terminologischen Beliebens handelt. Zwei verschiedene Bedeutungen des „Normativen" *i. e. S.* wollen wir herausheben, um schließlich der einen Bedeutung den Vorzug zu geben. Man kann unter „normativen" Rechtsbegriffen einmal solche verstehen, die im Gegensatz zu den deskriptiven Begriffen auf Gegebenheiten abzielen, die nicht einfach wahrnehmbar oder erfahrbar sind, sondern nur im Zusammenhang mit der Welt der Normen vorstellbar und verständlich werden[14]. Die deskriptiven Begriffe des „Menschen", des „Todes" und der „Dunkelheit" kann ich mir als schlichte Erfahrungsbegriffe vergegenwärtigen, auch wenn sie wertbezogen sind, auch wenn also ihr Inhalt und Umfang von der Rechtsnorm her bestimmt ist. Dass dagegen eine Sache „fremd" ist und damit mögliches Objekt eines Diebstahls oder einer Unterschlagung oder einer Sachbeschädigung, bedeutet, dass sie einem anderen als dem Täter „gehört". Damit ist logisch die bürgerlichrechtliche Eigentumsordnung als ein Normenkomplex vorausgesetzt. Ich kann mir eine Sache gar nicht als „fremd" denken, ohne zugleich an die Eigentumsnormen zu denken. Einen entsprechenden normhaltigen (nicht bloß wertbezogenen) Sinn haben Rechtsbegriffe wie: „Ehe", „Schwägerschaft", „Beamter", „minderjährig", „unzüchtig", „unbescholten", „ehrlos", „niedrig" und dergleichen Begriffe mehr, die allesamt ihren Sinngehalt in irgendwelchen Normen befestigen, mögen diese Normen nun dem Recht oder der Moral oder einem anderen kulturellen Bereich entstammen. Dabei ist zunächst noch nicht gesagt, dass die so gekennzeichneten normativen Rechtsbegriffe durchwegs unbestimmt sein müssen. Begriffe wie „Ehe" und „minderjährig" sind relativ bestimmt, denn die Voraussetzungen ihrer Anwendung sind ziemlich genau umschrieben. Es besteht auch die Möglichkeit, diese Voraussetzungen durch deskriptive

14 So H. Henkel, Recht und Individualität, 1958, S. 27 unten.

Merkmale zu definieren, z. B. für „minderjährig" denjenigen zu erklären, der das 18. Lebensjahr noch nicht vollendet hat. Wegen dieser Reduzierbarkeit auf deskriptive Merkmale mag manchem der eben angegebene Sinn des „Normativen" noch nicht genügend spezifisch erscheinen. Die eigentliche Bedeutung des „Normativen", die zugleich die zweite und vorzugswürdige Bedeutung des Normativen i. e. S. ist, wäre erst darin zu finden, dass es stets einer Wertung bedarf, um einen normativen Begriff im Einzelfall zur Anwendung zu bringen. Ob jemand verheiratet oder minderjährig ist, das kann anhand deskriptiver Kriterien „festgestellt" werden. Ob dagegen eine Gesinnung „ehrlos", ein Beweggrund „niedrig", ein Schrift „pornographisch", eine Darstellung „gotteslästerlich" ist – man denke in der letzten Beziehung an das berühmte Bild von George Grosz, das Christus am Kreuz mit der Gasmaske vor dem Gesicht und Soldatenstiefeln an den Füßen darstellte (dazu RGSt 64, 121) –, das kann nur aufgrund einer Wertung entschieden werden. Man nennt normative Begriffe dieser Art „wertausfüllungsbedürftig". Man will mit diesem schrecklichen Wort sagen, dass das normative Volumen dieser Begriffe von Fall zu Fall durch Wertungen ausgefüllt werden muss. Dabei mag zunächst offen bleiben, ob die Wertung eine subjektiv-persönliche des Rechtsanwenders ist oder ob sie Anschluss suchen muss an vorgegebene Wertungen der „Allgemeinheit" oder einer „maßgeblichen Schicht". „Wertung" soll uns vorläufig gleichermaßen die eigenständige individuelle Wertung wie der Nachvollzug fremder Wertungen heißen. So oder so wird der Wertung in aller Regel eine Unbestimmtheit anhaften, die die normativen Begriffe als eine Sonderklasse der unbestimmten Begriffe erscheinen lässt[15].

15 Dass der Begriff der „Wertung" selbst schillert, betont Larenz, Methodenlehre, 1. Aufl. 1960, S. 124 f. Die Wertung als Akt müsse unterschieden werden von dem „Wert" selbst, auf den sich der Akt der Wertung richtet. Im Hinblick auf diese terminologische Klarstellung sei indessen bemerkt, dass der Begriff der „Wertung" auch in einem Sinne verwendet werden kann, der Akt und Inhalt der Wertung als Ganzes meint, so dass man – wie bei vielen anderen Wörtern auf „-ung" („Empfindung", „Wahrnehmung", „Erfahrung") – Akt und Inhalt als zwei Seiten jenes

3.) Die „Eigenständigkeit" der subjektiv-persönlichen Wertung, von der wir soeben sprachen, scheint auf den ersten Blick das Charakteristikum einer besonderen Begriffsklasse zu sein, die ebenfalls im Dienste der Auflockerung gesetzlicher Bindungen steht, nämlich der viel behandelten „Ermessensklauseln"[16]. Das „richterliche Ermessen" und das „Verwaltungs-

---

Ganzen unterscheiden kann. Eben in diesem Sinne wird hier und im Folgenden die Vokabel „Wertung" gebraucht. Der „Wert" als an sich seiendes, objektives „ideales" Gebilde (z. B. die Gerechtigkeit als Wert) ist eine philosophisch problematische Begriffsbildung, die hier nicht näher diskutiert werden kann (s. nur aus der rechtsphilosophischen Literatur: R. Zippelius, Wertungsprobleme im System der Grundrechte, 1962, Kap. 2; A. Podlech, Wertungen und Werte im Recht, AöR 95 (1970), 185; Henkel, Rechtsphilosophie, S. 321 ff. m. w. N.; Coing, S. 112 ff.; Arthur Kaufmann, Problemgeschichte der Rechtsphilosophie, in: ders./ W. Hassemer/U. Neumann (Hg.), Einführung in die Rechtsphilosophie und Rechtstheorie der Gegenwart, 7. Aufl. 2004, S. 26 (94 ff.)). Die Wendung „Wert", wie sie z. B. unten Text S. 322 auftaucht, darf hier in dem schlichten, jeder Werttheorie voranliegenden Sinne eines im Rahmen von Wertungen gebrauchten Begriffes verstanden werden, und dieser Begriff selbst – um mit Kant zu reden – als Prädikat möglicher (Wert-) Urteile.

16 Zum Verwaltungsermessen vgl. Wolff/Bachof/Stober/Kluth, § 31 Rn. 35 ff.; F. O. Kopp/U. Ramsauer, Kommentar zum Verwaltungsverfahrensgesetz, 11. Aufl. 2010, § 40 (m. w. N.); Maurer, § 7 Rn. 7 ff. (Literatur Rn. 64 f.). Zum zivilrichterlichen Ermessen s. D. Behrens, Die Nachprüfbarkeit zivilrichterlicher Ermessensentscheidungen, 1979; Hartmann, in: A. Baumbach/W. Lauterbach/J. Albers/P. Hartmann, Kommentar zur Zivilprozessordnung, 68. Aufl. 2009, Einl. III Rn. 31 ff., je m. w. N. Zum (sehr umstrittenen) strafrichterlichen Ermessen: K. Engisch, Karl Peters und der Ermessensbegriff, in: FS f. K. Peters (1974), S. 15 (m. w. N. zur älteren Literatur); R. Maurach/K. H. Gössel, Strafrecht, Allgemeiner Teil, Bd. 2, 7. Aufl. 1989, § 63 Rn. 187 ff. m. w. N.; Jescheck/Weigend, S. 871 f. (ablehnend).
Im Kern bedeutet „Ermessen", dass „die Verwaltung die Wahl zwischen verschiedenen Verhaltensweisen hat" (Maurer, § 7 Rn. 24; s. auch Sachs, in: P. Stelkens/H. J. Bonk/M. Sachs, Kommentar zum Verwaltungsverfahrensgesetz, 7. Aufl. 2008, § 40 Rn. 13 ff.). Im Einzelnen wird Ermessen eingeräumt durch „Kannvorschriften" wie „kann", „darf", „ist berechtigt", „ist befugt" oder durch ausdrückliche Hinweise wie „hat

ermessen" des Verwaltungsbeamten[17] zählen zu den vieldeutigsten und schwierigsten Begriffen der Rechtstheorie[18]. Die Schwierigkeiten gewinnen besondere Zudringlichkeit und besonderes Gewicht durch den Umstand, dass die Lehre vom Ermessen zugleich zu einem Angelpunkt des Verfahrensrechts geworden ist[19]. Es geht hier um die bedeutsame Frage, ob Ermessensentscheidungen der Verwaltungsbehörden durch die Gerichte und ob die Ermessensentscheidungen der Gerichte durch höhere Gerichte nachgeprüft und korrigiert

---

die Wahl" bzw. „Ermessen" – gelegentlich ergibt sich das Ermessen auch aus dem Gesamtzusammenhang der Regelung (vgl. Wolff/Bachof/Stober/Kluth, § 31 Rn. 45 (mit Beispielen); Kopp/Ramsauer, § 40 Rn. 41 ff.; Maurer, § 7 Rn. 9). Zur Bedeutung der in schwächerem Maße teilweise ebenfalls Ermessen einräumenden „Sollvorschriften" s. Wolff/Bachof/Stober/Kluth, § 31 Rn. 41; Kopp/Ramsauer, § 40 Rn. 44; vgl. hingegen Baumbach, Einl. III Rn. 32; differenzierend Warda, S. 99 f.

17 Wir lassen als für unsere Betrachtung nicht bedeutsam beiseite das „legislative Ermessen" bzw. den „Gestaltungsspielraum des Gesetzgebers" (vgl. dazu K. Stern, Ermessen und unzulässige Ermessensausübung, 1964, S. 11; Zippelius/Würtenberger, § 45 Rn. 105 ff. m. w. N.) und das „Parteiermessen", wie es z. B. in § 315 BGB in Erscheinung tritt (dazu Palandt-Grüneberg, § 315 Rn. 5).

18 In den von ihm bearbeiteten Auflagen spricht Engisch vielfach von „freiem Ermessen", das er mitunter mit „persönlichem Gutdünken des Richters oder Verwaltungsbeamten" gleichsetzt. Diese Begrifflichkeit und dieser Ansatz entsprechen nicht der heutigen Ermessenslehre (vgl. Maurer, § 7 Rn. 17). Bei der Aktualisierung des Textes wurde den neueren Entwicklungen Rechnung getragen, zugleich aber – außer bei der Strafzumessung – Engischs Konzeption vom volitiven, subjektiven Element in der Ermessensentscheidung und deren rechtlicher Bindung beibehalten.
Des Weiteren schwankt Engisch bei der Erörterung von Ermessensermächtigungen zwischen der Einbeziehung unbestimmter Rechtsbegriffe in die Ermessenslehre (so noch heute von einer starken Mindermeinung vertreten; s. dazu Maurer, § 7 Rn. 34 m. w. N. zum Streitstand) und der Entgegensetzung von Ermessen und unbestimmten Rechtsbegriffen (vgl. Engisch, Einführung, S. 266 Anm. 126 a). Bei der Aktualisierung des Textes wurde (mit der h. M.) der Abgrenzung von Ermessen und unbestimmten Rechtsbegriffen der Vorrang eingeräumt.

19 Dazu kritisch H. H. Rupp, Ermessensspielraum und Rechtsstaatlichkeit, NJW 1969, 1273; Soell, S. 97 ff.

werden können. Gelegentlich hat man geradezu „Ermessensentscheidungen" dadurch definieren wollen, dass sie gerichtlich nicht nachprüfbar seien[20]. Unter logischen Gesichtspunkten, wie sie für uns maßgebend sind, muss aber der Begriff des Ermessens zunächst ohne Blick auf seine Bedeutung für die Nachprüfbarkeit der Ermessensakte geklärt werden. Erst an zweiter Stelle taucht dann die Frage nach der so genannten „Kontrolldichte" auf, d. h. die Frage, ob und wieweit solche Akte gerichtlicher Kontrolle unterliegen, wofür dann auch nicht nur das „Wesen" des Ermessens maßgeblich ist, sondern auch spezifisch prozessuale Erwägungen, die z. B. aus der Struktur der angefochtenen Entscheidung und der sie erlassenden Instanz oder aus der Aufgabe der Revision herzuleiten sind[21], ausschlaggebend sein können. Oft wird betont, dass es ein Charakteristikum der Ermessensentscheidungen namentlich der Verwaltungsbehörden, möglicherweise aber auch der Gerichte ist, in dem Sinne frei zu sein, dass sie nicht mit Aussicht auf Erfolg angefochten werden können, solange sie sich in gewissen rechtlichen Grenzen halten, deren Missachtung dann allerdings die Gerichte zum Eingreifen veranlassen kann: Erst der „Ermessensmissbrauch", der „détournement de pouvoir", macht eine Ermessensentscheidung fehlerhaft[22].

20 So H. Mannheim, Beiträge zur Lehre von der Revision wegen materiellrechtlicher Verstöße im Strafverfahren, 1925, S. 148: Er wolle „nicht einen apriorischen Begriff des freien Ermessens konstruieren, um aus ihm dann Folgerungen hinsichtlich der Revisibilität des freien Ermessens zu ziehen, sondern umgekehrt danach fragen, welche Grenzen der Revision … gezogen sind, und alles außerhalb dieser Grenzen Liegende als freies Ermessen bezeichnen". S. dazu kritisch etwa Engisch, in: FS Peters (1974), S. 25 f.

21 S. dazu genauer Behrens, S. 43 ff., 63 ff., 106 f.

22 Zu den Ermessensfehlern zählen im Einzelnen der Ermessensnichtgebrauch (wenn sich eine Behörde rechtlich gebunden glaubt, aber nach Ermessen zu entscheiden hatte), die Ermessensüberschreitung (die Behörde setzt eine Rechtsfolge, die durch das Einräumen des Ermessens nicht gedeckt ist) und der Ermessensmissbrauch (bei der Ermessensausübung werden gesetzliche Ermessensleitlinien oder Grundrechte wie der Gleichheitssatz – Art. 3 Abs. 1 GG – nicht beachtet). Hierzu Wolff/

Indessen lassen wir also das Problem des Zusammenhangs von Ermessen und gerichtlicher Überprüfbarkeit – ohne seine Bedeutung herabsetzen zu wollen – in seinen Einzelheiten auf sich beruhen und konzentrieren unsere Aufmerksamkeit ganz auf die Klärung des Ermessens in seiner dogmatischen Struktur unter dem Blickwinkel des „Juristenrechts". In dieser Sicht aber geht es um die Frage, ob wir neben den oben unter 1) und 2) behandelten unbestimmten Begriffen und norma-

---

Bachof/Stober/Kluth, § 31 Rn. 56ff.; Maurer, § 7 Rn. 19ff.

Die gerichtliche Überprüfung der Ermessensentscheidungen von Verwaltungsbeamten auf Fehler, insbesondere Zweckverfehlungen und Grenzüberschreitungen hin regelt § 114 VwGO: „Soweit die Verwaltungsbehörde ermächtigt ist, nach ihrem Ermessen zu handeln, prüft das Gericht auch, ob der Verwaltungsakt oder die Ablehnung oder Unterlassung des Verwaltungsaktes rechtswidrig ist, weil die gesetzlichen Grenzen des Ermessens überschritten sind oder von dem Ermessen in einer dem Zweck der Ermächtigung nicht entsprechenden Weise Gebrauch gemacht ist". Hierzu K. Redeker/H.-J. v. Oertzen, Kommentar zur Verwaltungsgerichtsordnung, 15. Aufl. 2010, § 114 Rn. 11ff.

Was die Ausübung des richterlichen Ermessens und seine Kontrolle durch höhere gerichtliche Instanzen betrifft, so gelten – im Wesentlichen im prozessualen Bereich – zunächst die gleichen Prinzipien. Beim zivilrichterlichen Ermessen ist z.B. § 114 VwGO analog anwendbar (für die Nachprüfung zivilrichterlicher Ermessensentscheidungen); vgl. Behrens, S. 31ff., 55ff., 93ff. S. auch H. Thomas/H. Putzo, Kommentar zur Zivilprozessordnung, 30. Aufl. 2009, § 546 Rn. 13; Baumbach, Einl. III Rn. 33 (m.w.N.) zur Überprüfbarkeit der Ausübung pflichtgemäßen Ermessens. Anders als beim Verwaltungsermessen ist hier jedoch das – pflichtgemäß auszuübende – Ermessen in manchen Fällen nicht nachprüfbar, sondern es ergeht eine endgültige Entscheidung: So liegt z.B. die Wahl zwischen einem „frühen ersten Termin zur mündlichen Verhandlung" und dem „schriftlichen Vorverfahren" (§ 272 Abs. 2 ZPO) im Bereich des „nicht nachprüfbaren" richterlichen Ermessens (Baumbach, § 272 Rn. 6). Ähnlich gibt es auch im strafprozessualen Bereich etliche Kannvorschriften, die – rechtlich gebundenes und voll überprüfbares – Ermessen einräumen (dazu H. Maul, in: Karlsruher Kommentar zur Strafprozessordnung, hg. v. R. Hannich, 6. Aufl. 2009, § 34 Rn. 7). Auch hier ist die Ermessensentscheidung des Richters aber zuweilen unanfechtbar, z.B. bei der Frage, ob zusammenhängende Strafsachen nach der Eröffnung mehrerer Hauptverfahren miteinander verbunden werden können (§ 4 Abs. 1 StPO; s. dazu L. Meyer-Goßner, Kommentar zur Strafprozessordnung, 52. Aufl. 2009, § 4 Rn. 10, 16).

tiven Begriffen, die eine besondere Einstellung und Haltung des Verwaltungsbeamten oder Richters bedingen und erfordern, noch die Ermessensermächtigungen als eigene Kategorie anerkennen dürfen. Der dafür notwendige spezifische Charakter des Ermessens ist im Folgenden zu untersuchen.

Von Klassikern der Ermessensdoktrin wird das eigentliche („freie") Ermessen dort, wo es eingeräumt wird, so gedeutet, dass die persönliche Ansicht dessen, der das Ermessen handhabt, als maßgeblich Geltung erlangen soll. So sagt Laun: Wo

---

Umstritten ist hingegen der besondere Bereich der Strafzumessung: Während in der älteren Literatur noch oft die individuelle richterliche Entscheidung im Sinne eines „freien" Ermessens befürwortet wurde (vgl. dazu Engisch, in: FS Peters (1974), S. 20 ff. m. w. N.), setzten sich – mit ständiger Ausdehnung der v. a. dem Schutz des Beschuldigten dienenden Revisibilität – zunehmend Stimmen durch, die von einem ausnahmslos „rechtlich gebundenen" Ermessen (immerhin aber noch Ermessen) ausgehen (z. B. Schönke/Schröder-Stree, § 46 Rn. 7; Lackner/Kühl, § 46 Rn. 6, 50; weitere Nachweise bei Maurach/Gössel, § 63 Rn. 189). Mittlerweile wird allerdings überwiegend ganz vom Ermessen abgesehen und die Strafzumessung als „reine Rechtsanwendung" verstanden: demnach gilt es, die „richtige Strafe" durch Subsumtion zu ermitteln (s. nur H.-J. Bruns, Zum Revisionsgrund der – ohne sonstige Rechtsfehler – „ungerecht" bemessenen Strafe, in: FS f. K. Engisch (1969), S. 708 (715 ff.); ders., Das Recht der Strafzumessung, 2. Aufl. 1985, S. 24 f., 62 ff.; H. Zipf, Die Strafmaßrevision, 1969, S. 165 ff. (Strafmaßzumessung als „keine Ermessensentscheidung, sondern reine Rechtsanwendung", S. 166); W. Frisch, Revisionsrechtliche Probleme der Strafzumessung, 1971, S. 146, 227 f.; ders., Gegenwärtiger Stand und Zukunftsperspektiven der Strafzumessungsdogmatik, ZStW 99 (1987), 751 (802 f.); Jescheck/Weigend, S. 871 ff. m. w. N.). Betrachtet man „Ermessen" im Wesentlichen als Wahlmöglichkeit oder Wahlfreiheit zwischen mehreren „gleich richtigen" Alternativen, so wird man sich letzterer Meinung anschließen müssen: im speziellen Bereich der Strafzumessung darf der Richter nicht zwischen mehreren „gleich richtigen" Strafen wählen, sondern muss sich bemühen, stufenweise die „einzig richtige" Strafe zu finden, auch wenn dies in der empirischen Wirklichkeit mit Wertungsschwierigkeiten und Unsicherheiten verbunden sein mag (s. genauer Zipf, S. 164 ff.; Frisch, S. 175 ff.; ders., Ermessen, unbestimmter Rechtsbegriff und „Beurteilungsspielraum" im Strafrecht, NJW 1973, 1345 (1346 ff.), letzterer mit Verweis auf das Rechtsstaatsprinzip, Art. 20 Abs. 3 GG, sowie auf Art. 3 Abs. 1 GG). Vgl. zum Ganzen: Maurach/Gössel,

den „Organen der vollziehenden Gewalt freies Ermessen eingeräumt" ist, sind sie „ermächtigt, ... nach ihrer eigenen pflichtmäßigen Ansicht und ihrem eigenen pflichtmäßigen Wollen selbst zu bestimmen, was der nächste, unmittelbare Zweck ihres Handelns sein soll"[23]. Ebenso sieht Jellinek als Essentiale des „freien Ermessens" an, dass „die persönliche Auffassung des Verwaltungsbeamten entscheidet". Selbst gleich gelagerte Fälle können dabei von verschiedenen Beamten verschieden beurteilt und entschieden werden, ohne dass das eine Rechtsverletzung bedeutet. „Diese vom Gesetze gewollte Mehrdeutigkeit" ist dem „freien Ermessen" immanent[24]. In einzelnen dieser Formulierungen klingen aber außer dem Moment der „persönlichen Ansicht" noch andere Momente als Kriterien des Ermessens an: Wahlmöglichkeit zwischen entgegengesetzten Möglichkeiten der Entscheidung, Mehrdeutigkeit. Bei Forsthoff heißt es demgemäß so: Ermessen bedeutet „einen Spielraum des Handelns und Entschlusses, die Wahl zwischen mehreren, in gleicher Weise möglichen Arten des Sichverhaltens ... Das positive Recht gibt keiner dieser Arten ... einen Vorzug vor der anderen"[25]. Es erhebt sich

§ 63 Rn. 187ff.; Jescheck/Weigend, S. 871f.; Lackner/Kühl, § 46 Rn. 50 (jeweils m.w.N.).

23 R. Laun, Das freie Ermessen und seine Grenzen, 1910, S. 62.

24 W. Jellinek, Verwaltungsrecht, 3. Aufl. 1931, S. 30. Vgl. dazu Soell, S. 76ff.

25 E. Forsthoff, Lehrbuch des Verwaltungsrechts I, 10. Aufl. 1973, S. 84. Die Bestimmung des Ermessens als „Wahlfreiheit" geht auf F. Tezner (Das freie Ermessen der Verwaltungsbehörden, 1924, S. 69ff.) zurück und findet sich z.B. auch bei Warda, S. 14 („Einräumung eines Spielraums, innerhalb dessen der Richter zwischen mehreren Verhaltensweisen wählen kann"), Maurer, § 7 Rn. 7 („Ermessen ... ist dann gegeben, wenn die Verwaltung ... zwischen verschiedenen Verhaltensweisen wählen kann"), s. auch Rn. 54 m.w.N., oder Stelkens/Bonk/Sachs-Sachs, § 40 Rn. 13 („Kennzeichen der Ermessensverwaltung ist ..., dass einer Behörde ... die Entscheidungsfreiheit eingeräumt ist ... zu wählen"); ablehnend dazu Soell, S. 116ff. m.w.N. Natürlich darf, wie sich fernerhin aus dem Text ergibt, „Wahlfreiheit" nicht im Sinne des subjektiven Beliebens oder gar der „Willkür" gedeutet werden. Sie muss immer nach „sachlichen" Gesichtspunkten (wenn auch diese gemäß einer persönlichen Überzeugung eingesetzt werden) betätigt werden. Jedenfalls sollte die

an dieser Stelle die Frage, wie sich diese verschiedenen Deutungen des Ermessens: persönliche Ansicht, Wahlmöglichkeit, Spielraum zueinander verhalten. Laufen sie etwa alle auf dasselbe hinaus? Dies wird man nicht ohne weiteres sagen dürfen. So hat z.B. Bruns in seinem „Strafzumessungsrecht" der Wahlmöglichkeit („Wahlbefugnis") eine Interpretation gegeben, die nicht die persönliche Ansicht des Wählenden zum Zuge kommen lassen will. Nach seiner Auffassung „bedeutet die Wahlbefugnis, die dem Strafzumessungsrichter innerhalb des Strafrahmens eingeräumt ist, nicht materielle Entscheidungsfreiheit zwischen zwei richtigen Lösungen, sondern lediglich eine äußere Wahlmöglichkeit, die eine (!) richtige Strafe ... herauszufinden. Mit der Anerkennung der äußeren Wahlmöglichkeit ist über die inhaltliche Richtigkeit der Entscheidung aber noch nichts gesagt"[26]. Zu allem Überfluss taucht hier noch der seinerseits keineswegs feste Begriff der „Richtigkeit" auf. Was heißt „Richtigkeit"? Eindeutige Richtigkeit, die mehrere verschiedene Antworten auf eine Frage (also in diesem Sinne: „Mehrdeutigkeit") ausschließt? Oder ist nicht vielleicht „Richtigkeit" nur soviel wie „Vertretbarkeit"[27] oder etwas Ähnliches, was immer noch einen „Spielraum" für mehrere zwar inhaltlich divergierende, aber

„Wahlfreiheit" als methodologische Figur innerhalb der Ermessenslehre nicht fallen gelassen werden.

26 H.-J. Bruns, Strafzumessungsrecht, 1. Aufl. 1967, S. 68 (in der 2. Aufl. 1974, S. 92 korrigiert Bruns allerdings seine Terminologie als „mißverständlich"; kritisch zur Verwendung des Begriffs „Wahlmöglichkeit" bei der Strafzumessung auch Frisch, S. 187ff.).

27 Mit dieser nicht selten gebrauchten Vokabel operiert explizit die „Vertretbarkeitslehre" von C.H. Ule (Verwaltungsprozessrecht, 9. Aufl. 1987, § 2 I 3), der in „Grenzfällen" verschiedenen „vertretbaren" Ansichten Gleichberechtigung zugestehen möchte. „Nur in den – verhältnismäßig seltenen – Fällen, in denen die Frage ... so zweifelhaft ist, dass keine eindeutige Antwort möglich ist, nur in diesen Grenzfällen hat das Gericht die von der Verwaltungsbehörde getroffene Entscheidung als rechtlich vertretbar zu respektieren" (ders., Unbestimmte Begriffe und Ermessen im Umweltschutzrecht, DVBl. 1973, 756 (758)). Vgl. zur „Vertretbarkeit" auch Engisch, in: FS Peters (1974), S. 31ff. m.w.N.; Larenz, Methodenlehre, S. 294, 353.

doch ihrem Wert nach gleich richtige Antworten offen lässt? Was besagt eigentlich das Bild „Spielraum“?

Gehen wir von diesem Bild aus, so weist es gewiss auf nichts anderes hin als auf die Möglichkeit, zwischen mehreren verschiedenen Alternativen der Entscheidung zu wählen, mag nun der Spielraum nur zwischen zwei kontradiktorisch entgegengesetzten Entscheidungen (Erteilung oder Nichterteilung einer Erlaubnis, einer Genehmigung, einer Konzession, Vollzug oder Nichtvollzug einer Einbürgerung, Prüfung bestanden oder nicht bestanden usw.) oder zwischen mehreren in Disjunktion stehenden, zur Wahl gestellten Entscheidungen (Berufung eines von drei auf einer „Berufungsliste“ namhaft gemachten Hochschullehrern auf einen Lehrstuhl, Beurteilung einer Leistung mit einem von mehreren Prädikaten) bestehen. Auch für den gleich noch näher ins Auge zu fassenden „Beurteilungsspielraum“ dürfte dies zutreffen, dass es sich um eine Möglichkeit handelt, sich für eine von mehreren Alternativen zu entscheiden.

Eine Besonderheit des Ermessens tritt m. E. erst hervor, wenn wir uns dem inneren Gehalt des Kriteriums „Wahlmöglichkeit“ zuwenden. Ohne uns auf logische und philosophische Finessen des aspektreichen Möglichkeitsbegriffs einlassen zu müssen, können wir betonen, dass die Möglichkeit, von der jetzt die Rede ist, eine nicht nur tatsächliche, sondern auch rechtliche Möglichkeit ist: Es ist das Recht, meist das Gesetz, das in irgendeinem Bestandteil der Norm die Möglichkeit einer Wahl zwischen mehreren tatsächlich möglichen Alternativen eröffnet. Und diese rechtliche Möglichkeit erhält ihren näheren Sinn durch die Intentionen, die von Rechts – respektive Gesetzes – wegen mit ihr verknüpft sind. Es kann in der Tat so sein, dass die rechtliche Wahlmöglichkeit nur gegeben ist, damit der hier „ermächtigte“ Verwaltungsbeamte oder Richter unter Berücksichtigung aller Umstände des Einzelfalles die einzig und allein richtige Entscheidung fällt. In einem solchen Falle ist diese vom Gesetzgeber eingeräumte Befugnis eine Delegation zur Entscheidung, die der Gesetzgeber nur deshalb nicht selbst gefällt, sondern auf den Verwaltungsbeamten oder Richter abgewälzt hat, weil sie nur unter Berücksichtigung aller erst in concreto zu ermittelnden Tatsachen und Umstände getroffen werden kann.

Gelangt die Bindung der Verwaltung an die gesetzlichen und verfassungsrechtlichen Vorgaben stärker in das Blickfeld, muss man die alte Begrifflichkeit vom „freien Ermessen" aufgeben und von „rechtlich gebundenem Ermessen" sprechen. Das Ermessen ist in dem Sinne gebunden, dass die Ausübung der Wahlbefugnis unter strenger Ausrichtung an allen in Betracht kommenden rechtlichen und insbesondere gesetzlichen Richtlinien[28] sowie unter sorgfältiger Erforschung und Berücksichtigung aller „Umstände des Einzelfalls" auf ein „allein angemessenes" Entscheidungsziel und -ergebnis hin tendieren muss. Die dann allerdings oft immer noch verbleibende Unsicherheit der „richtigen" Entscheidung muss regelmäßig in Kauf genommen werden; es handelt sich hier um einen „Restraum" (also wieder einen – verengten – Spielraum) des „subjektiven Fürrichtighaltens", welcher verbleibt, nachdem man alle erdenklichen rechtlichen Vorgaben und tatsächlichen Umstände bedacht und beachtet hat, und der nicht ganz auszuschalten ist. Das ist der Begriff des gebundenen Ermessens, wie ihn u. a. Soell als das „Ermessen der Eingriffsverwaltung" herausgearbeitet hat[29]. Ihm kann man auch als benachbart anschließen den von Bachof im Hinblick namentlich auf Prüfungsentscheidungen oder Dienstbefähigungsurteile in die Diskussion eingeführten Begriff des „Beurteilungsspielraums", dessen Ausfüllung immerhin eine (individuelle) Wertung erfordert, die ihrerseits gerichtlich nicht nachprüfbar ist, aber doch auf das „objektiv" Richtige zielt. Beurteilungsspielräume unterscheiden sich von Ermessensermächtigungen dadurch, dass Letztere einen größeren, auch subjektiven Raum an Entschließungs-

28 So regelt § 40 VwVfG: „Ist die Behörde ermächtigt, nach ihrem Ermessen zu handeln, hat sie ihr Ermessen entsprechend dem Zweck der Ermächtigung auszuüben und die gesetzlichen Grenzen des Ermessens einzuhalten". Vgl. hierzu Kopp/Ramsauer, § 40 Rn. 58 ff.

29 Soell, u. a. S. 141 ff., 200 ff., 370 ff. (S. 180 ff., S. 372 mit der Wendung: „Restraum subjektiven Fürrichtighaltens").

freiheit eröffnen[30]. In der Tat wird mit dem soeben angeführten Merkmal das Wesen des Ermessens getroffen, das uns unter methodologischen Gesichtspunkten interessiert und dem Ermessen neben den unbestimmten und normativen Begriffen eine Sonderstellung einräumt.

Ermessen wird also von Recht und Gesetz dort eingeräumt, wo die letzte Entscheidung über das im konkreten Fall Richtige (Gerechte, Zweckmäßige, Angemessene) der indi-

---

30 Für den ins Schwanken geratenen Begriff des Beurteilungsspielraums muss man sich zunächst an die gewissermaßen authentischen Bestimmungen halten, die O. Bachof (Beurteilungsspielraum, Ermessen und unbestimmter Rechtsbegriff im Verwaltungsrecht, JZ 1955, 97; ders., Neue Tendenzen in der Rechtsprechung zum Ermessen und zum Beurteilungsspielraum, JZ 1972, 641 u. a.) entwickelt und immer wieder bekräftigt hat. Er geht aus von den unbestimmten Begriffen und sieht die frühere Einteilung dieser in voll überprüfbare eigentliche Rechtsbegriffe und nicht bzw. nur auf typische Ermessensfehler überprüfbare Ermessensermächtigungen, die der Behörde einen Raum eigener Entschließungsfreiheit einräumen, in dem sie nach ihren eigenen Vorstellungen und nicht zuletzt unter Gesichtspunkten der Zweckmäßigkeit handeln und entscheiden soll, als überholt an. Es gibt als drittes – eben als „Beurteilungsspielraum" – solche unbestimmten Rechtsbegriffe, deren Anwendung eine Wertung erfordert, wobei Letztere, solange sie innerhalb des durch die gesetzliche Fassung vorgesehenen Spielraums verbleibt, gerichtlich nicht nachprüfbar ist. Folgende Essentialia treten beim Beurteilungsspielraum deutlich hervor: Soweit er gesetzlich verankert ist, was namentlich auch auf der Tatbestandsseite der Gesetzesnorm der Fall sein mag („Eignung für sittliche Jugendgefährdung", „unbillig", „sehr gut geeignet", „hervorragende Leistung" bei Leistungsbewertungen), steht ein (unbestimmter) Rechtsbegriff in Rede, der wie alle Rechtsbegriffe zunächst einmal der inhaltlichen Erläuterung durch Auslegung des Gesetzeswortlauts bedürftig ist. Die Subsumtion einzelner Sachverhalte unter den so inhaltlich ausgefüllten Begriff geht aber Hand in Hand mit Wertungen, die persönlich und unersetzbar, jedenfalls nicht als „allein richtig" verifizierbar sind. Soweit sich die diesbezüglichen Wertungen innerhalb des durch Auslegung ermittelten Spielraums halten, sind sie einer gerichtlichen Nachprüfung entzogen. Nur bei Erlass einer „unvertretbaren", d. h.: die Grenzen des Beurteilungsspielraums überschreitenden Entscheidung darf eine gerichtliche Kontrolle einsetzen.

Was den Beurteilungsspielraum von unbestimmten Rechtsbegriffen (in einem engeren Sinne) unterscheidet, ist die Möglichkeit gleicher Richtigkeit divergierender Entscheidungen im Einzelfalle, die es als sinnwidrig

viduellen Überzeugung (insbesondere: Wertung) der zur Einzelentscheidung berufenen (eventuell durch Abstimmung innerhalb eines Gremiums sich „artikulierenden") Persönlichkeit anvertraut und überantwortet wird, und zwar letztlich nicht nur, weil man einen „Rest" von Unsicherheit auch durch noch so genaue Regeln nicht beseitigen kann, sondern weil man es für das Beste hält, wenn innerhalb gewisser Spielräume ein als verantwortungsbewusst gedachter Mensch seine eigene „Ansicht" zur Geltung bringt. Damit wird eben diese Ansicht,

---

erscheinen lässt, eine Entscheidung durch eine andere (gerichtliche oder höherinstanzliche), angeblich „bessere", in Wahrheit ebenso problematische ersetzen zu wollen, indes der unbestimmte Rechtsbegriff im engeren Sinne nur auf eine einzige Ausdeutung und Anwendung zielt, welche demgemäß überprüfbar sein muss. Was dann den Beurteilungsspielraum vom Ermessen unterscheidet, ist die (zumindest graduell) stärkere Bindung an Grenzen, die sich aus dem einschlägigen (wenn auch eine „Bandbreite" von Anwendungsmöglichkeiten zulassenden) besonderen Rechtsbegriff („Eignung", „Billigkeit", „dienstliches Bedürfnis") ergeben. Ermessensermächtigungen sind dagegen durch Kannvorschriften oder durch die Formel „entscheidet nach Ermessen" eingeräumt und nur durch die für alle Ermessensausübung feststehenden rechtsstaatlichen Schranken (Willkürverbot, Übermaßverbot, Gleichheitsgrundsatz, gerechte Interessenabwägung) determiniert.

Soweit also Bachofs Bestimmung der Abgrenzung von unbestimmten Rechtsbegriffen, Beurteilungsspielraum und Ermessen, die im Wesentlichen Engischs Kriterium der Subjektivität der Ermessensentscheidung entspricht (vgl. oben S. 199 Anm. 18). Zum heutigen Stand der Abgrenzung, die sich nach der herrschenden, aber nicht unbestrittenen Meinung streng an der Trennung zwischen gesetzlichem Tatbestand (dort unbestimmte Rechtsbegriffe und Beurteilungsspielraum) und der Rechtsfolgenseite (nur hier Einräumung von Ermessen) orientiert, vgl. Wolff/Bachof/Stober/Kluth, § 31 Rn. 16, 35 f.; Maurer, § 7 Rn. 26 (Rn. 47 ff. zu Problemen der Abgrenzung). Die Kontrolldichte reicht nach heutiger Auffassung aus Gründen des Rechtsschutzes weiter als von Bachof (und auch Engisch) vertreten: So ist die Auslegung unbestimmter Rechtsbegriffe gerichtlich voll überprüfbar; ein Beurteilungsspielraum wird nur noch in wenigen Ausnahmefällen eingeräumt, wo bei besonderen Entscheidungssituationen oder wegen der Eigenart der Sachmaterie eine gerichtliche Überprüfung nicht ohne weiteres möglich ist (dazu genauer unten S. 212 Anm. 37). Ermessensentscheidungen allerdings bleiben nur beschränkt überprüfbar, nämlich darauf hin, ob ein Ermessensfehler vorliegt.

zu der der handelnde oder urteilende Beamte in „pflichtgemäßer" Ausübung[31] gelangt, zu der er sich vielleicht „durchgerungen" hat, neben den allgemeinen Maßstäben, welche das Ermessen eingrenzen, zum Maßstab des rechtlich Richtigen. Das Individuelle des Einzelfalls wird dann nicht nur von der Objektseite (von den besonderen Umständen) her, sondern auch von der Subjektseite (der beurteilenden Instanz) her relevant. Das Individuelle des Objekts (des konkreten Falles) und die Individualität des Subjekts (des den Fall Beurteilenden) begegnen einander. Wenn der Philosoph Theodor Litt einmal gesagt hat: „Individuelle ‚Gestalt' kann nicht anders als in individueller Weise erlebt werden", „Verstanden wird nicht nur Individuelles, sondern auch stets und notwendig in individueller Weise"[32], so gilt jetzt entsprechend für die Ermessensentscheidung, für welche häufig ein „Verstehen" Würdigungselement ist: Sie bezieht sich nicht nur auf Individuelles[33], sondern ist selbst Äußerung (Manifestation) einer Individualität.

Natürlich erhebt sich sowohl die Frage, ob denn dergleichen in unserer rechtsstaatlichen Rechtsordnung wirklich einen Platz findet, wie auch die Frage, womit sich dies rechtfertigen lässt. Was die erste Frage betrifft, so steht es nun seinerseits im Ermessen des Gesetzgebers oder ergibt sich aus Gewohnheits-

31 Kritisch zu diesem Merkmal Soell, S. 202f. Anm. 19.

32 Th. Litt, Kant und Herder als Deuter der geistigen Welt, 2. Aufl. 1949, S. 158, 229. Vgl. auch O.F. Bollnow, Die Objektivität der Geisteswissenschaften und die Frage nach dem Wesen der Wahrheit, ZPhF 16 (1962), 3; Engisch, Wahrheit, S. 18ff.; Hassemer, S. 138ff.

33 Dies erachtet Soell (S. 200f.) für den Angelpunkt des „gebundenen" Ermessens: Seine Funktion sei Individualisierung im Sinne der Anpassung an den Einzelfall. S. auch M. Bullinger, Ermessen und Beurteilungsspielraum – Versuche einer Therapie, NJW 1974, 769 (770): „Ermessens- und Beurteilungsspielraum haben zu einem Teil die Funktion, der Verwaltung die Möglichkeit zu geben, Einzelfälle je nach ihren besonderen Gegebenheiten ... zu behandeln"; er fügt dann aber hinzu, dass das Ermessen auch die Funktion habe, der „aktiven Verwaltung" ein Entscheidungsprogramm zu ermöglichen, und nähert sich damit der Auffassung des Textes.

recht oder aus der „Natur der Sache“ (dem „Wesen der Verwaltung“ usw.), dass es ein Ermessen im dargelegten Sinne gibt oder geben kann oder gar geben muss. Es ist z. B. sicher, dass bislang bei der Berufung eines Universitätsprofessors auf einen Lehrstuhl (anhand einer Vorschlagsliste des Fachbereichs) der zuständige Minister die Wahl hat, ob er den Lehrstuhl vorzugsweise nach dem Gesichtspunkte der Gewinnung eines großen Gelehrten oder der Gewinnung eines vorzüglichen Didaktikers oder der eines für den Ausbau eines Instituts oder einer Klinik besonders befähigten Organisators bzw. Therapeuten besetzen soll. Der Kultusminister ist gerade hier – mit Laun[34] zu sprechen – ermächtigt, nach seiner eigenen pflichtmäßigen Ansicht zu bestimmen, was „der nächste, unmittelbare Zweck“ seines Handelns sein soll (dagegen darf er sich nicht von „unsachlichen Gesichtspunkten“ – wie in diesem Falle: von der Religionszugehörigkeit des einen oder anderen Vorgeschlagenen – leiten lassen; nur nebenbei sei bemerkt, dass es bei manchen Verwaltungsakten und erst recht bei gewissen Regierungsakten sehr wohl auf politische Momente wie Parteizugehörigkeit ankommen kann, die in anderem Zusammenhang als „unsachlich“ zu qualifizieren wären). Im Ganzen ist es Sache der Rechtsfindung im engeren Sinne, also insbesondere der Auslegung der Gesetze und Institutionen, zu ermitteln, wo wir im Verhältnis zwischen Gesetz einerseits und Verwaltung oder Justiz andererseits die Offenhaltung eines Ermessens anzunehmen haben, ob z. B. die richterliche Strafzumessung oder die Bestimmung der Höhe eines Schmerzensgeldes auf diese Ebene gehört. Es muss von Fall zu Fall entschieden werden, mit welcher Intention Rechtssätze, die der Ermesseneinräumung verdächtig sind, gemeint sind, ob sie die Findung einer nach festen Maßstäben allein richtigen Entscheidung für möglich und geboten erachten oder ob sie dahin zu verstehen sind, dass die zwar pflichtmäßige und sachgebundene, aber doch eigenständige persönliche Auffas-

34 Laun, S. 62.

sung vom in concreto „Richtigen“, „Zweckmäßigen“, „Gerechten“ zum Zuge kommen darf und soll[35].

Schwieriger als der Nachweis dessen, dass es überhaupt Ermessen und damit eine durchaus eigenständige Rechtskonkretisierung durch den Richter oder Verwaltungsbeamten im Recht gibt, ist der Nachweis, dass dies nicht nur unvermeidlich, sondern auch gut ist. Auf diese Frage wollen wir aber jetzt noch nicht antworten, sondern sie erst am Schluss des Kapitels angehen, wenn wir erfahren haben, wie die Ausübung des Ermessens etwa aussieht. Zunächst handelt es sich für uns noch darum, die rein begriffliche Erörterung des Ermessens weiter durchzuführen. Vergleichen wir zunächst das Ermessen mit den unbestimmten Begriffen und den normativen Begriffen, wie wir sie unter 1) und 2) dieses Kapitels vorgestellt haben, so dürfen wir sagen, dass das Ermessen eine Sonderkategorie neben jenen Begriffen darstellt[36]. Denn unbestimmte Begriffe (namentlich die unbestimmten deskriptiven Begriffe) und normative Begriffe (z. B. normative Tatbestandsmerkmale im

35 Treffend E. R. Huber, Wirtschaftsverwaltungsrecht, Bd. II, 2. Aufl. 1954, S. 654: „Wann … Freiheit und wann Gebundenheit gewollt ist, wann die subjektive Ansicht der Behörde und wann objektive Maßstäbe entscheidend sein sollen, kann nur aus einer Abwägung der verschiedenen Ziele und Interessen ermittelt werden, denen die gesetzliche Norm dient“. Vgl. auch G. Schmidt-Eichstaedt, Ermessen, Beurteilungsspielraum und eigenverantwortliches Handeln der Verwaltung, AöR 98 (1973), 173 (186 ff.).

36 Eine gewisse Vermischung kann allerdings im Falle der „Koppelungsvorschriften“ (dazu der Gemeinsame Senat der obersten Gerichtshöfe des Bundes, JZ 1972, 655) auftreten, bei denen die Tatbestandsseite der Norm einen unbestimmten Rechtsbegriff und die Rechtsfolgenseite eine Ermessensklausel enthält. Diese Konstellation kann im Zusammenspiel beider Begriffsgruppen dazu führen, dass entweder der unbestimmte Rechtsbegriff einen Ermessensschwund bewirkt (und aus der Kannvorschrift im Grunde eine Mussvorschrift wird) oder dass die Ermessensklausel auf den unbestimmten Rechtsbegriff übergreift (welcher dann de facto dem Ermessen zuzurechnen ist); vgl. genauer Wolff/Bachof/Stober/Kluth, § 31 Rn. 47; Maurer, § 7 Rn. 48 ff. Die begriffliche Unterscheidung zwischen unbestimmten Rechtsbegriffen und Ermessensklauseln wird durch den Grenzfall Koppelungsvorschriften jedoch nicht in Frage gestellt (s. auch Kopp/Ramsauer, § 40 Rn. 21).

Strafrecht wie „empfindliches Übel" in § 253 Abs. 1 StGB) sind per se noch nicht auf persönliche Wertungen angelegt, mögen sie auch nolens volens einen „Restraum persönlichen Fürrichtighaltens" zurücklassen, weil ihre Interpretation und ihre Anwendung im Einzelfalle ambivalent sind[37].

Keineswegs lässt sich a priori behaupten, dass ausschließlich in der Verwaltung nach Ermessen entschieden werden kann. Sehen wir ganz ab vom „gesetzgeberischen Ermessen", so ist es durchaus aufzeigbar, dass es auch richterliches Ermessen gibt. Es kommt z. B. in Betracht im Bereich des Jugendstrafrechts oder bei gewissen prozessualen Maßnahmen aus Gründen bloßer Zweckmäßigkeit (Verbindung von Strafsachen usw.); so ermöglicht die „Kannvorschrift" des § 4 Abs. 1 StPO Ermessen: Das „Können" bedeutet keine bloß faktische Möglichkeit, sondern eine Wahlbefugnis[38].

Es ist also zumindest möglich, m. E. aber sogar effektiv, in dem Sinne einen gewissen Entscheidungsspielraum beim rechtlich gebundenen Ermessen inmitten unserer rechtsstaatlichen Rechtsordnung anzuerkennen, dass in Verwaltung oder Justiz die persönliche Überzeugung (insbesondere: Wertung) des jeweils zur Entscheidung Berufenen den Ausschlag dafür gibt, welche von mehreren innerhalb eines „Spielraums" sich anbietenden Alternativen als die beste und „richtige" fest-

---

37 Um einen umfassenden Grundrechtsschutz (vgl. Art. 19 Abs. 4 GG) zu gewährleisten, geht die Rechtsprechung allerdings davon aus, dass unbestimmte Rechtsbegriffe gerichtlich voll überprüfbar sind (hierzu Maurer, § 7 Rn. 35 f. m. w. N.). Ein Beurteilungsspielraum der Verwaltung wird lediglich bei „Prüfungsentscheidungen" (BVerfGE 84, 34 und 59), bei „beamtenrechtlichen Beurteilungen" (BVerwGE 61, 176 (185 f.); BVerfG DVBl. 1981, 1053), bei „Entscheidungen wertender Art durch weisungsfreie, mit Sachverständigen ... besetzte Ausschüsse" (BVerwGE 77, 75: Bundesprüfstelle für jugendgefährdende Schriften), bei „Prognoseentscheidungen und Risikobewertungen" (BVerwGE 79, 208 (213 ff.)) sowie bei Entscheidungen mit verwaltungspolitischem Einschlag (BVerwGE 39, 291 (299)) angenommen (Zusammenstellung in Anlehnung an Maurer, § 7 Rn. 37 ff.); vgl. auch Kopp/Ramsauer, § 40 Rn. 71 ff.

38 Hierzu mit weiteren Beispielen für richterliches Ermessen s. oben S. 201 ff. Anm. 22.

gehalten wird. Es ist Sache der Rechtsfindung zu prüfen, wo und in welchem Umfang ein solches Ermessen intendiert ist. Und es ist terminologisch zweckmäßig, so verstandenen Ermessensklauseln methodologisch gegenüber den „unbestimmten Begriffen“ und den „normativen Begriffen“ eine Sonderstellung zuzuerkennen.

4.) Die unbestimmten Begriffe stehen im Gegensatz zu den bestimmten Begriffen, die normativen Begriffe stehen im Gegensatz zu den deskriptiven Begriffen, die Ermessensspielräume stehen (zumindest teilweise) im Gegensatz zur ausschließlichen Bindung an den objektiven Maßstab des Richtigen. Soll der vieldeutige Begriff der „Generalklausel“, den man nicht selten mit einem dieser Lockerungsbegriffe ausgetauscht findet, eine eigentümliche Bedeutung bewahren, so wird man gut daran tun, ihn als Gegenbegriff einer „kasuistischen“ Tatbestandsbildung ins Auge zu fassen[39]. „Kasuistisch“ ist eine solche Ausgestaltung des gesetzlichen Tatbestandes (als des Inbegriffs der Voraussetzungen, die die gesetzliche Rechtsfolgeanordnung bedingen), die besondere Fallgruppen in ihrer spezifischen Eigenart umschreibt. Ein kasuistischer Tatbestand ist z. B. der des § 226 StGB: Hat eine vorsätzliche Körperverletzung „zur Folge, dass die verletzte Person 1. das Sehvermögen auf einem Auge oder beiden Augen, das Gehör, das Sprechvermögen oder die Fortpflanzungsfähigkeit verliert, 2. ein wichtiges Glied des Körpers verliert oder dauernd nicht mehr gebrauchen kann oder 3. in erheblicher Weise dauernd entstellt wird oder in Siechtum, Lähmung oder geistige Krankheit oder Behinderung verfällt, so …“.

---

39 Zu den Generalklauseln und zur Kasuistik vgl. nur: J. W. Hedemann, Die Flucht in die Generalklauseln, 1933; Engisch, Idee, S. 79 f., 154 f. m. w. N.; G. Teubner, Standards und Direktiven in Generalklauseln, 1971; W. Naucke, Über Generalklauseln und Rechtsanwendung im Strafrecht, 1973; H. Garstka, Generalklauseln, in: H.-J. Koch (Hg.), Juristische Methodenlehre und analytische Philosophie, 1976, S. 96 (123 m. w. N.); Bydlinski, S. 582 ff., 627; Larenz, Methodenlehre, S. 288 ff.; Pawlowski, Rn. 186 ff., 197 ff.; Zippelius, Methodenlehre, S. 47.

Demgegenüber wäre als „Generalklausel" anzusehen der erste Teil des entsprechenden § 260 des Entwurfs von 1930[40]: „Wird der Verletzte an seinem Körper oder seiner Gesundheit schwer geschädigt ...". Unter einer Generalklausel haben wir danach zu verstehen eine solche Tatbestandsfassung, die mit großer Allgemeinheit einen Fallbereich umfasst und der rechtlichen Behandlung zuführt. Eine Abhandlung von Nipperdey beginnt mit den bezeichnenden Sätzen: „Im Recht der unerlaubten Handlungen sind, soweit es sich um die Haftung für eigenes Verschulden handelt, zwei Systeme der gesetzlichen Regelung möglich. Entweder werden einzelne Tatbestände der Delikte, die die Schadenersatzfolge haben sollen, nebeneinander aufgezählt (sc. ungefähr so wie in §§ 823–825 BGB), oder es wird ein einheitlicher Tatbestand der unerlaubten Handlung geschaffen. Es tritt also an die Stelle der kasuistischen Aufstellung die Generalklausel, die auf den rechtswidrigen, schuldhaften Eingriff in die Interessen eines anderen abstellt"[41]. Einen entsprechenden Unterschied fanden wir in der früheren Fassung des Gesetzes gegen den unlauteren Wettbewerb (UWG). Kasuistisch war hier § 3 UWG gefasst, der die Unterlassungspflicht anknüpfte an folgenden Tatbestand: „Wer im geschäftlichen Verkehr zu Zwecken des Wettbewerbs über geschäftliche Verhältnisse, insbesondere über die Beschaffenheit, den Ursprung, die Herstellungsart oder die Preisbemessung einzelner Waren oder gewerblicher Leistungen oder des gesamten Angebots ... irreführende Angaben macht ...". Dagegen war eine Generalklausel in § 1 dieses Gesetzes aufgestellt: „Wer im geschäftlichen Verkehre zu Zwecken des Wettbewerbs Handlungen vornimmt, die gegen die guten Sitten verstoßen ...". Berühmt ist auch die Unterscheidung zwischen der kasuistischen „Enumerationsmethode" und der

40 Ich zitiere hier gerade diesen älteren Entwurf, weil später die Strafrechtsreform wieder einen anderen Weg einschlägt. Vgl. StGB-Entwurf von 1962, § 147; Alternativ-Entwurf, StGB BT (vorgelegt v. J. Baumann u. a.), 1970, § 110.

41 H.C. Nipperdey, Die Generalklausel im künftigen Recht der unerlaubten Handlungen, in: ders. (Hg.), Grundfragen der Reform des Schadenersatzrechts, 1940, S. 36.

Generalklausel bei der Zulassung des Verwaltungsrechtsweges im Verwaltungsrecht. Bei jener werden die einzelnen Fallgruppen aufgezählt, bei denen ein Verwaltungsgericht angegangen werden kann, während bei dieser die Anrufung des Verwaltungsgerichts in einer allgemeinen Klausel zugelassen ist. Letzteres ist der Fall in der Verwaltungsgerichtsordnung: „Der Verwaltungsrechtsweg ist in allen öffentlich-rechtlichen Streitigkeiten nichtverfassungsrechtlicher Art gegeben, soweit die Streitigkeiten nicht ... einem anderen Gericht ausdrücklich zugewiesen sind“ (§ 40 Abs. 1 S. 1 VwGO).

Die Verschiedenheit der kasuistischen und der Generalklausel-Methode ist freilich nur eine relative. Innerhalb des zitierten § 226 StGB nimmt sich der zweite Teil des Tatbestandes („ein wichtiges Glied des Körpers“) im Verhältnis zu dessen weiteren Bestandteilen fast wie eine Generalklausel aus, obwohl der ganze Tatbestand des § 226 im Vergleich mit dem des § 260 Entwurf 1930 kasuistisch ist. Andererseits ist selbst die „Generalklausel“ des § 260 Entwurf 1930 noch vergleichsweise kasuistisch, wenn man sie neben eine Bestimmung hält, wie sie die Münchner Räteregierung im Frühjahr 1919 konzipiert hatte: „Jeder Vorstoß gegen revolutionäre Grundsätze wird bestraft. Die Art der Strafen steht in freiem Ermessen des Richters“[42]. Derartige Generalklauseln der Strafbarkeit sind im Rechtsstaat verpönt. Sie sind unvereinbar mit dem Grundsatz „nullum crimen sine lege“, der eine gewisse Kasuistik unentbehrlich macht.

Wir müssen es uns aber nun versagen, unsere Rechtsordnung auf einzelne Generalklauseln durchzumustern und von Fall zu Fall kritisch zu prüfen, ob wir es da oder dort wirklich mit einer Generalklausel in unserem Sinne zu tun haben. Von besonderer Prägnanz sind gewiss jene Generalklauseln, die auf einen Verstoß gegen die „guten Sitten“ abstellen, wie der schon erwähnte § 1 UWG a. F., der § 826 BGB („Wer in einer gegen die guten Sitten verstoßenden Weise einem anderen vorsätzlich Schaden zufügt, ist dem anderen zum Ersatz des Schadens verpflichtet“) oder der § 228 StGB („Wer eine

42 Bayerische Sondergesetzgebung, ZStW 40 (1919), 511.

Körperverletzung mit Einwilligung der verletzten Person vornimmt, handelt nur dann rechtswidrig, wenn die Tat trotz der Einwilligung gegen die guten Sitten verstößt")[43].

Im Übrigen können uns auch die bisher schon angeführten Beispiele darüber belehren, dass sich Generalklauseln und kasuistische Methode innerhalb einer Rechtsmaterie nicht immer gegenseitig ausschließen, sondern dass sie sich auch ergänzen können. Die Generalklausel des § 1 UWG a. F. steht neben dem kasuistischen § 3 a. F. desselben Gesetzes, die relativ kasuistischen §§ 823–825 BGB werden ergänzt durch die Generalklausel des § 826 BGB. Eine besonders empfehlenswerte Verbindung von kasuistischer Methode und Generalklausel ist die so genannte exemplifizierende Methode[44]. Wir finden sie in dem mehrfach erwähnten § 260 des Strafgesetzentwurfes 1930, den wir bisher nur unvollständig zitiert haben. An die Generalklausel „Wird der Verletzte an seinem Körper oder seiner Gesundheit schwer geschädigt" schließt sich nämlich eine kasuistische Aufzählung von Beispielen an: „wird er insbesondere erheblich verstümmelt, für immer und auffallend entstellt, im Gebrauch seines Körpers, seiner Sinne, seiner Geisteskräfte oder seiner Arbeitskraft für immer oder lange Zeit erheblich beeinträchtigt …"[45].

---

43 S. im Übrigen zu den verschiedenen Typen und Arten von Generalklauseln: F. Werner, Zum Verhältnis von gesetzlichen Generalklauseln und Richterrecht, 1966, S. 7 ff. Besondere Beachtung verdient die „Zumutbarkeitsklausel"; dazu Henkel, Recht, S. 33 ff.

44 Vgl. dazu A. Wach, Legislative Technik, in: K. v. Birkmeyer u. a. (Hg.), Vergleichende Darstellung des deutschen und ausländischen Strafrechts, AT VI, 1908, S. 1 (41 ff.).

45 Demgegenüber will der StGB-Entwurf 1962, § 147 (darin ähnlich dem geltenden § 226 StGB) wieder erschöpfend bestimmen, wann eine schwere Körperverletzung anzunehmen ist, nur dass freilich die Kasuistik als solche weniger scharf profiliert ist. Vgl. auch die Begründung zum Entwurf 1962, S. 283. In dieselben Fußstapfen tritt der Alternativ-Entwurf (BT, 1970), § 110, bemüht sich aber um größere Präzision. Ein aktuelles Beispiel für die „exemplifizierende Methode" bietet § 243 StGB: „In besonders schweren Fällen" (Generalklausel) wird der Diebstahl mit erhöhter Freiheitsstrafe (bis zu 10 Jahren) bestraft. „Ein beson-

Wir haben uns jetzt zu fragen, wie sich die „Generalklauseln" zu den unbestimmten Begriffen, den normativen Begriffen und den Ermessensklauseln verhalten. Bedeuten sie etwas Besonderes? Wir werden eingestehen müssen, dass dies nur bedingt der Fall ist. Natürlich ist nicht jeder unbestimmte oder normative Begriff, nicht jede Einräumung von Ermessen schon eine Generalklausel. Denn zu ihr gehört, wie wir sahen, eine gewisse Allgemeinheit, die jenen häufig fehlt (so enthält ja gerade der durchaus kasuistische § 226 StGB dennoch sowohl unbestimmte wie auch normative Begriffe).

Aber ist es nicht vielleicht so, dass die Generalklauseln nur einen durch relative Allgemeinheit gekennzeichneten Ausschnitt aus dem Umkreis von unbestimmten und normativen Begriffen und von Ermessensklauseln bilden? Allerdings dürfen wir nicht behaupten, dass jede Generalklausel denknotwendig zugleich unbestimmt oder normativ oder auf ein Ermessen abzielend oder all dies zugleich ist. Es lässt sich eine Generalklausel denken, die einigermaßen (!) bestimmt ist, sich deskriptiver Begriffe bedient und nicht auf die persönliche Ansicht des Rechtsanwenders abstellt, z. B.: „Wer einen Menschen vorsätzlich in Lebensgefahr bringt" als Gefährdungs-Generalklausel[46]. Praktisch aber kommen fast nur solche Generalklauseln in Betracht, die wenigstens zugleich unbestimmt und normativ sind, während freilich nicht gesagt werden kann, dass die Generalklauseln meist zugleich Ermessensklauseln sind (eher ist nämlich das Gegenteil der Fall: Die Generalklauseln enthalten keine Ermessensdelegation, sofern sie auf objektiv gültige Wertungen abzielen; dies gilt z. B. für § 1 UWG a. F., § 826 BGB und § 228 StGB). Müssen wir nun nicht wenigstens die Generalklauseln in den unbestimmten normativen Begriffen aufgehen lassen, gelegentlich aber auch einmal in den Ermessensklauseln? In der Tat besitzen die

ders schwerer Fall liegt in der Regel vor" bei Einbruch, Einsteigen, Nachschlüsselgebrauch, Gewerbsmäßigkeit usw. (Kasuistik).

46 Bis zu einem gewissen Grade entspricht diesem Modell der erste Teil des Art. 1382 des französischen Code civil: Jede Handlung eines Menschen, die einem anderen Schaden verursacht, verpflichtet denjenigen, durch dessen Verschulden derselbe eingetreten ist, zum Schadensersatz.

Generalklauseln vom methodologischen Standpunkt aus keine eigentümliche Struktur. Sie machen kein eigentümliches Denkverfahren nötig neben denen, die von den unbestimmten und den normativen Begriffen sowie den Ermessensklauseln gefordert werden. Allenfalls vergrößern die Generalklauseln den Abstand, den z. B. die unbestimmten Begriffe gegenüber ihren korrelativen Begriffen: den bestimmten Begriffen usw. aufweisen. Das wäre aber nur ein Unterschied des Grades, nicht der Art. Die wahre Bedeutung der Generalklauseln liegt auf dem Gebiete der Gesetzgebungstechnik. Dank ihrer großen Allgemeinheit ermöglichen sie es, eine größere Gruppe von Sachverhalten lückenlos und anpassungsfähig einer Rechtsfolge zu unterwerfen. Die Kasuistik ist immer der Gefahr ausgesetzt, den Rechtsstoff nur fragmentarisch und „vorläufig" zu bewältigen. Diese Gefahr wird bei Verwendung der Generalklausel vermieden. Andere Gefahren müssen dafür in Kauf genommen werden. Vorteile und Nachteile der Generalklauseln können wir hier nicht näher erörtern. Sie sind öfters behandelt worden[47], wobei wir jedoch nicht verwechseln dürfen die den Generalklauseln als solchen innewohnenden Vorzüge und Risiken mit denen, die ihnen eignen, weil sie regelmäßig zugleich unbestimmt oder normativ oder ermessenshaltig sind.

Wir müssen uns jetzt den Folgerungen zuwenden, die sich aus dem Vorhandensein der verschiedenen Arten von „Lockerungsbegriffen" bzw. Begriffen und Klauseln des „billigen Rechts" (ius aequum) für das juristische Denken ergeben. Soweit alle diese Begriffe und Klauseln in gesetzliche Schranken gebannt sind, ist die Ermittlung dieser Schranken wiederum nichts anderes als Gesetzesauslegung. So ist es eine meist ganz simple Gesetzesauslegung, vermittels derer die Rahmen der Strafzumessung festgestellt werden. So ist es weiter ein Akt der Gesetzesauslegung, die Gesichtspunkte aufzufinden, nach denen sich von Gesetzes wegen die Strafzumessung vollziehen soll. Wenn § 46 StGB erklärt: „Die Schuld des Täters ist

47 Namentlich von Hedemann; Werner, S. 20 ff.; Naucke, S. 13 ff.; Garstka, in: Koch, S. 115 ff.

Grundlage für die Zumessung der Strafe. Die Wirkungen, die von der Strafe für das künftige Leben des Täters in der Gesellschaft zu erwarten sind, sind zu berücksichtigen. Bei der Zumessung wägt das Gericht die Umstände, die für und gegen den Täter sprechen, gegeneinander ab. Dabei kommen namentlich in Betracht: die Beweggründe und die Ziele des Täters ...", so ist es offenbar eine Aufgabe der Gesetzesauslegung, diese Strafzumessungsgesichtspunkte näher zu erläutern (was heißt z. B. „Schuld" des Täters?). Ein Akt der Gesetzesauslegung ist aber auch, wie wir schon sahen, die Befragung der im Gesetz vorkommenden normativen Begriffe und Klauseln darauf, ob sie als objektive Wertmaßstäbe oder als Ermächtigungen zu eigener Wertung gemeint sind. Hier überall greifen die im vorangehenden Kapitel herausgestellten Grundsätze der Auslegung ein.

Einer besonderen Analyse bedürfen darum nur diejenigen Denkvorgänge, die im Rahmen der durch Auslegung zubereiteten gesetzlichen Vorschriften eine zusätzliche Entscheidung, insbesondere eine Wertung des Rechtsanwenders erforderlich machen. Von der Basis der Auslegung und der mit ihr in engem Zusammenhang stehenden Subsumtion entfernen wir uns freilich noch nicht bei den unbestimmten deskriptiven Begriffen. „Die Handhabung rein empirischer Begriffe ist ... Auslegung", sagt mit Recht Forsthoff[48]. Dass empirische Begriffe häufig unbestimmt sind, z. B. „Nachtzeit", „Dunkelheit", mag die Auslegung und die auf sie sich gründende Subsumtion einzelner Fälle schwierig gestalten, den Rechtsanwender zu besonderer Überlegung nötigen und damit die Lehre von dem Richter als „Mund, welcher nur die Worte des Gesetzes nachspricht" (Montesquieu)[49], von der Gesetzesanwendung als einem mechanisch funktionierenden „Automaten" Lügen strafen. Dennoch bleibt es hier bei einer bloßen

48 Forsthoff, Verwaltungsrecht, 10. Aufl. 1973, S. 86.

49 Ch. de Montesquieu, Vom Geist der Gesetze, eingel. u. hg. v. E. Forsthoff, Bd. 1, 2. Aufl. 1992, S. 225: „die Richter sind ... nur der Mund, der die Worte des Gesetzes ausspricht, willenlose Wesen, die weder seine Schärfe, noch seine Strenge zu mildern vermögen". Dazu auch Kaufmann, in: ders./Hassemer/Neumann, S. 74.

Auslegung und Subsumtion im früher erörterten Sinn. Auslegung und Subsumtion stellen sich eben häufig als schöpferische geistige Akte dar[50].

Eine ganz neue Note bekommt jedoch das juristische Denken, wenn wir uns den normativen Begriffen i.e.S. zuwenden. Allerdings wurden wir bei diesen normativen Begriffen auch noch einer gewissen Zweideutigkeit inne, die jetzt für uns ins Gewicht fällt. Es macht einen Unterschied, ob die „Normativität" nur besagt, dass der fragliche Begriff seinem Sinngehalt nach Normen voraussetzt (Minderjährigkeit, Ehe, Beamter usw.), oder ob die Normativität „Wertausfüllungsbedürftigkeit" bedeutet. Im ersteren Falle nämlich läuft die Erhellung des Begriffes wieder auf Auslegung, seine Anwendung im Einzelfalle wieder auf Subsumtion hinaus. Dagegen kommt im anderen Falle das eigentlich Neue in Sicht: die Wertung des Rechtsanwenders. Wir befassen uns jetzt nur noch mit dieser Normativität als Wertausfüllungsbedürftigkeit.

Allerdings sahen wir schon, dass die Wertung keine subjektiv-persönliche Wertung des Rechtsanwenders zu sein braucht. Es kann vielmehr bei „normativen" Begriffen gemeint sein, dass der Rechtsanwender vorgegebene Wertungen einer „führenden", „maßgeblichen" Schicht aufsuchen und feststellen muss. Wir wollen insoweit von „objektiven" Wertungen sprechen[51]. Ob der Zeigefinger ein „wichtiges Glied des Körpers" ist, ob Boxkämpfe und bei ihnen in Kauf genommene Verletzungen mit den „guten Sitten" vereinbar sind, ob ein Sorgeberechtigter seine „Fürsorgepflicht gröblich

50 Aus diesem Grunde stoßen auch Versuche, richterliche Funktionen per EDV zu automatisieren, bald auf ihre Grenzen. Zu Möglichkeiten und Grenzen der EDV bei der Rechtsanwendung s. Zippelius, Methodenlehre, S. 110ff. m.w.N.; Müller/Christensen, Methodik, Rn. 395f.

51 Natürlich sind für die „Objektivität" der Wertungen in erster Linie die gesetzlichen Richtlinien maßgebend, wie Soell (S. 190ff.) herausstellt. Im Augenblick kommt es aber nur auf jene Objektivität der Wertungen an, die für die „ergänzende" Wertung des Richters von außergesetzlichen Instanzen geliefert werden. Vgl. auch Zippelius, Methodenlehre, S. 15ff. Über die diesbezügliche Lehre der Interessenjurisprudenz s. Kallfass, S. 40ff.

verletzt" hat, ob eine graphische Darstellung (George Grosz: Christus in der Gasmaske) „gotteslästerlich" (§ 166 StGB a. F.) ist oder wenigstens die christliche Kirche „beschimpft" (§ 166 StGB n. F.), ob eine Ehe „gescheitert" ist, all dies sind Fragen, die das Gesetz nicht durch eine subjektiv-persönliche Wertung des Richters beantwortet wissen will. Das Gesetz ist hier vielmehr der Meinung, dass es maßgebliche sittliche Anschauungen gibt, von denen sich der Richter leiten lassen soll. „Maßgebend sind die Umstände des einzelnen Falles unter Berücksichtigung der Anschauungen der betreffenden Bevölkerungskreise"[52]. Die „betreffenden Bevölkerungskreise" können dabei freilich immer nur solche Bevölkerungskreise sein, deren Urteil die jeweilige Staats- und Rechtsordnung gelten lässt. Steht der Richter selbst innerhalb dieser Kreise, so darf er natürlich auch sein eigenes sittliches Empfinden befragen. Er wird sich aber auch dann Rechenschaft darüber ablegen müssen, ob er nicht mit seiner Auffassung ziemlich allein steht. Weiß sich der Richter gar außerhalb der von Rechts wegen zuständigen Bevölkerungskreise (ist er z. B. religiös völlig indifferent oder sind ihm die Vergnügungen der sportbegeisterten Menge ein plebejischer Greuel), so kommt es auf diesen seinen höchstpersönlichen Standpunkt nicht an, vielmehr auf das, was „man" nun einmal in den fraglichen Kreisen denkt und empfindet. Darum hat das Reichsgericht in dem berühmten Urteil über das Bild von George Grosz: Christus in der Gasmaske (RGSt 64, 121 (126)) mit Recht die Frage dahin gestellt, welche Wirkungen das Bild auf „das religiöse Gefühl solcher Mitglieder der christlichen Kirchen …, die sich ebenso von übergroßer Reizbarkeit wie von Gleichgültigkeit fern-

52 Schönke/Schröder, 16. Aufl. 1972, § 180 a. F. Rn. 4 (nicht nur hierzu gültig); vgl. auch F. Wieacker, Gesetz und Richterkunst, 1958, S. 12 f.; Bachof, Grundgesetz, S. 40; Larenz, Methodenlehre, S. 223 f., 288 ff. Auf den „Konsens über die Vernünftigkeit zwischen Wertungsvorstellungen des Rechtsanwenders und des Rechtsbetroffenen" kommt es auch nach Esser, Vorverständnis, S. 115 (auch 159 ff.) bei der Rechtsfindung an. Bei Maßstäben, die die Verkehrssitte anerkennt, gebraucht er auch den Terminus „Standards" (S. 63 ff.).

halten", hervorzurufen geeignet war[53]. Sollte es sich vollends um die sittlichen Grundfragen handeln, so wird der Richter nicht das missachten dürfen, was man das „objektive Sittengesetz" nennt, das der Gesetzgeber als gültig anerkennt und voraussetzt. Demgemäß hat der BGH in seiner Entscheidung zur Frage des Geschlechtsverkehrs zwischen Verlobten (BGHSt 6, 46)[54] ausgeführt, dass es sich bei dem „eine Bewertung fordernden Begriff der Unzucht" und bei der damit gegebenen Verweisung auf einen „außerstrafrechtlichen Normenkreis" (S. 48) nicht nur um eine Bezugnahme auf „die wechselnden Meinungen oder Verhaltensweisen wechselnder Volksteile" (S. 50) handele, weil das Gebot geschlechtlicher Zucht kein „Gebot der bloßen Sitte, der bloßen Konvention", sondern ein „Gebot der Sittlichkeit, des Sittengesetzes" (S. 52) sei. „Nor-

53 Nachdem § 166 StGB durch Gesetz v. 25. 6. 1969 geändert worden ist, wäre die im Text vom RG aufgeworfene Frage nunmehr dahin zu stellen, ob ein derartiges Bild eine Beschimpfung des Inhalts des christlichen Bekenntnisses mit Eignung, den öffentlichen Frieden zu stören, bedeutet. Zur heutigen Würdigung: Knies, S. 21 f.; vgl. auch Th. Würtenberger (sen.), Rechtliche Grenzen politischer Kunst in historischer Betrachtung, in: H.-O. Mühleisen (Hg.), Grenzen politischer Kunst, 1982, S. 17 (30 ff.); Schönke/Schröder-Lenckner, § 166 Rn. 9 f.

54 Diese Entscheidung (BGHSt 6, 46) ist überholt, soweit es sich um den Begriff „Unzucht" handelt, nicht aber mit ihren grundsätzlichen Auslassungen über die „Normen des Sittengesetzes". Vgl. auch BVerwGE 10, 164 (167 f.): „Richtig ist, dass sich die Gebote von Sitte und Anstand nach der von Herkommen und Erziehung geformten … Anschauung verständiger, billig und gerecht denkender Menschen in einem Rechts- und Kulturkreis bestimmen. Es gibt aber nicht … in allen Fragen von Sitte und Anstand eine einheitliche Anschauung … Beim Bestehen abweichender Anschauungen … können die Träger der einen Anschauung Andersdenkenden nicht schlechthin die Verständigkeit oder billige und gerechte Denkart absprechen. Daher darf auch der Richter … nicht seine persönliche Anschauung allein maßgebend sein lassen. Er muss vielmehr erwägen, welche der Anschauungen, die … vorkommen, derart überwiegt, dass er sie zur Grundlage seines … Urteils machen darf". Zum Verhältnis von Recht und Sittlichkeit bei Bezugnahme des Rechts auf die „guten Sitten" und in verwandten Fällen s. auch H.-M. Pawlowski, Die Aufgabe des Richters bei der Bestimmung des Verhältnisses von Recht, Sittlichkeit und Moral, ARSP 50 (1964), 503; Engisch, Schopenhauer-Jahrbuch 51 (1970), 107.

men des Sittengesetzes gelten aus sich selbst heraus; ihre (starke) Verbindlichkeit beruht auf der vorgegebenen und hinzunehmenden Ordnung der Werte und der das menschliche Zusammenleben regierenden Sollenssätze; sie gelten unabhängig davon, ob diejenigen, an die sie sich mit dem Anspruch auf Befolgung wenden, sie wirklich befolgen und anerkennen oder nicht; ihr Inhalt kann sich nicht deswegen ändern, weil die Anschauungen über das, was gilt, wechseln“ (S. 52). Wir müssen offen lassen, ob der BGH philosophisch beweisen kann, was er hier ausführt, ob seine Ablehnung des „inhaltlosen Relativismus, der zerstörend wirkt, weil ihm nichts anderes als die soziale Wirklichkeit ohne jede Bewertung zur Richtschnur dient“ (S. 51), auf festen Füßen steht. Das Problem des objektiv gültigen Sittengesetzes ist ein zu heikles moralphilosophisches Problem, als dass wir es hier mit der linken Hand abtun könnten. Genug, dass es in gewissen Fragen eine so feste und sichere sittliche Tradition gibt, dass das Recht sie im Sinne eines „objektiven Sittengesetzes“ zur Grundlage nehmen kann.

Einerlei aber nun, ob sich die Ausfüllung der soeben behandelten „wertausfüllungsbedürftigen“ objektiv-normativen Begriffe auf eine ganz feste sittliche Tradition stützen kann oder ob sie sich an die beweglichen Wertungen „wechselnder Volksteile“ halten muss – dem Wandel der Bewertungen offen zu stehen, ist ja zu einem guten Teil die Funktion dieser normativen Begriffe –: Die „Bewertung“, die der normative Begriff hier fordert, ist im einen wie im anderen Falle eine Sache der Erkenntnis. Der Rechtsanwender hat „festzustellen“, welches die tatsächlich geltenden sittlichen Anschauungen sind. Seine eigene Bewertung des Falles ist nur ein Glied in der Reihe vieler gleichberechtigter Wertungen, mit denen er sie zu vergleichen und nach denen er sie unter Umständen zu berichtigen hat. Die eigene Wertung ist also nur Bestandteil des Erkenntnismaterials, nicht letztgültiger Erkenntnismaßstab. Demgemäß bedeuten auch die Einzelentscheidungen und Entscheidungsgruppen, durch welche diese wertausfüllungsbedürftigen objektiv-normativen Begriffe „konkretisiert“ werden, wieder so etwas wie eine Art Auslegung dieser

Begriffe, wie auch die Feststellung einer im einzelnen Falle einschlägigen Wertung Verwandtschaft mit der „Subsumtion" aufweist. Entscheidungssätze wie die: „Bestimmungsmensuren verstoßen nicht gegen die guten Sitten" (vgl. BGHSt 4, 24), „Der Geschlechtsverkehr zwischen Verlobten ist Unzucht" (i. S. von §§ 180 f. StGB a. F.: BGHSt 6, 46)[55] haben demgemäß eine ähnliche kommentierende Funktion wie die Begriffsentwicklungen, Subordinationen und Subsumtionen bei deskriptiven Begriffen. Sie erscheinen daher in den Lehr- und Erläuterungsbüchern mit gleichen Ansprüchen neben den Definitionen, Umfangsbestimmungen und Exemplifizierungen, die den deskriptiven Begriffen gewidmet werden. Dennoch bleibt den objektiv-normativen Begriffen eine Eigenart, ja ein Vorzug gewahrt, der den deskriptiven Begriffen häufig abgeht: Mit den Wertungen, auf die sie Bezug nehmen, können sie sich der besonderen Lagerung der Umstände des Einzelfalles und auch dem etwaigen Wandel der Wertanschauungen elastisch anpassen[56]. Eben darum sind sie Träger eines „Billigkeitsrechts" und in neuerer Zeit so beliebt. Der deskriptive Begriff „Beischlaf" ist nicht individualisierungs- und wandlungsfähig wie der Begriff „ehewidriges Verhalten" oder der Begriff „Unzucht". So hat der Richter oder Verwaltungsbeamte, der einen einzelnen Fall auf einen objektiv-normativen Begriff zu beziehen und unter ihn zu subsumieren hat, eine Konkretisierung eigener Art zu vollziehen. Diese Konkretisierung hat – mit Larenz[57] zu sprechen – einen „synthetischen" Charakter, sie gibt dem wertausfüllungsbedürftigen Grundgedanken durch Aufsuchen der zeitgemäßen Wertung Bestimmtheit, sie holt diese Bestimmtheit aber nicht aus dem Begriff als solchem heraus. Sie berücksichtigt

55 A. Baumgarten, Die Wissenschaft vom Recht und ihre Methode, Bd. I, 1920, S. 207 spricht hier von „Leitsätze(n) der Praxis", Hanack, S. 114 ff. von „Zwischensätzen" zwischen der Norm und der Subsumtion des einzelnen Falles unter sie.

56 Das wird bezüglich aller normativen Begriffe scharf betont von Soell, S. 173 ff.

57 K. Larenz, Über Gegenstand und Methode des völkischen Rechtsdenkens, 1938, S. 19.

weiter in den Grenzen, in denen dies möglich und sinnvoll ist[58], die besondere Beschaffenheit des zu beurteilenden Falles.

Weisen somit schon die „objektiv-normativen" Begriffe Eigenheiten auf, die den juristischen Gedankengängen bei der Rechtsanwendung eine neue Richtung geben, so gelangen wir auf ganz und gar neues Gebiet, wenn wir uns den Ermessensklauseln zuwenden, die (zumindest teilweise) eine subjektiv-persönliche Entscheidung des Richters oder Verwaltungsbeamten gestatten. Denn: ungeachtet des „synthetischen" und „konkretisierenden" Charakters der Anwendung objektiv-normativer Begriffe ging es bei ihr, wie wir sahen, immer noch um eine Art von „Erkenntnis", um eine „Feststellung" dessen, was gilt, um eine Erfassung des der Intention und der Idee nach eindeutig Richtigen. Anders steht es bei den Ermessensklauseln mit Spielräumen für subjektiv-persönliche Entscheidungen. Sie ermächtigen den Rechtsanwender dazu, – unter Beachtung der gesetzlichen Vorgaben – die von ihm persönlich für richtig gehaltene Wertung als die verbindliche und „richtige" anzusehen. Sie räumen dabei Wahlmöglichkeiten bewusst ein. Sie erwarten eine individuelle Haltung im Vertrauen darauf, dass das redliche Verfolgen einer persönlichen Linie bessere Entscheidungen gewährleistet als das ausschließliche, unsichere Fahnden nach „objektiven" Gesichtspunkten. Von diesen juristischen Wertungsakten, die den Rechtsanwender nahezu zum Rechtsschöpfer, zum Gesetzgeber des Einzelfalles machen, müssen wir noch sprechen.

Dabei sei noch einmal betont, dass der Spielraum persönlicher Entscheidung nicht nur durch deutlich sichtbare Gesetzesschranken eingeengt ist, sondern noch durch weitere nach Gewohnheitsrecht oder nach der „Rechts- und Staatsidee" maßgebende Begrenzungen[59]. Letztlich verlangt auch immer das Verbot der „Willkür" und der „Unsachlichkeit" Beachtung. Wir müssen im Folgenden voraussetzen, dass bei der

---

58 Über Inhalt und Grenzen der Individualisierung vgl. außer Soell (s. Sachverzeichnis unter „Individualisierung"): Engisch, Idee, S. 194 ff.; Henkel, Recht.

59 Zu den Bindungen und Begrenzungen des Ermessens s. Warda, S. 111 ff.; Stern, S. 24 ff.; Maurer, § 7 Rn. 17 ff.

Handhabung des Ermessens Ermessensüberschreitung und Ermessensmissbrauch vermieden sind. Wir nehmen jetzt an, dass die „persönliche" Entscheidung sachgerecht und auch als von einer echten inneren Überzeugung getragen gefällt wird.

Irrig wäre aber die Annahme, dass die nur „subjektiv" richtigen Entscheidungen ohne Steuerung durch nicht nur rechtliche, sondern auch metarechtliche Gesichtspunkte zustande kommen. Es ist vielmehr möglich, gewisse logische Strukturen dieser „volitiven Denkakte"[60] auszuweisen. Dies gilt zunächst einmal für die freie Zweckwahl, die oftmals das Kennzeichen des so genannten Verwaltungsermessens ist[61]. Diese freie Zweckwahl also, für die wir uns als Beispiel noch einmal vor Augen rücken können die Wahl zwischen wissenschaftlichem Rang und pädagogischer Befähigung bei der Berufung eines Universitätsprofessors, vollzieht sich nach den Gesetzen der Teleologik. Die „nächsten" Zwecke werden dabei ferneren und allgemeineren Zwecken untergeordnet. Es werden die Konsequenzen und Nebenfolgen bei der Ansteuerung dieses oder jenes Zweckes bedacht. Es wird eine sinnvolle Kombination mit anderen maßgeblichen Zwecken angestrebt. Keineswegs ist Gleichförmigkeit der Entscheidungen geboten. Es kann gerade deshalb, weil bei der Berufung eines anderen Hochschullehrers dem wissenschaftlichen Rang der Vorzug gegeben wurde, jetzt mehr auf die pädagogische Begabung geachtet werden. Gesetze der Teleologik beherrschen weiter die Wahl der Mittel, wo diese nicht schon durch den Zweck selbst eindeutig vorgezeichnet sind. Mit Recht betonen nämlich manche Schriftsteller, dass Ermessen nicht nur oft die freie Wahl der Zwecke, sondern u. U. auch die freie Wahl der Mittel impliziere, wobei übrigens eine gewisse Relativität dieses Unterschiedes nicht geleugnet werden kann. Um eine Gefahr zu beseitigen, stehen eventuell mehrere polizeiliche Möglichkeiten zur Verfügung, zwischen denen gewählt werden muss,

---

60 Maier, S. 782 ff.

61 Laun, S. 62; zu den heutigen Möglichkeiten und Grenzen einer „freien Zweckwahl" im Rahmen des Verwaltungsermessens s. Stelkens/Bonk/Sachs-Sachs, § 40 Rn. 13, 15 und Maurer, § 7 Rn. 17 f., 54. Vgl. auch oben S. 199 Anm. 18.

oder beim Einschreiten gegen einen jugendlichen Kriminellen ergeben sich verschiedene vom Gesetz zugelassene Maßnahmen als gleichwertig, unter denen die eine oder die andere oder eine geeignete Kombination mehrerer Maßnahmen ausgesucht werden muss. Hierbei spielen jeweils Erwägungen über die Wirksamkeit, die Nachhaltigkeit, die Einfachheit, die Sparsamkeit, die „Verhältnismäßigkeit"[62] eine Rolle, die sich allesamt als teleologisch strukturiert darstellen, ohne jedoch die persönliche Note bei der Entscheidung auszuschalten.

Mit den Gesichtspunkten der Zweck- und Mittelbestimmung verschlingen sich aber häufig auch die spezifisch rechtsethischen Ideen der Gerechtigkeit und der Billigkeit[63]. Dies gilt schon bei manchen Verwaltungsakten. Die Versetzung eines Beamten kann sehr zweckmäßig, aber doch „unbillig", ja „ungerecht" erscheinen. Umgekehrt kann die Berufung eines Beamten in ein Amt oder ein höheres Amt zwar gerecht, aber doch unzweckmäßig sein. Müssen sich also nicht die Zweckmäßigkeitserwägungen des Verwaltungsbeamten, von denen zuvor die Rede war, auseinandersetzen auch mit den Problemen der Gerechtigkeit und Billigkeit?

Es fehlt uns der Raum, hier noch weiter in die Tiefe zu dringen. Der Ertrag der bruchstückhaften Betrachtungen dieses Kapitels dürfte folgender sein: In verschiedener Art und verschiedenem Maße ist der Rechtsanwender durch das

---

62 Der Grundsatz der Verhältnismäßigkeit hat für alle staatlichen Eingriffe zunehmend an Bedeutung gewonnen. Vgl. dazu z.B. H. Schneider, Zur Verhältnismäßigkeitskontrolle insbesondere bei Gesetzen, in: FS f. das BVerfG, Bd. II (1976), S. 390; Henkel, Rechtsphilosophie, S. 430f.; Röhl/Röhl, S. 655f.; M. Cornils, Allgemeine Handlungsfreiheit, in: Handbuch des Staatsrechts der Bundesrepublik Deutschland, hg. v. J. Isensee/P. Kirchhof, Bd. VII, 3. Aufl. 2009, § 168 Rn. 100ff.; Maurer, § 10 Rn. 17, § 27 Rn. 57ff.; Pieroth/Schlink, Rn. 289ff., 306f., 916ff.

63 Zu diesen Ideen s. (m.w.N.): Engisch, Suche, S. 147ff., 180ff.; Henkel, Rechtsphilosophie, S. 391ff., 419ff.; O. Höffe, Politische Gerechtigkeit, 1987; Coing, S. 150ff.; Zippelius, Gerechtigkeit, S. 31ff., 39ff., 110ff.; ders. Rechtsphilosophie, §§ 11ff., 24, 29ff. Zur Zweckmäßigkeit des Rechts vgl. Henkel, Rechtsphilosophie, S. 427ff.; Bydlinski, S. 330ff.; Arthur Kaufmann, Rechtsphilosophie, 2. Aufl. 1997, S. 165ff.; ders., in: ders./Hassemer, S. 112f.

Billigkeitsrecht, das „ius aequum", das in den unbestimmten und normativen Begriffen, in den Ermessens- und Generalklauseln steckt, dazu berufen, nicht bloß durch Auslegung und Subsumtion, sondern auch durch Wertungen und Willensentscheidungen das Recht im Einzelfall zu finden[64]. Wir sahen ihn hierbei bald mehr unter objektive Maßstäbe (Sittengesetz, Wertungen der führenden Schicht) gestellt, bald mehr dem Kompass seiner individuellen Auffassung überantwortet. Aber gerade auch im letzteren Falle herrschen nicht Bindungslosigkeit und Willkür, es kommen vielmehr, von den gesetzlichen und übergesetzlichen Schranken der persönlichen Entscheidung abgesehen, teleologische und axiologische Regeln zum Zuge, die die Entscheidung zwar nicht materiell genau determinieren können, ihr aber einen logischen Rückhalt geben. Die persönliche Färbung der materiellen Wertung und Willensentscheidung bleibt immerhin bestehen.

Blicken wir insbesondere auf das zurück, was über die Eingrenzung, Regulierung und Strukturierung der Ausübung des Ermessens gesagt wurde, so sind wir nunmehr auch in der Lage, am Ende noch der oben nur vorläufig aufgeworfenen Frage näherzutreten, in welchem Sinne und mit welcher Maßgabe die am Ende individuell gefärbte arbiträre Entscheidung überhaupt als „richtig" angesehen und vor den rechtsstaatlichen Prinzipien gerechtfertigt werden kann. Dabei handelt es sich nicht nur um die „Richtigkeit", die aus all den verschiedenen Bindungen erwächst, denen das Ermessen unterworfen ist (wohin außer allen rechtlichen und axiologischen Richtlinien auch die Verbote der Parteilichkeit, der Willkür, des Mißbrauchs und des Übermaßes gehören), sondern auch um die spezifische Richtigkeit, die dadurch zum Problem wird, dass beim Ermessen die Gleichwertigkeit verschiedenartiger, ja entgegengesetzter Entscheidungen anzuerkennen ist. Dies ist ja das Spezifische und das Anstößige, dass in Disjunktion stehende Entscheidungen (E 1, E 2, E 3 bzw. E und nonE) den Anspruch erheben dürfen, gleichermaßen vor

64 Bahnbrechend G. Rümelin, Werturteile und Willensentscheidungen im Civilrecht, 1891.

dem Recht als richtig zu bestehen, also z. B. polizeiliches Einschreiten oder Nichteinschreiten bei einer nur teilweise unfriedlichen Demonstration (Entschließungsermessen), die Auswahl unter verschiedenen, gleich geeigneten Maßnahmen im Falle polizeilichen Einschreitens (Auswahlermessen)[65], Erteilung und Nichterteilung einer Konzession, Vollzug und Nichtvollzug einer Einbürgerung. Offenbar bedeutet hier „Richtigkeit" etwas, was nicht dem Satz des Widerspruchs unterliegt, nicht soviel wie Wahrheit oder Eindeutigkeit, welche ja dort, wo Wertungen hereinspielen, vielleicht grundsätzlich gar nicht zu erreichen sind. Dem Juristen bietet sich hier zunächst der in vielen Zusammenhängen gebrauchte Begriff der „Vertretbarkeit" an: Stehen mehrere Alternativen bei der Einräumung von Ermessen zur Wahl, so kann jede von ihnen angesichts des großen verbleibenden „Spielraums" „vertretbar" sein. Es kann sowohl vertretbar sein, bei einer teilweise unfriedlichen Demonstration abzuwarten wie einzuschreiten, es kann ebensowohl vertretbar sein, die Einbürgerung zu vollziehen wie sie abzulehnen. Jeder, der sich innerhalb des Spielraums für eine dieser Möglichkeiten entscheidet, ist im Recht, keiner kann von sich sagen, er allein habe recht. Die Vertretbarkeit schließt natürlich nicht aus, dass man gegenseitig kritische Argumente dafür ins Feld zu führen weiß, warum gerade diese oder jene Entscheidung doch die bessere und „eigentlich" richtige ist. Häufig kommt der Entscheidende selbst nicht aus seinen Zweifeln heraus, ob er nun „wirklich" das Richtige trifft, wird sich aber doch sagen, dass er wenigstens das Vertretbare für richtig erachtet. Gelegentlich helfen hier auch Maximen wie bei der Strafzumessung: in dubio mitius! Es ist dann noch eine Frage der zweckmäßigen Sprachregelung, ob man das „Vertretbare" einfach mit der „Richtigkeit" des Ermessensgebrauchs identifiziert, oder – wozu ich neige – den letzteren Begriff („Richtigkeit") gegenüber dem ersteren

65 Letzteres wird allerdings selten in Betracht kommen, da nur ausnahmsweise mehrere Maßnahmen in gleicher Weise möglich, geeignet und erforderlich und somit verhältnismäßig sein dürften; s. dazu Th. Würtenberger/D. Heckmann, Polizeirecht in Baden-Württemberg, 6. Aufl. 2005, Rn. 529.

(„Vertretbarkeit") als den engeren betrachtet, weil zwar das Richtige immer vertretbar sein, aber nicht alles Vertretbare schon als „richtig" akzeptiert werden muss (da es immer noch diskussionswürdig ist)[66]. Der Sache nach wird man unter der Voraussetzung, dass Ermessen eingeräumt wird, zu dem Ergebnis gelangen, dass das, was man „jedenfalls" als vertretbar anerkennen muss, als in den „Spielraum des Ermessens fallend" und insofern als „richtig" gelten darf.

Zur tieferen Rechtfertigung einer Gleichsetzung des „persönlich" für richtig Gehaltenen mit dem Richtigen überhaupt[67] gelangt man wohl am ehesten, wenn man sich mit folgenden Gedanken vertraut zu machen bereit ist: Unser gesamtes Rechtsleben ist als ein Teil unseres vielverzweigten Geisteslebens von individuellen Anlagen und Impulsen geformt. Nicht nur auf der Ebene der Gesetzgebung jeder Art, sondern auch auf der Ebene der Verwaltung und Rechtsprechung sind Menschen als „Persönlichkeiten" dazu aufgerufen, das Recht zu gestalten und zu pflegen. Das „subjektive Fürrichtighalten" ist nicht nur ein „Erdenrest zu tragen peinlich", also etwas, was man leider (zumal dort, wo gewertet

66 Vgl. dazu Engisch, in: FS Peters (1974), S. 33; Larenz, Methodenlehre, S. 294.

67 Den persönlichen Einschlag in der „richtigen" Entscheidung habe ich von der ersten Auflage dieses Buches (1956) an positiv bewertet. Ebenso Arthur Kaufmann, Richterpersönlichkeit und richterliche Unabhängigkeit, in: FS f. K. Peters (1974), S. 295 ff. (304 ff.); K. Peters, Lehrbuch des Strafprozessrechts, 5. Aufl. 1985, S. 110 ff.; Larenz, Methodenlehre, S. 295; Zippelius, Methodenlehre, S. 18 f. Selbst der die Gesetzesbindung des Richters und Verwaltungsbeamten (grundsätzlich sehr zu Recht) verfechtende H. H. Rupp (Die Bindung des Richters an das Gesetz, NJW 1973, 1769) erklärt: „Die ... Subjektivismen des Richters oder des Verwaltungsbeamten nimmt das Gesetz nicht nur in Kauf, sie werden vielmehr aufgenommen in die rechtsstaatliche Pluralität als Chance und als Hoffnung des einzelnen, im Richter nicht nur einen blinden Computer oder einen politischen Missionar, sondern einen Menschen zu finden" (1774). Speziell für die Verwaltung fordern einen „Raum der Eigenverantwortung" und „Gestaltungsfreiheit" u. a. Schmidt-Eichstaedt, AöR 98 (1973), 192; Bullinger, NJW 1974, 770 ff.; vgl. auch Maurer, § 7 Rn. 63 m. w. N., § 16 Rn. 14 (zu Planungsermessen bzw. planerischer Gestaltungsfreiheit).

wird) nicht ganz auszuschalten vermag, sondern es ist ein bejahungswürdiges Element der rechtlichen Kultur. So wenig wir uns auf höherer Ebene die Gesetzgebung als einen nach abstrakten Prinzipien die „allein richtigen“ Gesetze schaffenden, rationalen Apparat vorzustellen haben, vielmehr als einen aus vielen – großenteils „weltanschaulich“ und „politisch“ durchpulsten – persönlichen Komponenten integrierten organischen Prozess, in welchem mit Eifer um das „Richtige“ gerungen wird, so wenig dürfen wir uns auf der unteren Ebene der Rechtspflege (im weitesten Sinne) die Beamten, Behörden, Richter und Gerichte als nur zur schematischen Gesetzesvollziehung berufen denken. Sie sind vielmehr als Menschen ausersehen, eigenverantwortlich „nach bestem Wissen und Gewissen“, aber zugleich schöpferisch und vielleicht sogar einfallsreich das Rechte, Zweckmäßige und Angemessene des Einzelfalls zu suchen. Dabei sehen sie sich hineingestellt nicht nur in die „besonderen Umstände“ des Einzelfalls, sondern auch in die persönlichen Interessen, Wünsche, Anträge, Argumente und tieferen Nöte und Belange der am Fall als „Partei“ beteiligten Menschen, auch konfrontiert mit zur Auseinandersetzung herausfordernden Darlegungen der Parteivertreter, ferner mit der Auffassung der anderen Mitglieder des Kollegiums. Darf in diesem „inneren Sturm und äußeren Streite“ der entscheidende Beamte oder Richter sein Ich gänzlich auslöschen (wie nach Ranke der Historiker bei Erforschung der Vergangenheit, was übrigens auch ein unmögliches Unterfangen wäre) und nur starr nach Regeln und Prinzipien fragen? Oder soll er nicht vielmehr als Mensch unter Menschen auch persönlich Stellung nehmen zu diesem oder jenem Verlangen, zur Wertigkeit dieses oder jenes Interesses, zur Überzeugungskraft dieses oder jenes Arguments, das es zu verarbeiten gilt (von der freien Beweiswürdigung bei der Tatsachenfeststellung ganz abgesehen)? Bringen wir einer Entscheidung, hinter der der seines Amtes Waltende nicht nur als Funktionär, Rechtstechniker oder „Technokrat“, sondern auch mit seiner autonomen Persönlichkeit steht, nicht mehr Vertrauen entgegen als einer solchen, die ausschließlich an abstrakten Grundsätzen und Regeln aller Art orientiert ist?

Wen es stört, dass dann also von der Person des Entscheidenden abhängt, ob ein Antrag durchgeht oder nicht, der möge auch bedenken, dass es nicht nur auf das Endergebnis, sondern auch auf das ganze Verfahren ankommt, das je nach Eigenart des seines Amtes Waltenden gestaltet ist, dass weiter der Strengere oft auch der Gründlichere und Gerechtere ist, der Mildere der Bequemere, die Verantwortung Scheuende. Wer immer Erfahrungen mit Behörden und Gerichten gemacht hat, wird wohl gerne einräumen, dass er lieber mit einem Menschen in seiner Individualität um seinen Standpunkt und sein Anliegen kämpft und wirbt als mit einem bloßen „Rechtsanwender". Dafür, dass diese Idee der „persönlichen Richtigkeit" nicht ausartet, ist in einem Rechtsstaat mit hochstehender Rechtswissenschaft und einem zur Unparteilichkeit, Sachlichkeit, Unbestechlichkeit erzogenen Beamten- und Richterstand genugsam gesorgt. Und natürlich darf man nicht vergessen alle die Sicherungen gegen Willkür, die in der Pflicht zur sachlichen Begründung der erlassenen Entscheidung, in der Diskussion im Kollegium und in der Möglichkeit der Überprüfung der Entscheidung in höherer Instanz liegen.

Gedanken dieser Art sind es auch gewesen, die schon zu Beginn des 20. Jahrhunderts jene Bewegung innerhalb der Jurisprudenz genährt haben, die man als „Freirechtsbewegung" zu bezeichnen pflegt. Diese Bewegung hat freilich sehr verschiedene Ansatzpunkte. Sie kann auch von der Lückenhaftigkeit eines Gesetzesrechts oder von der Fehlerhaftigkeit mancher Gesetze ihren Ausgang nehmen und dann den Richter dazu berufen, gesetzgebergleich und „schöpferisch" Lücken auszufüllen und unrichtige Gesetze zu korrigieren (darüber das nächste Kapitel). Aber ihr tiefstes, wenn auch vor dem Ansturm der Gegner mitunter verleugnetes Anliegen war doch wohl, den königlichen Richter ins Regiment zu bringen, die Bindungen an das Gesetz zu lockern, „freies Ermessen" zu einem umfassenden Prinzip der gesamten Rechtsgestaltung zu erheben[68]. Diese Bestrebungen der Frei-

68 Arthur Kaufmann (Freirechtsbewegung – lebendig oder tot?, JuS 1965, 1) hält dies für ein Mißverständnis. Aber man lese z. B. bei Ernst Fuchs

rechtsschule sind, soweit sie auszuufern drohten, längst verebbt. Sie genießen insoweit nur historisches Interesse[69]. Aber der Gedanke, man dürfe den das Recht auf den Einzelfall anwendenden Praktiker nicht zu sehr an das Gesetz binden, müsse ihm Vollmacht und Gelegenheit geben, die konkrete Situation, handele es sich nun um einen Rechtsstreit oder ein Problem der Verwaltung, sowohl der Eigenart des Falles wie auch seiner persönlichen Überzeugung gemäß sinnvoll, gerecht und zweckmäßig zu bewältigen, lebt immer wieder auf. Teilweise hat er die Gestalt angenommen, der Richter dürfe nicht so sehr an „Gesetz und Recht" sklavisch gebundener Untergebener des Gesetzgebers und der hinter diesem stehenden verdächtigen Mächte sein, sondern solle selbst Politiker, Gestalter des gesellschaftlichen Lebens, „Sozialingenieur" oder wenigstens „Sozialhelfer besonderer Art" werden, offen für die Strömungen der Zeit, diese aber auch mitlenkend (Wiethölter, Rasehorn, Wassermann, Ostermeyer u. a.). Wie immer man zu diesen Tendenzen stehen mag (ich selbst: besorgt), sie führen jedenfalls über das hinaus, was die spezifische Kunst des „juristischen" Denkens ausmacht, und können daher insoweit nicht mehr Gegenstand des gegenwärtigen Buches sein. Die

---

(S. 12 ff., 24 ff.) nach. Allerdings meint Kaufmann, die Freirechtslehrer gäben sich radikaler, als sie eigentlich seien (JuS 1965, 5). Dass sie zum Judizieren gegen den eindeutigen Wortsinn des Gesetzes aufgerufen haben, behauptet auch der Text nicht, er spricht nur von einer „Lockerung" der Bindung. Aber da sie die Gesetze überwiegend als vieldeutig und lückenhaft und dann das allgemeine Rechtsgefühl als die in erster Linie zu befragende Rechtsquelle angesehen haben, wurde die richterliche Eigenwertung als die wahre methodologische Lösung gutgeheißen.

69 S. zur Freirechtsschule etwa: G. Boehmer, Grundlagen der bürgerlichen Rechtsordnung II 1, 1951, S. 158 ff. (mit Literaturübersicht); Engisch, Idee, S. 183 ff.; Wieacker, Privatrechtsgeschichte, S. 579 ff.; K. Riebschläger, Die Freirechtsbewegung, 1968; Fikentscher III, S. 365 ff.; M. Rehbinder, Die Begründung der Rechtssoziologie durch Eugen Ehrlich, 2. Aufl. 1986, S. 88 ff.; Larenz, Methodenlehre, S. 59 ff.; K. Kroeschell, Rechtsgeschichte Deutschlands im 20. Jahrhundert, 1992, S. 22 f., 85; H. Schlosser, Grundzüge der Neueren Privatrechtsgeschichte, 9. Aufl. 2001, S. 277 ff. m. w. N.; Rüthers, Rechtstheorie, Rn. 610.

konkrete Entwicklung dessen, wie sich dann der Umgang mit dem Recht gestalten soll, muss – schon zur Vermeidung voreiliger Missdeutungen – den Protagonisten jener Konzeption vorbehalten bleiben[70].

70 Vgl. zu dieser „politischen Jurisprudenz": H. H. Klein, Richterrecht und Gesetzesrecht, DRiZ 1972, 333 (336 f.); Fikentscher III, S. 607 ff.; Bydlinski, S. 158 ff. m. w. N.; Pawlowski, Rn. 139 ff., 755. Eine Verbindung zwischen den Bestrebungen der Freirechtslehre und denen der politisch orientierten Jurisprudenz stellt auch her: E. A. Kramer, Der Kampf um die Rechtswissenschaft, ZRP 1970, 82.

Kapitel VII

Juristenrecht, Fortsetzung: Lückenergänzung und Berichtigung fehlerhaften Rechts

Im vorhergehenden Kapitel haben wir den Juristen dort am Werk gesehen, wo ihn das Gesetz ermächtigt, innerhalb gewisser Grenzen den Gesetzgeber zu vertreten, an dessen Stelle „Werturteile und Willensentscheidungen" zu fällen. Wir sehen nun den Rechtsanwender auf neue Gedankenbahnen gewiesen, wenn es gilt, „Lücken" auszufüllen und „Fehler" in der Rechtsordnung richtigzustellen. „Lücken" und „Fehler" können wir zusammenfassen unter dem Begriff des „Mangels"[1]. Sie stellen also zwei verschiedene Formen mangelhaften Rechts dar. Der Mangel, den wir „Lücke" nennen, wird behoben durch „Rechtsergänzung". Der Richter wird hier „praeter legem", „supplendi causa" tätig („supplet praetor in eo, quod legi deest"). Der Mangel dagegen, den wir „Fehler" nennen, wird durch „Gesetzesberichtigung" behoben, der Richter wird hier „contra legem", „corrigendi causa" tätig. Die Grenze zwischen Lückenfüllung und Rechtsberichtigung ist nicht immer scharf und sicher. Sie ist aber im Prinzip vorhanden und auch insofern bedeutsam, als die Stellung des Rechtsanwenders im einen und im anderen Falle ganz verschieden ist. Wie die Grenzlinie ungefähr verläuft, lässt sich nur

---

1 Diese Terminologie wird angefochten von Arthur Kaufmann, Durch Naturrecht und Rechtspositivismus zur juristischen Hermeneutik, JZ 1975, 337 (339), der zwar eine „Unvollständigkeit" bzw. „Unfertigkeit" der Gesetze anerkennt, darin aber keinen „Mangel" erblicken möchte, weil ein Gesetz wegen der „Vielfalt und Veränderlichkeit der Lebenssachverhalte ... gar nicht abschließend und eindeutig formuliert" werden darf. Aber kann man es nicht doch einen „Mangel" nennen, wenn ein Gesetz den Juristen angesichts neuer Probleme zunächst im Stich lässt und der „Ergänzung" oder „Fortbildung" bedarf?

in Verbindung mit einer Betrachtung der einzelnen Begriffe klarstellen.

I.

Wir beginnen mit dem Begriff der „Rechtslücke“[2]. Lücken können in allen Rechtsteilen auftauchen[3]. Nicht nur der Richter, sondern auch der Verwaltungsbeamte kann durch sie in Verlegenheit gebracht werden[4]. Der Einfachheit halber wollen wir aber das Problem mit Bezug auf den Richter behandeln, da für den Verwaltungsjuristen Entsprechendes gesagt werden kann. Die erste, gar nicht leicht zu beantwortende Frage ist die, was wir überhaupt unter einer „Lücke“ verstehen sollen. Abstrahieren wir aus dem räumlichen Bild – man spricht z. B. von einer Lücke im Gebiss oder in einem Zaun – das Begriffliche, das auf das Recht Übertragbare, so dürfen wir sagen: Eine Lücke ist eine unbefriedigende Unvollständigkeit innerhalb eines Ganzen. Auf das Recht angewendet besagt der Begriff der Lücke, dass es sich um eine unbefriedigende Unvollständigkeit innerhalb des Rechtsganzen handelt. Ein eindrucksvolles Beispiel bot bis 1. 7. 1958 der

---

2 Aus der Literatur zum Lückenproblem vgl. namentlich: E. Zitelmann, Lücken im Recht, 1903; K. Engisch, Der Begriff der Rechtslücke, in: FS f. W. Sauer (1949), S. 85 (m. w. N. zur älteren Literatur); Fikentscher III, S. 718 ff.; Canaris, Lücken; Bydlinski, S. 472 ff.; Larenz, Methodenlehre, S. 370 ff.; Coing, S. 282 ff.; K. Larenz/C.-W. Canaris, Methodenlehre der Rechtswissenschaft (Studienausgabe), 3. Aufl. 1995, S. 246 ff.; Pawlowski, Rn. 453 ff., 461 ff.; Zippelius, Methodenlehre, S. 64 ff.; Röhl/Röhl, S. 633 ff.; Rüthers, Rechtstheorie, Rn. 822 ff. (jeweils m. w. N.); krit. E. E. Ott, Juristische Methode in der Sackgasse?, 2006, 78 ff.

3 Über Lücken im Verfassungsrecht s. z. B. Germann, S. 130 ff.; Zippelius/Würtenberger, § 7 Rn. 53 f.; Müller/Christensen, Methodik, Rn. 451 ff. Zu Lücken im Völkerrecht: G. Dahm/J. Delbrück/R. Wolfrum, Völkerrecht, Bd. I 1, 2. Aufl. 1989, S. 68, 79 ff. Auch das Internationale Privatrecht kennt viele Lücken: dazu Kropholler, § 12 I 1 b, § 52 IV 2 d.

4 Über Lücken im Verwaltungsrecht s. z. B. G. Anschütz, Lücken in den Verfassungs- und Verwaltungsgesetzen, VerwArch 14 (1904), 315; Germann, S. 126 ff.; Wolff/Bachof/Stober/Kluth, § 25 Rn. 16, § 28 Rn. 54 ff.

durch den Gleichberechtigungsgrundsatz entstandene Lückenkomplex im Familienrecht. Unser Grundgesetz hat bekanntlich in Art. 3 Abs. 2 S. 1 Männer und Frauen für gleichberechtigt erklärt[5] und in Art. 117 alles Recht, das diesem Grundsatz der Gleichberechtigung zuwiderläuft, außer Kraft gesetzt. Lange Zeit war es jedoch versäumt worden, eine neue einschlägige Regelung zu schaffen. Dadurch war unser Ehe- und Familienrecht weitgehend „lückenhaft" geworden[6]. Aber nun erheben sich sofort neue Fragen[7].

1.) Was ist das Rechtsganze, innerhalb dessen die Lücke klafft? Der Begriff der Rechtslücke verschiebt sich nämlich mit dem Begriffe des Rechts selbst. Denken wir bei dem Recht nur an das Gesetzesrecht, so ist „Rechtslücke" soviel wie „Gesetzeslücke". Genauer wollen wir von einer „Gesetzeslücke" dort sprechen, wo dem Gesetz für eine rechtliche Frage, die wir zu stellen haben, durch Auslegung (im früher entwickelten Sinne) keine Antwort abzugewinnen ist. Denken wir dagegen beim „Recht" an das gesamte „positive Recht", das neben dem Gesetzesrecht auch das Gewohnheitsrecht umfasst, so haben wir eine Rechtslücke nur dann vor uns, wenn weder das Gesetz noch das Gewohnheitsrecht eine rechtliche Antwort auf eine rechtliche Frage geben. Gibt das Gewohnheitsrecht eine Auskunft, wo das Gesetz keine gibt, so finden wir zwar eine gesetzliche Lücke vor, aber keine Lücke des positiven Rechts. Weist nun das positive Recht insgesamt eine Lücke auf, so ist es vielleicht doch möglich, diese Lücke durch einen Rückgriff auf überpositivrechtliche Gedanken zu schließen. Haben wir es dann noch mit einer Lücke zu tun? Weiter: Es besteht unter Umständen die Möglichkeit, Lücken, die sich bei

5 Der am 27.10.1994 eingefügte Art. 3 Abs. 2 S. 2 GG zielt auf die „tatsächliche Durchsetzung der Gleichberechtigung" sowie die „Beseitigung bestehender Nachteile"; vgl. dazu Jarass/Pieroth, Art. 3 Rn. 90ff. m.w.N.

6 Zur dadurch entstandenen methodischen Problematik s. Esser, Grundsatz, S. 72ff. Zur neuen Lage aufgrund des Gleichberechtigungsgesetzes von 1957 s. W. Müller-Freienfels, Kernfragen des Gleichberechtigungsgesetzes, JZ 1957, 685.

7 Zum Folgenden ausführlicher Engisch, in: FS Sauer (1949), S. 85.

schlichter „Auslegung“ der Gesetze zu zeigen scheinen und die insofern „Gesetzeslücken“ sind, durch „Analogieschlüsse“ und ähnliche auf das Gesetz gestützte Gedankenoperationen zu beseitigen. Gelingt dies, so ergibt sich wiederum die Frage, ob wir hier überhaupt von einer „Lücke“ sprechen sollen, da ja das Gesetz, wenn auch nur mittelbar, die Rechtsfrage beantwortet. Und wie steht es dort, wo der Gesetzgeber durch Generalklauseln oder durch stillschweigende Überlassung einer Problemlösung an den Richter diesen ermächtigt hat, gesetzgebergleich das Recht zu finden? Bedeutet eine solche Ermächtigung nicht, dass eine „Lücke“ gar nicht entstehen kann? Da das Recht durch den Richter stets eine Antwort gibt, zumal der Richter durch das „Justizverweigerungsverbot“ gehalten ist, jeden Rechtsstreit irgendwie zu entscheiden, da weiter diese richterliche Entscheidung stets auf irgendwelchen Rechtsgedanken beruht, ergibt sich, dass das Recht im Ganzen nie versagt[8], dass die Rechtsordnung „geschlossen“ ist, also gerade keine Lücken kennt. Ist damit nicht der Begriff der „Rechtslücke“ als einer Unvollständigkeit im Rechtsganzen aus den Angeln gehoben? In der Tat hat man Theoreme entwickelt, die eine „Geschlossenheit der Rechtsordnung“ zum Dogma gemacht und das Vorhandensein echter Rechtslücken abgestritten haben[9]. Diese Theoreme ließen sich noch abstützen durch einen sehr interessanten rechtsphilosophischen Begriff: den Begriff des rechtsfreien Raumes. Dieser – übrigens in sich vieldeutig schillernde – Begriff[10] ermöglicht nämlich folgende Argumentation: Das Rechtsganze erstreckt sich über

8 S. z. B. Zitelmann, Lücken, S. 9: Das Recht sei ein lückenloses Ganzes, nur das Gesetz habe Lücken. Das hier vorausgesetzte Justizverweigerungsverbot (dazu E. Schumann, Das Rechtsverweigerungsverbot, ZZP 81 (1968), 79) gilt aber nicht unbedingt, z. B. nicht im Völkerrecht (s. F. J. Berber, Zur Problematik der Rechtsquellen im internationalen Wasserrecht, in: FS f. P. Gieseke (1958), S. 117 (122)).

9 S. dazu Engisch, in: FS Sauer (1949), S. 96 ff.

10 S. dazu Engisch, ZgS 108 (1952), 385; ferner Germann, S. 121 ff.; Arthur Kaufmann, Rechtsfreier Raum und eigenverantwortliche Entscheidung dargestellt am Problem des Schwangerschaftsabbruchs, in: FS f. R. Maurach (1972), S. 327 (331 ff.); Canaris, Lücken, S. 40 ff.

bestimmte Bereiche und ist insoweit geschlossen. Neben den vom Recht beherrschten Bereichen gibt es allerdings solche, die vom Recht nicht berührt werden wie z. B. die Bereiche des reinen Denkens oder des Glaubens oder der geselligen Beziehungen. Diese Bereiche fallen in den „rechtsfreien Raum"; hier haben wir es jedoch nicht mit Lücken zu tun, sondern mit etwas, was ganz außerhalb des Rechts liegt. Es ergibt sich daher folgende Alternative: Entweder eine Frage ist im positiven Recht entschieden, dann haben wir keine Rechtslücke vor uns, oder sie ist nicht im positiven Recht entschieden, dann fällt sie in den „rechtsleeren Raum", und wir haben dann wieder keine Rechtslücke vor uns, denn eine Rechtslücke wäre eine Lücke im Rechtsganzen, indessen sich der rechtsleere Raum um das Recht herum erstreckt[11].

Durch dieses Begriffsgestrüpp kann man sich einen Weg nur bahnen, wenn man ein bestimmtes theoretisches Ziel ins Auge fasst und unter diesem Blickpunkt gewisse Festsetzungen trifft. Man muss also zu einer Art von „Nominaldefinition" Zuflucht nehmen. Unser Ziel ist augenblicklich, eine besondere Art von richterlicher Tätigkeit und eine bestimmte Methodik des juristischen Denkens kennenzulernen. Wir sprechen dabei von „Rechtsergänzung". Dieser Begriff der Rechtsergänzung setzt logisch einen Lückenbegriff voraus, den wir folgendermaßen bestimmen können: Lücken sind Mängel des positiven Rechts (des Gesetzes- oder des Gewohnheitsrechts), die als Fehlen rechtlicher Regelungsinhalte dort, wo sie für bestimmte Sachverhalte erwartet sind, spürbar werden und die Behebung durch eine rechtsergänzende richterliche Entscheidung fordern und zulassen[12]. Lücken treten also auf, wo weder das

11 So K. Bergbohm, Jurisprudenz und Rechtsphilosophie, 1892, S. 371 ff. Dazu Engisch, in: FS Sauer (1949), S. 99 ff.

12 Vgl. Larenz, Methodenlehre, S. 373: Lücke ist „eine ‚planwidrige Unvollständigkeit' des Gesetzes"; ferner Canaris, Lücken, S. 39: Lücke ist „eine planwidrige Unvollständigkeit innerhalb des positiven Rechts (d. h. des Gesetzes im Rahmen seines möglichen Wortsinnes und des Gewohnheitsrechts) gemessen am Maßstab der gesamten geltenden Rechtsordnung" (mit den letzten Worten wird für das in der Tat sehr „ausfüllungsbedürftige" Wertmoment der „Planwidrigkeit" eine allgemeine

Gesetz noch das Gewohnheitsrecht eine unmittelbare Antwort auf eine Rechtsfrage geben. Wie schon bemerkt, gibt das Gesetz dort eine Antwort, wo sie durch Auslegung, sei es auch nur durch ausdehnende Auslegung, aus dem Gesetze zu entnehmen ist. Soweit die Auslegung zur Beantwortung von Rechtsfragen hinreicht, bleiben also dem Recht Lücken fern. Dagegen besitzt die „Analogie" bereits eine rechtsergänzende Funktion. Sie schließt Lücken nicht aus, sondern schließt sie zu[13]. Das Gleiche gilt von solchen rechtlichen Erwägungen, die in „allgemeinen Rechtsgrundsätzen" Anker werfen. Auch wo der Gesetzgeber eine Rechtsfrage bewusst und gewollt für eine Entscheidung „offengelassen" hat, die er „Wissenschaft und Praxis anheimgestellt" hat (wie dies laut ausdrücklicher Erklärung der Motive zum StGB 1871 beim untauglichen Versuch einer Straftat der Fall war), wird man von einer Lücke sprechen müssen. Danach gibt es nicht nur ungewollte, sondern auch gewollte Lücken. Dagegen möchte ich wieder nicht von Lücken reden, wenn der Gesetzgeber durch unbestimmte normative Begriffe oder auch durch Generalklauseln und Ermessensklauseln einen Entscheidungsspielraum gewährt hat (abweichend allerdings Ph. Heck)[14]. Denn hier haben wir es nur mit planmäßigen Auflockerungen der gesetzlichen Bindung zu tun, namentlich zwecks Anpassung der Entscheidung an die besonderen Umstände des Einzelfalls und an die wechselnden Anschauungen der Rechtsgemeinschaft. Außerdem sind hier der Entscheidungsgewalt durch das Gesetz immer noch gewisse Richtlinien und Gren-

---

Richtlinie gegeben, deren nähere Bestimmung Canaris ausführlich unternimmt); vgl. auch Engisch, in: FS Sauer (1949), S. 90ff.

13 Auf einzelne Ausnahmen von diesem an sich auch von ihm akzeptierten Grundsatz macht Canaris, Lücken, S. 24f. aufmerksam. Vgl. auch Germann, S. 174f.

14 Heck, Gesetzesauslegung, S. 161f., 173f.; s. auch Keller, S. 60; Germann, S. 120f.; A. Meier-Hayoz, Lücken intra legem, in: FS f. O.A. Germann (1969), S. 149; Rehbinder, Rechtswissenschaft, S. 225f.; vgl. auch U. Klug, Rechtslücke und Rechtsgeltung, in: FS f. H.C. Nipperdey (1965), S. 71 (74f.: „technische Lücke"). Für Generalklauseln als „Lücken intra legem": Soell, S. 160ff., 170ff.; Rüthers, Rechtstheorie, Rn. 836f.; dagegen m.E. richtig: Canaris, Lücken, S. 26ff., 130m.w.N.

zen vorgezeichnet[15]. Wir haben darum auch die Betrachtungen des vorigen Kapitels denen des gegenwärtigen Kapitels nicht untergeordnet, sondern nebengeordnet. Dass die Grenze zwischen Rechtsanwendung secundum legem und Lückenausfüllung praeter legem bei den Generalklauseln und Ermessensklauseln unscharf wird, sei immerhin zugegeben. Letztlich ist es gewiss eine terminologische Frage, wie weit man den Lückenbegriff ausdehnt.

2.) Sprachen wir unter 1.) von den „Lücken" mit Bezug auf ihr inneres Verhältnis zum Rechtsganzen, so müssen wir nun noch besonders Bedacht nehmen auf das Moment der „unbefriedigenden", der „planwidrigen" Unvollständigkeit[16]. Von einer Lücke im (positiven) Recht kann nämlich nicht schon dann gesprochen werden, wenn innerhalb des Rechts eine Regelung, deren Vorhandensein wir uns vorstellen, nicht vorhanden ist. Wir dürfen eine Regelung nicht bloß vermuten, wir müssen sie vermissen, falls ihr Nichtvorhandensein sich als „Lücke" darstellen soll. Das Nichtvorhandensein der betreffenden Regelung kann aber einem maßgeblichen Plan des Gesetzgebers bzw. des Gesetzes entsprechen und bedeutet dann keine „Lücke", die sich ja stets als ein solcher „Mangel" darstellen muss, dem wir zu Leibe zu rücken befugt sind.

Ein solches planmäßiges Nichtvorhandensein einer Regelung (eigentlich eine negative Regelung) haben wir, wenn ein Verhalten, dessen Strafbarkeit wir vielleicht erwarten, vom positiven Recht „bewusst und gewollt" nicht für strafbar erklärt worden ist[17]. Missfällt uns diese Straflosigkeit, so können wir zwar von einer „rechtspolitischen Lücke", einer „kritischen Lücke", einer „unechten Lücke" sprechen, d. h. einer Lücke vom Standpunkt eines künftigen besseren Rechts aus („de lege ferenda"), nicht aber von einer echten und eigentlichen Lücke, d. h. einer Lücke im geltenden Recht („de lege lata"). Eine Lücke de lege ferenda kann nur die Gesetzgebung zu einer Reformierung des Rechts veranlassen, nicht aber den

15 So auch Esser, Grundsatz, S. 51.

16 Eingehend zum Moment der „Planwidrigkeit": Canaris, Lücken, S. 31 ff.

17 Vgl. Legaz y Lacambra, S. 497 f.

Richter zu einer Lückenergänzung. Die richterliche Lückenergänzung setzt eine Lücke de lege lata voraus. Eben von der richterlichen Aufgabe der Lückenausfüllung her wollten wir aber den Begriff der Lücke bestimmen, den wir daher auf Lücken de lege lata beschränken[18]. Der oben erwähnte Begriff des „rechtsfreien Raums" hat danach gewiss insoweit Berechtigung, als er den Gedanken einschließt, dass das „bewusste und gewollte" Nichtanknüpfen von Rechtsfolgen an einen Tatbestand diesen Tatbestand möglicherweise ganz außerhalb des Rechtes fallen lässt und keine echte Lücke aufreißt. Ob das Gesetz im Einzelfall so zu deuten ist, dass ein Tatbestand in den rechtsfreien Raum gehört, ist wiederum eine Frage der Auslegung, wobei auch der Streit der Auslegungstheorien erneut aktuell wird, indem die Frage der „bewussten und gewollten" Rechtsfreiheit bald vom Standpunkt des historischen Gesetzgebers, bald objektiv vom Standpunkte des Gesetzes aus beantwortet werden kann. Zu weit geht es jedenfalls, wenn man schematisch einen „allgemeinen negativen Grundsatz" lehrt, dass dort, wo eine Rechtsfolge im positiven Recht nicht vorgesehen ist, die Verhängung dieser Rechtsfolge eo ipso unzulässig ist, so dass z.B. bei fehlender ausdrücklicher Statuierung einer Schadensersatzpflicht für bestimmte Arten von Schädigungen ohne weiteres auf Abweisung des Schadensersatzbegehrens des Geschädigten erkannt werden müsste[19]. Das Fehlen der betreffenden Rechtsfolge (der Schadensersatzpflicht) im Gesetz ergibt nicht zwingend das Vorhandensein eines rechtsfreien Raumes, es kann vielmehr sein, dass jenes Fehlen eine echte vom Richter auszufüllende Lücke darstellt, weil es eben nicht im „Willen" des Gesetzgebers oder des Gesetzes liegt, die betreffende Rechtsfolge auszuschließen.

Besonders bedeutsam wird das Moment der „Planwidrigkeit" als Element des Lückenbegriffs, wenn es sich um das

18 Ebenso Canaris, Lücken, S. 39; Larenz, Methodenlehre, S. 373f.

19 So Zitelmann, Lücken, S. 19; dazu kritisch: Engisch, in: FS Sauer (1949), S. 94ff.; Legaz y Lacambra, S. 499ff.; Canaris, Lücken, S. 49ff.; Larenz, Methodenlehre, S. 378.

Fehlen von Ausnahmevorschriften handelt[20]. Bei rein formaler Betrachtung greift dann einfach die Regelvorschrift ein, so dass von einer „Lücke“ wiederum nicht gesprochen werden dürfte. Wäre z.B. die Schwangerschaftsunterbrechung aus „medizinischer Indikation“ (§ 218 a Abs. 2 StGB) heute nicht explicite vom Recht anerkannt, so müsste von selbst die Regelbestimmung eingreifen, dass die Schwangerschaftsunterbrechung als „Abtreibung“ nach § 218 StGB strafbar ist. Aber wiederum ist die Frage dahin zu stellen, ob denn wirklich das Eingreifen der Regelnorm und nicht vielmehr eine Ausnahmenorm im Plane des Gesetzgebers bzw. des Gesetzes liegt. Im Beispielsfalle hat man lange das Eingreifen der Regelnorm nicht als planwidrig angesehen. Es ist aber stets der erste Schritt, den das richterliche Denken hier zu tun hat, dass es die Notwendigkeit und Berechtigung der Lückenergänzung prüft[21].

Diesen methodologisch wichtigen Punkt wollen wir an einer Entscheidung verdeutlichen, die in einem zweifachen Sinne „historische“ Bedeutung hat, nämlich einerseits in dem Sinne, dass sie keine Relevanz mehr für die heutige Rechtsfindung hat, andererseits aber auch in dem Sinne, dass sie in die Strafrechtsgeschichte eingegangen ist als überaus förderlich für das Dogma vom „übergesetzlichen Notstand“, von welchem man sagen kann, dass es innerhalb unserer gesamten Rechtsordnung nach wie vor gerade im Zusammenhang mit dem Problem der Rechtsergänzung von größter Erheblichkeit und insofern auch durchaus noch „aktuell“ ist, auch wenn seine Voraussetzungen seit dem 2. StrRG von 1975 in § 34 StGB normiert sind[22]. Jene Entscheidung des Reichsgerichts v. 11. 3. 1927 (RGSt 61, 242) hatte sich mit der Frage der Schwan-

20 Vgl. Canaris, Lücken, S. 136f.; Larenz, Methodenlehre, S. 377 („verdeckte Lücke“). Der „verdeckten Lücke“ entspricht dann die „teleologische Reduktion“.

21 Dazu Engisch, in: FS Sauer (1949), S. 91; vgl. auch Canaris, Lücken, S. 109, 161 ff.

22 Die so verstandene „Aktualität“ betont auch H. Otto, Dogmatik als Aufgabe der Rechtswissenschaft, Int. Jahrbuch f. interdisziplinäre Forschung 2 (1975), 116 (123 Anm. 24). Vgl. auch Schönke/Schröder-Lenckner/Perron, § 34 Rn. 2; Wessels/Beulke, Rn. 298.

gerschaftsunterbrechung aus medizinischer Indikation zu befassen. Ein Frauenarzt hatte auf der Grundlage eines psychiatrischen Gutachtens bei einer Schwangeren, bei der Selbstmordneigungen hervorgetreten waren, die Schwangerschaft unterbrochen, um die Selbstentleibung zu verhüten. Eine rechtliche Sonderregelung der Schwangerschaftsunterbrechung zwecks Rettung des Lebens oder der Gesundheit der Schwangeren gab es damals noch nicht (heute ist maßgeblich § 218 a Abs. 2 StGB). Das Reichsgericht hätte sich nun bei formaler Betrachtung seine Sache sehr leicht machen und sagen können: „Eine rechtliche Regelung ist ja vorhanden. Denn wir haben auf der einen Seite eine Strafbestimmung, die das Abtöten der Leibesfrucht einer Schwangeren unter Strafe stellt (§ 218 StGB). Wir haben auf der anderen Seite gewisse Notstandsvorschriften, die ausnahmsweise eine sonst strafbare Handlung von der Bestrafung ausschließen. Diese Notstandsvorschriften passen jedoch nicht auf den vorliegenden Fall. Insbesondere paßt nicht der (damals geltende) § 54 StGB (a. F.), der eine Bestrafung ausschließt, ‚wenn die Handlung … in einem unverschuldeten, auf andere Weise nicht zu beseitigenden Notstande zur Rettung aus einer gegenwärtigen Gefahr für Leib und Leben des Täters oder eines Angehörigen begangen worden ist'. Diese Vorschrift paßt deshalb nicht, weil der abtreibende Frauenarzt nicht selbst in Gefahr schwebte und es auch bei der Schwangeren nicht mit einer in Gefahr befindlichen Angehörigen zu tun hatte. Deshalb muss der Frauenarzt nach den geltenden Rechtsvorschriften wegen Abtreibung bestraft werden“. Eine solche logisch scheinbar zwingende Gedankenfolge konnte vom Reichsgericht nur dadurch umgangen werden, dass sowohl die Regelung der Abtreibung wie die des Notstandes als de lege lata „lückenhaft“ erkannt wurde. Dies setzte voraus, dass der Abtreibungsparagraf nach einer Ausnahme für den Fall einer der Schwangeren drohenden Lebensgefahr gleichsam „schrie“ und dass die damalige Notstandsregelung des § 54 StGB a. F., die nur bei Gefahr für den Täter selbst oder einen Angehörigen Straffreiheit verhieß, ihrerseits als positivrechtlich unzureichend empfunden wurde. Einen Angelpunkt des angeführten reichsgerichtlichen Urteils bildete daher der Satz, dass die Notstandsvorschrift des § 54 StGB a. F. nicht verhindere, dass „auf Grund eines daneben bestehenden geschriebenen oder ungeschriebenen Rechtssatzes bei gewissen Notstandshandlungen … die Rechtswidrigkeit ausgeschlossen ist“ (RGSt 61, 252). Dieser Satz besagt im Lichte unserer obigen Ausführungen, dass die gesetzliche Notstandsregelung des § 54 StGB a. F. nicht hinreiche, um alle diejenigen Fälle straflos zu stellen, die de lege lata von der Bestrafung aus dem Abtreibungsparagrafen ausgenommen werden müssen. Eben darin liegt die Lückenhaftigkeit der gesamten rechtlichen Regelung begründet. Hätte man an einer Bestrafung aus § 218 im Falle der „medizinischen Indikation“ nichts auszusetzen gehabt, hätte man die Notstandsvorschrift des § 54 StGB a. F. als völlig befriedigend angesehen, wäre also nicht die Mangelhaftigkeit der gesetzlichen Behandlung wertend erkannt worden, so hätte von einer Lücke nicht die Rede sein können. So aber lag eine Lücke vor, die vom Reichsgericht vermittels des „übergesetzlichen“ Grundsatzes der „Güter- und Pflichtenabwägung“ ausgefüllt wurde: „Die ärztlich angezeigte Schwangerschaftsunterbrechung ist … im Falle der wirklichen oder mutmaßlichen Einwilligung der Schwangeren auch bei Vornahme durch einen zur Beurteilung der Sachlage befähigten Dritten nicht rechtswidrig, wenn sie das einzige Mittel ist, um die Schwangere aus einer gegenwärtigen Gefahr des Todes oder einer schweren Gesundheitsbeschädigung … zu befreien“ (RGSt 61, 256). Später wurde erstmals durch das „Gesetz zur Verhütung erbkranken Nachwuchses“ v. 14. 7. 1933/26. 6. 1935 die bis dahin vermisste Regelung nachgeholt. Heute gilt die „Indikationenregelung“ des § 218 a Abs. 2 (seit 1976, Neufassung 1995 für die Zeit nach der 12. Schwangerschaftswoche).

Das Reichsgerichtsurteil von 1927 zeigt uns auch aufs Neue, wie immer wieder der Streit der Auslegungstheorien wirksam wird: Die Frage, ob das Fehlen einer Ausnahmevorschrift für die Schwangerschaftsunterbrechung aus medizinischer Indikation de lege lata einen Mangel und somit eine „Lücke“ bedeute, kann entweder unter dem Gesichtswinkel des historischen Gesetzgebers oder unter dem Gesichtswinkel der

Gegenwart geprüft werden. Manche[23] glauben, die Frage, ob eine gesetzliche Regelung lückenhaft ist, nur vom Standpunkte des früheren historischen Gesetzgebers (in unserem Falle etwa vom Standpunkte des Strafgesetzgebers von 1871) beantworten zu dürfen. Nach der heute herrschenden objektiven Auslegungstheorie muss dagegen die Frage vom Standpunkte „ex nunc" beantwortet werden. M. E. wird man sich in der Tat bei der Feststellung von „Lücken" nicht nur an den Willen des historischen Gesetzgebers halten dürfen. Der Wandel der Weltanschauungen kann Lücken zur Entstehung bringen, die man früher nicht bemerkt hat und die man als solche des geltenden Rechts und nicht bloß als „rechtspolitische Lücken" betrachten muss. Es gibt, wie man auch sagt, nicht nur „primäre Lücken", also Lücken, die von vornherein einer gesetzlichen Regelung anhaften, sondern auch „sekundäre Lücken", d. h. Lücken, die erst nachträglich in Erscheinung treten, weil die Verhältnisse sich geändert haben. Das gilt übrigens nicht bloß für den Wandel der Wertungen, sondern auch für den Wandel der tatsächlichen Verhältnisse mit Bezug auf die Regelungsobjekte: Rechtliche Regelungen werden nicht selten dadurch nachträglich lückenhaft, dass aufgrund ganz neuer wirtschaftlicher Phänomene (Hyperinflation 1923) oder technischer Fortschritte (Flugzeug, Film, Schallplatte, Rundfunk, Fernsehen, Gehirnchirurgie, künstliche Befruchtung) rechtliche Fragen auftauchen, für die die bisherige Regelung nichts Befriedigendes hergibt[24]. Im Übrigen wollen wir jetzt weitere Unterteilungen des Lückenbegriffs auf sich

---

23 S. dazu Engisch, in: FS Sauer (1949), S. 92 Anm. 26; Canaris, Lücken, S. 32 ff. (s. auch S. 39 mit Anm. 100).

24 Trefflich Kaufmann, Analogie, S. 42: „Wieso wandelt sich der ‚Sinn des Gesetzes', wenn der Gesetzeswortlaut derselbe bleibt? Das ist doch einzig und allein deshalb der Fall, weil dieser ‚Sinn des Gesetzes' gar nicht nur im Gesetz steckt, sondern ebenso in den konkreten Lebenssachverhalten, für die das Gesetz bestimmt ist". Vgl. andererseits Esser, Vorverständnis, S. 175: „Die Feststellung, dass eine Regelung ‚fehlt …,' hängt nicht von einer unkontrollierbaren Behauptung über den ‚Plan' des Gesetzes ab, sondern von dem Vorverständnis der Ordnungsbedürftigkeit des betreffenden Konfliktes".

beruhen lassen[25]. Wir haben genug Klarheit über den Lückenbegriff als solchen gewonnen, um uns nun dem Hauptproblem zuwenden zu können, vermittels welcher juristischen Denkmethoden die Lückenausfüllung zu geschehen hat.

Die bekannteste dieser Methoden ist der Analogieschluss. Mit ihm müssen wir uns – wenn auch in Kürze – an erster Stelle befassen[26]. Nehmen wir ein einfaches Beispiel: Der uns bereits bekannte § 228 StGB bestimmt, dass Körperverletzungen, z. B. Tätowierungen oder medizinische Experimente am menschlichen Körper, nicht rechtswidrig sind, wenn sie mit Einwilligung des Verletzten geschehen und nicht gegen die guten Sitten verstoßen. Über die Bedeutung der Einwilligung des Verletzten bei Freiheitsberaubungen, z. B. bei der Einsperrung eines Studenten in einem Institut über Nacht auf seinen Wunsch, damit er dort ungestört an seiner Dissertation arbeiten kann, bestimmt das Gesetz nichts. Eine dem § 228 entsprechende Vorschrift fehlt. Insofern darf man von einer „Lücke" sprechen. Aber man kann diese Lücke durch einen Analogieschluss aus § 228 ausfüllen: So gut wie die Körperverletzung mit Einwilligung des Verletzten muss auch die Freiheitsberau-

---

25 Vgl. dazu Engisch, in: FS Sauer (1949), S. 89 f.; Klug, in: FS Nipperdey (1965), S. 71; Canaris, Lücken, S. 59 ff., 129 ff., 140 ff.; Larenz, Methodenlehre, S. 377 ff.; Pawlowski, Rn. 461 ff.; Rüthers, Rechtstheorie, Rn. 841 ff.

26 Allgemein dazu: Enneccerus/Nipperdey I 1, § 58; Heller; Kaufmann, Analogie; Klug, S. 109 ff.; Bydlinski, S. 475 f.; Larenz, Methodenlehre, S. 381 ff.; Pawlowski, Rn. 476 ff.; E. Schneider/F. E. Schnapp, Logik für Juristen, 6. Aufl. 2006, S. 149 ff.; Zippelius, Methodenlehre, S. 68 f.; Rüthers, Rechtstheorie, Rn. 889 ff.; krit. Ott, S. 85 ff. Vgl. zur Analogie in der Geschichtswissenschaft: R. Wittram, Das Interesse an der Geschichte, 1958, S. 50 ff.; in der Metaphysik: Kaufmann, Analogie, S. 20 ff. m. w. N.; in der Theologie: G. Söhngen, Analogie, in: Handbuch theologischer Grundbegriffe, hg. v. H. Fries, Bd. 1, 1970, S. 49 ff. m. w. N. Es ist klar ersichtlich, dass das analogische Denken über den juristischen Bereich hinausreicht (Kaufmann, Analogie, S. 21). Im juristischen Bereich dient es auch nicht nur zur Lückenergänzung (vgl. Heller, S. 76 Anm. 208, S. 82 f., 86 f.); Canaris betont seine Bedeutung schon für die Lückenfeststellung (Lücken, S. 71 ff.). Überwiegend steht aber für Juristen die Analogie im Dienste der Lückenergänzung.

bung mit Einwilligung des Verletzten statthaft sein, falls die Tat nicht gegen die guten Sitten verstößt.

Über die formallogische Struktur dieses Schlusses hat man sich weidlich den Kopf zerbrochen[27]. Wir weisen jetzt nur auf diejenigen Punkte hin, bei denen die besondere Problematik des juristischen Analogieschlusses einsetzt. Gewöhnlich sagt man, der Analogieschluss sei ein Schluss vom „Besonderen auf das Besondere", während der deduktive Schluss vom Allgemeinen aufs Besondere und der induktive Schluss vom Besonderen aufs Allgemeine gehe. Die Berechtigung des deduktiven Schlusses: der Ableitung des Besonderen aus dem Allgemeinen, leuchtet ohne weiteres ein und ist auch mit den Mitteln der modernen Logik gut begründbar.

Der Schluss vom Besonderen aufs Allgemeine, der induktive Schluss, ist logisch seit alters problematischer als der deduktive Schluss. Vollends der Analogieschluss als Schluss vom Besonderen aufs Besondere ist logisch höchst fragwürdig. Jedes Besondere unterscheidet sich von jedem anderen Besonderen. Mit welchem Recht darf ich annehmen oder gar „schließen", dass das, was dem einen Besonderen zukommt, auch dem anderen Besonderen zukommt? Mit welchem Recht schließe ich in unserem Beispiel von der rechtfertigenden Kraft der Einwilligung bei der Körperverletzung auf die rechtfertigende Kraft der Einwilligung bei der Freiheitsberaubung, da doch Körperverletzung und Freiheitsberaubung verschiedene Arten von Unrecht sind? Die Antwort lautet: Körperverletzung und Freiheitsberaubung sind einander dermaßen ähnlich, dass es berechtigt ist anzunehmen, dass das, was der Körperverletzung recht ist, der Freiheitsberaubung billig ist. Damit wird der vieldeutige Begriff der Ähnlichkeit zum Angelpunkt des Schließens. Zugleich macht sich bemerkbar die Bedeutung

27 Bei Klug, S. 115 ff. werden sowohl die Hauptthesen der herkömmlichen Logik dargestellt als auch eine Deutung auf logistischer Grundlage vorgeführt. Zur formalen und besonders zur logischen Analyse des Analogieschlusses s. ferner Sax, S. 97 ff.; Heller; Kaufmann, Analogie, S. 33 ff. Schreiber (Logik, S. 47 ff.) erklärt den Analogieschluss wie auch den Umkehrschluss und die argumenta a maiore, a minore und a fortiori für logisch bzw. „syntaktisch" unzulässig.

des Allgemeinen, des Gemeinsamen für die Legitimität des Schlusses. Körperverletzung und Freiheitsberaubung müssen etwas Gemeinsames haben (nämlich die Verletzung persönlicher Interessen), um der gleichen Behandlung unterworfen werden zu können. Daher die alte Auffassung, dass der Analogieschluss aus Induktion und Deduktion zusammengesetzt sei. Erst wenn aus den besonderen Erscheinungen, aus denen geschlossen wird (im Beispiel: der rechtlichen Regelung der Körperverletzung mit Einwilligung), ein allgemeiner Gedanke abstrahiert ist (im Beispiel: die Rechtmäßigkeit der Verletzung privater Interessen bei Einwilligung), ist es möglich, den Schluss auf ein anderes Besonderes (die Rechtmäßigkeit der Freiheitsberaubung mit Einwilligung) zu ziehen (Deduktion).

Das logische Gerüst zum Analogieschluss kann demgemäß folgendermaßen erstellt werden (als „modus ponens"):

Obersatz: Wenn zwei Sachverhalte S und S‘ unter dem Blickwinkel einer bestimmten rechtlichen Norm ähnlich sind, d. h. in den wesentlichen Beziehungen übereinstimmen, so sollen sie die gleiche rechtliche Folge haben.

Untersatz: Der Sachverhalt F (= S‘) stimmt mit dem in der rechtlichen Norm N geregelten Sachverhalt K (= S) in den wesentlichen Beziehungen überein (wobei der Buchstabe F auf eine Freiheitsberaubung, der Buchstabe K auf eine Körperverletzung hindeuten soll).

Folgerung: F soll die gleiche rechtliche Folge wie K haben.

Zu diesem Ergebnis gelangt auch Heller (S. 118) für den „axiologischen" (im Gegensatz zum vorher behandelten rein logischen) Analogieschluss. Selbstverständlich geht die strukturelle Besonderheit des logischen Analogieschlusses als eines Schlusses „vom Bekannten zu bisher Unbekanntem" (Heller, S. 19) mit unserer Deutung der juristischen Analogie als eines ordinären Syllogismus verloren. In Wahrheit ist aber für das, was man im Rechtsbereich „Analogie" nennt, charakteristisch die Verbindung eines als Untersatz fungierenden Ähnlichkeitsurteils (als der Feststellung der Übereinstimmung in den wesentlichen Beziehungen) mit unserem offenbar dem Gleichheitsgrundsatz entspringenden Obersatz, dass das, was in den wesentlichen Beziehungen übereinstimmt, auch gleich zu behandeln ist[28]. Das „Wagnis“ des juristischen Analogieschlusses ist also v. a. das Wagnis des Ähnlichkeitsurteils, und dieses ist kein logisches, sondern ein „metalogisches“, „axiologisches“ oder „teleologisches“ Wagnis[29].

Wenden wir uns nach diesen Andeutungen über die Logik des Analogieschlusses der speziellen „axiologischen“ Problematik dieses Schlusses im Bereich des juristischen Denkens näher zu, so können wir sagen: Damit ein juristisch haltbarer Analogieschluss zustandekommt, bedarf es des Nachweises, dass das Besondere, für das die rechtliche Regelung vermißt wird (im Beispiel: Freiheitsberaubung mit Einwilligung), mit dem Besonderen, für das die Regelung vorhanden ist (im Beispiel: der Körperverletzung mit Einwilligung), diejenigen Momente gemeinsam hat, auf denen die rechtliche Regelung (§ 228 StGB) beruht. Der § 228 StGB beruht auf dem alten „Grundgedanken“ des „volenti non fit iniuria“, dessen Geltung allerdings sinngemäß voraussetzt, dass es sich um solche Verletzungen handelt, die den Einwilligenden für seine Person betreffen, und zwar insoweit, als er berechtigt ist, über seine persönlichen Güter zu verfügen[30]; § 228 zieht dann noch eine besondere Grenze für diese Verfügungsfreiheit, indem er Rücksichtnahme auf die „guten Sitten“ fordert. Nur deshalb, weil der Grundsatz „volenti non fit iniuria“ und seine Voraussetzungen gleichermaßen auf die Freiheitsberaubung wie die Körperverletzung zutreffen, ist es möglich, die rechtliche Regelung des § 228 von der Körperverletzung auf die Frei-

28 Vgl. Heller, S. 83, 110, 118; Alexy, Argumentation, S. 344; Larenz, Methodenlehre, S. 381.

29 So auch Sax, S. 141 ff.; Klug, S. 136 f.; Esser, Vorverständnis, S. 107; Zippelius, Gerechtigkeit, S. 385 ff. (vgl. auch Heller, S. 55, 78 ff., 109 ff.; Alexy, Argumentation, S. 344 ff.). Mit einem besonders weit gefassten Analogiebegriff (dazu Larenz, Methodenlehre, S. 381 Anm. 31) operiert Kaufmann, Analogie, S. 44 ff., wenn er das analogische Denken in Verbindung mit der „Natur der Sache“ und dem „Typus“ bringt: „Die ‚Natur der Sache‘ ist der Angelpunkt des Analogieschlusses“ (S. 44); ferner: es „muss bei der konkreten Rechtsfindung immer wieder auf die vom Gesetz gemeinten Typen ... zurückgegriffen werden“ (S. 51).

30 Näheres bei Jescheck/Weigend, S. 376 ff.

heitsberaubung per analogiam zu übertragen. Die „Ähnlichkeit“ zwischen Körperverletzung und Freiheitsberaubung besteht darin, dass hier wie dort persönliche Rechtsgüter verletzt werden, die in gewissen Grenzen der Verfügung des Verletzten anheimgegeben sind. Soweit diese Ähnlichkeit reicht, ist der Analogieschluss statthaft. Dort, wo die Ähnlichkeit aufhört, wo ein wesentlicher Unterschied hervortritt, hat die Analogie ihre Grenze und kommt u. U.[31] der so genannte Umkehrschluss (e contrario) zum Zuge, der Schluss nämlich von der Verschiedenheit der Voraussetzungen auf die Verschiedenheit der rechtlichen Folgen. Wurde z. B. nach älterem Recht, d. h. vor Einführung des § 218 a StGB (1976, Neufassung 1995), eine Abtreibung mit Einwilligung der Schwangeren vorgenommen, so hatte gemäß argumentum e contrario aus § 228 StGB die Einwilligung als solche keine unrechtsausschließende Kraft, weil die Abtreibung nicht bloß eine Verletzung des Körpers der Schwangeren darstellt, die Leibesfrucht nicht bloß „pars viscerum“ (Bestandteil des mütterlichen Leibes) ist und darum auch kein persönliches Rechtsgut bedeutet, über das die Schwangere ohne weiteres verfügen könnte.

Bekanntlich hat man nun die Tatsache, dass der Jurist häufig vor der Alternative: Analogieschluss oder Umkehrschluss steht und im Zweifel befangen ist, welchem dieser Schlüsse er den Vorzug geben soll, dazu benutzt, um diese Arten juristischen Argumentierens logisch grundsätzlich zu verdächtigen[32]. Insbesondere die Freirechtsschule hat hier eingehakt. Nehmen wir ein einfaches Beispiel, das schon Enneccerus und Bartholomeyczik bringen[33]: Nach dem römischen Zwölftafelgesetz

31 Nicht unbedingt! Vgl. Klug, S. 143 ff. Zum Umkehrschluss s. auch Heller, S. 132 ff.; Canaris, Lücken, S. 44 ff., 48 f.; Bydlinski, S. 476 f.; Larenz, Methodenlehre, S. 390 f.; Pawlowski, Rn. 488 ff.; Schneider/Schnapp, S. 155 ff.

32 Statt vieler s. Isay, S. 149; Cohn, S. 109 f.; Kelsen, Rechtslehre, S. 346 ff.; Esser, Vorverständnis, S. 107; Coing, S. 273 ff.

33 L. Enneccerus, Lehrbuch des Bürgerlichen Rechts, Bd. I, 12. Aufl. 1928, § 53 II 1 a; H. Bartholomeyczik, Die Kunst der Gesetzesauslegung, 1951, S. 84 ff. Dem im Text zugrunde gelegten Beispiel könnte man noch zur

(vgl. Digesten, Buch IX, Titel 1) haftet der Eigentümer eines „Vierfüßers" (quadrupes) für Schäden, die das Tier durch seine Wildheit verursacht hat (vgl. übrigens zur heutigen Haftung des „Tierhalters": § 833 BGB). Es erhob sich nun die Frage nach der Haftung des Eigentümers für den Schaden, den ein zweifüßiges Tier, etwa ein afrikanischer Strauss, durch seine Wildheit angerichtet hat. Stehen wir auf dem Standpunkt, dass durch „schlichte Auslegung" ein zweifüßiges Tier nicht zu einem „quadrupes" gemacht werden kann, so gelangen wir vor die Alternative: Analogieschluss oder Umkehrschluss. Rein formallogisch sind diese beiden Schlüsse, die zu ganz verschiedenen Ergebnissen führen, gleichberechtigt. Man kann ebensowohl schließen, dass das, was für Vierfüßer gilt, kraft Ähnlichkeit auch für ebenso gefährliche zweifüßige Tiere gelten muss, wie man schließen kann, dass das, was nur für Vierfüßer angeordnet sei, nicht für andere Tiere gelten könne. Die Römer selbst haben den Analogieschluss gezogen: „haec actio utilis competit et si non quadrupes, sed aliud animal pauperiem fecit" (so Paulus, D 9,1,4). Dies war auch völlig berechtigt, denn „der rechtspolitische Zweck der Haftungsvorschrift war der, eine besondere Haftung für Lebewesen festzustellen, die zwar willkürlich handeln können, die aber nicht mit menschlicher Vernunft begabt sind und daher infolge ihrer tierischen Natur besonders leicht schweren Schaden stiften können"[34]. Wir bemerken, dass es bei der Wahl zwischen Analogieschluss und Umkehrschluss in der Tat nicht mit reiner Logik getan ist. Die Logik muss sich mit der Teleologik verbinden[35]. Das will sagen: Das formale Schlußverfahren, das

Seite stellen den Fall, der in der Süddeutschen Zeitung vom 4./5. 3. 1967 mitgeteilt wurde, dass nämlich der britische Luftmarschall Sir Arthur Harris sich angesichts der Vorwürfe, die gegen ihn wegen des Bombardements auf Dresden im 2. Weltkrieg gerichtet wurden, mit dem zynischen argumentum e contrario verteidigt haben soll, er habe sich strikt an die aus den Kriegsjahren 1870/71 stammende Vereinbarung über den Luftkrieg gehalten, nach der es verboten gewesen sei, „Explosivkörper aus gasgefüllten Ballons abzuwerfen".

34 Bartholomeyczik, S. 86.

35 Vgl. Nawiasky, S. 147 f.

selbstverständlich logisch in Ordnung sein muss, funktioniert praktisch nur in Verbindung mit bestimmten materiellen Erkenntnissen, die mit spezifisch juristischer Methodik gewonnen werden müssen. Man darf sogar noch einen Schritt weiter gehen und sagen: Der juristische Analogieschluss nährt sich nicht nur von seiner logischen Zuverlässigkeit und seiner juristisch-praktischen Verwendbarkeit kraft „Rechtsähnlichkeit“, sondern er treibt seine Wurzeln noch weiter in das Erdreich des Rechts, indem er zutiefst voraussetzt, dass für die Rechtspflege gesetzliche und gewohnheitsrechtliche Vorschriften nicht nur unmittelbar, sondern auch mittelbar fruchtbar werden können und sollen. Die allgemeinen Werturteile des Gesetzes und des Gewohnheitsrechts sollen nicht nur die unmittelbar betroffenen Fälle, sondern auch ähnlich gelagerte Fälle regeln und beherrschen[36].

Soviel über das Grundsätzliche, das für den Analogieschluss als Mittel der Lückenausfüllung gesagt werden kann. Die vielen Einzelprobleme, die sich an den Begriff der „Analogie“ im Recht knüpfen, können wir hier nur kurz ins Gesichtsfeld rücken, nicht dagegen ausführlich behandeln:

1.) Analoger Anwendung fähig ist jeder Rechtssatz, nicht nur das Gesetz im engeren Sinne, sondern eventuell jede Art von Satzung und auch die gewohnheitsrechtliche Norm. Analogieschlüsse finden außerdem nicht nur innerhalb einzelner Rechtsteile, geschweige denn nur innerhalb einzelner Gesetzbücher, sondern auch von einem Gesetzbuch zum anderen und von einem Rechtsteil zum anderen statt[37].

2.) Wir sehen die Analogie eingebettet zwischen Auslegung und Umkehrschluss. Wie es nicht ganz leicht ist, das rechte

---

36 Zu dieser Rechtfertigung des Analogieschlusses s. z. B. Bierling IV, S. 407 f.; H. Herrfahrdt, Lücken im Recht, 1915, S. 38 ff.

37 Hierzu z. B. Engisch, Einheit, S. 76 f.; Heller, S. 122 ff. Der analogen Rechtsanwendung zwischen verschiedenen Rechtsteilen, z. B. der Übertragung zivilrechtlicher Vorschriften in das öffentliche Recht, können natürlich sachliche Gründe im Wege stehen. Vgl. J. Burmeister, Die Verfassungsorientierung der Gesetzesauslegung, 1966, S. 44 Anm. 155; Maurer, § 3 Rn. 41 ff. m. w. N.

Verhältnis von Analogie- und Umkehrschluss im Einzelfalle zu bestimmen, so ist es auch nicht immer einfach, die richtige Grenze zwischen Auslegung und Analogie zu finden. Allgemein können wir sagen: Die Analogie setzt hinter der Auslegung, auch hinter der extensiven Auslegung ein[38]. Stellt man nun z. B. für die Auslegung die Regel auf, dass sie dort ihre Grenze finde, wo der mögliche Wortsinn eine juristische Entscheidung nicht mehr deckt (Heck: „Die Grenze der Auslegungshypothesen ist der ‚mögliche Wortlaut'"[39]), so beginnt an dieser Grenze das Suchen nach einem Analogieschluss. Es darf hier noch einmal an das Beispiel vom Vogel Strauss erinnert werden, der beim besten Willen nicht per interpretationem dem Begriff „quadrupes" unterstellt werden kann, weil dem der Wortsinn im Wege steht. Nicht selten aber ist es zweifelhaft, ob der Wortsinn von der Art ist, dass er vermittels einer „extensiven Auslegung" auf den konkreten Sachverhalt bezogen werden kann. Wenn z. B. § 46 StGB a. F. beim freiwilligen Rücktritt vom Versuch dem „Täter" Straffreiheit zusicherte, so ergab sich die Frage, ob „dem Wortsinne nach" unter „Täter" auch ein Teilnehmer, z. B. ein Anstifter oder Gehilfe mitverstanden werden kann. Sicher ist also die Grenze zwischen Auslegung (insbesondere extensiver Auslegung) einerseits und Analogie andererseits flüssig. Praktisch bedeutsam wird dies namentlich dort, wo zwar jede Art von Auslegung rechtlich zulässig, dagegen eine analoge Anwendung der rechtlichen Vorschriften verboten ist (s. unten unter 5.).

3.) Die Fragen der Methodik der Auslegung kehren mutatis mutandis bei der Analogie wieder, insbesondere die Frage, wie

38 Skeptisch insoweit, aber m. E. doch nicht durchschlagend Heller, S. 135 ff. Man spricht im Hinblick auf diese Stufenfolge von Auslegung und Analogie gerne von einer „progressiven" („mehrstufigen") Rechtsfindung. So Th. Zimmermann, Mehrstufige Rechtsfindung als Verbindung von subjektiver und objektiver Auslegungsmethode, NJW 1954, 1628; B. Bender, Zur Methode der Rechtsfindung bei der Auslegung und Fortbildung gesetzten Rechts, JZ 1957, 593 (597 f.); Siebert, S. 45; Priester, in: Koch, S. 155; Larenz, Methodenlehre, S. 366 ff.

39 Heck, Gesetzesauslegung, S. 33.

weit bei Ermittlung des maßgebenden „Grundgedankens" nach dem Willen des historischen Gesetzgebers oder nach dem „objektiven" Willen des Gesetzes selbst zu forschen ist, sodann die Frage, welche Bedeutung die Zwecke, die mit einer Vorschrift verknüpft sind, für deren Sinnerfassung haben (man kennt nicht nur eine teleologische Auslegung, sondern, wie wir an unserem Beispiel erfahren konnten, auch eine teleologische Analogie).

4.) Es gibt eine traditionelle Unterscheidung zwischen Gesetzesanalogie und Rechtsanalogie. Sie findet etwa folgende Bestimmung: Während die Gesetzesanalogie von einem einzelnen Rechtssatz (z. B. § 228 StGB) ausgeht und aus ihm einen auf ähnliche Fälle anwendbaren Grundgedanken entnimmt, geht die Rechtsanalogie „von einer Mehrzahl einzelner Rechtsvorschriften" aus und „entwickelt aus ihnen (durch Induktionsschluss) allgemeinere Prinzipien und wendet diese auf Fälle an, die unter keine der Gesetzesvorschriften fallen" (so Enneccerus)[40]. Ein – zwar historisches, aber bedeutendes – Beispiel für Rechtsanalogie ist es etwa, wenn man aus einer Reihe von einzelnen Vorschriften des BGB, die eine Schadensersatzverpflichtung für schuldhaftes Verhalten gegenüber dem

40 Enneccerus/Nipperdey I 1, § 58 II 1. Zum Unterschied von Gesetzes- und Rechtsanalogie s. ferner Nawiasky, S. 146; Sax, S. 102 ff. (kritisch); Esser, Vorverständnis, S. 182; Canaris, Lücken, S. 97 f. (m. w. N. in Anm. 135); Bydlinski, S. 477 ff.; Larenz, Methodenlehre, S. 383 f.; Röhl/Röhl, S. 634. Während Larenz dem Ausdruck „Rechtsanalogie" abgeneigt ist und statt dessen von „Gesamtanalogie" spricht, erachtet Canaris die Bezeichnung „Rechtsanalogie" deshalb für unpassend, weil es sich nicht um einen Schluss vom Besonderen aufs Besondere, sondern vom Besonderen aufs Allgemeine, also um eine Induktion handele, weshalb die Rechtsanalogie auch allgemeine Geltung für eine „unbestimmte Vielzahl von Fällen" (S. 98) beanspruche. Dass in der Analogie (auch der Gesetzesanalogie) eine Induktion steckt, wurde im Text oben bereits ebenfalls betont. Aber beim Übergang vom induzierten allgemeineren Grundsatz auf gesetzlich nicht unmittelbar geregelte Fälle kommt schließlich doch eine Verknüpfung zwischen Besonderem und Besonderem zustande, die dazu berechtigt, sowohl bei der Gesetzes- wie auch der Rechtsanalogie von „Analogie" zu sprechen; s. auch Larenz, Methodenlehre, S. 383 ff.

Vertragsgegner im Stadium der Vertragsverhandlungen konstituieren (§§ 122, 179, 523 Abs. 1, 524 Abs. 1, 600, 663 BGB sowie §§ 307, 309, 463 Satz 2 BGB a. F.), den allgemeinen Grundsatz ableitet, dass bereits der Eintritt in Vertragsverhandlungen eine Sorgfaltspflicht unter den Partnern begründet, deren Verletzung schadensersatzpflichtig macht (so genannte Haftung für culpa in contrahendo)[41]. Der Gesetzgeber hat mittlerweile reagiert und durch das Gesetz zur Modernisierung des Schuldrechts zum 1. 1. 2002 die bisher ungeschriebene culpa in contrahendo in Form des neuen § 311 Abs. 2 u. 3 BGB kodifiziert[42]. Es ist klar ersichtlich, dass der so verstandene Unterschied zwischen Gesetzesanalogie und Rechtsanalogie im Grunde nur die Induktionsbasis bei Herausarbeitung des Grundgedankens betrifft, die das eine Mal schmaler, das andere Mal breiter ist. Mit Recht durfte daher gesagt werden, dass es sich hier nur um einen Unterschied des Grades handelt[43]. Auf andere Versuche, zwischen Gesetzesanalogie und Rechtsanalogie einen Unterschied zu definieren, wollen wir hier nicht eingehen[44].

5.) Es gibt Grenzen der Analogie. Fragwürdig ist allerdings der berühmte Satz: Singularia non sunt extendenda, d. h. Ausnahmevorschriften dürfen nicht, also auch nicht per analogiam, ausgedehnt werden[45]. In Wahrheit gilt: Wenn eine Vorschrift für einen bestimmten Ausnahmefall oder eine

---

41 Dazu z. B. K. Larenz, Lehrbuch des Schuldrechts, Bd. I, 14. Aufl. 1987, S. 104 ff.; ders., Methodenlehre, S. 421 ff.; Esser, Grundsatz, S. 162 ff. Wenn Larenz (Methodenlehre, S. 421 ff.) sagt, dass die tiefste Wurzel der Lehre der culpa in contrahendo in rechtsethischen Prinzipien zu suchen sei, so schließt dies nicht aus, dass auch die so genannte „Rechtsanalogie" zur Begründung des geforderten Ergebnisses herangezogen werden kann.

42 Dazu genauer Palandt-Grüneberg, § 311 Rn. 11 f.

43 Nawiasky, S. 147.

44 S. z. B. Bierling IV, S. 411 f.; W. Sauer, Juristische Methodenlehre, 1940, S. 310 ff.

45 Vgl. dazu Heck, Gesetzesauslegung, S. 186 ff.; Enneccerus/Nipperdey I 1, § 48 Anm. 6; Klug, S. 112 ff.; Larenz, Methodenlehre, S. 355 f. Müller/Christensen, Methodik, Rn. 370 betonen mit Recht, dass das Vorliegen einer „Ausnahmevorschrift" interpretierend festzustellen ist.

Gruppe solcher Fälle erlassen ist, so darf sie selbstverständlich nicht analog angewendet werden auf Fälle, in denen diese Ausnahmesituation nicht gegeben ist. Wenn etwa die §§ 844 f. BGB ausnahmsweise gewissen durch unerlaubte Handlungen mittelbar geschädigten Personengruppen einen Ersatzanspruch zubilligen, z. B. den durch schuldhafte Tötung des Familienvaters geschädigten unterhaltsberechtigten Hinterbliebenen einen Anspruch auf Unterhaltsrente gewähren, so dürfen diese Vorschriften nicht analog angewendet werden zugunsten anderer mittelbar geschädigter Personen, z. B. nicht zugunsten von Personen, die sich freiwilliger mildtätiger Zuwendungen des Verstorbenen erfreuen durften[46]. Hier ist dann ein argumentum e contrario am Platze: Wegen Fehlens der besonderen Voraussetzungen muss die spezifische Rechtsfolge versagt bleiben. Andererseits aber: in den Grenzen des Grundgedankens der Ausnahmevorschrift ist sehr wohl eine Analogie statthaft. Wenn z. B. § 247 StPO (a. F.) es zulässt, dass der grundsätzlich zur Anwesenheit in der Hauptverhandlung berechtigte Angeklagte ausnahmsweise aus der Sitzung entfernt wird, falls zu befürchten ist, dass ein Mitangeklagter oder ein Zeuge bei seiner Vernehmung in Gegenwart des Angeklagten „die Wahrheit nicht sagen" werde, so ist eine analoge Anwendung dieser „singulären" Vorschrift auf den Fall möglich, dass ein Zeuge in Gegenwart des Angeklagten seelisch unfähig ist, überhaupt eine Aussage zu machen. Das Reichsgericht hatte den Fall zu entscheiden (vgl. RGSt 73, 355), dass eine Zeugin, gegen die der Angeklagte einen Notzuchtversuch unternommen hatte, in der Hauptverhandlung in Gegenwart des Angeklagten in Krämpfe fiel und unfähig war, eine Aussage zu machen. Das Reichsgericht führte aus: „Der Grundgedanke der Bestimmung des § 247 Abs. 1 StPO geht dahin, die Anwesenheit des Angeklagten bei der Vernehmung eines Zeugen dürfe kein Hindernis für eine ungetrübte Wahrheitserforschung bilden". Die Besorgnis, die Zeugin werde wegen

46 Vgl. BGHZ 7, 30. Vgl. andererseits die analoge Anwendung des § 618 Abs. 3 BGB und damit auch von §§ 844 f. BGB auf den Werkvertrag: Canaris, Lücken, S. 181 f.; Palandt-Weidenkaff, § 618 Rn. 1 m. w. N.

des schweren Nervenleidens, das sie durch die Tat des Angeklagten davongetragen hatte, in dessen Anwesenheit keine Aussage machen können, „muss … der Besorgnis gleichstehen, der Zeuge werde nicht wahrheitsgemäß aussagen, die der § 247 StPO als Rechtfertigung für die dort bezeichnete Maßnahme allein ausdrücklich (!) vorsieht" (RGSt 73, 356 f.)[47].

Der Satz „singularia non sunt extendenda" ist also mit größter Vorsicht zu handhaben und besagt eigentlich nichts Neues gegenüber dem früher über das Verhältnis von Analogie und argumentum e contrario Ausgeführten. Dagegen muss als Grenze der zulässigen Analogie anerkannt werden das vom Gesetzgeber hin und wieder aufgestellte Analogieverbot. Der berühmteste Anwendungsfall ist enthalten im strafrechtlichen Grundsatz „nullum crimen sine lege, nulla poena sine lege", der nach durchaus herrschender Ansicht das Gebot in sich schließt, die Verurteilung und Bestrafung wegen einer unrechtmäßigen Handlung nur auf ein unmittelbar anwendbares Gesetz zu gründen (vgl. Art. 103 Abs. 2 GG, § 1 StGB). D.h. es ist z.B. unzulässig, boshafte nächtliche Telefonanrufe als Hausfriedensbruch zu bestrafen, denn die Strafbestimmung des § 123 StGB verlangt, dass der Hausfriedensbrecher in die Wohnung „eindringt". Zum mindesten fragwürdig ist die Rechtsprechung des BGH, wonach verdünnte Salzsäure eine „Waffe" i.S. des § 223a StGB a.F. (heute: § 224 StGB) ist (BGHSt 1, 1)[48]. Maßgeblich für die von Fall zu Fall gebotene, häufig unsichere Bestimmung der Grenze zwischen noch

47 In der heutigen Fassung lässt der § 247 StPO S. 2, 2. Alt. allerdings auch die Entfernung des Angeklagten zu, wenn für Zeugen „die dringende Gefahr eines schwerwiegenden Nachteils für ihre Gesundheit besteht". S. weiter zu § 247 StPO: BGHSt 22, 18.

48 Dazu G. u. D. Reinicke, Die Auslegungsgrundsätze des Bundesgerichtshofes, NJW 1951, 681 (683 Nr. 5); Rüthers, Rechtstheorie, Rn. 168. Vom „objektivistischen" Auslegungsstandpunkt (Orientierung am heutigen Sprachgebrauch) billigt das BGH-Urteil: Larenz, Methodenlehre, S. 324. Nach der Neufassung in Form des § 224 StGB seit 26. 1. 1998 kommt die Subsumtion der Salzsäureattacke sowohl unter das Merkmal „gefährliches Werkzeug" wie auch „Beibringung von Gift" in Betracht. S. dazu Lackner/Kühl, § 224 Rn. 1b, 5; Th. Fischer, § 224 Rn. 6, 8 m. w. N.

zulässiger extensiver Auslegung und nicht mehr zulässiger Analogie ist wiederum der mögliche Wortsinn[49].

Über andere Argumente, die in ähnlicher Weise wie der Analogieschluss und der Umkehrschluss dazu dienen können, gegebene rechtliche Normen für eine Lückenausfüllung fruchtbar zu machen, können wir hier nicht handeln. Wir übergehen daher das „argumentum a maiore ad minus", das umgekehrte „argumentum a minore ad maius" und derglei-

---

49 Grundsätzlich gegen eine zu weitgehende extensive Auslegung etwa J. Baumann/U. Weber, Strafrecht, Allgemeiner Teil, 9. Aufl. 1985, § 13 I 3. Er sieht als „Auslegungsgrenze" die „natürliche" Wort-, Wortzusammenhangs- und Satzbedeutung an.
Zum strafrechtlichen Analogieverbot s. z. B. Sax; Kaufmann, Analogie, S. 4 ff., 52 f., 60 ff.; Priester, in: Koch, S. 155 ff. m. w. N.; V. Krey, Keine Strafe ohne Gesetz, 1983; Schönke/Schröder-Eser, § 1 Rn. 24 ff. (m. w. N. vor Rn. 1). Sax und Kaufmann zweifeln ein Analogieverbot im herkömmlichen Sinne an. Sax (S. 152) erklärt: „Ein ‚Analogieverbot' besteht nicht". Kaufmann geht noch etwas weiter, indem er sagt, „dass es ein solches striktes Analogieverbot im Strafrecht überhaupt noch nie gegeben" habe (S. 53). Die Analogie im Strafrecht finde ihre Grenze nur „an dem dem gesetzlichen Tatbestand zugrundeliegenden Unrechtstypus" (S. 52). Die letztere Formulierung findet ihre Grundlage in der These Kaufmanns, dass das analogische Denken seinen Rückhalt in der „Natur der Sache" und im „Typus" finde (S. 47), wobei Letzterer nicht definiert, sondern nur „mehr oder weniger vollständig beschrieben" (S. 52) werde. Hier gebe es denn eigentlich gar keinen Unterschied von Auslegung und Analogie. An Kaufmann haben sich weitgehend angeschlossen: Hassemer, S. 160 ff.; Hruschka, Verstehen, S. 102; G. Stratenwerth/L. Kuhlen, Strafrecht, Allgemeiner Teil I, 5. Aufl. 2004, § 3 Rn. 31 ff. Demgegenüber möchte ich an der herkömmlichen Auffassung festhalten, dass die gesetzlichen Merkmale der Straftatbestände nicht nur auf einen maßgeblichen „Unrechtstypus" gleichsam hindeuten, sondern dass sie ihn dergestalt umreißen und bestimmen, dass der „mögliche Wortsinn" die Grenze zwischen (statthafter) Auslegung und (verbotener) Analogie zieht. Zum Streitstand vgl. auch Schönke/Schröder-Eser, § 1 Rn. 55 f.
Ein zivilrechtliches Gegenstück zum strafrechtlichen Analogieverbot ist § 253 Abs. 1 BGB: „Wegen eines Schadens, der nicht Vermögensschaden ist, kann Entschädigung in Geld nur in den durch das Gesetz bestimmten Fällen gefordert werden". Mit besonderer Schärfe erklärt E. Bötticher, Die Einschränkung des Ersatzes immateriellen Schadens und der Genugtuungsanspruch wegen Persönlichkeitsminderung, MDR 1963, 353

chen Argumente mehr[50]. Wir wenden uns nunmehr der Frage zu, auf welche Weise die Lückenausfüllung geschehen soll, wenn die logische und teleologische „Expansionskraft“ des Gesetzes oder einer gewohnheitsrechtlichen Norm nicht hinreicht, um die gesuchte Entscheidung zu finden und zu begründen.

Als eindrucksvolles Beispiel sei hier zunächst kurz gestreift das Problem des Verbotsirrtums im Strafrecht, das zwar auch

---

(360), dass „im Bereich der Entschädigung für immaterielle Schäden § 253 BGB das genaue Gegenstück zu Art. 103 II GG“ sei; „beide Bestimmungen sprechen aus, dass der Richter für die Verurteilung des Täters sich auf ein Gesetz müsse stützen können, und verschließen ihm damit die sonst erlaubte Analogie“. Als Missachtung dieses Analogieverbotes ist die Rechtsprechung des BGH zum Ersatz des immateriellen Schadens bei Verletzung des allgemeinen Persönlichkeitsrechts angesehen worden. S. dazu S. 305 Anm. 137. Doch hat auch das BVerfG im „Sorayafall“ den Standpunkt eingenommen, dass durch die Zuerkennung von Geldersatz bei Verletzung des „allgemeinen Persönlichkeitsrechts“ keine Verletzung eines verfassungsrechtlich wirksamen Analogieverbots erfolgt (BVerfGE 34, 269, v. a. unter IV u. V); zustimmend Larenz/Canaris, Methodenlehre, S. 249 f.; kritisch dagegen Larenz, Methodenlehre, S. 425 f.

50 Über ihre logische Struktur und Schlüssigkeit s. namentlich Nawiasky, S. 148 (der diese Argumente als „Spezialfälle des Analogieschlusses“ erachtet); Kriele, S. 151 (der sie als bloße „topoi“ ansieht); Klug, S. 146 ff. (welcher die „starke innere Verwandtschaft“ aller genannten Argumente betont, die oft mit dem Gebrauch der Wendung „erst recht“ einhergehen, S. 146 f.); U. Neumann, Juristische Argumentationslehre, 1986, S. 34 ff.; Bydlinski, S. 479 f.; Larenz, Methodenlehre, S. 389 ff.; Schneider/Schnapp, S. 159 ff. Vgl. auch Canaris, Lücken, S. 78 ff., der vom argumentum a maiore treffend sagt, dass bei ihm „die Gründe einer Vorschrift in noch stärkerem Maße auf einen nicht geregelten Fall zutreffen als auf den von ihr unmittelbar erfaßten“, und gute Beispiele bringt, so für § 904 S. 2 BGB das „argumentum a fortiori“, dass, „wenn schon auf Grund eines rechtmäßigen Eingriffs gehaftet wird, so … erst recht bei einem rechtswidrig schuldlosen“, wenn auf diese Weise „ein Rechtsgut auf Kosten eines anderen gerettet wird“ (S. 78 f.). Diesem Beispiel möchte ich noch aus dem Strafrecht zur Seite stellen den Schluss von der Straflosigkeit der vorsätzlichen Beihilfe zum Selbstmord auf die Straflosigkeit auch der fahrlässigen Förderung eines Selbstmords (so BGHSt 24, 342), wieder ein „Erst-recht“-Argument a fortiori, das zugleich als Unterfall der Analogie betrachtet werden kann. Ein Seiten-

seit dem 1. 1. 1975 dank gesetzlicher Regelung durch das 2. StrRG (StGB § 17) keine „Lücke“ mehr darstellt, das aber bis dahin mangels einer unmittelbar einschlägigen Vorschrift eines der misslichsten Streitobjekte der strafrechtlichen Dogmatik abgab. Denn das StGB von 1871 sprach zwar den Täter einer strafbaren Handlung vom Vorwurf, vorsätzlich die Straftat begangen zu haben, frei, wenn er über solche Umstände oder Folgen seines Verhaltens, mit denen er den „gesetzlichen Tatbestand“ eines strafbaren Unrechts erfüllte, in Unkenntnis war (z. B. nicht wusste, dass er eine falsche Aussage machte, oder nicht ahnte, dass er einen Brand verursachte). Nicht aber war die Frage beantwortet, wie es mit dem Vorsatz des Täters stehe, wenn er zwar alle Umstände und Folgen seines Tuns oder Unterlassens vor Augen hatte, aber glaubte, kein Verbot zu übertreten (z. B. Wilderei für allgemein erlaubt hielt). Es ist nicht mehr angezeigt, die verschiedenen Theorien vorzustellen, die zur Ausfüllung dieser empfindlichen „Lücke“ aufgestellt wurden, und zu sagen, wie sich die Rechtsprechung zu der Frage verhalten hat. Wohl aber interessiert nach wie vor, wie sich der BGH bald nach Aufnahme seiner Tätigkeit diese Streitfrage durch eine sehr radikale „Rechtsergänzung“ aus der Welt geschafft hat (BGHSt 2, 194).

Er ging nämlich zurück auf den unantastbaren Grundsatz allen Strafens, dass Strafe Schuld voraussetzt. Indem er diesen Grundsatz mittels einer Analyse des „Wesens“ der Schuld („Schuld ist Vorwerfbarkeit“, S. 200) näher entfaltetete, gelangte er zu dem Ergebnis, dass der Täter einer Straftat

stück wäre auch der Schluss von der Straflosigkeit aktiven Tuns auf die Straflosigkeit eines entsprechenden (erfolgsverhindernden) Unterlassens. Canaris, Lücken, S. 82 ff., 136 f. und Larenz, Methodenlehre, S. 391 ff. stellen dem Analogieschluss und den anderen Argumenten als besonderes Verfahren zur Ausfüllung so genannter „verdeckter“ Lücken die „teleologische Reduktion“ zur Seite. Sie verstehen darunter die Hinzufügung einer sinngemäß geforderten Einschränkung zu einer Vorschrift. Während die Analogie darauf hinausläuft, Gleiches gleich zu behandeln, zielt die teleologische Reduktion darauf ab, unter Rückgriff auf die ratio legis Ungleiches ungleich zu behandeln (Beispiele bei Canaris und Larenz; s. auch Bydlinski, S. 480 f.; Pawlowski, Rn. 493 ff.; Rüthers, Rechtstheorie, Rn. 902 ff., sowie unten Text S. 298 ff. mit Anm. 129; krit. Ott, S. 97 ff.).

nur dann Schuld auf sich geladen habe, wenn er entweder das Bewusstsein hatte, Unrecht zu tun, oder wenigstens „bei gehöriger Anspannung des Gewissens“ (S. 194) zu jenem Bewusstsein hätte gelangen können – eine in der Strafrechtswissenschaft von einzelnen Autoren zuvor schon vorgeschlagene ebenso einfache wie befriedigende Lösung, die dann auch der Strafgesetzgeber mit der noch schlichteren Formulierung akzeptiert hat: „Fehlt dem Täter bei Begehung der Tat die Einsicht, Unrecht zu tun, so handelt er ohne Schuld, wenn er diesen Irrtum nicht vermeiden konnte. Konnte der Täter den Irrtum vermeiden, so kann die Strafe … gemildert werden“ (§ 17 StGB). Ausdrücklich hat der BGH seine Aufgabe darin gesehen, „im Wege richterlicher Rechtsfindung diejenigen Rechtssätze zu ermitteln und anzuwenden, die … die Durchführung des Schuldgrundsatzes verbürgen und dem Wesen der Schuld gerecht werden“ (S. 204). Ja, an einer Stelle erklärt er sogar, dass es sich bei der richterlichen Nachholung der „fehlenden“ gesetzlichen Regelung um „aus dem Wesen der Schuld sich zwingend – vor aller gesetzlichen Normierung – ergebende Rechtssätze“ (S. 209) handele. Es ist also fast eine Art von „Naturrecht“, das damit proklamiert wird.

Stellen wir nun diesem im früher so gekennzeichneten Doppelsinne wiederum „historischen“ Beispiel ein brennendes, noch nicht endgültig gelöstes „aktuelles“ Lückenproblem gegenüber, so diene dazu eine einzelne Fallgruppe aus dem Bereich der heute so umfehdeten Sterbehilfe. Wie steht es mit der rechtlichen Beurteilung einer ärztlichen Morphiumbehandlung zur Linderung unerträglicher Schmerzen bei einem todgeweihten Patienten, falls die Gefahr sehr groß ist, dass durch die indizierte sehr hohe Dosierung das Ableben des Patienten beschleunigt wird? Solange wir uns nur an das Strafgesetz und seine herkömmliche „Auslegung“ halten, müssen wir etwa einräumen: Die bewusst „in Kauf genommene“ (weil als höchstwahrscheinlich prognostizierte) Lebensverkürzung ist ein Akt vorsätzlicher Tötung, der allenfalls milder bestraft werden kann, wenn er auf das „ausdrückliche und ernstliche Verlangen“ des getöteten Patienten zurückgeführt werden kann (§ 216 StGB), welches Verlangen übrigens vielleicht nicht einmal in dem üblichen Ruf: „Herr Doktor, helfen Sie mir doch!" erblickt werden darf. Auch das Vorliegen eines unvermeidlichen Verbotsirrtums beim „Gnadentod" spendenden Arzte ist zweifelhaft. Aber immer wieder ereignen sich Fälle, in denen die primitive strafrechtliche prima-facie-Beurteilung als unzulänglich, ja als unmenschlich empfunden wird. So sucht man nach Gesichtspunkten, unter denen man einerseits die gesetzliche Regelung als „lückenhaft" und „ergänzungsbedürftig" ansprechen, andererseits auf befriedigende Weise zurechtrücken kann. Als solche Gesichtspunkte lassen sich anführen (in Stichworten): die Autonomie des sterbenden Patienten, die institutionelle Berufung des Arztes, jenem mit seinen Maßnahmen zu helfen, auch wenn mit ihnen Risiken verbunden sind, die „vernünftige" Interessenabwägung (also wieder der „übergesetzliche Notstand"[51]), das Durchschlagen der (Mitleids- und Barmherzigkeits-)Moral gegenüber allzu rigorosen Forderungen, der Wandel der weltanschaulichen und religiösen Ansichten, die Notwendigkeit der Sonderbeurteilung von „Überzeugungstätern", die Wahrung der im Grundgesetz anerkannten „Menschenwürde", die es gebietet, den Menschen nicht einem womöglich „ekelhaften" Ende auszuliefern usw.

Sehen wir uns nun um, wieweit sich über Analogie, Umkehrschluss und verwandte Argumente hinausführende, für die Rechtsergänzung als tauglich empfohlene materielle Aspekte von der Art der soeben angeführten in die Form rechtlich anerkannter oder wenigstens diskutabler („vertretbarer") Maximen und „Topoi" bringen lassen, so finden wir in Gesetzgebung (als allgemeine Weisungen), Rechtsprechung und Lehre außer den schon erwähnten Rechts- und Denkfiguren (Wesen der Schuld, übergesetzlicher Notstand, Institution) für maßgeblich erklärt: die allgemeinen Grundsätze des Rechts[52], den Geist der Rechtsordnung[53], die Wertungen der

51 S. Dazu Schönke/Schröder-Lenckner/Perron, § 34 Rn. 2.

52 S. z. B. H.J. Wolff, Rechtsgrundsätze und verfassungsgestaltende Grundentscheidungen als Rechtsquellen, in: FS f. W. Jellinek (1955), S. 33; ders./Bachof/Stober/Kluth, § 25 Rn. 2 ff.; Germann, S. 151 ff., 181 ff.; Esser, Grundsatz, S. 242 ff.; Larenz, Methodenlehre, S. 336 ff., 421 f.,

führenden Schicht[54], das „richtige Recht“[55], das Naturrecht bzw. die „Natur der Sache“[56], „das rechte Mittel zum rechten Zweck“ (s. u. S. 267 mit Anm. 64), manchmal auch (namentlich im Kreise der Freirechtslehrer) die „schöpferische Eigenwertung des Richters“[57]. Die Gesetzgebung selbst hat sich öfters bewogen gefühlt, auf diese oder jene Maxime zu verweisen für den Fall, dass Lücken angetroffen werden. Auf die „allgemeinen Grundsätze“ hat bereits das Preußische Allgemeine Landrecht in der Einleitung § 49 verwiesen, auf den „Geist der Rechtsordnung“ der Entwurf zum BGB § 1. Der Codex iuris canonici von 1917 bestimmt in can. 20 gleichfalls, dass in Ermangelung ausdrücklicher oder analog anwendbarer Normen die Entscheidung zu gewinnen sei „generalibus iuris principiis cum aequitate canonica servatis“.

---

474 ff. Vgl. auch § 1 des ersten Entwurfs zum BGB: In Ermangelung gesetzlicher Vorschriften, die auch nur analog angewendet werden könnten, „sind die aus dem Geiste der Rechtsordnung sich ergebenden Grundsätze maßgebend“.

53 S. z. B. Bierling IV, S. 411 ff.; Keller, S. 122 ff. Hier ließe sich wohl auch anschließen die Lückenausfüllung aus dem „inneren System“ der Rechtsordnung, wie sie Canaris, Systemdenken, S. 95 ff. versteht.

54 S. z. B. Beling, in: FS Heck u. a. (1931), S. 13.

55 Stammler, Theorie, S. 647 ff.; ders., Rechtsphilosophie, § 132. S. auch Keller, S. 126; K. Larenz, Richtiges Recht, 1979; ders., Methodenlehre, S. 90 ff.; Pawlowski, Rn. 588 ff.

56 Zum Naturrecht (einschließlich der „Natur der Sache“) als Instrument der Lückenausfüllung: Reichel, S. 106; G. Radbruch, Die Natur der Sache als juristische Denkform, in: FS f. R. Laun (1948), S. 157 (162 f.); Kaufmann, Analogie; Larenz, Methodenlehre, S. 417 ff.; Müller, Rechtslehre, S. 102; Rüthers, Rechtstheorie, Rn. 919 ff.; vgl. auch Bydlinski, S. 51 ff. Allgemein zum Naturrecht und zur „Natur der Sache“ s. Literatur unten S. 296, Anm. 124, S. 331, Anm. 38.

57 Hierzu aus den Kreisen der Freirechtsschule: H. U. Kantorowicz (Gnäus Flavius), Der Kampf um die Rechtswissenschaft, 1906, S. 14 f., 20, 41; Isay, S. 223 f. (liegt eine Lücke vor, so ist „der Richter frei, die Entscheidung nach seinem Rechtsgefühl zu gestalten“). Kritisch z. B. Boehmer, S. 158 ff. Außerhalb der Freirechtsschule beziehen sich auf die „Eigenwertung“ des Richters u. a. Heck, Gesetzesauslegung, S. 238; E. Huber, Recht und Rechtsverwirklichung, 2. Aufl. 1925, S. 354; Petraschek, S. 308; R. Zippelius, Rechtsnorm und richterliche Entscheidungsfreiheit, JZ 1970, 241; Bydlinski, S. 19 ff.

Der Art. 38 des Statuts des Internationalen Gerichtshofs in Den Haag beschwört die „von den Kulturvölkern anerkannten allgemeinen Rechtsgrundsätze“[58]. Zu besonderer Berühmtheit gelangt ist aber der bis auf Aristoteles[59] zurückzuverfolgende Grundsatz des Art. 1 des Schweizerischen Zivilgesetzbuchs: „Kann dem Gesetze keine Vorschrift entnommen werden, so soll der Richter nach Gewohnheitsrecht und, wo auch ein solches fehlt, nach der Regel entscheiden, die er als Gesetzgeber aufstellen würde. Er folgt dabei bewährter Lehre und Überlieferung“[60].

Die Frage, woher eigentlich all diese Grundsätze der Lückenausfüllung kommen und in welchem Rangverhältnis sie zueinander stehen (ob etwa bei Versagen von Gewohnheitsrecht und Analogie zuerst die Wertungen der führenden Schicht und danach erst allgemeine Rechtsgrundsätze zu bemühen sind oder umgekehrt, ob ferner die eigene Wertung des Richters primär bedeutsam ist oder nur ultimum refugium sein soll), müssen wir hier auf sich beruhen lassen. Sie ist eine rechtspilosophische Frage par excellence. Häufig gründet man die Berufung des Richters zur Lückenfüllung und die Legitimität dieser oder jener Methode der Lückenfüllung auf besondere gesetzliche Ermächtigung oder auf Gewohnheitsrecht, insbesondere auch auf die traditionelle Stellung des Richters – eine zweifellos positivistische Lösung der Frage. Dem Thema unseres Buches gehört nur das Problem an, welche Denkaufgaben die zitierten Formeln stellen. Aber auch dieses Problem ist so vielschichtig, dass wir uns mit skizzenhaften Hinweisen begnügen müssen. Eine Verschiedenheit der Formeln ergibt sich aus der Abstraktionshöhe der so genannten „Grundsätze der Rechtsordnung“. Soll es sich

58 Dazu etwa: R. Laun, Allgemeine Rechtsgrundsätze, in: FS f. G. Radbruch (1948), S. 117; Dahm/Delbrück/Wolfrum, S. 62 ff.

59 Aristoteles, Nikomachische Ethik, übers. v. O. Gigon, 5. Aufl. 2002, V 14 (EN 1137a30–1138a3).

60 Dazu A. Meier-Hayoz, Der Richter als Gesetzgeber, 1951; ders., in: Berner Kommentar zum schweizerischen Zivilrecht, hg. v. H. Becker, Bd. 1, 1962, Art. 1; Germann, S. 159 ff. Vgl. auch BGH-Gutachten v. 6. 9. 1953, JZ 1954, 152 (153 f.).

bei diesen um allgemein gültige Rechtsgrundsätze handeln, oder ist hier an konkret historische, einer „individuellen" Rechtsordnung zugehörige Grundsätze gedacht[61]? Klar ist, dass eine Lückenausfüllung nach allgemeinen Rechtsgrundsätzen oder gar nach „Naturrecht" in erster Linie absolute, schlechthin allgemein gültige Rechtsprinzipien im Auge hat, zum mindesten aber formale Maximen wie den Grundsatz der Güter- und Pflichtenabwägung oder das Prinzip des „rechten Mittels zum rechten Zweck", deren Ausfüllung dann freilich auf besondere geschichtliche Gegebenheiten angewiesen sein mag. Dagegen weisen Formeln, die auf den „Geist der Rechtsordnung"[62] oder deutlicher noch: auf „die Wertungen der führenden Schicht" Bezug nehmen, ganz unmittelbar auf nur historisch gültige Grundsätze hin. Denken wir noch einmal an unsere Beispiele, so wird man die Lösung des Problems des Verbotsirrtums eher als eine – trotz ihrer Umstrittenheit – allgemein gültige Entscheidung, dagegen die Lösung des Problems der Spendung von mit höchstem Risiko beladener Schmerzlinderung eher als eine durch historisch wandelbare Wertungen bedingte Entscheidung ansehen dürfen. Soweit nun die Lückenausfüllung um den Naturrechtsgedanken kreist, lenkt das juristische Denken offensichtlich in rechtsphilosophische Bahnen ein, die wir jetzt nicht verfolgen können, da wir an dieser Stelle keine Logik des Naturrechts bieten können. Soweit dagegen die Lückenausfüllung auf historisch gegebene Wertungen zurückgreift, treffen auf sie die Darlegungen zu, die wir der „objektiven" richterlichen Wertung (anhand vorgegebener Wertungen) im vorigen Kapitel gewidmet haben. Hier zeigt sich

61 Lehrreich zum Folgenden Wieacker, Gesetz, S. 12ff., sowie Larenz, Methodenlehre, S. 336ff., 474ff.: dessen „rechtsethische Prinzipien" sind Rechtswahrheiten bzw. „materiale Rechtsgedanken", die Anerkennung im Allgemeinen Rechtsbewusstsein gefunden haben, aber an dessen Wandel in der Zeit teilnehmen und demgemäß auf den verschiedenen historischen Entwicklungsstufen unterschiedliche Maßgeblichkeit erlangen können. Rechtsethische Prinzipien sind nicht vorgegebene Normen. Sie werden auch nicht gesetzt, sondern „gefunden" oder „entdeckt".

62 Zu ihm Esser, Grundsatz, S. 172ff.

dann allerdings aufs neue, dass die Grenzen zwischen normativen Begriffen und solchen Klauseln, die auf bestimmte Wertungen verweisen („Verstoß gegen die guten Sitten"), einerseits und den Grundsätzen der Lückenausfüllung andererseits verwischt werden, womit auch die Grenzen zwischen Rechtsfindung secundum legem und der Rechtsfindung praeter legem undeutlich werden. Von besonderem methodologischem Interesse sind aber solche formalen Maximen der Lückenausfüllung wie das Prinzip des rechten Mittels zum rechten Zweck oder der Grundsatz der Güter- und Pflichtabwägung oder das von Sauer aufgestellte „juristische Grundgesetz", wonach „größtmöglicher Nutzen für die staatliche Gemeinschaft, ... ein Mehr an Nutzen als an Schaden" zur Richtlinie gemacht wird[63]. Was das Prinzip des rechten Mittels zum rechten Zweck betrifft, das z. B. E. Schmidt[64] in Anknüpfung an Gedanken von Stammler und Graf zu Dohna als Mittel der Lückenausfüllung empfiehlt, so macht es offenbar (gerade auch beim Problem der Schwangerschaftsunterbrechung aus besonderer Indikation) neben rein teleologischen Erwägungen über die Eignung einer rechtlichen Regelung zur praktischen Verwirklichung bestimmter Zwecke eine rechtliche, moralische oder kulturelle Bewertung sowohl des Zweckes selbst wie auch des für ihn ergriffenen Mittels erforderlich. Das Güter- und Pflichtenabwägungsprinzip, das schon in der juristischen Literatur des vorigen Jahrhunderts auftaucht[65], ist vom Reichsgericht in seiner erwähnten Entscheidung zur Schwangerschaftsunterbrechung aus medizinischer Indikation (RGSt 61, 242) akzeptiert und folgendermaßen formuliert worden: „In Lebenslagen, in welchen eine den äußeren Tatbestand einer Verbrechensform erfüllende Handlung das einzige Mittel ist, um ein Rechtsgut zu schützen oder eine vom Recht auferlegte oder anerkannte Pflicht zu erfüllen, ist die Frage, ob die Handlung rechtmäßig oder unverboten oder

63 Sauer, S. 255. Hier findet auch der Verhältnismäßigkeitsgrundsatz Platz.

64 F. v. Liszt/E. Schmidt, Lehrbuch des Deutschen Strafrechts, 26. Aufl. 1932, § 32 B (Anm. 20 m. w. N.). Dazu Schönke/Schröder-Lenckner, vor § 32 Rn. 6.

65 Z. B. bei Binding, Handbuch, S. 760.

rechtswidrig ist, an der Hand des dem geltenden Recht zu entnehmenden Wertverhältnisses der im Widerstreit stehenden Rechtsgüter oder Pflichten zu entscheiden" (S. 254)[66]. Ersichtlich fordert auch diese Formel neben praktischen, ja technischen Erwägungen (wie groß ist die Gefahr für das bedrohte Rechtsgut, wie weit ist es notwendig, das eine Gut bzw. die eine Pflicht zu opfern?) wiederum echte Bewertungen (welches Gut, welche Pflicht ist höher und gewichtiger?). Diese Bewertungen müssen sich dann eventuell wieder an irgendwelche „objektiven" Wertmaßstäbe anlehnen. Das Reichsgericht suchte Anschluss an das „geltende Recht" mit dem Hinweis darauf, dass den Strafrahmen des StGB etwas über die Wertschätzung der einzelnen Rechtsgüter zu entnehmen sei; indem z.B. Mord und Totschlag strenger bestraft werden als die Abtreibung, zeigt sich, dass das Leben des Menschen höher steht als das Leben der Leibesfrucht. Ähnliches dürfte dann für das von Sauer aufgestellte „juristische Grundgesetz" gelten.

Sehr delikate Probleme wirft aber auch die Formel des Schweizerischen Zivilgesetzbuches auf. Wie weit soll sich z.B. der Richter, der sich als Gesetzgeber gerieren soll, auf seine höchstpersönliche Auffassung von einer richtigen Gesetzgebung stützen, wie weit soll er den Anschluss an den his-

66 Nebenbei sei bemerkt, dass das Güterabwägungsprinzip, das zunächst für das Strafrecht entwickelt und vom neugefassten StGB in § 34 aufgenommen worden ist, auch in der zivilrechtlichen Rechtsfindung mehr und mehr wirksam wurde, so im „Constanze-Fall" (BGHZ 3, 270), im „Tonbandurteil" (BGHZ 17, 266) oder im „Ginsengurteil" (BGHZ 35, 363; Abwägung des Persönlichkeitsrechts gegen das Recht der freien Meinungsäußerung). S. hierzu Larenz, Methodenlehre, S. 409f. Daneben wurde seit dem „Lüthurteil" (BVerfGE 7, 198) das Güterabwägungsprinzip im Verfassungsrecht (namentlich mit Bezug auf die Umgrenzung der Grundrechte) herangezogen, allerdings auch in Frage gestellt. Dazu s.z.B. P. Häberle, Die Wesensgehaltsgarantie des Art. 19 Abs. 2 Grundgesetz, 2. Aufl. 1972, S. 31ff.; Larenz, Methodenlehre, S. 404ff.; Zippelius/Würtenberger, § 7 Rn. 35ff., § 26 Rn. 76ff.; kritisch: Hesse, Rn. 72, 423; Müller/Christensen, Methodik, Rn. 64ff. Im Zusammenhang mit der „Güterabwägung" gerät auch die Idee einer den Grundrechten zugrundeliegenden „Wertordnung" ins Streitgespräch.

torischen Gesetzgeber zu wahren bestrebt sein? Nach welchen Grundsätzen verfährt überhaupt der Gesetzgeber selbst bei Findung des Rechts? Der schweizerische Rechtsgelehrte Meier-Hayoz hat dem Art. 1 Abs. 2 ZGB ein umfangreiches Buch („Der Richter als Gesetzgeber") gewidmet. Darauf müssen wir verweisen. Das Problem vollends der Findung des Rechts durch den Gesetzgeber, das Problem der „Methodik der Gesetzgebung", ist ein eigener großer Problemkreis, auf den wir hier nur hindeuten, den wir aber nicht betreten können[67].

Was schließlich noch die von manchen Rechtslehrern innerhalb und außerhalb der Freirechtsschule als Mittel der Lückenausfüllung gepriesene „Eigenwertung des Richters" betrifft, so brauchen wir hierzu nach dem in Kap. VI zur richterlichen Wertung Ausgeführten nichts weiter mehr zu sagen. Die entscheidende Frage wird immer die sein, wie weit die „Eigenwertung" als eine wirklich eigenpersönliche, ja subjektive gemeint ist, wie weit als eine in objektiven Maßstäben ihren Halt findende Entscheidung[68]. Im Zweifel wird gerade bei der Lückenergänzung nach einer objektiven Entscheidung zu trachten sein.

Zurück bleibt noch die Frage, ob es nicht ungeachtet aller geschilderten Möglichkeiten der ergänzenden Rechtsfindung Fälle gibt, in denen eine Lückenausfüllung nicht möglich ist, mit anderen Worten, ob es nicht neben den Lücken des

---

67 Dazu E. Zitelmann, Die Kunst der Gesetzgebung, 1904; A. Wach, in: v. Birkmeyer u. a., AT VI, S. 1; E. Beling, Methodik der Gesetzgebung, 1922; P. Noll, Gesetzgebungslehre, 1973 (m. w. N.); J. Rödig (Hg.), Studien zu einer Theorie der Gesetzgebung, 1976; H. Kindermann (Hg.), Studien zu einer Theorie der Gesetzgebung, 1982; W. Hugger, Gesetze – Ihre Vorbereitung, Abfassung und Prüfung, 1983; Bydlinski, S. 625 ff.; Vogel, S. 197 ff.; H. Schneider, Gesetzgebung, 3. Aufl. 2002.
In der Gesetzgebungslehre wird z. B. zunehmend die „Ökonomische Analyse des Rechts" mit Blick auf ökonomische Effizienz und Folgenorientierung thematisiert; vgl. dazu oben S. 143 Anm. 37 und Hugger, S. 41 ff., 245 ff.; Deckert, S. 233, 237; Pawlowski, Rn. 852, 855.

68 Zur Bedeutung der „Eigenwertung" nach der Lehre der „Interessenjurisprudenz" s. Kallfass, S. 40 ff., 57 f., 103 f.

positiven Rechts schließlich Lücken der gesamten Rechtsordnung gibt. Auch diese Frage ist wieder mehr eine rechtsphilosophische als eine methodologische Frage. Es sei aber kurz zu ihr bemerkt, dass in der Tat unausfüllbare Lücken offen bleiben können, dass das Dogma von der Geschlossenheit der Rechtsordnung, so wie es etwa von Stammler umschrieben worden ist, dass nämlich „auf jede rechtliche Frage auch eine rechtliche Antwort möglich sein" muß[69], nicht absolut gültig ist[70]. Zwar gilt im Allgemeinen das berühmte Rechtsverweigerungsverbot, das in Art. 4 des französischen Code civil seine klassische Formulierung gefunden hat („Le juge qui refusera de juger, sous prétexte du silence, de l'obscurité ou de l'insuffisance de la loi, pourra être poursuivi comme coupable de déni de justice"). Dieses Verbot nötigt also den Richter dazu, auf jede rechtliche Frage eine Antwort zu geben. Aber dieses Verbot gilt nicht a priori[71]; denkbar wäre ja, dass der Richter in Lückenfällen befugt wäre, die Antwort zu verweigern. Es ist aber auch nicht in allen Rechtsfragen ein Gericht zur Lösung des Konflikts berufen. Man denke nur an staats- und völkerrechtliche Streitigkeiten! Die weitgehende Kompetenz unseres Bundesverfassungsgerichtes ist alles andere als eine Selbstverständlichkeit. Selbst wenn aber ein Gericht zur Entscheidung berufen und genötigt ist, ist nicht gesagt, dass seine Entscheidung aus Rechtsgrundsätzen zureichend begründet werden kann, dass sie also eine echte Rechtsentscheidung und nicht bloß Willkürentscheidung ist. Im Allgemeinen ist jedoch ein Gericht nicht befugt und berufen, eine Entscheidung nach Willkür oder auch nur nach Opportunitätsgesichtspunkten zu treffen. Der BGH hat in seinem Gutachten zum Problem der Gleichberechtigung der Geschlechter als mit der Gewaltenteilung nicht vereinbar erklärt, dass der Richter „seine Aufgabe, notfalls auch über das Gesetz hinaus Recht zu finden", auf die Weise lösen würde, dass er, „statt durch ... bloße Entfaltung (sc.

---

69 Stammler, Theorie, S. 643.

70 S. dazu näher Engisch, in: FS Sauer (1949), S. 96 ff. Zustimmend Larenz, Methodenlehre, S. 402; eingehend zur „Möglichkeit unausfüllbarer Lücken": Canaris, Lücken, S. 172 ff.

71 Canaris, Lücken, S. 174.

eines Rechtsgrundsatzes) das Recht zu finden, das Recht durch Willensakte nach Zweckmäßigkeitsgesichtspunkten setzen würde“[72].

Danach gibt es also keine logisch und rechtstheoretisch notwendige Geschlossenheit der Rechtsordnung. Immerhin darf die Geschlossenheit der Rechtsordnung als eine „regulative“ Idee festgehalten werden, als ein „Principium der Vernunft, welches, als Regel, postuliert, was von uns … geschehen soll, und nicht antizipiert …, was im Objekte … an sich gegeben ist“[73]. Es ist von uns gefordert, dass wir alle rechtlichen Fragen nach Kräften rechtlich beantworten, dass wir die Lücken des positiven Rechts nach Möglichkeit durch Rechtsgedanken schließen.

II.

Neben das Prinzip der Geschlossenheit der Rechtsordnung stellt man gerne das Prinzip der Einheit der Rechtsordnung. Dieses Prinzip kann uns heranführen an den zweiten Fragenkreis, den wir in diesem Kapitel abhandeln wollen: den Fragenkreis der Berichtigung fehlerhaften Rechts. Zwar reicht die Bedeutung der Einheit der Rechtsordnung weit über diesen Fragenkreis hinaus[74], aber sie reicht auch tief in ihn hinein. Denn eine Seite des Einheitsprinzips ist das Gebot der Ausräumung von Widersprüchen innerhalb der Rechtsordnung. Widersprüche stellen sich als „Fehler“ dar, wenngleich

---

72 BGH-Gutachten, JZ 1954, 155; vgl. auch OLG Freiburg, NJW 1952, 886 (887). S. ferner Engisch, in: FS Sauer (1949), S. 98; H.J. Hirsch, Richterrecht und Gesetzesrecht, JR 1966, 334 (339).

73 Kant, KdRV, S. 472 (A 509).

74 Zur Einheit der Rechtsordnung s. Engisch, Einheit. Vgl. ferner Sauer, S. 280ff.; Hanack, S. 104ff., 154ff.; D.C. Göldner, Verfassungsprinzip und Privatrechtsnorm in der verfassungskonformen Auslegung und Rechtsfortbildung, 1969, S. 52ff., 125ff.; Canaris, Systemdenken, S. 13ff.; Larenz, Methodenlehre, S. 166f.; M. Baldus, Die Einheit der Rechtsordnung, 1995; Heckmann, S. 143ff. (kritisch); H.D. Jarass, Die Widerspruchsfreiheit der Rechtsordnung, AöR 126 (2001), 588; D. Felix, Die Einheit der Rechtsordnung, 1997; Röhl/Röhl, S. 430, 451ff.; Rüthers, Rechtstheorie, Rn. 145ff., 270ff.

nicht umgekehrt jeder Fehler ein Widerspruch zu sein braucht. Handeln wir aber jetzt zunächst von denjenigen Fehlern, die als Widersprüche auftreten! Über andere Fehler werden wir unter III. sprechen.

Die Widersprüche in der Rechtsordnung – wir gehen der Einfachheit halber wieder vom gesetzten Recht aus – sind von verschiedener Art. Zunächst einmal kann man entsprechend der Einteilung der Lücken in primäre und sekundäre Lücken auch primäre und sekundäre Widersprüche unterscheiden, und zwar je nachdem, ob ein Widerspruch von Anfang an in einem Komplex von Rechtssätzen anzutreffen war oder ob er erst nachträglich in ihn eingedrungen ist. Das Letztere kommt wohl eher in Betracht als das Erstere. Denn auf die innere Harmonie eines uno actu in Kraft gesetzten Normenkomplexes wird meist mit Erfolg Bedacht genommen. Dagegen kommt es leicht vor, dass ein Gesetzgeber bei Erlass neuer Normen einen Widerspruch zu einzelnen schon vorhandenen Sätzen des weitläufigen Rechtsganzen, in das er die neue Regelung einfügt, nicht bemerkt. Vollends aber bei Umstürzen und Zusammenbrüchen ergeben sich regelmäßig Diskrepanzen zwischen dem bisherigen und dem neuen Rechtszustand. Das haben wir in Deutschland in den Jahren 1918, 1933, 1945 und 1989 gründlich erfahren. Die Gerichte und anderen Staatsbehörden mussten viel Mühe auf die Klärung der Fragen verwenden, welche Vorschriften des bisherigen Rechts noch mit dem neuen Rechtszustand in Einklang zu bringen seien, welche nicht. So musste nach 1945 immer wieder geprüft werden, ob Rechtssätze, die der „vorkonstitutionelle" Gesetzgeber geschaffen hatte, noch verträglich seien mit der erneuerten rechtsstaatlichen Ordnung und dem Grundgesetz von 1949[75]. Besondere Schwierigkeiten erwachsen hier daraus, dass die Widersprüche zwischen dem alten und dem neuen

75 Dazu Art. 123 Abs. 1 GG selbst: „Recht aus der Zeit vor dem Zusammentritt des (ersten) Bundestages gilt fort, soweit es dem Grundgesetze nicht widerspricht"; vgl. auch Art. 143 GG (Überleitungsvorschriften für die neuen Bundesländer und Ost-Berlin). Hierzu etwa Wengler, JR 1949, 67; K. Stern, Zur Fortgeltung vorkonstitutionellen Rechts, JuS 1961, 350; Zippelius/Würtenberger, § 45 Rn. 141 ff.; Jarass/Pieroth,

Recht nicht immer anhand fest umschriebener Rechtssätze zu erfassen sind, sondern sich oftmals nur aus dem „Geist“ der alten und der neuen Ordnung ergeben.

Das führt schon hinüber zu der Hauptfrage, welche Struktur denn ein Widerspruch innerhalb der Rechtsordnung besitzen mag. Meines Erachtens kann man folgende Arten von Widersprüchen unterscheiden, die jeweils ihre besondere Tragweite und ihre besondere – hier jeweils gleich mitzubehandelnde – methodologische Bedeutung haben[76]:

1.) „Gesetzestechnische Widersprüche“. Sie bestehen namentlich in einer Uneinheitlichkeit der Terminologie. So ist z. B. der staatsrechtliche Beamtenbegriff nicht stets identisch mit dem strafrechtlichen Beamtenbegriff. Es kann jemand im strafrechtlichen Sinne Beamter sein, ohne es im staatsrechtlichen Sinne zu sein. Desgleichen haben Begriffe wie „Sache“,

---

Art. 123, 143 (m. w. N., insbesondere zum Einigungsvertrag v. 31. 8. 1990).

76 Zum Folgenden s. Schreiber, Logik, S. 57 ff.; Ch. Perelman (Hg.), Les Antinomies en droit, 1965; Canaris, Systemdenken, S. 53 ff., 112 ff. Schreiber bemüht sich darzutun, dass die im folgenden behandelten Widersprüche teilweise keine logischen Widersprüche sind (S. 59 ff.). Ersteres glaube ich auch nicht behauptet zu haben. Aber sollte es nicht neben den logischen Widersprüchen noch Widersprüche anderer Art geben? Ist es z. B. ein logischer Widerspruch, wenn ein Verhalten als einer rechtlichen Norm „widersprechend“ bezeichnet wird? Die in Engisch, Einheit, S. 41 ff. herausgestellten Widersprüche bedeuten dem Zusammenhang nach nichts anderes als Störungen jener Einheit der Rechtsordnung, wie man wohl auch an einer in vielen Jahrhunderten gebauten Kirche miteinander streitende Stile als Störungen der architektonischen Einheitlichkeit empfinden mag. Dass insbesondere gesetzestechnische Widersprüche keine logischen Widersprüche sind, räume ich ohne weiteres ein. Dies ergibt sich auch deutlich aus Engisch, Einheit, S. 45 f., wo betont wird, dass wir derartige terminologische Widersprüche in Kauf nehmen müssen, um sachliche Disharmonien zu vermeiden. Dass ferner der Wechsel des Sinngehalts gleichnamiger Begriffe als der Einheit der Rechtsordnung abträglich und insofern als eine Art Widerspruch angesehen wird, geht z. B. hervor aus BGHSt 6, 41 (42 f.) und BGHZ 39, 333 (335 f.), wo es jeweils als im Sinne der Einheit der Rechtsordnung liegend erklärt wird, gewisse Begriffe in verschiedenen Vorschriften einheitlich zu interpretieren. Vgl. auch BVerfGE 33, 52 (66 ff.) und Hanack, S. 156 f.; s. ferner Canaris, Systemdenken, S. 120 Anm. 30.

„Besitz“, „Irrtum“, „Öffentlichkeit“, „Fahrlässigkeit“, „Einrede“ in verschiedenen Rechtssätzen jeweils eine verschiedene Bedeutung. Man spricht hier von einer „Relativität der Rechtsbegriffe“ (Literatur s. o. S. 140 Anm. 34). Die Rechtsordnung „verlangt eine individualisierende Variation der Begriffe unter Anpassung an den besonderen Sinn der einzelnen Rechtsbestimmungen“[77]. So wird z. B. der Begriff der „Fahrlässigkeit“ im Strafrecht anders, nämlich konkreter gedeutet als im Zivilrecht, weil die Bestrafung in höherem Maße eine Berücksichtigung aller konkreten Umstände bei Feststellung des Verschuldens erfordert als der Schadensausgleich. Daher kann sich ein Arzt im Strafprozess u. U. mit Erfolg auf mangelnde Fähigkeiten berufen und von der Anklage der fahrlässigen Körperverletzung freigesprochen werden und kann doch im Zivilprozess wegen fahrlässiger Körperverletzung zu Schadensersatz verurteilt werden, weil er die Erwartungen nicht erfüllt hat, die „man“ an ihn stellen durfte, weil er somit – wie sich § 276 BGB ausdrückt – „die im Verkehr erforderliche Sorgfalt“ außer Acht gelassen hat. Die Begriffe empfangen, wie wir schon im Kapitel „Auslegung und Verstehen“ gesehen haben, Inhalt und Umfang aus dem jeweiligen Zusammenhang, insbesondere aus dem normativen und teleologischen Zusammenhang. So muss die Eindeutigkeit des juristischen Sprachgebrauchs zurückstehen hinter der sachlichen Relativität. Aber diese „Relativierung des Dogmas von der Einheitlichkeit und Widerspruchslosigkeit der Rechtsordnung“[78] betrifft nicht eigentlich die Substanz des Rechts. Dagegen sind insoweit sehr bedeutsam:

2.) Die „Normwidersprüche“. Sie sind darin zu finden, dass ein Verhalten in abstracto oder in concreto zugleich als geboten und nicht geboten oder als verboten und nicht verboten oder gar als geboten und verboten erscheint. Wir heben als Beispiel nur den viel erörterten Fall heraus, dass eine Rechtsordnung zugleich gebietet, dem Befehl eines Vorgesetzten unbedingt

77 M. Grünhut, Methodische Grundlagen der heutigen Strafrechtswissenschaft, in: FS f. R. Frank (1930), Bd. I, S. 1 (19).

78 Grünhut, in: FS Frank (1930), Bd. I, S. 19.

Folge zu leisten, und verbietet, bestimmte strafbare Handlungen zu begehen (zu töten, der Freiheit zu berauben usw.). Wenn ein Vorgesetzter die Erschießung eines Kriegsgefangenen anordnet, so sieht sich der Untergebene u. U. eingeklemmt in die einander widersprechenden Normen, dem Befehl ohne Widerrede Folge zu leisten und die vorsätzliche Tötung eines Menschen zu unterlassen. Dass ein solcher Normwiderspruch nicht bestehen bleiben kann, ist klar[79].

Gehen wir gleich auf die Bereinigung solcher Widersprüche ein, so ergibt sich zunächst, dass sich viele Normwidersprüche als nur scheinbare darstellen. Dies lässt sich immer dann behaupten, wenn bereits eine richtige Auslegung der prima facie einander widersprechenden Normen in ihrem Zusammenhalt ergibt, dass die eine Norm der anderen vorgehen soll. Die Jurisprudenz hat hier im Laufe der Jahrhunderte eine Reihe von Regeln ausgebildet, die der Harmonisierung der Normen und somit der Vermeidung von Widersprüchen zwischen ihnen dienen. Im Hintergrund steht dabei als „Postulat" das Prinzip der Einheit und Widerspruchslosigkeit der Rechtsordnung. Derartige Regeln lauten etwa: Die speziellere Norm geht der allgemeineren vor („lex specialis derogat legi generali"), oder: Die höhere Norm geht der niederen vor („lex superior derogat legi inferiori"), oder: Die spätere Norm geht der früheren vor („lex posterior derogat legi priori"). Allerdings sind diese Regeln nicht logisch selbstverständlich. Ihre Begründung

79 So auch Schreiber, Logik, S. 60: „Würde ein solcher Widerspruch in der Rechtsordnung existieren, so müßte er das Rechtssystem zerstören". Nach Schreiber muss im Falle normativer Widersprüche „eine Regelung angegeben werden, die festlegt, welche Norm im Konfliktfall der anderen vorgeht" (S. 60), wie man sie z.B. für das im Text gegebene Beispiel in § 11 Soldatengesetz und § 5 Wehrstrafgesetz finden kann. Fehlt eine solche Regelung und gibt es überhaupt keine rechtliche Lösung des Problems, welche der einander widersprechenden Normen im Konfliktfall vorzugehen hat, so dass es reine Willkür wäre, einer von ihnen den Vorrang einzuräumen, so führt das Willkürverbot zur Annahme der Ungültigkeit beider miteinander streitenden Normen; es entsteht eine „Kollisionslücke" (s. Canaris, Systemdenken, S. 124). Zu den Normwidersprüchen vgl. auch Kelsen, Rechtslehre, S. 209ff.; Weinberger, S. 235ff.; Larenz, Methodenlehre, S. 266ff., 313.

dürfte sogar mitunter theoretisch auf Schwierigkeiten stoßen[80]. Das ist leicht erkennbar bei der letzten Regel, denn es hat Zeiten gegeben, die dem alten Recht den Vorrang vor dem späteren Recht einräumten, weil das alte Recht das gute Recht war[81]. Lassen wir aber die theoretische Rechtfertigung der Regeln auf sich beruhen. Es bleibt dann noch das Problem des inneren Verhältnisses der Regeln zueinander offen. Geht z. B. auch die rangniedere spätere Norm der ranghöheren früheren Norm vor? Gilt hier die Regel von der lex superior oder die Regel von der lex posterior? Wir können die Frage hier nur stellen, sie aber nicht behandeln[82]. Die Lehre von der „Konkurrenz" verschiedener gesetzlicher Bestimmungen unter Auflösung scheinbarer Widersprüche innerhalb der Rechtsordnung bildet einen integrierenden Bestandteil der juristischen Dogmatik. In diesen Zusammenhang gehört z. T. auch das von Bachof aufgeworfene Problem „verfassungswidriger Verfassungsnormen", nämlich insoweit, als man innerhalb des Gesamtkomplexes der Verfassungsrechtssätze Normen von verschiedener Stärke wahrnehmen zu können glaubt und dann die Regeln von der Superiorität und der Spezialität anwendbar macht[83]. Allgemein müssen wir abschließend betonen, dass der Fall eines unauflösbaren Normwiderspruchs zwar selten sein dürfte, aber doch

---

80 Dazu Engisch, Einheit, S. 47 ff. Vgl. auch Rödig, S. 211 ff.; Bydlinski, S. 573 f.; Larenz, Methodenlehre, S. 266 ff.; Schilling, S. 417 ff.; Heckmann, S. 157 ff.; Zippelius, Methodenlehre, S. 37 ff.

81 Vgl. F. Kern, Recht und Verfassung im Mittelalter, 2. Aufl. 1958, S. 15 ff.; H. Coing, Grundformen des Rechts, Universitas 15 (1960), 249 (251 f.); Rehbinder, Rechtswissenschaft, S. 21 ff.; kritisch K. Kroeschell/A. Cordes/K. Nehlsen-v. Stryk, Deutsche Rechtsgeschichte, Bd. 2, 9. Aufl. 2008, S. 274 ff. m. w. N. Bis zu einem gewissen Grade gilt die Hochschätzung des alten Rechts noch heute in England; s. dazu C. M. Schmitthoff, Systemdenken und Fallrecht in der Entwicklung des englischen Privatrechts, JZ 1967, 1 (3 f.).

82 Dazu Engisch, Einheit, S. 28 f., 47 ff.; Bydlinski, S. 572 f.; Schilling, S. 399 ff.; Zippelius, Methodenlehre, S. 40 f.; Röhl/Röhl, S. 585 f.

83 Vgl. genauer O. Bachof, Verfassungswidrige Verfassungsnormen?, 1951; P. Großkreutz, Normwidersprüche im Verfassungsrecht, 1966; Zippelius, Methodenlehre, S. 40 (mit Verweis auf Art. 79 Abs. 3 GG); vgl. auch ders./Würtenberger, § 12 Rn. 26 ff.

nicht ganz von der Hand zu weisen ist. Gelingt es nicht, von mehreren einander widersprechenden Normen die eine als die „stärkere“[84], als die allein gültige und maßgebliche zu erweisen, so heben sich nach herrschender und auch im Allgemeinen richtiger Ansicht die einander widersprechenden Normen gegenseitig auf, und es entsteht eine so genannte „Kollisionslücke“, die nach den allgemeinen Grundsätzen der Lückenausfüllung zu schließen ist[85]. Wir sehen, wie sich an dieser Stelle die Postulate der Widerspruchslosigkeit und der Geschlossenheit der Rechtsordnung begegnen.

3.) „Wertungswidersprüche“. So nenne ich solche Widersprüche innerhalb der Rechtsordnung, bei denen der Gesetzgeber, ohne geradezu in Normwidersprüche zu verfallen, einer von ihm selbst vollzogenen Wertung nicht treu bleibt. Nehmen wir gleich wieder Beispiele. Unser Strafgesetzbuch beurteilt die vorsätzliche Tötung eines Menschen naturgemäß schwerer als die vorsätzliche Lebensgefährdung durch Aussetzung. Im Widerspruch dazu konnte es aber aufgrund der bis zum 6. StrRG von 1998 geltenden Bestimmungen im Verhältnis zwischen einer Mutter und ihrem unehelichen Kind dahin kommen, dass die „Kindestötung“, also die vorsätzliche Tötung des Kindes „in oder gleich nach der Geburt“ (§ 217 StGB a. F.), milder bestraft wurde als die ohne Tötungswillen geschehende Aussetzung unmittelbar nach der Geburt, sofern das Kind durch diese Aussetzung (ungewollt) den Tod fand. Zwar war in beiden Fällen die Grundstrafdrohung die gleiche: Freiheitsstrafe nicht unter drei Jahren (§ 217 Abs. 1 StGB a. F., § 221 Abs. 3 StGB). Aber bei der Kindestötung konnte im Unterschied zu der Aussetzung mit Todesfolge ein „minder schwerer Fall“ angenommen werden, was eine Herabminderung der Strafe bis auf sechs Monate Freiheitsstrafe zur Folge haben konnte (§ 217 Abs. 2 StGB a. F.). Dass hier ein „Widerspruch“ vorlag, hat auch das Reichsgericht (RGSt 68, 410)

84 Vgl. auch Kant, Metaphysik der Sitten, S. 330 (AB 23 f.).

85 Zu den Kollisionslücken s. Kallfass, S. 55 ff.; Canaris, Lücken, S. 65 ff.; ders., Systemdenken, S. 121 ff.

anerkannt[86]. Als einen Wertungswiderspruch wird man es ferner ansehen dürfen, dass bis zum 6. StrRG bei den (vom Standpunkte des Gesetzgebers selbst) schwerer wiegenden Delikten der Körperverletzung und der Freiheitsberaubung (s. die Strafdrohungen der §§ 223, 239 StGB a. F.) der Versuch

86 Dazu Schreiber, Logik, S. 60: „Ein Widerspruch im Sinne der Logik liegt hier nicht vor" (das behaupte ich auch nicht). „Auch die Vorstellung, dass hier im Wertungssystem der Rechtsordnung ein Widerspruch sei, geht fehl. Denn das Wertesystem wird erst durch die Rechtsordnung bestimmt. Es gibt kein Wertesystem außerhalb der Rechtsordnung, dem diese unterworfen ist. Wenn Engisch meint, unser Strafgesetzbuch beurteile die vorsätzliche Tötung eines Menschen schwerer als die vorsätzliche Lebensgefährdung durch Aussetzung, so irrt er. Denn gerade die Ausnahme, die er als Widerspruch feststellt, zeigt, dass seine Behauptung nicht ausschließlich gilt. Eine gesetzliche Regelung, die unbefriedigend ist, ist deshalb nicht widerspruchsvoll". Dazu habe ich zu replizieren:1. dass es kein Wertesystem außerhalb der Rechtsordnung gebe, dem diese unterworfen sei, kann man als eine ausgesprochen positivistische These anfechten, will ich aber jetzt einmal unterstellen; 2. dass das Strafgesetzbuch die vorsätzliche Tötung eines Menschen schwerer als die in § 221 StGB unter Strafe gestellte Lebensgefährdung durch Aussetzung beurteilt, ergibt ein Vergleich der Strafdrohungen in §§ 211, 212, 217 StGB a. F. mit denen in § 221 StGB, wobei freilich die Auslegung zugrunde gelegt ist, dass es sich bei der Bestrafung der Aussetzung um die Bestrafung einer Lebensgefährdung handelt, was durchaus herrschende Ansicht ist (s. z. B. RGSt 68, 407 (409 f.); Schönke/Schröder-Eser, § 221 Rn. 1); 3. § 221 Abs. 3 StGB als eine „Ausnahme" von § 217 StGB a. F. zu sehen, würde ich anerkennen, wenn der Gesetzgeber die strengere Strafdrohung in § 221 Abs. 3 mit Bedacht gewählt und den Ausschluss minder schwerer Fälle im Gegensatz zu § 217 Abs. 2 StGB a. F. mit Bedacht gewollt hätte; dies hat er aber nicht getan, und daraus ergab sich – nach alter Rechtslage bis 1998 – eine Divergenz zwischen Bewertung und Bestrafung, die nicht nur von Außenstehenden als unbefriedigend empfunden wurde, sondern auch im Lichte des immanenten (!) „Wertesystems" des Strafgesetzbuchs bestand. So wird man mit dem Reichsgericht einen (Wertungs-) „Widerspruch" annehmen dürfen.
Der Gesetzgeber hat diesen Wertungswiderspruch inzwischen mit dem 6. StrRG von 1998 durch das Berücksichtigen minder schwerer Fälle in § 221 Abs. 4 StGB korrigiert. Nunmehr entsprechen sich die Strafrah-

nicht strafbar war, während bei der leichter wiegenden Sachbeschädigung (§ 303 StGB) der Versuch strafbar ist[87].

Für diese Beispielsfälle[88] dürfen wir sagen, dass der Gesetzgeber hier mit seinen eigenen Wertungen in Konflikt kommt, dass also der Wertungswiderspruch ein immanenter ist. Davon unterscheiden wir sorgfältig den Fall, dass die Wertungen des Gesetzgebers mit unseren eigenen, gleichsam von außen an das Gesetz herangetragenen, Wertungen nicht harmonieren, dass wir etwa die Strafdrohungen gegen Ehrverletzungen als unangemessen niedrig empfinden, verglichen mit den Strafdrohungen gegen Eigentums- und Vermögensverletzungen. Wir haben es an dieser Stelle, wie eingangs bereits bemerkt, nur mit den immanenten Wertungswidersprüchen zu tun.

Welche Anforderungen stellen diese an die Kunst der Rechtsanwendung? Im Unterschied zu den echten Normwidersprüchen, die unmöglich bestehen bleiben können, müssen die Wertungswidersprüche im Allgemeinen hingenommen werden. So hat das Reichsgericht in der zitierten Entscheidung (RGSt 68, 410) erklärt: „Dieser Widerspruch, der auf dem Gesetz beruht, kann nicht durch die Rechtsprechung beseitigt werden"[89]. Ebensowenig kann der Widerspruch bei der Behandlung des Versuchs der Körperverletzung und der Sachbeschädigung durch den Richter ausgeräumt werden[90]. Immerhin sollte jeder immanente Wertungswider-

---

men des § 213 (in dem der § 217 StGB a. F. aufgeht; vgl. Lackner/Kühl, § 213 Rn. 9) und des § 221 Abs. 4 StGB (in der oben genannten Konstellation des Kindestodes: ein bis zehn Jahre Freiheitsstrafe).

87 Seit dem 26. 1. 1998 ist dieser Wertungswiderspruch beseitigt; vgl. die jeweils in Abs. 2 hinzugefügte Strafbarkeit des Versuchs in §§ 223, 239 StGB n. F. S. dazu Schönke/Schröder-Eser, § 223 Rn. 66.

88 Ein instruktives zivilistisches Beispiel bringt Larenz, Methodenlehre, S. 335 f.

89 Dagegen vertritt Canaris (Systemdenken, S. 118) die in der Tat akzeptable Ansicht, dass der nach der alten Rechtslage gegebene Wertungswiderspruch zwischen § 217 und § 221 StGB a. F. (durch ein argumentum a fortiori) beseitigt werden kann. Ebenso Schönke/Schröder-Eser, 25. Aufl. 1997, § 221 Rn. 13.

90 Insoweit zustimmend auch Canaris, Systemdenken, S. 120, der überhaupt einräumt, dass es Grenzen für die Beseitigung von Wertungswidersprü-

spruch ein Stachel sein, sorgfältig zu prüfen, ob nicht durch die Kunst der Auslegung der Widerspruch behoben werden kann[91].

4.) Teleologische Widersprüche". Sie sind seltener. Sie treten auf, wenn die Mittel-Zweckbeziehung zwischen den Normen dort nicht stimmt, wo sie zum Zuge kommen sollte. Der Gesetzgeber strebt etwa mit bestimmten Normen einen bestimmten Zweck an, versagt aber durch andere Normen diejenigen Maßnahmen, die allein als Mittel zur Erreichung jener Zwecke in Betracht kommen. Vielleicht kann man hierher auch den Fall rechnen, dass der Gesetzgeber gewisse Maßnahmen vorsieht, dann aber die zur Durchführung nötigen weiteren Normen zu erlassen verabsäumt. Ein Beispiel der letzteren Art bot der frühere § 28b StGB (a. F.), der der Vollstreckungsbehörde die Möglichkeit einräumte, dem Verurteilten die Tilgung einer Geldstrafe durch freie Arbeit zu gestatten, der dann aber die in Abs. 2 vorgesehene Ergänzung durch „nähere Regelung" nie gefunden hat. Man kann hier allerdings statt von einem Widerspruch auch von einer unausfüllbaren Rechtslücke sprechen. Jedoch liegt im Gesamtverhalten des Gesetzgebers ein gewisser teleologischer Widerspruch vor. Teleologische Widersprüche können sich u. U. zu Normwidersprüchen steigern und sind dann wie solche zu behandeln. In anderen Fällen aber werden sie gleich den Wertungswidersprüchen hingenommen werden müssen. In unserem Beispiel des § 28b StGB a. F. besteht Einigkeit, dass diese Bestimmung keine Wirksamkeit hatte, solange die „nähere Regelung" fehlte.

---

chen gibt (S. 119ff., 126ff.). Er widerspricht jedoch (S. 116) meiner Meinung, dass Wertungs- (und Prinzipien-) Widersprüche „im Allgemeinen hingenommen werden müssen". Denn da es sich hier um Verletzungen des Gleichheitsgrundsatzes handele, müsse der Jurist zu ihrer Behebung „sein gesamtes methodologisches Arsenal einsetzen" (S. 116; vgl. auch S. 125ff.). Vgl. ferner Ch. Degenhart, Systemgerechtigkeit und Selbstbindung des Gesetzgebers als Verfassungspostulat, 1976.

91 Zur Ausräumung von Wertungswidersprüchen durch Auslegung vgl. auch Canaris, Systemdenken, S. 116ff.; Larenz, Methodenlehre, S. 335f.

5.) „Prinzipienwidersprüche"[92]. Sie sind häufig und bis zu einem gewissen Grade unvermeidbar. Ich verstehe unter Prinzipienwidersprüchen Disharmonien, die in einer Rechtsordnung dadurch zutage treten, dass an ihrer Ausgestaltung verschiedene Grundgedanken beteiligt sind, die miteinander in Konflikt geraten können.

Nehmen wir wieder ein einfaches Beispiel aus dem Strafrecht. Einerseits herrscht heute das Bestreben, den Schuldgrundsatz möglichst rein zur Geltung zu bringen, also das Ob und das Wie der Bestrafung auszurichten am verbrecherischen Willen bzw. der verwerflichen Sorglosigkeit. Andererseits kann sich aber unser Strafrecht noch nicht ganz losmachen von dem altherkömmlichen Gedanken, dass der äußere Erfolg der Straftat für die Bestrafung eine Rolle spielen muss. So kommt es dahin, dass in Verletzung des Schuldgrundsatzes gleiche Schuld um des ungleichen Erfolges willen strafrechtlich verschieden behandelt wird: Der Versuch einer Straftat darf milder bestraft werden als das vollendete Delikt (§ 23 Abs. 2 StGB), und gottsträflicher Leichtsinn bleibt häufig straflos, weil es „noch einmal gut gegangen ist", also niemand verletzt wurde.

---

92 Vgl. auch Keller, S. 123 ff.; Esser, Grundsatz, S. 80 f., 158 f.; Rehbinder, Rechtswissenschaft, S. 178 ff.; R. Alexy, Theorie der Grundrechte, 4. Aufl. 2001, S. 77 ff. Canaris (Systemdenken, S. 115 f.) möchte zwischen die Einheit der Rechtsordnung störenden echten Prinzipienwidersprüchen und innerhalb jener Einheit durch einen „Kompromiß" ausgeglichenen „Prinzipiengegensätzen" unterschieden wissen. Als Beispiel für einen Prinzipiengegensatz führt er die unserem Erbrecht eigene Spannung zwischen dem Prinzip der Testierfreiheit und dem des Familienschutzes an, dass nämlich nahe Angehörige nicht völlig von der Erbschaft ausgeschlossen werden sollen; diese Spannung findet ihren Ausgleich im Pflichtteilsrecht (S. 53). Anscheinend spielt für diese Unterscheidung eine Rolle, dass der Gesetzgeber selbst den Widerstreit der Prinzipien ins Auge gefasst und zu beheben versucht hat, während bei echten Widersprüchen die Antinomie hart entgegentritt und der Jurist sehen muss, wie er mit ihr fertig wird, also vor der Aufgabe steht, sie nach besten Kräften auszuräumen. Ob nun im einzelnen Falle ein „Gegensatz" oder ein „Widerspruch" vorliegt, wird sich nicht immer leicht entscheiden lassen. Im Übrigen wird die Verschiedenartigkeit von „Prinzipienwidersprüchen" auch in unserem Text anerkannt.

Handelt es sich hier um einen Widerspruch, der uns einigermaßen erträglich erscheint, gewissermaßen um einen begreiflichen Kompromiss zwischen verschiedenen Grundgedanken[93], so haben schon lästigeres Gewicht diejenigen Prinzipienwidersprüche, die sich daraus ergeben, dass die Gesamtrechtsordnung meist aus verschiedenen Schichten besteht, die sich in der historischen Entwicklung des Rechts übereinandergelagert haben und in denen jeweils andere Grundsätze Niederschlag gefunden haben. Der Geist der Gesetzgebung unterliegt bald allmählichen, bald revolutionär-abrupten Wandlungen. Aber das vom alten Geist getragene Gesetz bleibt oft genug neben dem neuen in Kraft. Auf diese Weise haben im deutschen Recht der dreißiger und vierziger Jahre die Prinzipien des liberalen Rechtsstaates und des totalen Führerstaates nicht nur einander abgelöst, sondern auch miteinander gestritten. Im Wirtschaftsrecht ist das Recht der freien Marktordnung nur allmählich in Auseinandersetzung mit der staatlich-rechtlich gelenkten Wirtschaft wieder vorgedrungen. Immer noch finden wir heute gelegentlich Vorschriften aus der Vergangenheit, die uns unter der Herrschaft des Grundgesetzes als prinzipwidrig, als „Fremdkörper“ erscheinen. So entstehen Widersprüche von der Art, wie wir sie oben schon als „sekundäre Widersprüche“ kennengelernt haben.

Steigen wir noch eine Stufe höher, so dürfen wir sagen: Allenthalben machen sich in der Rechtsordnung Reibungen bemerkbar zwischen den allerhöchsten Grundsätzen jeden Rechts, nämlich den Grundsätzen der Gerechtigkeit, der Zweckmäßigkeit und der Rechtssicherheit[94]. Keiner dieser Grundsätze kann rein durchgeführt werden, einer von ihnen muss unter Umständen einem der anderen ganz oder teilweise geopfert werden. So fordert z. B. die Gerechtigkeit weitgehende „Konkretisierung“, d. h. Rücksichtnahme auf die

93 Dazu Entwurf des Allgemeinen Teils eines Strafgesetzbuchs, 1958, Begründung, S. 4f. Vgl. auch StGB-Entwurf von 1962, Begründung, S. 96f., 142; Arthur Kaufmann, Das Schuldprinzip, 2. Aufl. 1976, S. 212ff.

94 Dazu G. Radbruch, Vorschule der Rechtsphilosophie, 3. Aufl. 1965, S. 24ff. (32f.).

individuellen Verhältnisse der Person und der Situation. Die Rechtssicherheit dagegen fordert weitgehende Abstraktion von diesen Verhältnissen, so namentlich feste Altersgrenzen, bestimmte Fristen, genaue Tarife. Es mag „ungerecht“ erscheinen, dass derjenige, der an einer frühreifen Dreizehnjährigen sexuelle Handlungen vornimmt, schwer bestraft wird, während derjenige, der das Gleiche an einer noch unentwickelten Vierzehnjährigen tut, straflos ausgeht (§ 176 StGB). Aber die Rechtssicherheit lässt den Gesetzgeber hier eine feste Altersgrenze ziehen. „Wer … Normen sät, kann keine Gerechtigkeit ernten“[95].

In dem „entscheidenden Widerstreit“ zwischen Gerechtigkeit und Rechtssicherheit (Radbruch) steckt aber nicht nur der Widerstreit zwischen Gerechtigkeit und Rechtsklarheit, sondern auch der Widerstreit zwischen Gerechtigkeit und Geltungsanspruch des positiven Rechts. „Die Rechtssicherheit fordert … die Anwendung des positiven Rechts, selbst wenn es unrichtig ist“, die Gerechtigkeit fordert unter Umständen Abgehen vom positiven Recht: „Wo die Ungerechtigkeit positiven Rechtes ein solches Maß erreicht, dass die durch das positive Recht verbürgte Rechtssicherheit gegenüber dieser Ungerechtigkeit überhaupt nicht mehr ins Gewicht fällt: in einem solchen Fall hat das ungerechte positive Recht der Gerechtigkeit zu weichen“[96]. In diesen Formulierungen steckt nun aber ein Fragenkomplex, der über das Problem der möglichen Widersprüche hinausgreift. Er betrifft das Verhältnis des positiven Rechts zum überpositiven Recht, die Möglichkeit der Korrektur des Ersteren durch das Letztere. Die Gerechtigkeit – und Entsprechendes dürfte auch für die Zweckmäßigkeit gelten – ist nicht nur ein immanentes, sondern auch ein transzendentes Prinzip des Rechts. Das will sagen: Wir verstehen das Recht nicht allein als Ausdruck des wirklich vorhandenen Strebens des Gesetzgebers nach Gerechtigkeit, um dann zu fragen, ob der Gesetzgeber selbst

95 M. E. Mayer, Rechtsphilosophie, 1922, S. 82. Zur Problematik der individualisierenden Gerechtigkeit s. Engisch, Idee, S. 199 ff.; Henkel, Recht.
96 So Radbruch, Vorschule, S. 32 f.

dieses Prinzip teilweise um anderer Prinzipien willen verleugnet hat, sondern die Gerechtigkeit ist auch die „Rechtsidee", an der wir immer wieder messen, ob das positive Recht geltungswürdig ist.

Bevor wir in diesen neuen Problemkreis der Korrektur des positiven Rechts durch das überpositive eintreten, müssen wir zuvor noch für die immanenten Prinzipienwidersprüche fragen, welche Bedeutung sie haben sollen. Wie sollen wir es halten, wenn sich Rechtsnormen und Rechtseinrichtungen als innerlich widersprüchlich darstellen, weil sie den Konflikt heterogener Rechtsprinzipien in sich bergen? Eine eindeutige Antwort ist auf diese Frage nicht möglich. Z. T. stellen sich die Prinzipienwidersprüche nur als Wertungswidersprüche auf höherer Ebene dar, die ebenso ertragen werden müssen wie andere Wertungswidersprüche[97]. So steht es z.B. mit dem Konflikt zwischen Schuldstrafrecht und Erfolgsstrafrecht. Andere Widersprüche aber sind von der Art, dass man bestrebt sein muss, sie zu beseitigen[98]. Dies gilt namentlich für Prinzipienwidersprüche zwischen altem und neuem Recht nach Revolutionen. In den ersten Jahren nach der Machtübernahme durch die Nationalsozialisten ist das Problem rege diskutiert worden, wie weit das mit den neuen Prinzipien grundsätzlich in Widerspruch stehende Recht des Weimarer Staates noch in Kraft sei. Man hat dabei eigentümliche methodologische Forderungen erhoben, um das bisherige Recht beiseite zu drängen[99]. Nach dem Zusammenbruch von 1945 konnte die analoge Fragestellung – freilich mit umgekehrten Vorzeichen –

---

97 Canaris (Systemdenken, S. 116ff.) sieht allgemein die Prinzipienwidersprüche, die ich besonders herausgehoben habe, als Unterart der Wertungswidersprüche an, wogegen ich nichts einzuwenden habe. Demgemäß behandelt er die Möglichkeiten der Vermeidung und Beseitigung der Wertungs- und Prinzipienwidersprüche einheitlich. Dabei ist er weniger zurückhaltend im Bestreben nach Ausräumen, als ich es (bisher) gewesen bin.

98 Gutes Beispiel bei W. Stimpel, Richterliche Rechtsfortbildung im Personengesellschaftsrecht, in: R. Pehle/W. Stimpel, Richterliche Rechtsfortbildung, 1969, S. 15 (22ff.).

99 Darüber Engisch, Einheit, S. 84ff.; Fraenkel, Universitas 15 (1960), 1205f.

nicht ausbleiben, ob nicht zahlreiche dem erneuerten rechtsstaatlichen und humanitären Rechtsdenken anstößige Rechtssätze des „Dritten Reiches“ auch ohne besondere Aufhebung außer Kraft getreten seien. Dieser Frage ist z.B. Wengler mit rechtsvergleichender Methodik gründlich nachgegangen[100]. Er hat gezeigt, wie ganz allgemein die Rechtsordnungen immer wieder genötigt sind, fremden oder fremdgewordenen Rechtsstoff zu verarbeiten, umzugestalten und teilweise auch ohne besondere Ermächtigung auszuscheiden. Es gilt dies nicht nur im Verhältnis zwischen altem und neuem Recht, sondern auch in „interregionalem Zusammenhang“, wenn „eine Rechtsordnung, die zunächst in einem bestimmten Land als örtliches Recht gilt, in Bausch und Bogen auf ein anderes Gebiet als anwendbar erklärt wird“ (S. 68), wie es z.B. im Verhältnis zwischen den europäischen Mutterländern und den Kolonien oder zwischen England und den Vereinigten Staaten von Amerika oder zwischen Deutschland und den ihm unter dem Nationalsozialismus angegliederten Gebieten der Fall war. Beschränken wir uns jedoch hier auf das Verhältnis des alten zum neuen Recht im Hinblick auf unsere „Prinzipienwidersprüche“, so hat Wengler gezeigt, wie überall in der Welt der Grundsatz gilt, dass Änderungen der tatsächlichen Verhältnisse, der politischen, kulturellen und sittlichen Anschauungen und vor allem auch der übrigen Gesetzgebung, „von welcher der zur Debatte stehende Rechtssatz gleichsam umgeben ist“ (S. 70), ohne Eingreifen einer besonderen lex posterior zur Ausmerzung prinzipwidrigen, d.h. den neuen Grundsätzen

100 Wengler, JR 1949, 67. S. auch z.B. Sax, S. 86f. Anm. 1. Da wir hier auf die besonderen methodologischen Probleme der Rechtsvergleichung nicht eingehen können, sei die Abhandlung Wenglers als Beleg für die Art und Weise genannt, wie Rechtsvergleichung auch dogmatisch fruchtbar werden kann. Zum letzteren Aspekt vgl. auch Binder, S. 935ff.; H.-H. Jescheck, Entwicklung, Aufgaben und Methodik der Strafrechtsvergleichung, 1955; W. Fikentscher, Methoden des Rechts in vergleichender Darstellung, Bd. I–IV, 1975–1977; Esser, Grundsatz, S. 28ff., 346ff.; K. Zweigert/H. Kötz, Einführung in die Rechtsvergleichung auf dem Gebiete des Privatrechts, 3. Aufl. 1996; Wolff/Bachof/Kluth, § 28 Rn. 41 („komparative Interpretation“).

widersprechenden Rechts führen. Der „Geist der neuen Gesetzgebung" (S. 70) wird gegen das alte, formell noch in Kraft befindliche Recht beschworen. Demgemäß ist es auch geboten, seit 1945 „die Schranken der Anwendung nationalsozialistischer Gesetze als Auswirkung einer Generalklausel zu betrachten, die fast allen zivilisierten Rechtsordnungen eigentümlich ist, und die den Richter zur Anpassung des ihm gegebenen Rechts an räumlich oder zeitlich veränderte Verhältnisse ermächtigt" (S. 71). Einzelheiten müssen wir wieder auf sich beruhen lassen. Wengler hält 1949 für brauchbar eine Formel von der Art, dass „gewisse rechtspolitische Grundgedanken, von denen sich der heutige Gesetzgeber vermutlich unbedingt leiten lassen würde, wenn er die Frage zu regeln hätte, den Maßstab zur Bewertung der nationalsozialistischen Gesetzgebung abgeben" (S. 73). „Was mit diesen Grundgedanken nicht zu vereinbaren ist, verfällt der Nichtanwendung" (S. 74)[101]. Eine weniger weitgehende Gestalt der Anpassung des alten Rechts an die neue Gesamtrechtslage wäre die oben schon berührte „verfassungskonforme Auslegung", soweit diese sich auf „vorkonstitutionelles Recht" bezieht und dieses nicht nur im engeren Sinne „auslegt", sondern auch „fortbildet" mit dem Ziel, es inhaltlich mit den Grundsätzen der jetzt geltenden Verfassung und der im Einklang mit ihr interpretierten Gesetze in Übereinstimmung zu bringen[102].

101 Dazu Entscheidungsmaterial bei Wengler, JR 1949, 74 Anm. 54ff.

102 S.J. Schmidt-Salzer, Vorkonstitutionelle Gesetze, verfassungskonforme Auslegung und ungeschriebene unbestimmte Rechtsbegriffe, DÖV 1969, 97 (mit guten Beispielen), und BGHSt 13, 102 (117), mit der wichtigen Passage: „Die Auslegung hat … darauf bedacht zu sein, dass sich die Gesamtheit der gesetzlichen Bestimmungen tunlichst zu einem widerspruchslosen Ganzen zusammenfügt. Ergibt sich, dass eine früher erlassene Vorschrift mit dem Sinn, den ihre Urheber mit ihr verbunden wissen wollten, mit einer späteren Bestimmung von höherem Rang nicht in Einklang zu bringen ist, erlaubt aber der Wortlaut der früheren Vorschrift, ihr einen Sinn zu geben, der der späteren höherrangigen Norm nicht widerstreitet, ist es zulässig, sie in diesem Sinne auszulegen". Zumindest vom Standpunkt der subjektiven Auslegungstheorie ist hier mehr als Auslegung im Spiel, nämlich rechtsfortbildende Anpas-

Die Tragweite noch einer Art von Prinzipienwidersprüchen sei wenigstens ins Blickfeld gerückt. Wir erwähnten schon kurz das Problem der „verfassungswidrigen Verfassungsnormen". Es ist ein vielgesichtiges Problem. Die innere Widersprüchlichkeit von Verfassungsrecht, mit der schon die Formulierung des Problems rechnet, kann jedenfalls auch eine Widersprüchlichkeit in den Prinzipien sein. Es können Verfassungsrechtssätze, die Ausfluß von Grundgedanken sind, nicht nur mit geschriebenen Rechtssätzen derselben Verfassung in Konflikt geraten (in welchem Falle wohl meist die Regeln von der lex superior und der lex specialis Abhilfe schaffen werden), sondern auch mit allgemeinen eventuell ungeschriebenen Prinzipien dieser Verfassung. Das Bundesverfassungsgericht hatte in seiner bedeutsamen Entscheidung vom 18. 12. 1953[103] die Frage zu prüfen, ob Art. 117 Abs. 1 GG verträglich sei mit den Grundsätzen der Rechtssicherheit und der Gewaltenteilung. Art. 117 Abs. 1 hat bestimmt, dass das dem Prinzip der Gleichberechtigung von Männern und Frauen (Art. 3 Abs. 2 GG) entgegenstehende Recht nicht länger als bis zum 31. 3. 1953 in Kraft bleibe. Soweit dann der Gesetzgeber die von dem Gleichberechtigungsgrundsatz betroffenen Rechtsmaterien (namentlich das bürgerliche Familienrecht) noch nicht gesetzlich geregelt hatte, was bis zum Gleichberechtigungsgesetz 1957 nicht der Fall war, zwang Art. 117 den Richter, die entstandenen „Lücken" auszufüllen. Eben dies aber schien dem Oberlandesgericht Frankfurt am Main, das dem Bundesverfassungsgericht das Problem zur Entscheidung unterbreitete, in Widerspruch zu stehen mit den Grundsätzen der Rechtssicherheit und der Gewaltenteilung. Diese letzteren Grundsätze sind nun in der Tat, wie das Bundesverfassungsgericht anerkennt, Prinzipien, die zu den „im Grundgesetz getroffenen Grundentscheidungen" gehören; speziell der Grundsatz der Gewaltenteilung ist ein „tragendes Organisa-

sung des älteren Rechts an die neue Gesamtrechtsordnung (die gegenwärtige Verfassung).

103 BVerfGE 3, 225. S. auch BGH-Gutachten, JZ 1954, 152.

tionsprinzip des Grundgesetzes“[104]. Wäre die Ausfüllung der durch Art. 117 GG aufgerissenen Lücken durch den Richter (statt durch den säumigen Gesetzgeber) mit der Rechtssicherheit und der Gewaltenteilung in einem schlechthin nicht mehr erträglichen Maße in Konflikt geraten, so hätte jener Artikel als verfassungswidrig angesehen werden müssen. Damit war die Möglichkeit eingeräumt, dass zwar nicht der Gleichberechtigungsgrundsatz als solcher, aber doch seine praktische Durchführung in einen Widerstreit mit Verfassungsprinzipien geraten konnte, der zur Unwirksamkeit von formell gültigem Verfassungsrecht (Art. 117 Abs. 1 GG) führen musste. So war die mögliche Unwirksamkeit von Recht wegen Verstoßes gegen oberste Grundsätze derselben Rechtsordnung zur Diskussion gestellt. Mehr interessiert uns jetzt nicht. Dass das Bundesverfassungsgericht die konkrete Frage der Unwirksamkeit des Art. 117 GG dahin entschieden hat, die Grundsätze der Rechtssicherheit und der Gewaltenteilung seien nicht in dem Maße verletzt, dass man Art. 117 als unwirksam zu betrachten hätte, ist von sekundärer Bedeutung. Wir wollen auch auf sich beruhen lassen die grundsätzliche Kritik, die die Entscheidung mit ihrer Anerkennung der möglichen Nichtigkeit verfassungswidriger Verfassungsnormen erfahren hat[105]. Es genügt uns, die denkbaren Konsequenzen von Prinzipienwidersprüchen vor Augen gestellt zu haben.

III.

Bei der Erörterung der einzelnen Fallgruppen verfassungswidriger Verfassungsnormen hat Bachof u. a. unterschieden zwischen Verstößen gegen solche Verfassungsprinzipien, die rein positiven Charakter haben (wie doch wohl der Grundsatz der Gewaltenteilung oder die in Art. 19 Abs. 4 GG ausgesprochene „Rechtsweggarantie“), und solchen Verfassungsprinzi-

---

104 BVerfGE 3, 225 (237, 247). Vgl. auch BGH-Gutachten, JZ 1954, 152. Auf das Gewaltenteilungsprinzip als Grenze der richterlichen Kompetenz weist z. B. auch nachdrücklich hin: Hirsch, JR 1966, 339.

105 W. Apelt, Verfassung und richterliches Prüfungsrecht, JZ 1954, 401; H. Nawiasky, Positives und überpositives Recht, JZ 1954, 717.

pien, die an sich dem „übergesetzlichen“ Recht, einer Art von „Naturrecht“ angehören (wie etwa der Grundsatz der Gleichheit der Menschen vor dem Gesetz). Mit Bezug auf „übergesetzliches Recht“ kann an sich wieder unterschieden werden, ob es etwa in der Verfassungsurkunde „positiviert“ ist (wie der eben erwähnte Gleichheitsgrundsatz in Art. 3 GG) oder ob dies nicht der Fall ist (was man z. Z. für den möglicherweise naturrechtlichen Grundsatz „keine Strafe ohne Schuld“ sagen kann)[106]. Es ist dann wieder eine Frage von sekundärer Bedeutung, ob man nicht-“positiviertes“ übergesetzliches Recht wenigstens zur „ungeschriebenen Verfassung“ rechnen kann[107]. Denn auf jeden Fall stehen wir vor einem neuen Problem, das auch über das Problem „verfassungswidrige Verfassungsnormen“ hinausgreift, wenn nämlich dem Rechtsanwender, insbesondere dem Richter, die Befugnis zugesprochen wird, irgendeine Satzung für ungültig zu erklären oder sonstwie zu korrigieren, falls sie mit dem übergesetzlichen Recht in Widerspruch steht. Bisher behandelten wir den Widerstreit des positiven Rechts mit sich selbst. Die Widersprüche, die wir unter II. ins Auge gefasst haben, waren immanente Widersprüche der Rechtsordnung. Nur gelegentlich stießen wir bereits auf Widersprüche, die wir nun als transzendentale bezeichnen müssen: Widersprüche des positiv gegebenen Rechts zu Grundsätzen, die zwar Richtlinien und Maßstäbe für die Gestaltung und Beurteilung des positiven Rechts sein mögen, aber an sich dem positiven Recht transzendent sind, oberste Grundsätze der Gerechtigkeit, des Gemeinwohls, der Staatsraison, der Rechtssicherheit, des „Naturrechts“, des „richtigen Rechts“, der „Sittlichkeit“ und des „Gewissens“ – oder wie sie sonst heißen mögen. Gewiss würden wir über die unserem Buch gesteckten Ziele hinausschießen, wenn wir in unsere Erörterungen auch die Fragen nach dem Verhältnis von positivem Recht und Gerechtigkeit, von Recht und Staatsraison, von Recht und Sittlichkeit

106 Bachof, Verfassungsnormen, S. 27 ff., 42 ff., 45 ff.

107 Dafür Bachof, Verfassungsnormen, S. 45.

oder Recht und Gewissen einbeziehen würden[108]. Wir können im Rahmen unserer Betrachtungen nur die Aspekte bezeichnen, die sich vom Standpunkt der Rechtsanwendungslehre ergeben.

Unter diesem Gesichtswinkel müssen wir wieder den Ausgang nehmen von dem Grundsatz der Bindung des Rechtsanwenders an das Gesetz. Wir setzen voraus, dass die Auslegung oder die sonstige methodengerechte Handhabung des Gesetzes eine bestimmte rechtliche Entscheidung als die für die „lex lata" allein vertretbare darbietet. Es erhebt sich die Frage, ob gleichwohl der zur Rechtsanwendung Berufene (kurz: der Richter) diese allein vertretbare Entscheidung beiseite schieben darf oder muss, weil sie ihm unter einem höheren Gesichtspunkt als unrichtig erscheint. Darf oder muss der Richter in besonderen Fällen „contra legem" judizieren[109]?

Es sei mir gestattet, noch einmal an ein persönliches Erlebnis anzuknüpfen. In meiner Referendarzeit sah ich eines Tages einen hochangesehenen Konditoreibesitzer vor den Schranken des Strafgerichts stehen, weil er das Verbot der Sonntagsarbeit übertreten hatte. Er versuchte, diese Übertretung damit zu rechtfertigen, dass er glaubhaft dartat, er könne nur auf diese Weise schwerste wirtschaftliche Schäden vermeiden, weil der Sonntagsbedarf in seinem Café völlig vom Wetter abhängig sei. Sei das Wetter am Sonntag schlecht, so habe er viel Besuch zu erwarten, sei es dagegen gut, so strömten die Menschen in die Natur, und die Ware verderbe ihm. Er müsse also oft in letzter Stunde, eben am Sonntag selbst, einem etwaigen gesteigerten Bedarf gemäß backen können. Mit dieser Einlassung drang der Angeklagte nicht durch. Er musste aufgrund der damaligen gesetzlichen Vorschriften zu Strafe verurteilt werden. „Recht muss Recht bleiben", auch wenn es im Einzelfalle unzweck-

---

108 Ausführlich zu den hier auftretenden Fragen: Engisch, Suche (m. w. N.). Vgl. auch Henkel, Rechtsphilosophie; Zippelius, Gerechtigkeit; ders., Rechtsphilosophie (m. w. N.).

109 Ich beschränke mich im folgenden auf diesen extremen Konfliktfall. Larenz, Methodenlehre, S. 413 ff. behandelt umfassender jede „gesetzesübersteigende Rechtsfortbildung" „extra legem", auch diejenige, die nicht „contra legem" geht.

mäßig ist. Der Richter darf nicht den Gesetzgeber korrigieren wollen. Er ist an das Gesetz gebunden. Auch ein Begriff wie der des oben erörterten „übergesetzlichen Notstandes" durfte nur zur Lückenausfüllung, nicht aber zur Gesetzesberichtigung dienlich sein. Das mag in unserem banalen Konditorfall auch einleuchten. Aber gilt der hochtrabende Grundsatz „fiat iustitia pereat mundus" auch dann noch, wenn ein Gesetz nicht allein gewisse unliebsame, unzweckmäßige Konsequenzen hat, sondern geradezu das Gemeinwohl gefährdet oder die höchsten Prinzipien der Gerechtigkeit verletzt oder gegen das „Naturrecht" bzw. das „Sittengesetz" verstößt? Selbst zu einer Zeit, als man im Allgemeinen noch gesetzespositivistisch gesonnen war, als man noch nicht die Erfahrungen gemacht hatte, die uns inzwischen die totalitären Staaten beschert haben, hat man geglaubt, der Bindung des Richters an das Gesetz bei dessen „Unrichtigkeit" (wie wir einmal allgemein sagen wollen) Grenzen ziehen zu müssen. Sehen wir ganz ab von den Stimmen einzelner Freirechtslehrer, die sowieso einer sklavischen Bindung des Richters an das Gesetz abschworen[110], so haben auch sehr gemäßigte Schriftsteller in Ausnahmefällen ein Judizieren contra legem für vertretbar erachtet (dazu unten mehr).

Z. T. handelt es sich dabei allerdings um solche „Berichtigungen", die man noch in den Bann der Lehren von der Auslegung und der Lückenausfüllung zwingen kann. Mit derartigen harmlosen, wenn auch vielleicht praktisch bedeutsamen Gesetzeskorrekturen wollen wir uns hier nicht weiter abgeben[111]. Wir lassen darum jetzt auch die Richtigstellung von so genannten Redaktionsversehen beiseite, bei denen es sich doch nur um eine noch als „Auslegung" zu qualifizierende Durchsetzung des wahren Gesetzeswillens gegenüber einem

110 Nachweise bei Heck, Gesetzesauslegung, S. 198 Anm. 305; M. Rümelin, Erlebte Wandlungen in Wissenschaft und Lehre, 1930, S. 42 Anm. 2; Enneccerus/Nipperdey I 1, § 59 I 1.

111 Dazu z. B. Heck, Gesetzesauslegung, S. 196 ff.

versehentlich fehlerhaften Gesetzesausdruck handelt[112]. Wir setzen jetzt voraus, dass der methodengerecht ermittelte Sinn des Gesetzes selbst anstößig ist, dass wir also alle Stufen der Sinnerforschung – auch die Stufen der restriktiven oder extensiven Interpretation[113], der wertenden Feststellung einer Lücke nebst ihrer Ausfüllung durch Analogie oder aus dem Geiste der konkreten Rechtsordnung – hinter uns gebracht haben, aber dann und gerade dann das Ergebnis unbefriedigend finden. Eine sehr interessante Entscheidung des BGH (BGHZ 4, 153)[114] lässt leider eine gewisse Klarheit darüber vermissen, wie weit es sich noch um Sinnerforschung, wie weit schon um Gesetzeskorrektur handelt, wenn dort gesagt wird: „Entgegen dem an sich eindeutigen Wortlaut (!) des § 400 BGB ist diese Möglichkeit (sc. die Möglichkeit der Abtretung im Allgemeinen unabtretbarer Unfallrentenansprüche an gewisse Personen) unter Beachtung aller Vorsicht, die eine solche abändernde (!), aber zweckgetreue (!) Einschränkung einer Verbotsnorm erfordert, zu bejahen, weil sonst der vom Gesetz verfolgte Zweck ... in sein Gegenteil verkehrt würde" (S. 157). Was wird hier vorsichtig bejaht? Eine wirkliche Berichtigung des Gesetzessinnes oder nur eine teleologisch einschränkende Auslegung? Für das Letztere spricht ein weiterer Satz der Entscheidung: Die Verneinung der Abtretungsmöglichkeit sei als eine „dem Sinn und Zweck des § 400 widersprechende Wortinterpretation" (S. 158) abzulehnen. Dagegen spricht für das Erstere, dass in der Entscheidung ausdrücklich von einem „Akt der Rechtsfortbildung" (S. 158) gesprochen wird. Jedenfalls würde nur in diesem Falle die Entscheidung in unseren Zusammenhang gehören. Dass man sie wenigstens im Ergebnis als Abweichung vom Gesetzessinn

112 Vgl. statt aller Heck, Gesetzesauslegung, S. 141 f., 145 f. (m. w. N.), 211; ferner (je mit Beispielen) Keller, S. 34, 37; K. Roth-Stielow, Die Auflehnung des Richters gegen das Gesetz, 1963, S. 81 f.

113 Auf dieser Stufe bewegt sich z. B. OLG Freiburg, NJW 1952, 887. Es steht daher nicht vor dem Problem einer Berichtigung contra legem.

114 Vgl. außer ihr: BGHZ 13, 360. Zu dieser Rechtsprechung s. Roth-Stielow, S. 125 ff.; Larenz, Methodenlehre, S. 393 f.

auffassen kann, wollen wir jedoch annehmen[115], da der klare Wortsinn überschritten wird und von einer „Auslegung" im Widerspruch zum eindeutigen Wortlaut nur bei Redaktionsversehen gesprochen werden kann. Die Grenze zwischen Gesetzesanwendung und Gesetzeskorrektur ist im Einzelfalle gewiss ebenso unsicher wie viele andere Grenzen, die man in methodologischer Hinsicht ziehen muss. Daran ist schwerlich etwas zu ändern.

Wir setzen jetzt also voraus, dass uns die durch Auslegung usw. geschehende Sinnerforschung zu einem Ergebnis hinführt, das wir aus „transzendenten" Gründen verwerfen müssen, das wir als unzweckmäßig oder ungerecht oder naturrechtswidrig oder sittenwidrig in einem solchen Grade ansehen, dass wir uns mit ihm nicht abfinden können. Wir sagten schon, dass selbst gemäßigte Schriftsteller unter noch rechtsstaatlich gefestigten Verhältnissen glaubten, der Bindung des Richters an das Gesetz Schranken errichten zu müssen. Zu diesen „gemäßigten Schriftstellern" wird man z.B. zählen dürfen: Hans Reichel und Ernst Beling. Ersterer hat schon 1915 in seinem Buch „Gesetz und Richterspruch" folgenden Grundsatz aufgestellt: „Der Richter ist kraft seines Amtes verpflichtet, von einer gesetzlichen Vorschrift bewusst abzuweichen dann, wenn jene Vorschrift mit dem sittlichen Empfinden der Allgemeinheit dergestalt in Widerspruch steht, dass durch Einhaltung derselben die Autorität von Recht und Gesetz erheblich ärger gefährdet sein würde als durch deren Außerachtsetzung"[116]. Beling erklärte 1931: „Die Vollmacht

---

115 Vgl. Th. Zimmermann, Die höchstrichterliche Rechtsprechung zur Berichtigung der Gesetze, NJW 1952, 959 (er spricht teils von abändernder Rechtsfindung, teils von Lückenergänzung); Larenz, Schuldrecht I, S. 584 Anm. 30 („Rechtsfortbildung durch ‚teleologische Reduktion'"); ders., Methodenlehre, S. 393f. (Ausfüllung einer Lücke durch „teleologische Reduktion"). Esser (Vorverständnis, S. 117 Anm. 2) erklärt sogar die Unterschiede zwischen Auslegung, Lückenausfüllung und Fortbildung des Rechts für „nicht definierbar" (s. auch daselbst S. 174ff.).

116 Reichel, S. 142 (dazu die eindrucksvolle Rechtfertigung S. 139ff. und eine Einschränkung des Grundsatzes auf S. 144).

zur Rechtserzeugung, die dem Gesetzgeber zur Seite steht, ist ... keine ganz unbegrenzte. Das Volk setzt gewisse Wertungen als so grundsätzliche voraus, dass der Gesetzgeber als ... nicht ermächtigt erscheint, Normierungen zu treffen, die gegen sie anlaufen“[117]. Hier wird also im Namen grundsätzlicher, im Volke herrschender Wertungen dem Gesetzesgehorsam eine Grenze gezogen. Das muss sich aber selbstverständlich auch auf die richterliche Rechtsanwendung auswirken. Dass der Richterstand grundsätzlich bereit war, in diesem Sinne zu handeln, bewies die alarmierende Entschließung des Vorstandes des Richtervereins der Reichsgerichtsräte vom 5. 1. 1924 zur Frage der Hypothekenaufwertung nach der damaligen Inflation. Diese Entschließung warnte den Gesetzgeber, ein gegen Treu und Glauben verstoßendes, möglicherweise durch die Gerichte für nichtig zu erklärendes Gesetz zu erlassen[118].

Die jeden Juristen tief erregenden Akte der Gesetzgebung totalitärer Staaten im Widerspruch zu den überlieferten Anschauungen von Recht, Gerechtigkeit und Sitte haben dann die Frage nach der Bindung des Richters an unrichtige Gesetze besonders dringlich gemacht. Natürlich ließ sich der nationalsozialistische Gesetzgeber selbst nicht vom Richter am Zeuge flicken mit dem Vorwurf, dass seine Gesetze ungerecht und unsittlich seien. Vorwürfe dieser Art duldete er und billigte er nur gegenüber Gesetzen, die er nicht erlassen hatte, die ihm aber noch hinderlich im Wege standen. Den eigenen Gesetzen gegenüber lockerte er die Bindung der Gerichte und Verwaltungsbehörden nur insofern, als er erwartete, dass diese nicht über juristische Zwirnsfäden stolperten und den tragenden Tendenzen rücksichtslos Geltung verschafften[119]. Ein

117 Beling, in: FS Heck u. a. (1931), S. 14. Vgl. auch M. Rümelin, S. 44ff., der allerdings die Notwendigkeit einer Unterscheidung zwischen veralteten und neuen (aber trotzdem fehlerhaften) Gesetzen betont und nur mit Bezug auf die ersteren dem Richter im Falle eines Notstandes die Befugnis zur Abweichung vom Gesetz zuspricht. Auch Larenz, Methodenlehre, S. 427 stellt auf „Rechtsnotstand“ ab.

118 Vgl. dazu Bockelmann, in: FS Smend (1952), S. 30f.

119 Zu dieser Entwicklung unter dem Nationalsozialismus s. Bockelmann, in: FS Smend (1952), S. 34f. Vgl. auch zur Rechtspraxis unter dem

drastisches Beispiel für die rücksichtslose Anwendung einer Strafvorschrift aus reiner Willfährigkeit gegenüber den politischen Intentionen der Staatsführung – unter völliger Emanzipation vom „Wortlaut" und sogar vom ursprünglichen Zweck – liefert die Ausdehnung des Begriffs „Öffentlichkeit" bei „wehrkraftzersetzenden" Äußerungen (vgl. dazu etwa BGHSt 3, 110, 117f.): „Die Handhabung des § 5 Abs. 1 Nr. 1 KSSVO (sc. Kriegssonder-StrafrechtsVO) verstieß gegen jede noch vertretbare Gesetzesauslegung jedenfalls in den Fällen, in denen das Merkmal der Öffentlichkeit schon bejaht wurde, wenn der Täter keine Gewähr für die Verschwiegenheit des (sc. einzelnen!) Empfängers seiner Äußerung hatte und mit der Weitergabe der Äußerung hätte rechnen müssen, ohne dass festgestellt war, dass er mit einer solchen Möglichkeit auch gerechnet und sie gebilligt hatte". Man sieht, wohin man mit einer den „Wortlaut" mißachtenden „dynamischen" Rechtsanwendung kommt.

Bricht aber nun ein totalitäres System zusammen, wie dies 1945 dem Nationalsozialismus widerfuhr, so bleibt die Frage nicht aus, ob die von ihm erlassenen Gesetze nicht teilweise ungültig waren wegen Verstoßes gegen die Rechtsidee oder das Sittengesetz. Mißachtet der Gesetzgeber zynisch die obersten Rechtsideen, so verliert das Sichlossagen des Richters vom formell gültigen Gesetz jene Anrüchigkeit, die noch zu Beginn unseres Jahrhunderts bei der Polemik gegen das „Freirecht" derart stark hervorgekehrt wurde, dass sich die Anhänger der Freirechtslehre selbst entschieden gegen eine „contra-legem-fabula" wehren zu müssen glaubten[120]. Aber wer glauben sollte, dass die Kritik am unrichtigen Gesetzesrecht des in die Grube gefahrenen Totalitarismus nur vorübergehende Bedeutung haben könne, da ja mit diesem Gesetzesrecht alsbald durch den neuen Staat aufgeräumt worden sei, der kennt nicht die magische Kraft des Zauberbesens „Rechtsidee". Die nach 1945 so energisch gestellte Frage nach der Ungültigkeit

Nationalsozialismus: B. Rüthers, Die unbegrenzte Auslegung, 6. Aufl. 2005; ders. Rechtstheorie, Rn. 546ff.

120 Vgl. Reichel, S. 129.

unrichtiger Gesetze ist bis heute nicht zur Ruhe gekommen – trotz ausdrücklicher Bindung der vollziehenden Gewalt und der Rechtsprechung „an Gesetz und Recht" in Art. 20 Abs. 3 GG. Diese Formel weist ja auch mit dem Zusatz „und Recht" über das Gesetz hinaus und auf übergesetzliches Recht hin[121]. Wie wir sahen, ist auch die Frage diskutiert worden, ob nicht sogar Verfassungsnormen wegen Verstoßes gegen das übergesetzliche Recht unwirksam sein können, und diese Frage ist sowohl vom BGH wie auch vom Bundesverfassungsgericht grundsätzlich bejaht worden[122]. Das Bundesverfassungsgericht hat sich dabei bis zu einem gewissen Grade die „vorsichtige Formulierung" Radbruchs zu eigen gemacht, dass „das positive, durch Satzung und Macht gesicherte Recht auch dann den Vorrang hat, wenn es inhaltlich ungerecht und unzweckmäßig ist, es sei denn, dass der Widerspruch des positiven Gesetzes zur Gerechtigkeit ein so unerträgliches Maß erreicht, dass das Gesetz als ‚unrichtiges Recht' der Gerechtigkeit zu weichen hat"[123]. Diese einprägsame Fassung des Gedankens der Unterordnung des Gesetzes unter die Gerechtigkeit und das Sittengesetz mag als heute weithin anerkannte, freilich auch nicht unangefochtene These zur Kenntnis genommen werden[124]. Die Aufgabe, sie zu verteidigen oder mit guten

121 Dazu (teilweise zurückhaltend) z.B. Ebsen, S. 48ff.; Larenz, Methodenlehre, S. 368f.; Zippelius/Würtenberger, § 12 Rn. 56ff.; s. auch Hesse, Rn. 195 (unter Ablehnung der „Möglichkeit, sich unter Berufung auf das ‚Recht' über das ‚Gesetz' hinwegzusetzen" und gegen BVerfGE 34, 269).

122 S. namentlich BVerfGE 3, 225 (bei „Verletzung äußerster Gerechtigkeitsgrenzen", 233); BGH-Gutachten, JZ 1954, 152.

123 Radbruch, Rechtsphilosophie, S. 345; so auch BVerfGE 3, 225 (232f.).

124 Weitere Stellungnahmen und Nachweise i.S. dieser These: E. Schmidt, Gesetz und Richter, 1952, S. 12ff., 16ff.; Roth-Stielow, S. 36ff.; G. Grünwald, Zur Kritik der Lehre vom überpositiven Recht, 1971; Ebsen, S. 55ff. (kritisch); Heusinger, S. 105ff.; Henkel, Rechtsphilosophie, S. 563ff.; Larenz, Methodenlehre, S. 426ff. (dieser operiert mit dem Gedanken des „Rechtsnotstandes", wobei er auch andere Fälle als die des ungerechten, unsittlichen, naturrechtswidrigen Gesetzes in den Bereich der „gesetzesübersteigenden" richterlichen Rechtsfortbildung einbezieht); Coing, S. 231ff. (m.w.N.); Zippelius, Rechtsphilosophie,

Gründen anzugreifen, überschreitet die Kompetenz dieses Buches. Es sei daher nur darauf hingewiesen, dass sich die Bedenken gegen diese These und verwandte Thesen teils auf Verfassungsrecht gründen (Verletzung des Grundsatzes der Gewaltenteilung, wenn der Richter und der Verwaltungsbeamte dem Gesetzgeber den Gehorsam aufkündigen und sich kritisierend gegen ihn stellen)[125], teils auf die Gefahren für die Reinheit und die Unabhängigkeit der Rechtspflege (Gefahr der Politisierung der Justiz), teils auf die Unbestimmtheit der Formulierungen des übergesetzlichen Prinzips (in jedem Falle sind „Gerechtigkeit", „Naturrecht", „Sittengesetz" und verwandte Ideenbegriffe so unbestimmt, dass sie sich schwer handhaben lassen). Andererseits wird man den Grundgedanken, dass sich die Willkürmacht des Gesetzgebers am Felsen der Rechtsidee brechen muss, nicht ganz preisgeben dürfen. Aber

---

§ 6 IV-VI.; s. auch (zu Radbruch) H. Lecheler, Unrecht in Gesetzesform?, 1994; F. Salinger, Radbruchsche Formel und Rechtsstaat, 1995; Kaufmann, Rechtsphilosophie, S. 41 ff., 153 ff. Aus der Rechtsprechung vgl. BGHSt 2, 234 (237); v. a. BVerfGE 23, 98 (106): „Recht und Gerechtigkeit stehen nicht zur Disposition des Gesetzgebers … Daher hat das Bundesverfassungsgericht die Möglichkeit bejaht, nationalsozialistischen ‚Rechts'-Vorschriften die Geltung als Recht abzuerkennen, weil sie fundamentalen Prinzipien der Gerechtigkeit so evident widersprechen, dass der Richter, der sie anwenden wollte, Unrecht statt Recht sprechen würde".

Zur Diskussion des Naturrechts s. z.B. Schmidt, Gesetz, S. 14 ff.; H. Weinkauff, Der Naturrechtsgedanke in der Rechtsprechung des Bundesgerichtshofs, NJW 1960, 1689; W. Maihofer (Hg.), Naturrecht oder Rechtspositivismus?, 1962; E. Linsmayer, Das Naturrecht in der deutschen Rechtsprechung der Nachkriegszeit, 1963; Fikentscher III, S. 332 ff. m. w. N.; Henkel, Rechtsphilosophie, S. 502 ff. m. w. N.; Coing, S. 31 ff., 198 ff., 231 ff.; Kaufmann, Rechtsphilosophie, S. 19 ff.; G. Ellscheid, Strukturen naturrechtlichen Denkens, in: Kaufmann/Hassemer/Neumann (Hg.), Einführung in die Rechtsphilosophie und Rechtstheorie der Gegenwart, 7. Aufl. 2004, S. 148; Zippelius, Rechtsphilosophie, §§ 6, 12; Horn, Rn. 375 ff., 401 ff., 423 ff.; Rüthers, Rechtstheorie, Rn. 262 ff., 411 ff. (kritisch). Sicher sollte sein, dass bloßes Missfallen an einer gesetzlichen Regelung wie etwa der Abtreibungsregelung nicht genügen kann, um der Justiz eine Beiseiteschiebung zu gestatten.

125 S. z. B. Hirsch, JZ 1966, 334.

die Kontroverse hat insoweit nicht eigentlich methodologischen Charakter. Lenken wir den Blick zum juristischen Denken als solchem zurück, so ergeben sich die folgenden Probleme.

Zunächst einmal wird man um eine genauere Sonderung der verschiedenen in Frage kommenden Fallgruppen der Gesetzesberichtigung besorgt sein müssen. Zwischen die gesetzestreue Sinnforschung (Auslegung, Analogie und Lückenausfüllung im Geiste der Rechtsordnung) einerseits und das gesetzesungehorsame Ausspielen der Rechtsidee schieben sich mancherlei Stufen ein, auf die wir bisher noch nicht genügend geachtet haben. Wir sprachen oben schon einmal vom „Redaktionsversehen". Ob seine Berichtigung noch als gesetzesgerechte Sinnermittlung gelten kann, ist umstritten. Immerhin steht sie ihr nahe und ist darum einigermaßen unproblematisch. Aber welche Bedeutung hat z. B. die Emanzipation vom klaren Wortsinn, wenn sich nachweisen lässt, dass sich der Gesetzgeber nicht bloß versehentlich im Ausdruck vergriffen hat, sondern dass er sich in einem „Motivirrtum" gewiegt hat, d. h. von bestimmten Gegebenheiten ausging, auf die er seine Regelung bewusst und gewollt zugeschnitten hat, dabei aber Situationen nicht bedachte, die nun auch von der Regelung betroffen sind, aber eigentlich vom Gesetzgeber selbst her gesehen eine abweichende Regelung erfordert hätten[126]?

Ein gutes Beispiel bietet hier der schon einmal erwähnte, vom BGH (BGHZ 4, 153) entschiedene Fall der Abtretung von Unfallrentenansprüchen. Möglichst konkret und einfach dargestellt handelt es sich hier um folgendes: Die Witwe eines durch einen Kraftfahrzeugunfall Getöteten hatte als Schadensersatz eine Rente zugesprochen erhalten. Ein Dritter hatte in Erwartung des Urteils und seiner Vollziehung der Witwe freiwillig „aus fürsorgerischen Gründen" (BGHZ 4, 155) vorschussweise Unterhalt gewährt und sich dafür die Rentenansprüche der Witwe gegen den Ersatzpflichtigen abtreten

126 Zum Begriff des gesetzgeberischen Motivirrtums: Zimmermann, NJW 1952, 959; Bender, JZ 1957, 595, 600.

lassen. Es erhob sich die Frage, ob diese Abtretung zulässig war. An sich steht der Zulässigkeit der klare „Wortlaut“ (S. 157) (richtiger: Wortsinn) des § 400 BGB entgegen, wonach eine Forderung nicht abgetreten werden kann, wenn sie unpfändbar ist. Dieses ist aber die Rentenforderung der Witwe, und zwar deshalb, weil ihr als der Rentenberechtigten „der nötige Lebensunterhalt gesichert werden soll“ (S. 154). Dieser tiefere Grund sollte nun aber nicht hindern, dass die Rentenforderung dann wirksam abgetreten wird, wenn dies geschieht als Äquivalent für die vorschussweise Unterhaltung des Rentenberechtigten durch einen Dritten, der auf diese Weise ja gerade den Lebensunterhalt sichert. Der BGH hat denn auch aus „Sinn und Zweck“ (S. 158) des § 400 BGB folgenden Satz abgeleitet: „Unpfändbare Unfallrentenansprüche können an denjenigen abgetreten werden, der dem Rentenberechtigten ohne Rechtspflicht laufend Bezüge zum jeweiligen Fälligkeitstermin in Höhe der jeweils fällig gewordenen abgetretenen Ansprüche gewährt, wenn der Rentenberechtigte vorher den vollen Gegenwert erhalten hat oder wenn die Abtretung durch die jeweils termingemäß zu leistenden Zahlungen bedingt ist“ (S. 153). Was ist hier geschehen? Hält man den klaren „Wortlaut“ für eine absolute Grenze der Auslegung, so handelt es sich hier gewiss nicht mehr um Auslegung, auch nicht um eine aufgelockerte Auslegung, solange man für diese annimmt, dass sie einen mehrdeutigen Wortlaut voraussetzt und sich von dem nächstliegenden Wortlaut in Richtung auf einen fernerliegenden entfernt[127]. Anders aber, wenn man die Begriffe der „restriktiven“ und der „extensiven“ Auslegung dahin versteht, dass *gegen* den klaren Wortlaut der eigentliche Wille oder die wahre Interessenbewertung des Gesetzgebers zur Geltung gebracht wird. Dann könnte man vielleicht in unserem Falle von einer *restringierenden teleologischen Auslegung* insofern sprechen, als dem Sinn und Zweck der Vorschrift (§ 400 BGB)

127 Richtig: Enneccerus/Nipperdey I 1, § 59 II u. Anm. 10 („Restriktion“, aber nicht restriktive Auslegung, „Verbesserung des Gedankens, nicht nur des Ausdrucks“).

gemäß diese im Anwendungsbereich eingeschränkt wird[128]. Man könnte aber auch behaupten, dass es sich hier um eine *Lückenergänzung* handelt: Wertend wird festgestellt, dass es eine Lücke bedeutet, wenn § 400 BGB nicht eine Ausnahme macht für diejenigen Fälle, in denen ein Dritter sich die Forderung als Ausgleich für einen geleisteten Vorschuss abtreten lässt[129]. Diese Lücke wird dann ausgefüllt durch den vom BGH aufgestellten oben zitierten Satz, und zwar im Geiste des Gesetzgebers selbst. Aber auch daran könnte man denken, dass ein *Widerspruch* in der Rechtsordnung ausgeräumt wird. Denn der BGH vermag darzutun, dass zugunsten öffentlichrechtlicher Versicherungsträger eine Forderungsabtretung selbst bei unpfändbaren Rentenansprüchen vorgesehen ist. Damit würde die Nichtzulassung der Forderungsabtretung in Fällen wie dem unseren in eine Art von Wertungswiderspruch geraten („Die abändernde Einschränkung des Abtretungsverbotes des § 400 BGB stellt also im Ergebnis nur eine Anpassung an eine Rechtsentwicklung dar, wie sie für öffentlichrechtliche Versicherungsträger ... gesetzgeberischen Ausdruck gefunden hat"; BGHZ 4, 160). Schließlich aber lässt sich nicht von der Hand weisen die Auffassung, dass es sich hier doch schon um einen Akt der Berichtigung des Gesetzes handelt, wie auch der BGH selbst von einem Akt der „Rechtsfortbildung" (S. 158) spricht. Die Grenzen zwischen den verschiedenen Methoden erweisen sich offensichtlich erneut als wenig scharf, auch wenn man den Willen des Gesetzgebers selbst und seine Interessenbewertung

128 Das wäre wohl der Standpunkt Hecks (vgl. Gesetzesauslegung, S. 138ff., 156f., 195ff., 208ff.). Dazu Kallfass, S. 95ff. S. ferner G. u. D. Reinicke, Die Ausfüllung primärer und sekundärer Gesetzeslücken nach der Rechtsprechung des Bundesgerichtshofs, NJW 1952, 1153 (1156); ablehnend Enneccerus/Nipperdey I 1, § 59 II.

129 Zimmermann, NJW 1952, 959 spricht von „vom Gesetzgeber offenbar übersehenen" Fällen und hält eine Deutung der Entscheidung als Lückenergänzung für die nächstliegende. Ebenso im Ergebnis Larenz, der die Entscheidung des BGH für einen Fall der „teleologischen Reduktion" erachtet, d.h. der Hinzufügung einer „sinngemäß geforderten Einschränkung" zur Gesetzesregel „gemäß der immanenten Teleologie des Gesetzes" (Methodenlehre, S. 391, 393f.

als festen Orientierungspunkt festhält[130]. Eben dies ist aber in unserem Falle geschehen. Der BGH hat sorgfältig nachgewiesen, dass er sich nicht etwa dem Willen des Gesetzgebers entgegenstellt, sondern dass er mit „denkendem Gehorsam" (Heck)[131] ganz im Geiste des Gesetzgebers dessen wahre Intentionen durchsetzt, indem er Sinn und Zweck der Norm berücksichtigt.

Von dieser Art „Gesetzesberichtigung", die sich treulich auf den Boden des Gesetzgebers, seines Wollens und Zweckstrebens stellt und nur die Grenzen des Wortsinnes durchbricht, ist offenbar himmelweit verschieden die Auflehnung gegen den Gesetzgeber um der transzendenten Rechtsidee willen. Auch Zimmermann unterscheidet anlässlich der Besprechung der Entscheidung des BGH treffend zwischen der Berichtigung von Gesetzen, die auf „Anschauungsfehlern" beruhen, d. h. bei denen der Gesetzgeber „Lebensverhältnisse entweder nicht oder nicht vollständig oder falsch gesehen" hat (ein gerne gebrauchtes Beispiel ist hier auch, dass sich eine gesetzlich angeordnete Impfung hinterher als schädlich herausstellt), und der Berichtigung von Gesetzen, die gegen die Gerechtigkeit, das Sittengesetz, das Naturrecht verstoßen[132]. Er bejaht dann

130 Zur Untrennbarkeit von Lückenergänzung und Gebotsberichtigung s. z. B. Heck, Gesetzesauslegung, S. 205 f. Vgl. ferner zur Flüssigkeit der Grenzen zwischen den verschiedenen „Stufen" der „progressiven Rechtsfindung" oben S. 253 f. mit Anm. 38, sowie Larenz, Methodenlehre, S. 366 ff. (367 Anm. 1 m. w. N.).

131 Heck, Gesetzesauslegung, S. 51.

132 Zimmermann, NJW 1952, 960. Vgl. auch Engisch, Einheit, S. 86 f. Anm. 2 m. w. N.; Enneccerus-Nipperdey I 1, § 59 I 2. Analog dem im Text Gesagten unterscheidet auch Canaris (Systemdenken, S. 106 ff.) mit Recht zwischen „systemkonformer" Rechtsgewinnung einerseits und Rechtsfortbildung nach Gesichtspunkten der transzendenten „materialen Gerechtigkeit" andererseits. Er demonstriert den Unterschied anschaulich an der Behandlung „schadensgeneigter Tätigkeit" (S. 107) im Arbeitsrecht. Angesichts der Weite und Vieldeutigkeit des beliebten Begriffs „Rechtsfortbildung" (er reicht von der „schöpferischen" Auslegung über die Konkretisierung von Generalklauseln und die Lückenergänzung bis zu jeder Art von Berichtigung fehlerhaften Rechts) ist bei dessen Handhabung immerhin Vorsicht geboten. Die durch ein Gericht erfolgende Ablehnung der Anwendung einer gesetz-

allerdings die Frage der Möglichkeit der Gesetzesberichtigung für beide Fälle. Als einen Sonderfall hebt er noch die Anpassung der Gesetze an eine im Laufe der Zeit veränderte Wirklichkeit und Wertung heraus[133], doch dürfte eine derartige Unterscheidung zwischen anfänglicher und nachträglicher Unrichtigkeit von sekundärer Bedeutung sein. Wesentlich ist – wenigstens für unseren Gedankengang – der Unterschied zwischen Berichtigung im Geiste des Gesetzgebers und Berichtigung gegen den Willen des Gesetzgebers im Geiste der Rechtsidee, und zwar nun auch in methodologischer Hinsicht.

Solange die Gesetzesberichtigung auf den Spuren des Gesetzgebers selbst wandelt, gleitet das juristische Denken nicht aus der Bahn, die wir in ihren verschiedenen Windungen als Auslegung, Verstehen, Sinnforschung, Interessenforschung, Analogie, Umkehrschluss usw. kennengelernt haben. Halten wir uns nur an den Fall, von dem wir zuletzt ausgingen, den Fall der Abtretung von Rentenansprüchen. Worin liegt seine Eigenart? Wir sagten: in der Emanzipation vom Wortsinn um des wahren Willens des Gesetzgebers willen. Darin liegt beschlossen ein Zurückdrängen der so genannten grammatischen Sinnforschung durch ein teleologisches Eindringen in die Zwecke und Interessenabwägungen des Gesetzgebers. Es handelt sich um die Anwendung der alten Regel „cessante ratione legis cessat lex ipsa“[134]. Zugleich handelt es sich

lichen Vorschrift wegen Ungerechtigkeit, Sittenwidrigkeit, Naturrechtswidrigkeit ist gewiss ein extremer Sonderfall der „Rechtsfortbildung“.

133 Zimmermann, NJW 1952, 960. S. auch Bender, JZ 1957, 601.

134 Zu dieser bereits oben erwähnten Regel historisch und kritisch: H. Krause, Cessante causa cessat lex, ZS der Savigny-Stiftung f. Rechtsgeschichte, Kanonist. Abt. 46 (1960), 81. Krause tut dar, dass die Regel aus der Kanonistik stammt, nicht etwa aus dem römischen Recht. Er zeigt weiter, dass sie im 19. Jahrhundert angefochten wurde und erst neuerdings wieder Anerkennung findet; s. dazu auch H. Hagg, Die Stellung des 19. Jahrhunderts zum Wegfall des Gesetzesgrundes, 1966. Nachdem sich J. Kohler und L. Kuhlenbeck als „Vorboten“ (Hagg, S. 76 ff.) wieder für die Regel erwärmt hatten, erklärte z. B. auch Reichel (S. 135 ff.), dass ein Gesetz nicht mehr anzuwenden sei, wenn es infolge von Änderungen der tatsächlichen Verhältnisse seinen

offenbar um eine „subjektiv-teleologische" Sinn- und Zweckforschung, d. h. es wird – wenigstens in der angeführten Entscheidung – der wahre Wille und Zweck des historischen Gesetzgebers eruiert und zum Angelpunkt der Loslösung vom „Wortlaut" gemacht. Ob vom Standpunkt einer objektiven Auslegungstheorie, die den immanenten Sinn des Gesetzes selbst walten lässt, eine entsprechende Art von Gesetzesberichtigung zu legitimieren wäre, wollen wir jetzt nicht näher untersuchen; denkbar wäre sie auch, etwa als Ausspielen einer dem Gesetz offensichtlich oder dem Zusammenhang nach innewohnenden ratio gegen den bloßen Wortlaut, wenn auch im Allgemeinen gerade die Worte des Gesetzes für sich dem Objektivisten höhere Achtung abnötigen als dem Subjektivisten. So oder so finden wir uns nicht vor völlig neue juristische Denkprobleme gestellt, sondern allenfalls vor eine eigentümliche Konstellation und Kombination von Denkweisen, die wir im Einzelnen bereits kennengelernt haben.

Anders steht es dagegen, wenn Maßstab für die Gesetzesberichtigung nicht der historische Gesetzgeber und auch nicht das historische Gesetz selbst ist, sondern die Rechtsidee. Zu ihr leitet freilich schon hin jene objektivistische Deutung eines zweideutigen Wortsinnes, bei der der gegenwartsnahe „vernünftige" (also doch wohl der Rechtsidee entsprechende) Sinn

---

ursprünglichen vernünftigen Zweck nicht mehr erreichen könne (was aber m. E. auch bei ursprünglichen Anschauungsfehlern gelten müsste); neuerdings zum Prinzip „cessante ratione" s. Löwer. Dass auf diesem Prinzip auch das berühmte „Tonbandurteil" (BGHZ 17, 266) beruht, wurde schon oben S. 149 Anm. 49 erwähnt; daran haben sich weitere Urteile angeschlossen, z. B. das „Fotokopieurteil" (BGHZ 18, 44); in der Sache selbst hat inzwischen das Urheberrechtsgesetz v. 9. 9. 1965 eingegriffen. Über Grenzen der Anwendbarkeit des Prinzips s. Canaris, Lücken, S. 189 ff.; dieser hat (S. 89 ff.) als Parallele zu jenem Prinzip die „teleologische Extension" herausgestellt, bei der die Ratio nicht zu einer Einschränkung, sondern zu einer Erweiterung der Anwendung einer Vorschrift führt. S. dazu auch Larenz, Methodenlehre, S. 397 ff.; Pawlowski, Rn. 497 ff.; ablehnend Bydlinski, S. 475. Diese teleologische Extension steht zwischen einer den möglichen Wortsinn noch respektierenden Auslegung und der Analogie.

gegen das eigentlich vom historischen Gesetzgeber Gewollte hervorgekehrt wird. Denn hier wird ja die „Auslegung" zur versteckten Korrektur der Bestrebungen des Gesetzgebers selbst. Doch wollen wir bei dieser Zwittererscheinung nicht länger verweilen, da der Aufstieg zur Rechtsidee noch reiner dort in Erscheinung tritt, wo diese ganz offen als Maßstab für die Gesetzesberichtigung gehandhabt wird.

Unsere höchstrichterliche Rechtsprechung neigt allerdings dazu, dieses offene Judizieren „contra legem" zu vermeiden. Selbst vorstürmende Entscheidungen wie das besprochene Unfallrentenurteil oder das soeben anmerkungsweise erwähnte „Tonbandurteil" (BGHZ 17, 266: Das Privileg des damaligen Literaturrhebergesetzes (§ 15 Abs. 2), die Vervielfältigung eines literarischen oder musikalischen Werkes zum persönlichen Gebrauch vorzunehmen, wurde vom BGH dahin eingeschränkt, dass die Übertragung auf ein Tonband zu versagen sei; s. jetzt Urheberrechtsgesetz v. 9.9.1965, §§ 53f.) oder auch das berühmte „Herrenreiterurteil" (BGHZ 26, 349: Die fahrlässige Verwendung des Fotos eines Herrenreiters auf einem Plakat zur Werbung für das Kräftigungsmittel Okasa ohne Zustimmung des Abgebildeten sollte zum Ersatz des immateriellen Schadens in Geld verpflichten, obwohl der damals herangezogene § 847 BGB a.F.[135] derartigen Ersatz nur bei Verletzung des Körpers, der Gesundheit und der Freiheit oder bei Delikten gegen die weibliche Geschlechtsehre kannte), sie alle künden von dem Bestreben, mit den Mitteln der Auslegung oder der Analogie zu einem Ziel zu gelangen, das auf den ersten Blick dem Gesetzgeber ferne lag[136]. Man wird dieses Bestreben von einem konservativen

135 Seit dem 1.8.2002 geregelt in § 253 Abs. 2 BGB.

136 S. dazu die jeweiligen Begründungen: Im Unfallrentenurteil (BGHZ 4, 153) denkt der BGH in erster Linie an eine teleologisch-restriktive Auslegung (vgl. zuvor oben im Text, sowie Bender, JZ 1957, 594), im Tonbandurteil wird das Ergebnis durch „Auslegung nach dem Sinn und Zweck des Gesetzes" gerechtfertigt (BGHZ 17, 276), im Fotokopierurteil von einschränkender Auslegung gemäß dem „Sinn und Zweck des Gesetzes" gesprochen (BGHZ 18, 49, 53) und im Herrenreiterfall der in § 847 BGB a.F. verwendete Begriff der (Bewegungs- und Betätigungs-)

Standpunkt aus, der die Bindung des Rechts an das Gesetz aufrecht zu erhalten wünscht, gut heißen. Müssen wir uns aber eingestehen, dass hier insgeheim das Gesetz gleichsam überfahren wird[137], und wollen wir dennoch das dem Rechtsgefühl einleuchtende oder der „Rechtsidee" angemessen scheinende Entscheidungsziel erreichen, so erklimmen wir im Fortgang der „progressiven Rechtsfindung" eine neue Stufe. Und zwar nicht nur insofern, als wir mit dem Gesetz selbst auf eine neue und sehr radikale Weise verfahren, die einer besonderen rechtlichen Legitimation bedarf, sondern auch insofern, als wir beim Ausspielen der Rechtsidee gegen das Gesetz den fruchtbaren Boden der Erfahrung unter den Füßen zu verlieren drohen und uns jenen „hohen Türmen" der (Rechts-)Meta-

Freiheit „im Wege der Analogie" auf die Freiheit, über das eigene Bild „auf Grund eigener Entschließung ... zu verfügen", ausgedehnt (BGHZ 26, 355 f.).

137 S. z. B. zum Tonbandurteil: Larenz, Methodenlehre, S. 380 (nicht „einschränkende Auslegung", wie der BGH behauptet, sondern Ausfüllung einer „nachträglichen verdeckten Lücke" durch „teleologische Reduktion"); ebenso zum umstrittenen „Herrenreiterurteil", welchem mehrere andere Urteile zur Seite getreten sind (u. a. „Kukidenturteil", BGHZ 30, 7, „Ginsengurteil", BGHZ 35, 363): Larenz, Methodenlehre, S. 425 f. (im Herrenreiterfall habe es der BGH unternommen, sich in unzulässiger Weise „über die Wertung des damaligen Gesetzgebers hinwegzusetzen"; dies sei „nicht ... eine gesetzesimmanente, sondern ... eine gesetzesübersteigende Rechtsfortbildung"); s. z. B. auch M. Löffler, Die Grenzen richterlicher Rechtsfindung beim immateriellen Schadensersatz, NJW 1962, 225; P. Hartmann, Persönlichkeitsrecht und Schmerzensgeld, NJW 1964, 793 (796 ff.). Immer wieder wird dabei darauf hingewiesen, dass der BGH das Analogieverbot des § 253 Abs. 1 BGB missachtet habe. Aber der BGH hat sich nicht beirren lassen. In weiteren Entscheidungen (NJW 1963, 902 f., 904 f.) tritt sogar die Intention der Rechtsfortbildung, der Loslösung von veralteten gesetzlichen Vorschriften noch unverhüllter hervor. Nachdem aber das BVerfG im „Sorayafall" (BVerfGE 34, 269) der zivilrechtlichen Rechtsprechung ihre Verfassungsmäßigkeit attestiert hat, sind die bisherigen Bedenken einigermaßen zum Schweigen gebracht worden; Larenz (Methodenlehre, S. 426) erkennt resigniert „die Kraft eines Gewohnheitsrechts" an. Generell skeptisch zur herkömmlichen juristischen Methodenlehre: Ott, S. 243 (Fazit).

physik nähern, um die nach Kant „viel Wind ist“[138]. Dürfen wir dies wagen? Wenn wir auf diese Frage im letzten Kapitel eingehen wollen, müssen wir etwas weiter ausholen.

138 I. Kant, Prolegomena, Werkausgabe, hg. v. W. Weischedel, Bd. V, 9. Aufl. 1996, S. 252 (A 204).

Kapitel VIII

Vom Gesetz zum Recht, von der Jurisprudenz zur Rechtsphilosophie

Zu Beginn des III. Kapitels dieses Buches haben wir erfahren, dass das Denken des modernen Juristen in erster Linie am Gesetz ausgerichtet ist. Um das Gesetz, seine Tragweite, seine Grenzen, seine Lücken und seine Fehler kreisten daher auch die Betrachtungen aller folgenden Kapitel, wenngleich als Ziel stets die Rechtsfindung im Einzelfall vorschwebte. Wollen wir nun im gegenwärtigen Kapitel diese Bindung des Juristen an das Gesetz zwar nicht abstreifen, aber doch in ihrer Relativität und Bedingtheit erkennen, so müssen wir zunächst mit Nachdruck betonen, dass wir im Grunde bislang nur die Denkweise des modernen kontinentaleuropäischen Juristen westlicher Prägung zum Gegenstand unseres Studiums gemacht haben. Beschränkung war geboten. Eine universale Methodologie des juristischen Denkens, die alle seine Ausgestaltungen durchzugehen hätte, war an dieser Stelle nicht möglich. Aber wir wollen und dürfen nicht vergessen, dass die Jurisprudenz, wenn man alle räumlichen und zeitlichen Schranken fallen lässt, noch andere als die bisher geschilderten Methoden kennt, wenn es gilt, das Leben durch rechtliches Denken zu bewältigen. Wir sehen dabei ganz ab von einer intuitiven oder auch opportunistischen Art, das Recht des Einzelfalles zu finden, wie sie da und dort in der Rechtsgeschichte anzutreffen ist, und wie sie geläutert und durch genaue Kenntnis der „Rechtstatsachen“ gestützt manche Anhänger der Freirechtslehre als Ideal im Auge hatten. Eine spezifisch juristische Methodenlehre wird sich mit Bezug auf ein solches Freirecht über das hinaus, was wir im Kapitel über das Ermessen bereits herausgestellt haben, schwerlich ausarbeiten lassen. Insoweit können wir uns daher mit einer Rückverweisung auf das dort Ausgeführte begnügen. Wir denken jetzt nur an solche nicht gesetzesgebundenen

Rechtsfindungsmethoden, die ganz neuartige Ansprüche an das juristische Denken stellen.

Unter diesen bedarf wenigstens eine der Hervorhebung: die *Rechtsfindung anhand* von *Präjudizien*. Sie ist bekanntlich im angelsächsischen Rechtskreis ausgebildet worden als so genanntes „*case law*". Radbruch hat dessen Methode kurz, aber trefflich beschrieben. Es sei daher gestattet, dass ich mich in erster Linie an seine Darlegungen[1] anschließe. Das Eigentümliche des *case law* besteht darin, dass der Rückhalt, den der Richter des Kontinents gemeinhin im Gesetz findet, hier in früheren Entscheidungen desselben oder eines höheren Gerichtes (House of Lords, Court of Appeal) gegeben ist, und zwar nicht nur dort, wo die Gesetze überhaupt schweigen, sondern auch dort, wo es sich um deren zweifelhafte Auslegung handelt. Ist der zur Entscheidung stehende Fall einem Falle gleichartig, der von einem mit entsprechender Autorität belehnten Gericht bereits entschieden ist, so ist er auf gleiche Weise zu entscheiden. Nun ist ja selbstverständlich, dass jeder Fall Besonderheiten aufweist, so dass immer wieder das Problem entsteht, ob der neue Fall einem früher durch Präjudiz erledigten Fall in den „*wesentlichen*" Beziehungen gleichkommt. Außerdem ist der in einem früheren Präjudiz ausgesprochene Rechtssatz „nur insoweit verbindlich, als er zu der Entscheidung des damaligen Rechtsfalles notwendig war; ist er damals weiter gefasst worden, als notwendig gewesen wäre, so ist er insoweit nicht eine für die Zukunft maßgebliche ‚ratio decidendi' ..., vielmehr ein unmaßgebliches ‚obiter dictum' ...

1 G. Radbruch, Der Geist des englischen Rechts, 1946, S. 43ff. Vgl. außerdem etwa: K. N. Llewellyn, Präjudizienrecht und Rechtsprechung in Amerika, 1932; W. Fikentscher, Methoden des Rechts in vergleichender Darstellung, Bd. II, 1975, S. 58ff.; M. Will, Das Common Law, in: R. David/G. Grasmann, Einführung in die großen Rechtssysteme der Gegenwart, 2. Aufl. 1988, Rn. 283ff. (352ff.); Zweigert/Kötz, S. 250ff. m. w. N.; D. Blumenwitz, Einführung in das anglo-amerikanische Recht, 7. Aufl. 2003, S. 36ff.; H.-P. Schwintowski, Juristische Methodenlehre, 2005, S. 129ff.; Ch. Graf v. Bernstorff, Einführung in das englische Recht, 3. Aufl. 2006, § 1; G. Williams, Learning the Law, 13. Aufl. 2006, S. 92ff.; Müller/Christensen, Europarecht, Rn. 379ff.; Röhl/Röhl, S. 568ff.

des Richters“. Wir bemerken, dass hier verschiedene Ansatzpunkte vorhanden sind, um „unbequeme Präjudizen als unverbindlich auszuschalten“, während sich der englische Richter nur selten und widerwillig dazu entschließt, „sich über ein Präjudiz hinwegzusetzen (overrule), weil es ‚offensichtlich unvernünftig‘ (plainly unreasonable) sei“[2]. Diese kurzen Andeutungen dürften bereits genügen, um einiges methodologisch Bemerkenswerte erkennen zu lassen. Zunächst einmal dies, dass eine ähnliche Methode auch bei uns ausgebildet ist insofern (allerdings auch nur insofern)[3], als innerhalb der

2 Radbruch, Geist, S. 34f. Mit Schmitthoff, JZ 1967, 1 (3) ist darauf hinzuweisen, dass sich seit 1966 das „House of Lords“ künftig „nur in der Regel für an seine Präzedenzien gebunden halten würde, aber in Ausnahmefällen von ihnen abweichen würde, wenn das Gericht der Ansicht sei, dass eine solche Abweichung gerechtfertigt sei“.

3 Im Allgemeinen hat bei uns die richterliche Entscheidung nur Bedeutung für den konkreten Fall. Hier ergeht sie in „Rechtskraft“ unter den Prozessbeteiligten für die entschiedene Sache. Dagegen bindet sie nicht die Gerichte für ihre Entscheidungen in anderen, gleichgelagerten Fällen. Besonderes gilt allerdings für das BVerfG, dessen Entscheidungen eine spezielle Bindungswirkung und teilweise sogar Gesetzeskraft zukommt (vgl. § 31 BVerfGG und z.B. Alexy, Grundrechte, S. 504ff.; Zippelius/Würtenberger, § 48 Rn. 19ff.). Andererseits lässt sich nicht leugnen, dass sich unsere Gerichte weitgehend an Präjudizien, zumal an höchstrichterlichen, orientieren.

E. Schneider, Logik für Juristen, 1. Aufl. 1965, S. 349 spricht angesichts der möglichen Schadensersatzpflicht von Anwälten beim Übersehen höchstrichterlicher Rechtsprechung, der Verpflichtung der Staatsanwaltschaft, sich bei ihren Anklagen nach dieser Rechtsprechung zu richten, und der Gefahr der Aufhebung von Urteilen in höherer Instanz bei Missachtung von deren früheren Entscheidungen von einer „Diktatur des Präjudizes“. Kriele nimmt eine „präsumtive Verbindlichkeit von Präjudizien“ an und findet den „Unterschied zwischen angelsächsischer und kontinental-europäischer Rechtspraxis bei weitem nicht so bedeutend, wie man lange Zeit angenommen hat“ (S. 245). Allgemein ist man zunehmend der Frage nachgegangen, ob die Rücksichtnahme der Praxis auf Präjudizien nicht etwa nur ein bemerkenswerter rechtssoziologischer Befund ist, sondern normative Dignität besitzt, und Letzteres nicht nur dann, wenn ein „Gerichtsgebrauch“ zum Gewohnheitsrecht erstarkt. S. dazu Germann, S. 227ff. (244ff.); Esser, Vorverständnis, S. 184ff. (Präjudizien besitzen keinen „eigenen Rechtquellenwert“, wohl aber „Vergewisserungswert für die Stabilität und Einheit einer Rechtsauffassung“

höchsten Gerichte (früher des Reichsgerichtes, jetzt der obersten Bundesgerichte und der Oberlandesgerichte) die Abweichung von Präjudizen dieser Gerichte für gleichartige Fälle zwar nicht untersagt, aber doch erschwert ist (s. namentlich § 121 Abs. 2 GVG, Art. 95 Abs. 3 GG mit dem Gesetz zur Wahrung der Einheitlichkeit der Rechtsprechung der obersten Gerichtshöfe des Bundes v. 19. 6. 1968). Damit ist eine ähnliche Fragestellung gegeben, nämlich: Ist ein neu zu entscheidender Fall in wesentlichen Punkten gleichgelagert einem bereits von dem höchsten Gericht entschiedenen Falle, und hat die in einer früheren Entscheidung geäußerte Rechtsansicht auch die Grundlage für jene Entscheidung gebildet, oder handelt es sich nur um ein „obiter dictum"? Das Verfahren nach GVG unterbleibt, „wenn von *Rechtsausführungen* abgewichen werden soll, die als sog. *obiter dicta* keinen rechtlich tragenden Grund für das Entscheidungsergebnis … darstellen"[4]. Was dann aber die angelsächsische Methode der Übertragung der Rechtsansicht der früheren Entscheidung auf den gegenwärtig zu entscheidenden Fall betrifft, so hat sie offenbar eine gewisse strukturelle Verwandtschaft mit unserer Analogie, da es sich ja um einen Schluss vom Besonderen aufs Besondere

und „Indizbedeutung für die Vernünftigkeit und gesellschaftliche Adäquanz der … benutzten Argumente", S. 184 f.); H. W. Kruse, Das Richterrecht als Rechtsquelle des innerstaatlichen Rechts, 1971; Fikentscher, Methoden III, S. 728 ff.; Bydlinski, S. 501 ff. („subsidiäre Verbindlichkeit" von Präjudizien; ebenso Larenz/Canaris, Methodenlehre, S. 257 ff.); Larenz, Methodenlehre, S. 429 ff. m. w. N. (Präjudizien, sofern sie „zutreffend" sind, als „Rechtserkenntnisquelle"; die Richtigkeit hat Vorrang vor dem Postulat, gleichliegende Fälle gleich zu entscheiden, S. 432); R. Riggert, Die Selbstbindung der Rechtsprechung durch den allgemeinen Gleichheitssatz (Art. 3 I GG), 1993, S. 23 f. m. w. N.; Ch. E. Ziegler, Selbstbindung der Dritten Gewalt, 1993, m. w. N.; Pawlowski, Rn. 933 ff., 1020 ff.; Zippelius, Methodenlehre, S. 80 f.; Müller/Christensen, Europarecht, Rn. 382 ff.

4 So E. Schmidt, Lehrkommentar zur StPO und zum GVG, Teil 3, 1960, § 121 Anm. 33. Dazu als Beispiel: BGHSt 7, 314. Vgl. auch KK-Hannich, § 121 GVG Rn. 38. Zur Frage der Bindung an obiter dicta s. auch Pawlowski, Rn. 1056 ff. (keine rechtliche Bindung, wohl aber faktische Wirkungen, Rn. 1074).

handelt, und zwar unter Rückgang auf den Grundgedanken, der der älteren Entscheidung zugrunde liegt. Schließlich bemerken wir, dass auch bei der Bindung an Präjudizen die Frage quälend werden kann, die wir bei der Bindung an das Gesetz auftauchen sahen: Muss nicht die Bindung dort ihre Grenzen haben, wo sie zu untragbaren Entscheidungen führt? Überflüssig zu sagen, dass natürlich, wie zwischen verschiedenen gesetzlichen Bestimmungen, so auch zwischen verschiedenen präjudiziellen Entscheidungen Widersprüche auftreten können, die den späteren Richter vor die Frage stellen, welchem Präjudiz er den Vorzug geben soll, oder ob er etwa angesichts des Widerspruchs von jeder Bindung frei ist. Im Übrigen müssen wir nun wegen der Eigentümlichkeit des angelsächsischen Rechtsbetriebs auf die einschlägige Literatur verweisen, insbesondere auf die Werke von Llewellyn und Fikentscher.

Als Ergänzung zu diesen Ausführungen mögen aber noch einige Passagen aus Fikentscher (Bd. II) über die Methoden des englischen *case law* (gegenüber denen übrigens das amerikanische Fallrecht gewisse Besonderheiten aufweist) dienen: „Kernstück englischer Rechtsmethodik" ist das Prinzip „stare decisis" (S. 81), nämlich der „Grundsatz, *dass* man Präzedenzfälle zu befolgen hat, soweit ihre jeweilige ratio decidendi reicht" (S. 83). „Unter Präzedenzfall oder, englisch, precedent, versteht man den entschiedenen Fall, der für die Entscheidung weiterer, künftiger Fälle maßgeblich sein soll" (S. 81). „Selbstredend ist nicht jedes untere Gericht an jede Entscheidung irgendeines anderen unteren Gerichts gebunden. Grundsätzlich besteht vielmehr nur die Pflicht des stare decisis im Verhältnis zum eigenen und zu übergeordneten Gerichten" (S. 83). Der Präzedenzfall „ist eine juristische Entscheidung, die in sich selbst einen Grundsatz enthält", eben die ratio decidendi (S. 81). Die Ermittlung dieser ratio ist das Wichtigste und „Schwierigste" (S. 82). Diese ratio „gibt darüber Auskunft, welchen Beitrag der entschiedene Fall zum materiellen Recht liefert" (S. 86). Sie hat „Doppelcharakter". Einerseits ist sie „die Regel, nach welcher der Fall entschieden wird" (ohne welche der Fall anders entschieden werden müsste; so die

„klassische“ Formel). Zum andern ist sie „die Norm, die aus dem Präzedenzfall zu entnehmen ist“ (S. 86f.). „Ratio decidendi ist … nur, was die Richter als wesentliche Begründung für ihre rechtliche Beurteilung … angesehen haben“ (S. 90). Zu ihr steht im Gegensatz das „obiter dictum“, das nur eine „unwesentliche Beigabe für den eigentlichen juristischen Gedankengang“ darstellt (S. 91), aber eventuell doch auch „für die Entscheidung künftiger Fälle Bedeutung haben“ kann (S. 92). Will nun ein Gericht von einem „precedent“ in einem bestimmten neuen Falle, der immerhin ähnlich gelagert ist, abweichen, so muss es entweder zeigen, dass die ratio jener früheren Entscheidung nicht zutrifft oder der neue Fall „anders gelagert“ ist („distinguishing“ als „Aufzeigen rechtserheblicher Unterschiede zwischen zwei Fällen“, S. 95). Vom „distinguishing“ als „Fallunterscheidung“ ist zu trennen das „overruling“ als „ausgesprochene Zurückweisung eines Präzedenzfalles“ (S. 96); Letzteres kommt nur unter besonderen Voraussetzungen in Betracht (S. 106, 110f.). Umgekehrt stützt sich die Gleichbehandlung des neuen Falles mit dem früher entschiedenen auf die Ansicht, dass entweder keine faktischen Unterschiede zwischen den beiden Fällen bestehen oder die Unterschiede jedenfalls nicht „rechtserheblich“ sind (S. 97). Einzelheiten zum „distinguishing“ und „overruling“ dann S. 98 ff, 105 ff

Um die Grundbegriffe der „ratio decidendi“ und des „obiter dictum“ an einem Beispiel aus der deutschen Rechtsprechung zu exemplifizieren, möchte ich auf die oben im Text S. 261 f. behandelte Entscheidung des BGH zum Verbotsirrtum zurückgreifen (BGHSt 2, 194). Ratio decidendi dafür, dass man zu dem Ergebnis gelangte, dass der „Täter … das Bewusstsein haben oder bei gehöriger Anspannung des Gewissens haben können (muss), … Unrecht zu tun“ (S. 194), war der Grundsatz, dass Strafe Schuld und somit „Vorwerfbarkeit“ (S. 200) voraussetzt. Dagegen war bloßes „obiter dictum“, was der BGH (S. 211) andeutend sagte über den „Fall, dass der Täter sein Verhalten für rechtmäßig hält, weil er irrtümlich einen rechtfertigenden Tatbestand für gegeben erachtet“ (z. B. fälschlich an die Einwilligung des Patienten in eine Operation glaubt). Zu der Frage nämlich, ob hier ein „Tatirrtum" (bzw. Erlaubnistatbestandsirrtum) oder (wie manche glauben) ein „Verbotsirrtum" anzunehmen ist, Stellung zu nehmen, besteht nach ausdrücklicher Erklärung des BGH „kein Anlaß", doch lasse sich nicht verkennen, dass der Täter dann „anders" dastehe als im Falle des eigentlichen „Verbotsirrtums", weil er über die Gestaltung des „Sachverhalts" (nicht über die Rechtslage als solche) irre. Dieses „obiter dictum" hätte – aus der Sicht des englischen *case law* – keine verpflichtende Bedeutung, wenn in späteren Entscheidungen die Frage der Einordnung jenes nebenbei erwähnten Irrtumsfalles anstünde.

Wir kehren zurück zu unserem kontinentaleuropäischen juristischen Denken, das wie gesagt heute größtenteils orientiert ist am Gesetz. Wir haben aber nun an vielen Stellen dieses Buches bemerken können, dass beim Umgang mit dem Gesetz Durchblicke stattfinden auf etwas hinter dem Gesetz Stehendes, das wir einmal ganz allgemein und unbestimmt „Recht" nennen wollen. Das Gesetz ist keine in sich ruhende absolut eigenständige Größe, etwas, das hinzunehmen wäre wie Gottes Gebot, sondern es ist Niederschlag und Ausdruck von Rechtsgedanken, zu denen es immer wieder durchzustoßen gilt, wenn wir das Gesetz richtig verstehen und eventuell auch beschränkend, ergänzend und berichtigend handhaben wollen. Was sollen wir uns nun unter diesem im Hintergrund stehenden Recht etwa vorstellen?

Eine verhältnismäßig leicht greifbare Vorstellung vermittelt uns die so genannte *Interessenjurisprudenz*, auf die wir im Laufe unserer Ausführungen mehrfach gestoßen sind, die uns aber nun einmal im ganzen beschäftigen mag, da sie eine deutliche und einleuchtende Auffassung von dem Verhältnis des Gesetzes zu seinen rechtlichen Hintergründen entwickelt hat und auch gerade in methodologischer Hinsicht von allergrößter Bedeutung ist, weil sie gleichermaßen die Auslegung wie die Lückenergänzung und die Berichtigungen von Fehlern beherrscht[5]. Ihre Grundgedanken wollen wir uns von dem entschiedensten Verfechter der Lehre, der sie speziell als

5 Auch das „Tonbandurteil" BGHZ 17, 266 (275 f.) bekennt sich zu ihr.

Methodenlehre ausgebaut hat, vortragen lassen, nämlich von *Philipp Heck*[6]. Zur ersten Annäherung besonders geeignet ist der Vortrag „Interessenjurisprudenz" vom Jahre 1933, der „eine kurze Zusammenfassung für das Niveau des akademischen Unterrichts" (S. 3) gibt. An diese Darstellung wollen wir uns hier in erster Linie anlehnen. Heck betont gleich zu Beginn seines Vortrags, dass es sich bei der Interessenjurisprudenz um eine „Methodenlehre für die praktische Rechtswissenschaft" (S. 7), nicht um eine Rechtsphilosophie handele. Aber Letzteres ist nur bedingt richtig, und zwar insofern, als Heck der rechtsphilosophischen Problematik nur bis zu einem bestimmten Punkte nachgeht und vor ihren höchsten Fragen, z. B. der Frage der „allgemeinen Maßstäbe" (S. 7) des richtigen Rechts, haltmacht. Aber die Hecksche Methodenlehre beruht auf „Grundanschauungen" (S. 8) von dem Wesen und der Aufgabe des Rechts, die man doch als rechtsphilosophische bezeichnen darf[7]. Welches sind diese Grundanschauungen? Heck antwortet: Die Rechtsordnung besteht aus Geboten (Imperativen). Diese Gebote sollen das Leben gestalten, „das bewegte, drängende und fordernde Leben" (S. 10). Die Forderungen des Lebens nennen wir „Interessen". Dabei sind

---

6 Hauptschriften Hecks: Gesetzesauslegung und Interessenjurisprudenz, 1914; Begriffsbildung und Interessenjurisprudenz, 1932; Das Problem der Rechtsgewinnung, 2. Aufl. 1932; Interessenjurisprudenz, 1933; Die Interessenjurisprudenz und ihre neuen Gegner, 1936; Rechtserneuerung und juristische Methodenlehre, 1936; Rechtsphilosophie und Interessenjurisprudenz, AcP 143 (1937), 129. Vgl. ferner Hecks Grundrisse des Schuldrechts, 1929, und des Sachenrechts, 1930, wo er seine Methode systematisch angewendet hat.
Zur Entwicklung und Bedeutung der Interessenjurisprudenz: K. Engisch, Interessenjurisprudenz und Strafrecht, Monatsschrift f. Kriminalpsychologie 25 (1934), 65; H. Hubmann, Grundsätze der Interessenabwägung, AcP 155 (1956), 85; Edelmann; Wieacker, Privatrechtsgeschichte, S. 574 ff.; Kallfass; G. Ellscheid/W. Hassemer (Hg.) Interessenjurisprudenz, 1974; Fikentscher III, S. 373 ff.; Henkel, Rechtsphilosophie, S. 309 ff.; P. Speiger, Interessenjurisprudenz in der deutschen Rechtsprechung, 1985; Larenz, Methodenlehre, S. 49 ff.; Coing, S. 48 ff.; Zippelius, Rechtsphilosophie, § 9; Rüthers, Rechtstheorie, Rn. 524 ff.

7 Zur Abhängigkeit der Heckschen Interessenjurisprudenz von der Weltanschauung des Positivismus s. Larenz, Methodenlehre, S. 51 f.

„Interessen" nicht nur die materiellen, wirtschaftlichen und sozialen Interessen, sondern auch die ideellen Interessen; es gibt kulturelle, sittliche, religiöse „Interessen" (S. 10). Das Recht hat die Aufgabe, die materiellen und die ideellen Interessen der Menschen zu erfassen und zu *schützen*, soweit sie sich als schutzwürdig darstellen. Das Recht schützt z. B. die Interessen an Einkommen und Eigentum, an Leben, Gesundheit, Freiheit und Ehre, an der Auswertung und Verbreitung geistiger Erzeugnisse, an der Schonung sittlicher und religiöser Gefühle. Nun aber stehen die Interessen der Menschen nicht selbstständig nebeneinander, sie begegnen sich, sie können dabei in dieselbe Richtung weisen, sie können aber auch miteinander kollidieren. Zumal die Interessenkollision, der „Interessenkonflikt" (S. 13), geht das Recht an. Sehr häufig, vielleicht immer bedeutet der Schutz eines Interesses durch das Recht die Hintansetzung eines anderen Interesses. Schützt z. B. das Recht den Eigentümer in seiner Machtposition, so errichtet es damit der Begehrlichkeit anderer Menschen und der Durchsetzung ihrer Interessen Schranken. Gibt das Recht in einem Mietstreit dem Mieter recht, so zieht der Vermieter mit seinen Interessen den Kürzeren und umgekehrt. Fordert das Gesetz Achtung fremder Ehre oder des religiösen Gefühls, so bedeutet dies zugleich, dass kritik- und spottlustige Menschen ihre scharfe Zunge im Zaume halten müssen. Überall bevorzugt das Recht gewisse Interessen vor anderen Interessen. Es entscheidet wirkliche oder mögliche Interessenkonflikte durch Interessenabwägung („Konfliktstheorie", S. 13). „Von grundlegender Bedeutung ist … die Erkenntnis, dass jedes Rechtsgebot einen Interessenkonflikt entscheidet, auf einem Gegeneinanderwirken entgegenstehender Interessen beruht … Der Schutz von Interessen … vollzieht sich … immer in einer interessenerfüllten Welt, in der alle Güter schon begehrt werden, und daher stets (!) auf Kosten anderer Interessen" (S. 13). Diejenigen Interessen, die bevorzugt oder wenigstens mitberücksichtigt werden, erweisen sich vor dem Recht als siegreich bzw. maßgeblich, sie werden für die rechtlichen Imperative kausal. Dies bedeutet vor allen Dingen: Sie werden wirksam in den *gesetzlichen* Geboten, zu denen sich das rechtliche Wollen im modernen Staat vorzugsweise verdichtet, um dann freilich weiterhin das „bewegte, drängende und fordernde Leben" (S. 10) in den Griff zu bekommen und zu gestalten. Eben hierbei aber, bei der Anwendung des gesetzten Rechts auf das Leben, bei der Auslegung, der Lückenergänzung, der Gesetzesberichtigung müssen jene kausalen Interessen erforscht, im Auge behalten und dem Willen des Gesetzgebers gemäß zur Geltung gebracht werden. „Bei jeder Rechtsnorm ist der entschiedene Interessenkonflikt herauszuarbeiten"; „jede tiefergehende Erörterung fordert die Interessengliederung" (S. 13 f.). Und zwar im Geiste des Gesetzes! Denn der Richter wägt im Gesetzesstaat die Interessen nicht nach freiem Gutdünken ab, sondern unter Bindung an die Konfliktentscheidungen des Gesetzgebers. Es gilt der Grundsatz der Gesetzestreue. Der Richter konkretisiert nur von Fall zu Fall die generellen gesetzlichen Konfliktentscheidungen, indem er vergleichend feststellt, dass der konkrete Konflikt so gelagert ist, wie der vom Gesetzgeber bei der Schaffung der Norm angeschaute Konflikt. Auch bei der Lückenergänzung ist der Wille des Gesetzgebers möglichst zu achten. Nur wo das Recht den Richter ausnahmsweise ermächtigt, seine eigene Interessenabwägung der Entscheidung zugrunde zu legen, insbesondere bei den Ermessensdelegationen, tritt der Richter an die Stelle des Gesetzgebers. Und nur dort darf der Richter ein schlechtgefasstes Gesetz korrigieren, wo er auf diese Weise dem wahren Willen des interessenabwägenden Gesetzgebers zum Durchbruch verhilft. Mit der Verkündung des Prinzips der Gesetzesgebundenheit distanziert sich die Interessenjurisprudenz scharf von der Freirechtsschule[8]. Aber mit ihr kämpft sie Schulter an Schulter gegen „Begriffsjurisprudenz" (S. 11) und Konstruktionalismus. Indem sie sich von den in sich selbst ruhenden Begriffen und Konstruktionen des Gesetzes loslöst, transzendiert sie das Gesetz. Sie stellt nun – wie die Freirechtslehre – das Gesetz hinein in ein Feld sozialer, wirtschaftlicher und kultureller Kräfte, deren Beachtung die rechtlich ordnende Funktion des

8 Dazu Kallfass, S. 87 ff.

Gesetzes allererst verständlich macht. „Um die Befriedigung der Interessen geht das Ringen, aber nicht um die Richtigkeit von Begriffsbestimmungen oder die folgerichtige Durchführung von beschlossenen Definitionen ... Das Recht ist geschichtlich Interessenprodukt" (S. 12). Wie die damit abgelehnte und heute fast ganz überwundene „Begriffsjurisprudenz" ihrerseits verfährt, dies genauer darzustellen müssen wir uns versagen. Einen leisen Geschmack von ihrer Methodik haben wir immerhin bei der Erörterung des Problems der „rechtlichen Kausalität" (s. o. Text S. 72 ff.) bekommen. Dass die Meidung dieser begriffsjuristischen und konstruktionalistischen Methoden nicht gleichbedeutend ist mit einer Geringschätzung der „Begriffe" überhaupt, die die Jurisprudenz naturgemäß so wenig wie irgend eine andere Wissenschaft entbehren kann, sei zur Vermeidung von Missverständnissen ausdrücklich betont[9].

Versuchen wir aber nun, den Gegensatz der Interessenjurisprudenz zur Begriffsjurisprudenz an einem Beispiel zu illustrieren. Sehr instruktiv ist hier das Rechtsinstitut des Eigentumserwerbs vom Nichtberechtigten. A hat dem B ein Buch geliehen, B unterschlägt das Buch und bietet es einem Antiquar (C) zum Erwerb an, um sich aus einer momentanen Geldverlegenheit zu helfen. Der Antiquar C erwirbt von B das Buch „gutgläubig", weil er den B für den Eigentümer hält und halten darf. Die Römer sagten: „Traditio nihil amplius transferre ... potest ad eum qui accipit, quam est

9 S. dazu namentlich Heck, Begriffsbildung, 1932; vgl. auch H. Stoll, Begriff und Konstruktion in der Lehre der Interessenjurisprudenz, in: FS f. Ph. Heck u. a. (1931), S. 60; Kallfass, S. 79 ff. Da Esser, Grundsatz, S. 236, von einer „höchst törichten" Selbstanprangerung der deutschen Begriffsjurisprudenz spricht, sei nochmals bemerkt, dass die im Text abgelehnte „Begriffsjurisprudenz" (als Gegenbegriff zur „Interessenjurisprudenz") in dem namentlich von Heck herausgestellten spezifischen Sinne („Inversionsmethode"; Heck, Begriffsbildung, S. 92 ff.) zu verstehen ist. Über die Bedeutung einer andersartigen Begriffsjurisprudenz s. Engisch, in: Dt. Landesreferate, 5. Int. Kongreß f. Rechtsvergleichung (1958), S. 62 f.; Larenz, Methodenlehre, S. 53 ff., 165 ff. Zum Sinnwandel der Begriffsjurisprudenz im 19. Jahrhundert s. Edelmann, S. 26 ff.

apud eum qui tradit“ (Ulpian, D 41,1,20), d. h. man kann bei einer Eigentumsübertragung nicht mehr übertragen, als man hat; ist man kein Eigentümer, so kann man auch kein Eigentum übertragen. Das ist nun im Grunde begriffsjuristisch gedacht; denn es wird aus dem *Begriff* der Eigentumsübertragung gefolgert, dass der Erwerber nur dann Eigentümer wird, wenn der Veräußerer Eigentümer gewesen ist. Man stellt sich die Eigentumsübertragung ganz wörtlich als das Hinübertragen eines Körpers von einer Person auf die andere vor, nicht dagegen als die Einräumung eines Rechtes an der Sache. Unser deutsches bürgerliches Recht denkt jedoch in Anknüpfung an ältere deutschrechtliche Vorstellungen in diesem Punkte ganz anders. Es denkt interessenjuristisch. Es wägt die Interessen des bisherigen Eigentümers (A) und des Erwerbers (des Antiquars C) gegeneinander ab, und zwar folgendermaßen: Auf den ersten Blick halten sich die Interessen des Einen und des Anderen, also des A und des C, die Waage. Der Eigentümer A hat ein berechtigtes Interesse daran, wieder zu seiner Sache zu kommen, die von B unterschlagen worden ist. Der Erwerber C hat ein Interesse daran, die Sache zu eigen behalten zu dürfen, die er im besten Glauben an das Eigentum des Veräußerers B erworben und die er auch bezahlt hat. Bei dieser Gleichgewichtslage fällt nun entscheidend in die Waagschale ein besonderer Umstand: A hat sich des Besitzes an seinem Buche *freiwillig begeben*, als er es dem B geliehen hat (dabei sei dem Laien ausdrücklich gesagt, dass die Begriffe „Besitz“ und „Eigentum“ nicht verwechselt werden dürfen. Das Eigentum ist das Recht an der Sache, der Besitz nur ihr tatsächliches Innehaben). A hat mit der Aushändigung des Buches an B diesem Vertrauen geschenkt. Er hat zugleich den B in die Lage versetzt, den späteren Erwerber C über die Eigentumsverhältnisse zu täuschen; denn im Allgemeinen darf man annehmen, dass derjenige, der eine Sache tatsächlich in Besitz hat (B), auch ihr Eigentümer ist. Demgemäß hatte C aufgrund des Besitzes des B allen Anlaß, diesen zugleich für den Eigentümer zu halten. Der „Rechtsschein“, der sich an den Besitz knüpft und der darin besteht, dass man trotz der begrifflichen Verschiedenheit von Besitz und Eigentum den

Besitzer im Allgemeinen zugleich für den Eigentümer halten darf, ist für den Gesetzgeber der Grund, bei unserem Interessenkonflikt zwischen A und C dem Interesse des gutgläubigen Erwerbers C den Vorzug zu geben vor dem Interesse des früheren Eigentümers A. Dieser mag sich an B halten, dem er Vertrauen geschenkt hat und der es durch die Unterschlagung mißbraucht hat. „Wo du deinen Glauben gelassen hast, da mußt du ihn wieder suchen", so sagte schon das ältere deutsche Recht[10]. Heck formuliert den gleichen Gedanken für das heutige Recht so: „Die Interessen des gutgläubigen Erwerbers verdienen nur dann einen Vorzug vor den Interessen des Altberechtigten, wenn sie sich auf einen äußeren Schein stützen können"; bei beweglichen Sachen liegt dieser äußere Schein begründet in der „Besitzlage"[11]. Anders steht es dann, wenn der Eigentümer A den Besitz an seiner Sache nicht freiwillig aufgegeben hat, sondern gegen seinen Willen verloren hat, indem ihm die Sache gestohlen wurde oder auf ähnliche Weise „abhandengekommen" ist. Hier genießt das ursprüngliche Eigentum des A höheren Rang als der spätere Erwerb, auch wenn dieser letztere gutgläubig geschehen ist, auch wenn also der Erwerber von dem Diebstahl nichts wußte und nichts wissen konnte.

So also stellt sich eine „interessengliedernde" Auslegung der Vorschriften über den gutgläubigen Erwerb des Eigentums an beweglichen Sachen dar (s. §§ 932 ff BGB)[12]. Diese Interessengliederung muss dann auch beibehalten werden bei der

10 Nachweis bei J. H. Hillebrand, Deutsche Rechtsprichwörter, 1858, S. 74 (Nr. 101). Darüber, dass das ältere deutsche Recht dabei – wenn auch vielleicht nicht deutlich bewusst – die Interessenlage bewertete und nicht etwa konstruktiv dachte, s. Heck, Sachenrecht, § 58 I 3.

11 Heck, Sachenrecht, § 59. Zur Rechtfertigung des gutgläubigen Erwerbs aus neuerer Zeit s. z. B. F. Baur/R. Stürner, Lehrbuch des Sachenrechts, 18. Aufl. 2009, § 52 A II.

12 Zur Verhütung von Verwirrung sei bemerkt, dass der oben S. 120 ff. besprochene Fall anders lag als der jetzt besprochene. Dort handelte es sich um eine dem Fiskus „abhandengekommene" Sache, und der gute Glaube des Erwerbers bezog sich nicht auf das Eigentum des eigenmächtig handelnden Veräußerers (des Futtermeisters), sondern auf dessen Befugnis, für den Fiskus zu veräußern („Verfügungsbefugnis").

Lösung von Zweifelsfragen und der Ergänzung von Lücken. So ist gerade mit Bezug auf den gutgläubigen Erwerb vom Nichteigentümer folgende Streitfrage entstanden: Nehmen wir an, der Erwerber C erwirbt vom Nichteigentümer B gutgläubig einen Kraftwagen oder einen Rundfunkapparat *gegen Ratenzahlung*, wobei B sich bei Sachübergabe das Eigentum (das ihm, dem B, gar nicht zusteht) ausdrücklich „*vorbehält*", bis alle Raten gezahlt sind. Vor Zahlung der letzten Rate erfährt C, dass nicht B, sondern A der wahre Eigentümer des Kraftwagens bzw. des Rundfunkapparates ist, den A dem B zur Reparatur anvertraut hatte. Wird nun C Eigentümer, wenn er die noch ausstehende Rate zahlt? Kommt es für die Frage des guten Glaubens des C auf den Augenblick des Geschäftsabschlusses an oder auf den Augenblick der Bezahlung der letzten Rate, mit welcher ihm das Eigentum vertragsgemäß zufallen soll? Beim Kaufabschluss selbst war C noch gutgläubig, indem er den B für den Eigentümer hielt. Bei der Zahlung der letzten Rate war er es nicht mehr, weil er jetzt wusste, dass A und nicht B der wahre Eigentümer ist. Heck erklärt: „Die Anwartschaftsinteressen sind ebenso schutzwürdig wie das unbedingte Recht. Wer ein Auto gegen Eigentumsvorbehalt erwarb, der hat schon Anspruch auf Schutz, bevor er die letzte Rate zahlt"[13]. D. h. also: wenn auch C durch den Erwerb unter Eigentumsvorbehalt des B bis zur Zahlung der letzten Rate nur „bedingt" Eigentum erworben hat, nur eine „Anwartschaft" auf das Eigentum erlangt hat, so sind doch diese seine Erwerbsinteressen genau so schutzwürdig wie die Interessen desjenigen, der sofort und unbedingt den fraglichen Gegenstand zu Eigentum erworben hat. Die Interessenabwägung, die dem § 932 BGB zugrunde liegt, wird demgemäß ausgedehnt auf diesen im Gesetz nicht unmittelbar geregelten Fall (Lückenergänzung)[14].

---

13 Heck, Sachenrecht, § 58 III 3. Vgl. auch BGHZ 10, 69 sowie Baur/Stürner, § 52 C III.

14 Ausführlich zur Lückenbehandlung innerhalb der Tübinger Schule: Kallfass, S. 37 ff.

Unser Beispiel der interessengliedernden Gesetzesanwendung kann uns aber noch mehr lehren und in gewissem Sinne über die Interessenjurisprudenz selbst hinausführen. Wir haben gesehen, dass die Interessenabwägung, die der Regelung des gutgläubigen Erwerbs beweglicher Sachen vom Nichtberechtigten zugrunde liegt, keine willkürliche ist. Es wird nicht einfach eines der kollidierenden Interessen dem anderen vorgezogen, sondern es liegen „*Gründe*" für diesen rechtlichen Akt der Bevorzugung vor. Diese Gründe liegen in unserem Beispiel darin, dass der ursprüngliche Eigentümer sich des Besitzes freiwillig begeben und damit einen Rechtsschein zugunsten des treulosen Veräußerers geschaffen hatte. Derartige Gründe sind nun nicht wieder Interessen, sie spielen nur bei der Interessenabwägung eine entscheidende Rolle, sie sind also insofern ebenso „kausal" wie die Interessen selbst. Es ist besonders *Müller-Erzbach* gewesen, der, ursprünglich von der Interessenjurisprudenz ausgehend, doch richtig erkannt hat, dass für die abstrakten und konkreten rechtlichen Entscheidungen, d. h. also: sowohl für die Entscheidungen des Gesetzgebers wie für die des Rechtsanwenders, außer den Interessen noch andere Momente eine Rolle spielen. Bei der Rechtsforschung sind also nicht nur die beteiligten Interessen, sondern auch alle anderen Faktoren der Rechtsbildung aufzudecken: die Machtlage, die Herrschaft über die Gefahr, das Vertrauen und dergleichen mehr. In unserem Beispielsfalle sind es offenbar Gesichtspunkte dieser Art, die für die Interessenabwägung bedeutsam werden: Der Eigentümer, der den Besitz der Sache preisgibt, schafft Gefahren für sein Eigentum, er nimmt ein Risiko auf sich im Vertrauen auf die Zuverlässigkeit desjenigen, dem er den Besitz überträgt, und er schafft die Grundlage für den guten Glauben des „dritten" Erwerbers[15]. Dies sind die Gründe, die causae, die es dem Gesetzgeber als gerecht erscheinen lassen, den Interessenkonflikt so und nicht anders zu entscheiden. Das *„kausale" Rechtsdenken* ist also zwar auch Interessenforschung, aber es ist nicht nur Interessenforschung, es kennt noch andere kausale Faktoren der

15 Vgl. dazu Müller-Erzbach, S. 64 f., 87 f.

Rechtsbildung als die Interessen. Wir können diese erweiterte Lehre vom kausalen Rechtsdenken jetzt nicht weiter in die Einzelheiten verfolgen. Hierfür sei namentlich auf die mehrfach erwähnte Schrift von Müller-Erzbach, „Die Rechtswissenschaft im Umbau", verwiesen[16].

Nur auf einen Punkt müssen wir noch eingehen, weil von ihm aus auch noch über das hinauszugelangen ist, was im Begriffe des kausalen Rechtsdenkens steckt. Einerlei nämlich, ob man die Interessen allein oder noch andere „Lebensfaktoren" als die maßgeblichen kausalen Rechtselemente ansieht, die demgemäß auch für die Auslegung, das Verständnis, die Ergänzung und die Fortbildung des Rechts im Auge zu behalten sind, stets läuft doch die Entscheidung des Gesetzgebers oder des Rechtsanwenders auf die *Bewertung* der Interessen und der anderen Faktoren hinaus. In welchem Verhältnis steht diese Bewertung zu den Interessen und den anderen rechtsbildenden Faktoren? Man könnte auf die Idee kommen, die Bewertungen seien mit den Interessen bzw. den anderen Faktoren unmittelbar gegeben, etwa so, dass das höhere Interesse nichts anderes als das stärkere Interesse sei, dass allein die Machtkonstellation über die Bevorzugung eines Interesses vor dem anderen entscheide. Gewisse Äußerungen von Müller-Erzbach können so gedeutet werden. Er spricht davon, dass die Bewertungen des Rechts „maßgebend durch die jeweils gegebene Machtlage bestimmt" seien[17]. Aber die nähere Ausführung des Gedankens lässt doch erkennen, dass die Machtlage zwar in der Bewertung berücksichtigt wird, dass sie diese aber nicht zureichend bestimmt, dass vielmehr ein Element der Freiheit in der Bewertung steckt. Das Gleiche gilt für die Interessen selbst, die zwar als solche auch zu gewissen

16 Müller-Erzbach, S. 137 mit Zusammenstellung der früheren Arbeiten. Vgl. auch Hubmann, AcP 155 (1956), 91 ff.; Edelmann, S. 88 ff.; K. Knauthe, Kausales Rechtsdenken und Rechtssoziologie, 1968. Hubmann hat die für die Interessenbewertung und „Konfliktlösung" maßgeblichen Gesichtspunkte (Stärke und Umfang der Interessen, Rechtsschein, Priorität, Verschulden u. a.) gründlich behandelt und damit eine Art „Topik" der Interessenjurisprudenz geliefert.

17 Müller-Erzbach, S. 75 (s. auch S. 84 ff.).

Bewertungen hindrängen, ja sich selbst in Bewertungen ausdrücken, manchmal in der Maske von Idealen daherkommen[18], stets aber einem rechtlichen Ausleseprozess unterliegen, durch den mit einer gewissen Freiheit über die Berechtigung und die Rangordnung der Interessen geurteilt wird[19]. So wird man sagen müssen, dass wir mit der Bewertung der Interessen und der anderen kausalen Faktoren der Rechtsbildung eine höhere Ebene betreten, auf der uns neue Begriffe und Ideen entgegentreten, Begriffe der Gerechtigkeit, der Billigkeit, der sittlichen Verantwortung, der Menschenwürde, der Achtung der Person usw. Das ist schon früher gegen eine einseitige Interessenjurisprudenz geltend gemacht worden und gilt auch gegen ein die Faktoren der Macht und des Vertrauens berücksichtigendes kausales Rechtsdenken[20]. Später hat noch einmal Coing mit Schärfe betont: „Die moralischen Werte, wie Gleichheit, Vertrauen, Achtung vor der Personwürde, sind nicht irgendwelche Interessen neben anderen: sie sind vielmehr die eigentlich entscheidenden *Ordnungselemente* des Privatrechts (sc. erst recht natürlich des Strafrechts und anderer Partien des öffentlichen Rechts); sie stehen nicht *neben*, sondern *über* den zu ordnenden Tatbeständen". Daher muss letzte Grundlage

18 Hier hakt auch der Begriff der „Ideologie" ein. Zur ersten Orientierung s. H. Henkel, Ideologie und Recht, 1973; ders., Rechtsphilosophie, S. 142 ff. (m. w. N.); Coing, S. 55, 102 ff.; Zippelius, Rechtsphilosophie, § 17 I. Gleichfalls als Ideale und in Verwandtschaft zu Ideologien, treten die „politischen Utopien" auf, denen als fiktionalen Entwürfen idealer Gemeinschaften u. a. die Rolle zukommt, in bestehenden Gesellschaften kritisch auf vernachlässigte Interessen aufmerksam zu machen sowie neue Möglichkeiten des Zusammenlebens anzudenken. Zum Utopiebegriff und der gesellschaftlichen Funktion utopischen Denkens s. R. Saage, Das Ende der politischen Utopie?, 1990, S. 13 ff.; D. Otto, Das utopische Staatsmodell von Platons Politeia aus der Sicht von Orwells Nineteen Eighty-Four, 1994, S. 139 ff., 292 f. m. w. N.

19 Vgl. dazu Müller-Erzbach, S. 79 ff.; Engisch, Idee, S. 105 ff. Über das Verhältnis von Interesse und Bewertung bei Heck und die bei ihm anzutreffende Mehrdeutigkeit des „Interesses" als Gegenstandes, Maßstabes und kausalen Faktors der Bewertung s. Henkel, Rechtsphilosophie, S. 318 f.; Larenz, Methodenlehre, S. 52 f., 119 ff.

20 S. dazu Engisch, Monatsschrift f. Kriminalpsychologie 25 (1934), 70 ff. (m. w. N.); Hubmann, AcP 155 (1956), 90.

aller Rechtsanwendung „die Besinnung auf die *Wertungen* sein, auf denen unsere Rechtsordnung beruht“[21].

Wäre nun die Besinnung auf diese Wertungen nichts weiter als ein Ermitteln derjenigen Wertungen, die historisch den Gesetzen zugrunde liegen, so blieben wir in den Fesseln des Positivismus. Wir sahen aber in der Interessenjurisprudenz eine Bewegung, die uns über das unmittelbare Wollen des Gesetzgebers hinausführen sollte zu den hinter dem Gesetz stehenden Rechtsgedanken. Wir würden auf halbem Wege stehen bleiben, wenn wir nach Aufdeckung der Interessen und der sonstigen kausalen Rechtsfaktoren uns dabei beruhigen würden, dass der Gesetzgeber gerade dieses oder jenes Interesse schützen und ihm vor anderen den Vorzug geben wollte, und dass ihm dabei gerade dieser oder jener Gesichtspunkt als der maßgebliche erschien. Die Wertungen des Gesetzgebers lassen sich nicht isolieren. Sie müssen auf andere Wertungen bezogen werden, die hinter dem Gesetz stehen und das „Recht“ prägen. Die unmittelbare Entscheidung des Gesetzgebers sollte freilich nicht unterschätzt werden[22]. Die alltägliche Verwaltung und Rechtspflege wäre nicht durchzuführen ohne Gesetze, die die Mehrzahl der Fälle klar behandeln. Löhne und Gehälter werden gezahlt, Steuern abgezogen, Grundstücke notariell verkauft, Straftaten geahndet, meist ohne dass die geringsten Rechtszweifel aufkommen. Hat nicht auch der Übergang von der Gleichberechtigungs-Rechtsprechung zum Gleichberechtigungsgesetz die klärende Bedeutung des Gesetzes gelehrt[23]?

---

21 H. Coing, System, Geschichte und Interesse in der Privatrechtswissenschaft, JZ 1951, 481 (485). S. auch Henkel, Rechtsphilosophie, S. 318ff. Vgl. aber auch Kallfass, S. 16ff. Anm. 56, S. 93.

22 Sehr besonnen Jesch, AöR 82 (1957), 176f., 182f. Vgl. auch Hanack, S. 114f.

23 Dazu Müller-Freienfels, JZ 1957, 685. Zerrbilder von unserer gesetzmäßigen Rechtspflegepraxis entstehen, wenn gelegentlich der Anschein erweckt wird, als ob so gut wie jeder Fall konkreter Gesetzesanwendung eine tatsächliche oder rechtliche Problematik in sich berge, so dass eigentlich immer der Richter bzw. der Verwaltungsbeamte schöpferisch das konkrete Recht finde und gestalte. Ein großer Teil der Gesetzesanwendung spielt sich ohne Skrupel ab. Wie auch sollte man sonst an den Einsatz von Computern denken können?

Aber mehr und mehr ist auch die Erkenntnis durchgedrungen, dass es mancherlei Grenz- und Zweifelsfälle gibt, die sich aus dem Gesetz nicht mehr eindeutig entscheiden lassen. Das haben Bülow und die Anhänger der Freirechtslehrer bis zu Isay hin vielleicht etwas einseitig, aber doch nicht ohne Grund betont. Immer mehr wurde die selbstständige Bedeutung des Richterrechts anerkannt, teilweise auch politisch willkommen geheißen[24]. Selbst gesetzestreue Anhänger der Interessenjurisprudenz haben sich dieser Lehre nicht verschlossen. Im Verlaufe unserer eigenen Untersuchungen ist an vielen Stellen deutlich geworden, dass die Gesetze nur angewendet, ausgelegt und notfalls ergänzt und fortgebildet werden können auf der Grundlage von Wertungen, die dem größeren Kosmos des Rechts angehören, in den die Gesetze eingefügt sind. Es sei nochmals daran erinnert, dass die Subsumtion (etwa eines PKW unter den Begriff des „umschlossenen Raumes") auf eine u. U. nicht mehr unzweideutig aus dem Gesetz und seiner ratio abzulesende wertende Gleichsetzung des zu entscheidenden Falles mit den zweifellos betroffenen Fällen hinausläuft, dass ferner die Anwendung des Prinzips „cessante ratione …" eine über das Gesetz hinausgehende Wertung verlangt, nach welcher dessen wortgetreue Anwendung seinen ursprünglichen vernünftigen Zweck vereiteln würde, dass ferner bei der Handhabung des „ius aequum" vom Gesetzgeber selbst an außergesetzliche Wertungen appelliert wird und dass auch die Erkenntnis von ausfüllungsbedürftigen Gesetzeslücken und deren Ausfüllung (durch Analogie usw.) übergesetzlicher Wertungen nicht entbehren kann, ja, dass schließlich die Notwendigkeit in Sicht kommen kann, übergesetzliche Wertungen gegen gesetzliche Wertungen zu stellen. Entscheiden am Ende nicht sogar übergesetzliche – wenn auch nicht überrechtliche! – Erwägungen über die Methoden der Auslegung selbst, insbesondere über die Rangordnung der Auslegungs-

24 S. dazu Engisch, Idee, 1953, S. 181 ff. (Anm. 18 m. w. N.). S. z. B. auch: Schmidt, Gesetz; G. Less, Vom Wesen und Wert des Richterrechts, 1954; Wieacker, Gesetz; Bachof, Grundgesetz. Weitere (v. a. neuere) Literatur zum Richterrecht s. o. am Anfang von Kap. VI.

mittel und über die Richtigkeit von Subjektivismus und Objektivismus bei der Auslegung?

So ist das Problem „Gesetz und Recht" in zunehmendem Maße zum Angelpunkt der juristischen Methodenlehre geworden. Aber nun erhebt sich die Frage, wie weit es noch mit spezifisch juristischen Methoden behandelt werden kann, wieweit wir, wenn wir es angehen, in den Bereich rechtsphilosophischer Problematik geraten. Ich möchte nicht dahin verstanden werden, dass schon die Berufung auf das Recht jenseits der Gesetze, also auf das „richtige", „natürliche", „gerechte" und „billige" Recht, kurz auf die „Rechtsidee", oder dass der Einsatz nicht nur über*gesetzlicher*, sondern sogar über*rechtlicher* Wertungen, wie die Berufung auf das „Sittengesetz", die „Menschenwürde", das „Gemeinwohl", außerhalb der Kompetenz der Juristen liegen. Sonst hätte ich mit meinen Ausführungen in Kap. VI und VII auch schon die Grenzen der juristischen Methodik überschritten. Die Überschrift unseres gegenwärtigen Kapitels soll nicht besagen: Das Gesetz dem Juristen, das Recht dem Rechtsphilosophen[25]! Sie soll vielmehr nur andeuten, dass das Verhältnis von Gesetz und Recht an einem bestimmten Punkt ein ausgesprochen rechtsphilosophisches Problem und Thema wird.

Dies lässt sich gut verdeutlichen, wenn wir an dieser Stelle eingehen auf einen Begriff, auf den im Jahre 1953 der Mainzer Rechtsphilosoph Theodor Viehweg die Aufmerksamkeit gelenkt hat und der in der Folgezeit zum Gegenstand lebhafter Diskussion geworden ist, einen Begriff, von dem man sagen kann, dass er auf der Schwelle zwischen juristischer Methodik und rechtsphilosophischer Betrachtung seinen Platz findet. Ich meine den Begriff der „Topik"[26]. Dieser Begriff, der schon

---

25 S.J. Llompart, Gesetz dem Juristen, Recht dem Rechtsphilosophen?, JZ1970, 273.

26 Zur Topik: Th. Viehweg, Topik und Jurisprudenz, 5. Aufl. 1974. S. auch: G. Otte, Zwanzig Jahre Topikdiskussion, Rechtstheorie 1 (1970), 183; G. Struck, Topische Jurisprudenz, 1971; Fikentscher III, S. 349ff. m.w.N.; Alexy, Argumentation, S. 39ff.; Larenz, Methodenlehre, S. 145ff. m.w.N.; Mayer-Maly, S. 69ff.; Müller, Rechtslehre, S. 56ff., 65ff.; Zippelius, Gerechtigkeit, S. 406ff.; ders., Rechtsphilosophie, § 39

innerhalb des „Organon“, also der grandiosen Logik des Aristoteles, auftaucht und dort Verwendung findet für Schlussfolgerungen, die sich nicht auf wohlbegründete „wahre“, vielmehr auf bloß plausible (allgemein einleuchtende oder wenigstens den „Weisen“ als wahr erscheinende) Prämissen stützen[27], hat im Laufe der geschichtlichen Entwicklung mancherlei Wandlungen erfahren, sich mit der Rhetorik verbündet, auch in die forensische Dialektik Eingang gefunden, noch einmal bei Vico (in einer Schrift vom Jahre 1708) Anerkennung ausgelöst[28], ist aber in neuerer Zeit dank der Hinwendung zu exakteren wissenschaftlichen Methoden, wie sie vorbildlich in der mathematischen Naturwissenschaft herausgearbeitet wurden, bei Denkern wie Kant als Stätte der „Vernünftelei“ und des Geschwätzes angesehen worden[29]. Viehweg bringt nun die Topik als für die Jurisprudenz sich sehr wohl eignende „Techne des Problemdenkens“[30] in Erinnerung, in der (an sich durchaus richtigen) Erkenntnis, dass gerade die vorzugsweise pünktliche Methode des Begründens wissenschaftlicher Aussagen, nämlich die axiomatisch-deduktive Methode, welche aus einer begrenzten Anzahl von geeigneten (eventuell nur hypothetisch zugrunde gelegten) Vordersätzen, die untereinander verträglich und voneinander unabhängig sind, nach Regeln der formalen Logik ein umfassendes System von Lehrsätzen gewinnt, für die Rechtstheorie und Rechtspraxis nicht eigentlich in Frage kommt[31].

II m. w. N.; Pawlowski, Rn. 143 ff.; Horn, Rn. 383 f.; Schenke, S. 62 ff.; Rüthers, Rechtstheorie, Rn. 611 ff.; F. Ranieri, Topos/Jurisprudenz, in: Historisches Wörterbuch der Rhetorik, hg. v. G. Ueding, Bd. 9, 2009, S. 702 ff. m. w. N.; kritisch: Ch. Fischer, Topoi verdeckter Rechtsfortbildung im Zivilrecht, 2007.

27 Aristoteles, Topik, übers. v. E. Rolfes, 2. Aufl. 1968, Top. 100 b. Vgl. Viehweg, S. 19 ff.

28 G. Vico, De nostri temporis studiorum ratione, übers. v. W. F. Otto, 1974, Kap. III (S. 27 ff.). Vgl. Viehweg, S. 15 ff.

29 Kant, KdRV, S. 104 ff. (A 61 ff.), S. 291 (A 268 f.). Vgl. Viehweg, S. 40 f.

30 Viehweg, S. 14.

31 S. dazu K. Engisch, Sinn und Tragweite juristischer Systematik, Studium generale 10 (1957), 173 (175 f.).

Zu dieser sich distanzierenden Seite der „Topik“ ist freilich sofort zweierlei zu bemerken. Einmal, dass mit der etwa begründeten Absage an Versuche der Verwendung der axiomatischen Methode in der Jurisprudenz nicht verbunden zu sein braucht die Absage an andere, schlichtere Formen der Deduktion, wie z. B. an die durch den oft geschmähten, weil in seiner Funktion missdeuteten „Justizsyllogismus“[32], d. h. durch Ableitung konkreter Entscheidungen aus allgemeinen (insbesondere dem Gesetz entnommenen) Sollensaussagen nach dem modus barbara, wofür gilt, was Klug mit vollem Recht von der Aufgabe der formalen Logik mit Bezug auf die Rechtserkenntnis sagt, dass sie „eine notwendige und damit unerläßliche, jedoch nicht zugleich auch eine hinreichende“ Bedeutung besitzt[33]. Insbesondere muss immer wieder nachdrücklich betont werden, dass die „triviale“ Deduktion aus Obersatz und Untersatz gar nichts besagt über die Schwierigkeit und Subtilität der Gewinnung jener Prämissen selbst. Und auch die topische Methode kann sich mit dergleichen Deduktionen verknüpfen[34]. Zum andern schließt die Gegensätzlichkeit der topischen Methode speziell zur axiomatischen Methode im engeren Sinne nicht aus, dass die Rechtswissenschaft ungeachtet des Einfließens topischer Begründungen zu einer

32 Vgl. dazu etwa D. Simon, Die Unabhängigkeit des Richters, 1975, S. 68f.

33 So Klug, Vorwort zur 1. Aufl. Es gehört zu den merkwürdigsten Widersprüchlichkeiten innerhalb der Rechtstheorie der Gegenwart, dass man sich einerseits bemüht, das logische Skelett der juristischen Argumentation mit schärfstem Sezieren bloßzulegen (Anwendung von Kalkülen), andererseits mit größter Geringschätzung von der angeblich völlig impotenten „mechanischen“ Subsumtionstechnik spricht, als ob die juristischen Logiker die gesamte Theorie der Rechtserkenntnis auf die formale Seite reduzieren wollten.

34 Darauf hat z. B. mit Recht O. Weinberger, Topik und Plausibilitätsargumentation, ARSP 59 (1973), 17 (v. a. 32ff.) hingewiesen: „Das logisch-deduktive Denken beschränkt sich nicht auf Ableiten aus Basissätzen im axiomatischen System“; „Das topisch-rhetorische Denken beinhaltet selbst deduktive Schritte“ (S. 33f.).

„Systematik“ (nur eben nicht einer axiomatisch angelegten) hinstrebt, was indessen hier nicht näher verfolgt werden kann[35].

Wenden wir uns aber nun der Topik nach ihrer positiven Seite hin zu, so wird ihre Beurteilung dadurch erschwert, dass Viehweg – im Unterschied zu Heck, der seine „Interessenjurisprudenz“ an vielen konkreten Beispielen erprobt hat (s. namentlich seine Grundrisse des Schuldrechts und des Sachenrechts) – den Gebrauch der topischen Methode in der Gegenwart nur auf sehr allgemeine Weise illustriert hat. Die ihm folgende Literatur hat immerhin einiges nachgeholt[36]. Die Topoi, die bei Viehweg und seinen Anhängern erscheinen, sind jedenfalls sehr verschiedenartig. Sie reichen von den dem konkreten zur „Erörterung“ stehenden Problem spezifisch zugeordneten „*Gesichtspunkten*“ (dies der nicht zufällig immer wiederkehrende deutsche Ausdruck für „Topoi“) bis zu so allgemeinen „*Topoi*“ wie „Interesse“, „Verhältnismäßigkeit“, „Zumutbarkeit“, „Unerträglichkeit“, „Gerechtigkeit“, „Unbilligkeit“, „Natur der Sache“, ja selbst „Konkurrenzregel“ (bei Normenkollision) und Auslegungsmaxime hin. Greift man so weit aus, so findet offensichtlich eine weitgehende Verknüpfung von „Topik“ und herkömmlicher juristischer Methodik (wie sie in dieser „Einführung“ behandelt wird) statt. Bleibt man dagegen bei spezielleren Gesichtspunkten und Argumenten stehen, wie sie uns z. B. beim gutgläubigen Eigentumserwerb vom Nichtberechtigten begegneten (nemo plus iuris transferre potest, quam ipse habet, Rechtsschein für den Besitzer, Vertrauensschutz für den Erwerber usw.) oder wie sie uns bei der Diskussion der Strafwürdigkeit von Abtreibung oder Sterbehilfe entgegentreten (das Strafrecht muss das „Knochengerüst der Moral sein“ bzw. – im Gegensatz zu dieser Maxime – das Strafrecht hat nur fremde „Rechtsgüter“ vor

---

35 S. dazu Engisch, Studium generale 10 (1957), 177; Diederichsen, Topisches und systematisches Denken in der Jurisprudenz, NJW 1966, 697; Canaris, Systemdenken, S. 135 ff., 151 ff.

36 Gute Zusammenstellung juristischer Topoi (über 60) bei Struck, S. 20 ff., woran sich die topischen Argumente erläuternde und kritisch bewertende Ausführungen anschließen. Vgl. dazu anerkennend Viehweg selbst (in seiner ergänzten 5. Aufl.), S. 111.

Verletzung und Gefährdung zu schützen, über den eigenen Leib muss jeder zwecks freier Entfaltung seiner Persönlichkeit verfügen dürfen usw.), so stellt sich vielfach (nicht nur bei mir) der Eindruck ein, dass das topische Verfahren zwar zur Herausstellung und Sammlung maßgeblicher Gesichtspunkte und Argumente dienlich ist, nicht aber zur Beurteilung von deren Gewicht und zur Gewinnung von Vorzugsregeln bei der Abwägung – wenn man nicht solche Vorzugsregeln selbst wieder unter die „Topoi" aufnimmt. Hier scheint die Topik der Ergänzung von Seiten der Wertlehre her zu bedürfen, von einem „Wertsystem", wie wir es im Katalog der Grundrechte vor uns haben[37] (die doch wohl nicht wieder bloße „Topoi" sind). Und allgemeiner noch sieht man sich in einem Rechtsstaat mit dem Prinzip der Gesetzmäßigkeit von Justiz und Verwaltung für die Auslese, Bewertung und Abwägung der „Topoi" auf die Methoden der Gesetzesauslegung usw. angewiesen, womit sich wiederum Topik und traditionelle Hermeneutik begegnen. Dort freilich, wo dem Richter und Verwaltungsbeamten „Spielräume" für Begriffsanwendung, Lückenergänzung, Rechtsfortbildung gegönnt sind, kommt es eventuell auf das Gesetz überschreitende materielle „Gesichtspunkte" an, für deren Heranholung die Topik zuständig ist.

Aber dann erhebt sich die Frage, wo denn die maßgeblichen Topoi ihren rechtlichen Rückhalt finden, worauf sich ihre Verbindlichkeit gründen lässt. Und damit ist der Punkt erreicht, wo das „juristische" Denken Anschluss an die Rechtsphilosophie suchen muss. Alle die Schriftsteller, die sich für die Topik erwärmen, betonen – wenn sie nicht schon (was ich für ungeschickt und inadäquat halte) die rein hermeneutischen Operationen wie Auslegung, Analogie, argumentum e contrario als „Topoi" ansprechen –, dass es Gesichtspunkte der Gerechtigkeit, der Billigkeit, der Zweckmäßigkeit, der Vernünftigkeit, des „common sense", des Sittengesetzes, der „Natur der Sache", möglicherweise auch der politischen

37 Vgl. z.B. Larenz, Methodenlehre, S. 341 f.; Zippelius/Würtenberger, § 17 Rn. 19 ff.

Ideologie sind, die das Arsenal der topischen Argumentation füllen. Mit einem Wort: es ist der Bereich der „Rechtsidee", in den wir nun eintreten. Denn ob z. B. das Recht der Sittlichkeit (und welcher?) Gefolgschaft leisten oder sich ganz auf seine eigenen Füße stellen soll, ob ein „common sense" Maßgeblichkeit beanspruchen kann, ob es einen solchen in der modernen „pluralistischen Gesellschaft" überhaupt noch geben kann, in welchem Verhältnis Gerechtigkeit und Zweckmäßigkeit zueinander stehen, ob die Gerechtigkeit ihrem „Wesen" nach generalisierend möglichst auf Gleichbehandlung oder individualisierend auf Anpassung an die Besonderheit der Umstände und die Eigenart der Beteiligten Bedacht nehmen soll, was die „Natur der Sache" bedeuten mag (was heißt in dieser Wortverbindung „Natur" und was ist hier alles mit „Sache" gemeint?)[38], was man allgemein unter der „Rechtsidee" zu verstehen hat, welche inneren Spannungen in ihr verborgen sind, ob sie „absolut" oder nur „relativ" gültig ist, wie der Abgrund zwischen ihrer erhabenen Allgemeinheit (man denke nur an die Idee des „Gemeinwohls", des bonum commune) und den speziellen oder singulären Rechtsproblemen zu überbrücken ist, das sind lauter Fragen, die der Jurist stellen, denen er gar nicht ausweichen kann, die aber methodengerecht nur rechtsphilosophisch beantwortet werden können.

Wenn Esser von der dem Juristen gestellten Aufgabe der „Transformierung" „vorjuristische(r), ethische(r) und sozialpolitische(r) Maßstäbe" in „Rechtswahrheiten" spricht[39], oder wenn Horn erklärt: „Man wählt als Prämissen solche Sätze, die innerhalb einer sozialen Ordnung – nach Wissen und Erfah-

---

38 Zur „Natur der Sache": Engisch, Suche, S. 232 m. w. N. Vgl. auch z. B. R. Dreier, Zum Begriff der „Natur der Sache", 1965; G. Sprenger, Naturrecht und Natur der Sache, 1976; Henkel, Rechtsphilosophie, S. 371 ff.; Kaufmann, Analogie; Bydlinski, S. 51 ff.; Larenz, Methodenlehre, S. 417 ff. m. w. N.; Coing, S. 181 ff.; Zippelius, Rechtsphilosophie, §§ 7, 12 V. Zur Rechtsprechung: Linsmayer, S. 89 ff. Der BGH beruft sich auch im „Tonbandurteil" (BGHZ 17, 266) auf die „Natur der Sache" (277).

39 Esser, Grundsatz, S. 59.

rung, Tradition und Überzeugung – allgemein feststehen"[40], wenn die höchstrichterliche Rechtsprechung sich verschiedentlich auf das „Naturrecht" oder das „Sittengesetz" oder auch auf eine über einen „zerstörenden Relativismus" erhabene „vorgegebene Ordnung der Werte" beruft[41], wenn andere diese Tafel der Werte in den „allgemeinen Rechtsgrundsätzen"[42] oder etwas zurückhaltender in den obersten Richtlinien unseres Grundgesetzes[43] manifestiert finden, wieder andere die so viel erörterte „Natur der Dinge" in der dem jeweils zur Rede stehenden Lebensverhältnis (Ehe, Verwandtschaft, Amt, Arbeitsverhältnis, Wehrdienst usw.) „immanenten" Struktur aufspüren zu können meinen[44], so handelt es sich hier gewiss allüberall um den Juristen angehende berechtigte Bemühungen, einen reinen „Gesetzespositivismus" zu überwinden und der Stimme des „objektiven Geistes" im Recht Gehör zu verschaffen. Aber die theoretische Durchleuchtung und Legitimierung dieser Bemühungen führt unweigerlich über die juristische Hermeneutik und Methodik als solche hinaus und in den Bereich philosophischen Denkens und seiner besonderen Erkenntnisweisen hinein. Diesen Bereich soll und muss der Jurist zwar in den Blick nehmen und als

---

40 N. Horn, Zur Bedeutung der Topiklehre Theodor Viehwegs für eine einheitliche Theorie des juristischen Denkens, NJW 1967, 601 (607).

41 BGHSt 6, 46. Vgl. oben Text S. 222 f. Dazu W. Weischedel, Recht und Ethik, 1956, S. 20 ff.; Th. Würtenberger (sen.), Die geistige Situation der deutschen Strafrechtswissenschaft, 2. Aufl. 1959, S. 20; Linsmayer, S. 18 ff. Zum Problem des moral- und rechtsphilosophischen „Relativismus" immer noch grundlegend: C. A. Emge, Über das Grunddogma des rechtsphilosophischen Relativismus, 1916. S. auch z. B.: Arthur Kaufmann, Gedanken zur Überwindung des rechtsphilosophischen Relativismus, ARSP 46 (1960), 553; Kelsen, Rechtslehre, S. 65 ff., 357 ff. (v. a. S. 366), 402 ff.; Radbruch, Rechtsphilosophie, S. 98 ff.; A. Brecht, Politische Theorie, 2. Aufl. 1976 (bedeutende Verteidigung des Wertrelativismus); Zippelius, Wertungsprobleme; ders., Rechtsphilosophie, §§ 11, 20 II, 21 III; Coing, S. 79 ff.

42 S. namentlich H. J. Wolff, in: FS Jellinek (1955), S. 43 f.; Canaris, Lücken, S. 93 ff.

43 S. z. B. Göldner, S. 23 ff., 26 ff.

44 Dazu kritisch Engisch, Suche, S. 237 f.

Hintergrund seiner Überlegungen fest in den Augen behalten. Aber er kann sich nicht anmaßen, ihn mit seinen Denkmitteln aufzuhellen und zu festigen. An der Grenze zu diesem Bereich macht darum die gegenwärtige Einführung in das juristische Denken halt, nicht etwa von der Meinung geleitet, dass die Rechtsphilosophie den Juristen nicht betreffe, wohl aber durchdrungen von der Auffassung, dass es eine Zuständigkeitsverteilung zwischen juristischer und philosophischer Methodik gibt, die der gewissenhafte Rechtstheoretiker respektieren sollte[45].

45 Vgl. zum Vorstehenden auch Larenz, Methodenlehre, S. 245.

Nachwort

Zu Leben und Werk von Karl Engisch

Am 15. März 1899 in Gießen geboren und am 11. September 1990 in Nieder-Wiesen bei Alzey verstorben, war Karl Engisch nahezu ein Wegbegleiter des 20. Jahrhunderts. Nach dem Abitur nahm er 1917 am Ersten Weltkrieg als Kriegsfreiwilliger teil. Von 1918 bis 1921 studierte Engisch Rechtswissenschaft und Philosophie in Gießen und München. Im Anschluss an das Rechtsreferendariat in Hessen arbeitete er einige Jahre in der Anwaltskanzlei seines Vaters und habilitierte sich 1929 in Gießen bei Wolfgang Mittermaier mit der strafrechtlichen Arbeit „Untersuchungen über Vorsatz und Fahrlässigkeit im Strafrecht". In seinem strafrechtlichen und rechtsphilosophischen Werk, aber auch in seinem methodisch-wissenschaftlichen Denken wurde Engisch zudem von Ernst Beling sowie von dem Philosophen Ernst von Aster stark beeinflusst.

Nach Lehrstuhlvertretungen in Gießen, Freiburg und München wurde Engisch im Sommer 1934 nach Heidelberg auf den Lehrstuhl Gustav Radbruchs für Strafrecht, Strafprozessrecht und Rechtsphilosophie berufen. Radbruch war aufgrund des „Gesetzes zur Wiederherstellung des Berufsbeamtentums" vom 7. April 1933 entlassen worden. Dies sollte das gute persönliche Verhältnis zwischen Radbruch und Engisch allerdings nicht beeinträchtigen. 1938 schreibt Radbruch an Engisch: „Sie wissen, wie schmerzlich mir der Verlust meines Lehrstuhls war, aber ich kann mir auf ihm keinen Nachfolger denken, der mir lieber wäre als Sie, und ich freue mich der guten Beziehungen, die zwischen uns von vornherein und ununterbrochen bestanden haben und bestehen"[1]. In der Zeit

1 Zitiert bei A. Maschke, Gerechtigkeit durch Methode: Zu Karl Engischs Theorie des juristischen Denkens, 1993, S. 2; in diesem Band wird das

des Nationalsozialismus bewahrte Engisch kritische Distanz zur neuen Rechtsordnung und zum politischen System. Anders als die meisten Kollegen scheute er sich nicht, weiterhin jüdische Autoren in seinen Werken zu zitieren. Nachdem Engisch zuvor Rufe nach Leipzig, Wien und Hamburg abgelehnt hatte, wechselte er 1953 an die Universität München. Nach seiner Emeritierung im Jahr 1967 kehrte er 1971 nach Heidelberg zurück und war seit 1972 durch eine Honorarprofessur mit der dortigen juristischen Fakultät verbunden.

Das wissenschaftliche Werk Engischs befasst sich mit der Strafrechtsdogmatik, dem Arztrecht sowie mit der juristischen Methodenlehre und der Rechtsphilosophie. Zu seinen wichtigsten Schriften zählte Engisch:

- Untersuchungen über Vorsatz und Fahrlässigkeit im Strafrecht, 1930, Nachdruck 1964
- Die Kausalität als Merkmal der strafrechtlichen Tatbestände, 1931
- Die Einheit der Rechtsordnung, 1935, Neudruck 1987
- Logische Studien zur Gesetzesanwendung, 1943, 3. Aufl. 1963
- Vom Weltbild des Juristen, 1950, 2. Aufl. 1965
- Die Idee der Konkretisierung in Recht und Rechtswissenschaft unserer Zeit, 1953, 2. Aufl. 1968
- Einführung in das juristische Denken, 1956, 8. Aufl. 1983
- Auf der Suche nach der Gerechtigkeit, 1971

Das Wirken von Karl Engisch als Strafrechtslehrer, die Ausstrahlungskraft seines strafrechtlichen Werkes und seine Beteiligung an der strafrechtlichen Methodendiskussion sind vor allem von Hans-Heinrich Jescheck[2] und Hans Joachim Hirsch[3] ausführlich gewürdigt worden. Die bahnbrechenden Untersuchungen zu Vorsatz und Fahrlässigkeit oder zur Kausalität sowie seine Beiträge zum Arztrecht sind auch heute noch

---

rechtstheoretische und rechtsphilosophische Werk von Karl Engisch ebenso überzeugend wie eindringlich geschildert.

2 H.-H. Jescheck, Karl Engisch zum 80. Geburtstag, ZStW 91 (1979), 247.

3 H.J. Hirsch, Karl Engisch †, ZStW 103 (1991), 623.

Grundlage der strafrechtlichen Dogmatik. In seinem rechtsphilosophischen und rechtstheoretischen Werk bricht Engisch weder mit der Tradition des Rechts und seiner Theorie, noch sucht er völlig neue Wege der Rechtserkenntnis zu beschreiten. Er setzt sich vielmehr, und dies gilt vor allem für seine „Einführung in das juristische Denken", in einer überaus grundsätzlichen Weise mit den im 20. Jahrhundert vertretenen rechtsphilosophischen und rechtstheoretischen Ansätzen auseinander. Insofern ist gerade seine „Einführung in das juristische Denken" zugleich auch eine Einführung in die Entwicklung der Rechtsmethodik seit dem Beginn des 20. Jahrhunderts.

In einer Zeit, die unübersehbar durch neopositivistische Tendenzen, aber auch durch eine Nichtbeachtung der Rechtsordnung selbst durch Juristen geprägt ist, erscheint Engischs Anliegen, das er mit seiner „Einführung in das juristische Denken" und in anderen methodologischen Schriften verfolgt, aktueller denn je: Auf der einen Seite ist der Jurist auf den dem demokratisch legitimierten Gesetz geschuldeten Gehorsam zu verpflichten, auf der anderen Seite wird er immer wieder mit der schwierigen Frage konfrontiert, wie sich das Recht „richtig" anwenden und verantwortungsbewusst fortentwickeln lässt. Folgerichtig wird in der „Einführung in das juristische Denken" zunächst der Ermittlung des Inhalts gesetzlicher Normen und dem Verfahren der Subsumtion breiter Raum gewidmet. Bei der Frage nach den Auslegungsmethoden orientiert sich Engisch an dem klassischen Methodenkanon Savigny'-scher Prägung, wobei er zugleich aber auch den neueren hermeneutischen Ansätzen gerecht wird. Dabei macht er bewusst, dass weder die klassischen Auslegungslehren noch die neueren Ansätze in der Methodenlehre (schon gar nicht die Normenlogik) noch bestimmte Schlußverfahren (wie etwa der Analogieschluss) zu einzig richtigen, sondern jeweils nur zu mehr oder weniger gut vertretbaren juristischen Lösungen führen. Indem dies in einer ebenso klaren wie einsichtigen Weise verdeutlicht wird, wird zugleich auch die Frage gestellt, welche Faktoren und Leitpunkte – die „Einheit der Rechtsordnung" als bedeutsamer Leitpunkt ist eng mit dem Werk von Engisch verbunden – bei der Auslegung von Rechtsnormen Berücksichtigung finden können und sollen. Insofern ist es nur konsequent, wenn die Einführung in Grundsatzfragen der Auslegung von Normen mit einer rechtsphilosophischen Besinnung auf Grund und Grenzen des Rechts beschlossen wird.

Die Summe seiner rechtsphilosophischen Überlegungen zu Grund und Grenzen des Rechts zieht Engisch in seinem Werk „Auf der Suche nach der Gerechtigkeit – Hauptthemen der Rechtsphilosophie" (1971). Die Erörterung von Grundfragen der Rechtsphilosophie, wie dem Verhältnis von Recht und Sittlichkeit, den Wechselwirkungen zwischen Recht und Macht oder der Orientierung des positiven Rechts an der Idee der Gerechtigkeit, entwickelt Engisch auf der Grundlage eines – von ihm allerdings durchaus skeptisch eingeschätzten – Wertrelativismus. Der Wandel der Wert- und Gerechtigkeitsvorstellungen, den er seit den zwanziger Jahren erlebte, und die zeitgenössischen Tendenzen zu einer skeptischen Ethik führen Engisch zu einer Erkenntnis, die er freilich nicht mit ganzem Herzen vertreten kann: „Soweit der Wertrelativismus wissenschaftlich und insbesondere rechtphilosophisch gesehen ‚Wahrheit' ist, womöglich schreckliche Wahrheit, müssen wir den Anblick dieses Gorgonenhauptes ertragen!" (S. 286).

Dass bei allem Wertrelativismus das Recht seine Funktion als „menschenwürdige Friedensordnung" (S. 283) nicht verlieren darf und dass bei Verlust dieser Orientierung des Rechts dessen moralische und normative Verbindlichkeit verloren geht, führt Engisch – auch aus historischer Erfahrung heraus – zur Begrenzung jeder bewusst einseitigen relativistischen Position. Hier ist seine Nähe zu den modernen Theorien von der Geltung des Rechts, die gleichfalls an der Verwirklichung eines ethischen Minimums orientiert sind, unverkennbar. Bei allem Relativismus und aller Skepsis sucht Engisch immer wieder Vergewisserung in der Geschichte des Rechts und seiner Institutionen, in der Geschichte der Methodenlehre und in sittlich-ethischen Traditionen. Wer, wie Engisch, den schnellen Wechsel der politischen Systeme und der sich jeweils anpassenden Rechtsordnungen erlebt hat, begegnet einer raschen und grundsätzlichen rechtlichen „Erneuerung“ mit tiefer Skepsis und sucht bei aller kritischen Diskussion im Einzelnen die positiven Traditionen des Rechts und seiner Institutionen in methodischer Weise zu verarbeiten.

Personenregister

Sachwortregister